U0582336

本书出版得到教育部人文社会科学研究项目基金（09YJC770011）、河北省社会科学项目基金（HB09BLS004）、河北师范大学著作出版基金、河北师范大学博士基金的资助。

近代河北乡村天主教会研究

Jindai Hebei Xiangcun Tianzhu Jiaohui Yanjiu

李晓晨 著

人民出版社

目　录

序

李晓晨博士的《近代河北乡村天主教会研究》是一部较全面系统研究近代河北乡村天主教会的著作。作者从区域社会史的角度，探索乡村教会发展，揭示天主教对中国社会形成的客观影响，使这部论著具有颇高的学术价值。

天主教传入中国，自元朝迄今已有七百余年的历史。天主教于其长期的传播历程中，1840—1949年期间，为其在中国一些地区被广泛接受的阶段，也是这一宗教从依靠外国强权保护到本地化的演变时期。从现有的这一领域研究成果看，明清时期的论著较多，近代研究的论著相当的少。至于近代河北天主教会的区域性研究更有待探索。就此而言，作者的研究是很有意义的。

研究学问是要付出巨大的劳动的，要有知难而进的精神。晓晨决心在这个课题上付出自己的心血，透视天主教的文化现象。为收集资料，她多次赴北京、天津、上海、石家庄、保定、沧州等地的图书馆与档案馆，获得了大量有价值的档案资料、教会文献资料、地方志及当时报刊杂志资料，并通过调查访问，收集到一些宝贵的口述资料。这些年来，我一直强调实地调查资料的重要性，尤因文献资料之不足，更需要一些有价值的调查资料来弥补。晓晨曾随同我去河北省昌黎县侯家营村、天津静海县冯家村等地进行田野调查，积累了一定田野调查经验。她颇重视历史实证的准则，到各地追寻天主教的遗址，收集村民的历史记忆。收集资料期间，她利用一切可以利用的亲戚、朋友、同学关系，不辞劳苦，多次到河北农村访问调查，获得了对天主教的感性认识，增强了对天主教问题的理解。经过数年的辛苦和努力，她终于完成了这部专著。

与以往的研究相比，这部专著特色在于，从区域社会史的角度，全面系统地研究近代河北地区乡村天主教会的历史,在吸收和借鉴相关研究成果的基础上,提出了自己的创见。

第一,作为区域史研究,没有孤立地探讨河北乡村天主教会,而是将河北乡村教会与其他省区教会加以对比,考察其在全国天主教会中所处的位置,同时兼顾河北一省内部各乡村教会发展的差异性。通过对比研究可知,在新中国成立以前,河北天主教会在教堂、教徒、传教士的数目等方面均遥遥领先全国,教会所兴办的教育及文化事业也居于全国领先地位。这样一来,其对于河北天主教会区域研究的意义更具有典型性。

第二,改变以往简单的单向考察模式,强调从多层面、多角度考察义和团运动与乡村教会的冲突,对天主教基层团体在直隶西南代牧区已被接受、各代牧区损失大小与民教冲突成正比等偏颇评价做了合理的纠正,有助于更加客观、如实地揭示近代中国天主教会的发展历程与作用。

第三,对乡村天主教徒皈依动机作了深入细致分析,突破传统史学"吃教"、"仗教"的分析模式,依据宗教心理学和社会学的理论,把河北乡村教徒的皈依动机归为八种类型,每个类型既有具体生动的案例,又有综合的分析和概括,读后有新鲜感,也令人信服。

第四,引述资料丰富,图表和统计数字贯穿全文,以翔实的统计数字和图表,向读者直观显示了各乡村教会教务及社会事业等方面的发展状况,使其叙述建立在史论结合的基础之上,大大增加了论证的力度。

当然,这部专著仍有需要完善提高的地方,就资料来说,因法语等语言文字障碍,这方面的书籍文献阅读不多,还有大量的教会档案,等待研究者去翻阅。如果能在更广阔的范围内考察信教民众所形成的影响和后果,就更能凸显区域特点。

晓晨在南开四年多,无论为人、读书、做学问,都踏踏实实、勤勤恳恳。正是这种虚心向学、刻苦钻研的精神使她有了今天的一些收获。学无止境,我希望她能沿着自己所选择的道路坚定地走下去,在自己学术生涯中取得更大的进步。

魏宏运

2011 年 6 月于天津锲斋

绪　论

一、论题缘起

天主教亦称“公教”、“罗马公教”，又称“加特力教”、“旧教”，与东正教、基督教新教并称为世界基督教三大教派。基督教作为一种外来宗教，在近代以前曾经三次传入中国，即唐代的景教、元代的也里可温教及明清之际的天主教。由于社会、历史等方面的原因，基督教的前两次传入很快夭折。及至明末清初，随着利玛窦等一批耶稣会士的来华，天主教终于在中国站稳脚跟。近代以降，天主教在不平等条约的保护下强行在中国开教，使得天主教会带有浓厚的殖民主义色彩。此期的天主教不再局限于西方宗教文化和信仰系统，还代表着西方政治强权力量。近代天主教会与中国社会的矛盾与冲突，不仅是两种异质文化间的碰撞，更是两种政治势力的对抗。鉴于近代天主教会研究的敏感性及问题的复杂性，迄今研究还相当薄弱。就天主教会而言，近代百余年是其发展的繁盛时代，许多教会的建立始于近代开教以后。因此，进行近代天主教会的研究十分必要。它不仅是深入研究天主教问题的关键，也是理解当代天主教会发展、演变的基础。目前，天主教会在中国已进入新的发展时期。经过调整与改革，新中国成立前原有的137个教区，现合并为97个教区；全国天主教徒人数由原来的300余万增加到近500万，领洗入教的人数平均每年增加7万左右①。当代天主教会发展变化的原因是什么？它与近代天主教会有何历史渊源？……要弄清这些问题，有必要将当代中国天主教会问题置于近代历史进程中去审视，才更能够厘清其产生及演变，认清其时代特征及其发展趋向。

---

① 晏可佳：《中国天主教》，五洲传播出版社2004年版，第102、96页。

中国共产党尊重他人的信仰自由,逐步确立了宗教信仰自由政策①。新中国成立后,中国共产党和各级人民政府非常重视宗教问题的研究。早在1959年10月毛泽东会见当代哲学大师任继愈时,就指出研究宗教问题的重要性,他认为"我们不但要研究佛教、道教,福音书(圣经,指基督教)也要有人研究"②。在毛泽东的指示下,任继愈于1964年受命组建科学院世界宗教研究所,开始了新中国研究宗教问题的系统工作,取得了卓著的研究成果。目前,我国正在全面构建社会主义和谐社会,而解决好民族宗教问题是建设社会主义和谐社会的关键之一。作为一名史学工作者,既要研究历史,更要立足于现实。因此,笔者拟对近代天主教会的历史作一系统考察,以期对当代天主教会问题的研究有所裨益。基于以下几方面的考虑,笔者选择了近代河北乡村天主教会作为研究对象。

1. 近代中国社会错综复杂的矛盾为天主教会的研究提供了丰富的社会背景

近代以来,中国社会一直处于大变动的时期,各种矛盾交织在一起,构成了近代中国社会的特色。这种错综复杂的局面增加了对此期天主教研究的困难,但另一方面也为天主教的研究提供了丰富的社会背景。作为一种外来宗教,天主教会怎样在近代中国建立与发展,它与中国本地宗教及传统文化产生了怎样的矛盾与冲突?它与西方列强是一种什么样的关系?等等这些问题,都应放在近代中国这样一个大背景下加以考察,方能得出较为客观的结论。同时,绝大多数天主教会是在近代重新开教后建立起来的,从其组织的产生开始对天主教会进行研究,有利于从整体上把握天主教会发展的基本脉络。

---

① 1942年2月15日,《新华日报》发表题为《共产党对宗教的态度》的社论,较为完整、系统地阐述了中国共产党的宗教信仰自由政策。文章首先声明"共产党对于共产主义的信仰,是基于唯物主义的认识,基于科学的客观真理"。共产党是不信仰宗教的。尽管如此,中国共产党"决不会强迫别人去遵从自己的信仰,因为这是每一个人的意识和世界观的问题。各人有各人的宗教信仰自由,每个人有举行自己所信奉的这一种或那一种宗教仪式的自由"。文章不仅强调共产党尊重宗教信仰自由,而且也申明了信仰自由的权利以及为保证这些权利而做的努力。这样,中国共产党的宗教信仰自由政策就基本形成。

② 晓飞:《任继愈谈首次与毛泽东会见》,《北方人》1994年第4期。

2. 近代河北天主教乡村教会发展很快，且在全国有重要影响

鸦片战争后，清政府与英国签订了第一个不平等条约《南京条约》，该条约虽然没有明确写进保教条款，却为近代开教打开方便之门。1844 年，中国又与法国签订了《黄埔条约》，规定法人可在五口建造教堂。法国使臣拉萼尼要求两广总督耆英奏请道光帝驰禁天主教，道光帝准奏，但禁止西方人进入内地传教。1858 年第二次鸦片战争后，清政府先后与俄、美、英、法等国签订了一系列不平等条约，不仅使天主教传教活动扩大到中国内地各省，而且传教士有“租买土地，建造自便”的合法权利。在上述不平等条约的支持与保护下，天主教在河北乡村的传教发展迅速。罗马教廷从 1838 年在河北建立第一个天主教区（西湾子教区）起，先后用百余年时间，陆续设立了 14 个正式天主教区①。教徒在 1839 年只有 7.5 万人②，到 1949 年计有教徒 80 万人③。河北天主教会的发展可从上述寥寥几个数字上窥见一斑。

3. 河北与其他省份比是天主教传教的大省，受到教会重视

清朝初年，天主教传教重心由南方移到北京，汤若望、南怀仁、张成、白晋等西方传教士利用在朝廷供职的公开身份，在北京建立了巩固的传教中心。河北地近京畿，便于在京传教士传教。河北独特的地理位置为近代天主教会的发展提供了前提，其一跃成为天主教大省。据 1942 年统计，全国有教堂 15914 座，河北占 3491 座，居全国之首；全国教徒总数约 390 万人，河北占 24.8%，排第一位；传教士数目河北亦居首位，拥有传教士 600 多人④。新中国成立后，河北天主教会继续保持领先地位，至 1991 年，河北

---

① 河北省地方志编纂委员会：《河北省志·宗教志》第 68 卷，中国书籍出版社 1995 年版，第 207 页。笔者以为应是 16 个教区，即北平总主教区、永平教区、天津教区、保定教区、安国教区、易县教区、宣化教区、正定教区、赵县教区、顺德教区、献县教区、永年教区、大名教区、景县教区、西湾子教区、热河教区。

② 河北省地方志编纂委员会：《河北省志·宗教志》第 68 卷，中国书籍出版社 1995 年版，第 205 页。

③ 河北省地方志编纂委员会：《河北省志·宗教志》第 68 卷，中国书籍出版社 1995 年版，第 208 页。

④ 刘洪恺：《中国教会体制成立后教省教区分布图》，上智编译馆 1947 年版。

省计有“教徒约 100 万人，占全国天主教总数的四分之一，位居全国首位”①。

4. 天主教与基督教新教相比更为重视乡村传教

近代以来，在华天主教传教士十分注重乡村传教事业，他们采取多种方式吸引大量教徒入教，一般都以整个家庭一起入教，有的甚至整村入教。而基督新教则较注重文化传教。以近代基督教开办的较为著名的教会大学数目比较，新教开办了 13 所大学，天主教只开办了 3 所大学。另外，河北三大老教区中的两个教区（直隶北部代牧区和直隶西南代牧区）开始是由遣使会管理。据石家庄教区李保存神父介绍②，遣使会的宗旨就是向贫苦穷人传教。正因如此，近代河北乡村天主教会星罗棋布，形成了从上至下、纵横交错的教会网络。

河北乡村天主教会在天主教传教史上具有极其重要的地位，故笔者以乡村天主教会为研究对象，力求对近代以来天主教在河北乡村的产生、发展、演变作一系统梳理，通过对教徒入教动机的考察，分析天主教会在河北乡村根植的关键所在，同时对天主教会的社会事业作一客观解读。

二、学术史回顾

对于天主教来华传教史的研究，早在民国时期就已开始。主要著作有萧若瑟：《圣教史略》③、萧若瑟：《天主教传行中国考》④、德礼贤：《中国天主

---

① 河北省地方志编纂委员会：《河北省志·宗教志》第 68 卷，中国书籍出版社 1995 年版，第 208 页。

② 李保存（1915—2009），圣名保禄，河北省石家庄市栾城县南赵村人。1929 年入正定小修院，1937 年毕业。1938 年入北京大修院学习一年，1939 年又考入浙江大修院，并加入了遣使会。1945 年 1 月 14 日晋铎，不久回正定，在小修院任教。1948—1951 年就读于北京辅仁大学。1966 年蒙冤入狱，1979 年被释放回家，先在栾城、藁城、正定、赞皇等地传教，1984 年到河北神学院担任伦理教授并兼任副院长。1990 年起担任石家庄市天主堂主任司铎兼教区副主教。笔者曾于 2005 年 7 月 26—28 日采访过李保存神父，获得一些宝贵的口述资料。

③ 萧若瑟：《圣教史略》，河北献县天主堂 1925 年版。萧若瑟（1855—1924），原名萧静山，圣名若瑟，河北省交河县（今泊头市）人。18 岁考中秀才，后矢志献身教会传教事业。1875 年入献县耶稣会初学院，1886 年晋升司铎。长期在献县教区传教并从事教会史的研究工作，著作颇丰。

④ 萧若瑟：《天主教传行中国考》，河北献县天主堂 1931 年版。

教传教史》①、裴化行:《天主教十六世纪在华传教志》②、徐宗泽:《中国天主教传教史概论》③等。这些著作侧重教会史的研究,从整体上考察了天主教传入中国的经过及情形,有的著作还对各地的教务状况作了总结,为我们今天的研究提供了宝贵的资料。由于上述著作时间跨度长,覆盖地域广,多是勾画了粗略的轮廓,尚缺乏深入细致的研究。教会史学家王治心 1940 年出版的《中国基督教史纲》④,不仅对天主教而且还对基督新教(更正教)传入中国的历史进行了较为详尽的考察,作为教会中人,作者对西方传教士和基督教在华传教事业作了比较肯定的评价。此外,还有一些著作如叶德禄:《民元以来天主教史论丛》、方豪:《中国天主教史论丛》甲集⑤等,这些著作主要对此前出版的一些天主教论集进行评价、考证及校勘,纠正了某些书中的谬误,为天主教史的研究补充了新的资料。

新中国成立初期,天主教在华传教史的研究大陆上基本是空白。但这一时期台湾出版了一系列专著,主要有穆启蒙编著的《天主教史》,全书共分 4 卷,把中国天主教史置于世界大背景下,对整个天主教的历史作了大体的描绘。此后,作者又把《天主教史》中的中国部分摘录出来,汇编成《中国天主教史》⑥,于 1971 年 7 月出版。此书对天主教传入中国的历史作了大致的介绍,对民国时期天主教的概况也给予一定的描绘,弥补了民国时期天主教史研究专著的不足。同期的著作还有赖诒恩著、陶为翼译:《耶稣会士

---

① [德]德礼贤:《中国天主教传教史》,商务印书馆 1934 年版。

② [法]裴化行著,肖浚华译:《天主教十六世纪在华传教志》,商务印书馆 1936 年版。裴化行(1889—1975),法国人,1904 年入耶稣会,1924 年来献县教区,长期在天津工商学院从事管理与研究工作。

③ 徐宗泽:《中国天主教传教史概论》,土山湾印书馆 1938 年版。徐宗泽(1886—1947),字润农,圣名若瑟,上海青浦县人,徐光启第 12 世孙。1907 年入耶稣会初学院,两年后赴欧美深造,获哲学及科学博士学位。1921 年归国后,先在上海教区传教,继任《圣教杂志》主编及徐家汇藏书楼主任等职,在《圣教杂志》发表有关神学、哲学及教会史论文多篇,汇集成书,在上海土山湾印书馆出版著作达 20 余种之多。

④ 王治心:《中国基督教史纲》,上海古籍出版社 2004 年版。

⑤ 叶德禄:《民元以来天主教史论丛》,辅仁大学图书馆 1943 年版;方豪:《中国天主教史论丛》甲集,商务印书馆 1944 年版。

⑥ 穆启蒙著,侯景文译:《天主教史》,台湾光启出版社 1967 年版;穆启蒙著,侯景文译:《中国天主教史》,台湾光启出版社 1971 年版。

在中国》[1]、樊神父著、吴宗文译:《遣使会在华传教史》[2],这两部著作对耶稣会[3]和遣使会[4]在华传教的历史给予大体的介绍。特别是《遣使会在华传教史》的著者樊神父,由于曾在河北传教多年,许多事件亲身经历,加之著者在写作过程中参考过许多书籍及遣使会总院的档案文件,所以此书具有相当的史料价值。项退结著的《黎明前的中国天主教》[5],简要概括了天主教传入中国的历史,而以主要篇幅介绍了大陆、台湾、香港和澳门的天主教概况,对了解大陆以外的天主教情况有所帮助。由于台湾与大陆的隔膜,作者对大陆天主教会了解不够,有些看法失之偏颇。

20 世纪 80 年代之后,学术界对天主教的研究渐趋活跃。围绕中西文

---

① 赖诒恩著,陶为翼译:《耶稣会士在中国》,台湾光启出版社 1965 年版。

② Octave Ferreux 著,吴宗文译:《遣使会在华传教史》,台湾华明书局 1977 年版。樊神父(1875—1963),法国人,1902 年 9 月入遣使会初学院,同年 11 月抵达上海,在浙江嘉兴文生院学习,1907 年晋升神父。随后,他奉命至直隶北部传教。1910 年调至保定,1932 年又回北平;1943 年任栅栏大修院院长,1946 年在天津账房任职,1951 年,回巴黎遣使会总院,1963 年去世。该书为樊神父在巴黎总院所著。

③ 耶稣会,天主教新制修会之一。1534 年由西班牙人依纳爵·罗耀拉创立于巴黎。1540 年经教皇保罗三世批准,正式取名"耶稣会"。仿效军队编制,纪律严明、等级森严,下级对上级绝对服从。会规除"三绝"誓愿(绝财、绝色、绝意)外,耶稣会士需要发第四愿,明确表示服从教宗。与旧式隐修修会不同,耶稣会的目标并不是在固定的修院过集体生活,而是将会士派往四面八方进行传教活动。18 世纪欧洲一些国家因其介入政治斗争而予以取缔,1773 年罗马教皇克莱芒十四世予以解散。1814 年教皇庇护七世又准予恢复。耶稣会曾派大批会士到亚、非、拉美等地开展传教活动。16 世纪末传入中国。利玛窦等早期耶稣会士制定的文化传教等策略,为天主教在中国的传播奠定了基础。17 世纪耶稣会传教事业主要集中在北京、江南(江苏、安徽)、河南、湖广(湖南、湖北)、上海等地。耶稣会被解散后,其在华传教事业由遣使会接管。1814 年耶稣会恢复了合法地位。1842 年又在上海开始传教工作,并于 1856 年建立了完整的传教机构。同年,他们又从遣使会手中接管了直隶东南代牧区。至 1949 年新中国成立前,河北由耶稣会士管理的教区有献县、大名和景县 3 个教区。

④ 遣使会,1625 年创立于法国,会祖为圣文生,以前译圣味增爵,所以遣使会亦称味增爵会。遣使会士最早至中国为 1699 年,起初只是少数会士。1773 年耶稣会被解散。1783 年罗马教廷委任遣使会接管耶稣会在华的一切传教事业。1785 年,一批遣使会士至北京,开始管理耶稣会留下的传教事业。近代以后,随着耶稣会士重新来华和教务的发展,遣使会管理的一些教区让于耶稣会和其他一些修会接管。至 1949 年新中国成立前,河北由遣使会士管理的教区有北平、天津、永平、正定、顺德 5 个教区。

⑤ 项退结:《黎明前的中国天主教》,台湾征详出版社、光启出版社 1963 年联合出版。

化的冲突与碰撞，发表和出版了大批论著①。主要有谢和耐的《中国和基督教——中国和欧洲文化之比较》、陈卫平的《第一页与胚胎——明清之际的中西文化比较》、孙尚扬的《基督教与明末儒学》、李天纲的《中国礼仪之争——历史·文献和意义》、王晓朝的《基督教与帝国文化》、林仁川、徐晓望的《明末清初中西文化冲突》、张国刚的《从中西初识到礼仪之争——明清传教士与中西文化交流》等，这些著作从不同层面对天主教文化与中国传统文化之间的冲突作了深入研究，有些观点颇为新颖独到。但上述著作多囿于明清时期，对近代中西文化的冲突涉猎较少。

1981年，顾长声出版了《传教士与近代中国》②，标志着大陆史学界关于传教士问题真正学术研究的开始。该书把传教士在近代中国的活动加以系统考察后，对他们在中国的影响作出了评价。此后，国内又相继出版了宋家珩主编的《加拿大传教士在中国》③、王立新的《美国传教士与晚清中国现代化》④等关于传教士研究的论著。王立新的论著打破了以往学者研究的一些局限，此前学者对传教士研究或局限于"教会模式"，或囿于"文化侵略模式"，而该书把传教士在华活动置于中国从传统社会向现代社会转变的历史背景下考察，对美传教士在近代中国社会变革中的影响进行了全面系统的研究。与此同时，台湾与海外某些学者也把研究的视角转向传教士。辅仁大学陈方中教授的博士论文《法国天主教传教士在华传教活动与影响(1860—1870)》⑤，以大量法文资料为基础，通过对近代早期法国传教士在华活动的考察，剖析了传教士的不同类型与传教方式，并对其影响予以深入分析评价。上述著作主要针对传教士群体的研究，关于传教士个人

---

① [法]谢和耐著，耿升译：《中国和基督教——中国和欧洲文化之比较》，上海古籍出版社1991年版；陈卫平：《第一页与胚胎——明清之际的中西文化比较》，上海人民出版社1992年版；孙尚扬：《基督教与明末儒学》，东方出版社1994年版；李天纲：《中国礼仪之争——历史·文献和意义》，上海古籍出版社1998年版；王晓朝：《基督教与帝国文化》，东方出版社1997年版；林仁川、徐晓望：《明末清初中西文化冲突》，华东师范大学出版社1999年版；张国刚：《从中西初识到礼仪之争——明清传教士与中西文化交流》，人民出版社2003年版。

② 顾长声：《传教士与近代中国》，上海人民出版社2004年版。

③ 宋家珩：《加拿大传教士在中国》，东方出版社1995年版。

④ 王立新：《美国传教士与晚清中国现代化》，天津人民出版社1997年版。

⑤ 陈方中：《法国天主教传教士在华传教活动与影响(1860—1870)》，台湾师范大学历史研究所博士学位论文，1999年。

的研究也出现了不少有价值的成果。意大利传教士利玛窦在明朝来华开教,创造了适合于当时中国情况的一系列传教方法,取得了其传教事业的成功。他的传奇经历及其在传教史上的地位,吸引了很多学者的研究兴趣,目前关于他的专著有 10 余部[①],主要有乔纳森·斯彭斯的《利玛窦传》、史景迁的《利玛窦的记忆之宫》、罗光的《利玛窦传》、孙尚扬的《利玛窦与徐光启》、裴化行的《利玛窦评传》、林金水的《利玛窦与中国》、平川佑弘的《利玛窦传》、刘恩铭的《中西文化天使——利玛窦》、朱维铮主编的《利玛窦中文著译集》、利玛窦与金尼阁的《利玛窦中国札记》,等等。其他关于南怀仁、朗世宁的传记也有一些。对近代天主教传教士人物的研究,主要有赵雅博的《雷鸣远神父传》[②]、陈方中的《于斌枢机传》[③]、方豪的《中国天主教史人物传》[④]等。总的来说,学术界主要关注的是著名传教士人物的研究,对于乡村教会特别是河北乡村教会中的普通传教士研究甚少。

目前,国内学术界对近代中国天主教史的研究还相当薄弱。主要有顾裕禄的《中国天主教的过去和现在》[⑤]、顾卫民的《基督教与近代中国社

---

① [美]乔纳森·斯彭斯著,王改华译:《利玛窦传》,陕西人民出版社 1991 年版;[美]史景迁著,陈恒、梅义征译:《利玛窦的记忆之宫——当西方遇到东方》,上海远东出版社 2005 年版;罗光:《利玛窦传》,台湾学生书局 1986 年版;孙尚扬:《利玛窦与徐光启》,新华出版社 1993 年版;[法]裴化行著,管震湖译:《利玛窦评传》,商务印书馆 1993 年版;林金水:《利玛窦与中国》,中国社会科学出版社 1996 年版;[日]平川佑弘著,刘岸伟、徐一平译:《利玛窦传》,光明日报出版社 1999 年版;刘恩铭:《中西文化天使——利玛窦》,河南文艺出版社 2000 年版;朱维铮编:《利玛窦中文著译集》,复旦大学出版社 2001 年版;利玛窦与金尼阁:《利玛窦中国札记》,中华书局 1983 年版。

② 赵雅博:《雷鸣远神父传》,台湾文景出版社 1977 年版。

③ 陈方中:《于斌枢机传》,台湾商务印书馆 2001 年版。

④ 方豪:《中国天主教史人物传》(上、中、下),中华书局 1988 年版。方豪(1910—1980),字杰人,笔名芳庐、绝尘、圣老,浙江杭州人,出生于基督教新教圣公会家庭。1921 年随全家皈依天主教。1922 年入杭州天主教修道院攻读拉丁文,接受宗教陶冶,并自修文史。1929 年入宁波圣保禄神哲学院,研究哲学、神学,旁及圣经、教律、教史等。1935 年晋升神父。1938—1941 年先后在昆明、重庆等地辅佐于斌主教复刊《益世报》。1946—1948 年在北平(今北京)主持上智编译馆。1949 年在台湾大学创办台北教区大专天主教同学会,此后 11 年一直担任该会指导司铎。擅长史学,早年在修院时曾向著名史学家陈垣长期通信求教。历任浙江、复旦、辅仁、津沽、台湾大学教授。1980 年逝世于台北。著有《中西交通史》、《宋史》、《李之藻研究》、《中国天主教史人物传》、《方豪六十自定稿》等著作。

⑤ 顾裕禄:《中国天主教的过去和现在》,上海社会科学出版社 1989 年版。

会》①、宴可佳的《中国天主教》②等。其中，顾卫民的著作颇有深度，它不是一部纯传教史，而是把西方传教事业与近代中国社会联系起来，探讨基督教传教事业的得失成败及其变化的原因，故而此书也是社会史丛书的一部力作。值得一提的是刘国鹏最近出版的《刚恒毅与中国天主教的本地化》③一书，它以刚恒毅为线索，对于中国天主教的本地化问题作了深入、详细的论述。作者运用罗马教廷大量档案资料，澄清了学术界在一些问题上存在的分歧。台湾与海外学者对此也有一定研究，如贝斯·丹尼尔著的《基督教在中国——从十八世纪到现在》④，不仅考察了基督教在近代中国的历史演变，而且专门论述了基督教与妇女的关系，提出自己一些独到的见解。台湾张奉箴神父所著《历史与文化》卷二⑤，对近代天主教史上一些大的历史事件及重要人物作了历史省思与考察，为研究这段历史提供了宝贵的资料。此外，部分学者也对区域教会史作了一定探讨，如陈支平、李少明的《基督教与福建民间社会》、阮仁泽、高振农主编的《上海宗教史》、赵春晨的《基督教与近代岭南文化》、陶飞亚、刘天路的《基督教与近代山东社会》、林金水的《台湾基督教史》、刘鼎寅、韩学军的《云南天主教史》、张先清的《官府、宗族与天主教：17—19 世纪福安乡村教会的历史叙事》⑥等，这些著作对当地基督教的传播过程及特点均有分析。

与福建、上海、云南等地相比，关于河北地区天主教史的研究明显落后，

① 顾卫民：《基督教与近代中国社会》，上海人民出版社 1995 年版。

② 宴可佳：《中国天主教》，五洲传播出版社 2004 年版。

③ 刘国鹏：《刚恒毅与中国天主教的本地化》，社科文献出版社 2011 年版。

④ Daniel H.Bays, *Christianity in China: From the Eighteenth Century to the Present*, Stanford University Press, California, 1996.

⑤ 张奉箴：《历史与文化》卷二，台湾闻道出版社 1998 年版。张奉箴(1925—1997)，字墨谷，教名马尔谷，河北省任丘县人。1945 年入献县教区小修院，同年 10 月迁北京德胜院，于此发初愿为耶稣会士。1947 年入上海震旦大学文学院，1949 年移居菲律宾攻读哲学，获哲学士和神学士学位，又获教育学及历史学博士学位。先后在台湾彰化耶稣会文学院、辅仁大学、高雄师范大学任教，并出版著作多部。代表著作为《中国宗教思想例证》、《宗教与文化》等。

⑥ 陈支平、李少明：《基督教与福建民间社会》，厦门大学出版社 1992 年版；阮仁泽、高振农主编：《上海宗教史》，上海人民出版社 2002 年版；赵春晨、雷雨田：《基督教与近代岭南文化》，上海人民出版社 2002 年版；陶飞亚、刘天路：《基督教与近代山东社会》，山东大学出版社 1995 年版；林金水：《台湾基督教史》，九州出版社 2003 年版；刘鼎寅、韩学军：《云南天主教史》，云南大学出版社 2005 年版；张先清：《官府、宗族与天主教：17—19 世纪福安乡村教会的历史叙事》，中华书局 2009 年版。

迄今国内学术界尚无专著出版。献县教区陈义神父2002年编写的《献县教区简史》，作为内部出版物，只是简单勾画了献县教区的大体概况，没有评价与论述，侧重对事实的叙述，还不是真正学术意义上的专著，但为我们的研究提供了宝贵的资料。解成编的《基督教在华传播系年（河北卷）》，根据大量报刊、书籍等资料，对河北省天主教的历史概况按编年体的方式加以整理，具有一定的史料价值。港台及海外出版的关于河北天主教研究的著作也不多，笔者目前见到的主要有以下几部：一是孟爱理的《正定府代牧区历史的笔记1858—1933年》（法文版）①，此书作者在1880—1935年是正定代牧区的传教士，他根据亲身经历，对正定教区的创建、发展及其沿革作了清晰的记录，并对历任主教及其同工神父的传教事业也作了详细的介绍，可以弥补中文资料在这方面的不足。二是吴飞的《麦芒上的圣言——一个乡村天主教群体中的信仰和生活》②，吴飞通过对献县教区武垣县段庄（为保护受访者，书中地名及人名均系化名）的调查访问，得到丰富的口述资料。他从社会学、人类学的角度分析了段庄村教徒群体的信仰与生活，指出天主教圣俗二分的宗教观念体现在教徒宗教仪式与日常生活之间，体现在神职人员与普通教友之间，这种二分导致了两者间明确的权力关系与和谐相处，而不是造成圣俗之间的二元紧张。他认为教徒与非教徒的区别主要体现在宗教仪式与教徒的集体认同方面，在日常生活上二者并没有根本不同，这就对韦伯的新教伦理提出了质疑。但吴飞的著作主要着眼于当代天主教，对近代天主教会研究略嫌不足。三是古伟瀛主编的《塞外传教史》③，把圣母圣心会士隆德理于新中国成立前出版的《西湾圣教源流》、《张雅各伯神父传》收录进来，以较大的篇幅介绍了圣母圣心会④成立及其在华传教的历史，对

---

① A.Morelli, C.M., *Notes D'Histoire Sur le Vicariat de Tcheng-Ting-Fou 1858 - 1933*, Imprimerie des Lazaristes, Pei-P'ing, 1934.

② 吴飞：《麦芒上的圣言——一个乡村天主教群体中的信仰和生活》，香港道风书社2001年版。

③ 古伟瀛：《塞外传教史》，台湾光启文化事业2002年版。

④ 圣母圣心会，1862年由比利时神父南怀仁创立于布鲁塞尔附近的司各特，又称“司各特传教会”。1864年，罗马教廷批准圣母圣心会接管原由遣使会管辖的蒙古宗座代牧区。1865年，会祖南怀仁率首批会士4人到达直隶西湾子村（今河北省崇礼县），开始管理蒙古宗座代牧区。至1949年新中国成立前，该会共开辟7个教区，其中西湾子、热河是由圣母圣心会士管理并占据河北部分地区的教区。

于研究西湾地区及蒙古、甘肃等地的教会发展史提供了宝贵的资料。四是范文兴、耿永顺所编《景县（衡水）教区史资料汇编（1939—2002）》①，对景县教区的风土人情、教区成立及传教概况作了大致的介绍，厘清了景县教区发展的基本脉络，但囿于材料限制，该书对有些问题的介绍过于粗略。五是刘献堂编著的《献县教区简史——庆祝教区成立150周年》②，该书主要依据法籍神父鄂恩涛法文手稿 *Cent Ans（1856－1956）Histoire de Mission et du Diocèse de Sienhsien Hopei*（中文译名《献县教区百年历史》）编纂而成。鄂恩涛作为献县教区的传教士，于1904年来华，两度出任献县教区副主教和耶稣会会长，亲身经历了献县教区近50年历史，其撰写的《献县教区百年历史》有较高的史料价值。正是在此基础上，台湾主教刘献堂（原献县人）加以整理添录，以编年体形式对献县教区150年的历史作了系统梳理，使我们大体了解献县教区发展的基本轮廓。

对近代河北地区天主教会的研究除上述著作外，还有一些重要的论文。刘丽敏的博士论文《晚清乡土教民的宗教意识——以顺直一带的天主教为中心》③，从天主信仰、圣母崇拜和耶稣信仰3个角度考察了晚清乡土教民的宗教意识，提出教民宗教意识的形成过程总体上表现为异与同的复杂置换、新与旧的离合交错，教民宗教意识实质上是中西文化交流的一个个案。作者没有囿于传教士和精英教徒的研究领域，而是把目光放在晚清顺直乡村天主教教民身上，力图对乡村教民宗教意识的形成作出客观分析。樊孝东的硕士论文《晚清直隶教案述论》④，在对晚清直隶教案进行量化统计的基础上，分析了晚清直隶教案发生的原因和教案的特点，但由于文章篇幅所限，一些分析还有待深入。法国学者巴斯蒂的《义和团运动期间直隶省的天主教教民》一文⑤，以法国外交档案馆收藏的义和团资料为依据，指出义和团运动期间直隶正定代牧区与其相邻的大部分代牧区比，遭受的损失很小，原因在于代牧区的教会采取一系列有效的策略去融入当地社会，从而减

---

① 范文兴、耿永顺：《景县（衡水）教区史资料汇编（1939—2002）》，辅仁大学出版社2005年版。

② 刘献堂：《献县教区简史——庆祝教区成立150周年》打印稿，台湾2006年印行。

③ 刘丽敏：《晚清乡土教民的宗教意识——以顺直一带的天主教为中心》，中国人民大学博士学位论文，2005年。

④ 樊孝东：《晚清直隶教案述论》，河北大学硕士学位论文，2003年。

⑤ ［法］巴斯蒂：《义和团运动期间直隶省的天主教教民》，《历史研究》2001年第1期。

少了民教矛盾冲突，相互对抗逐渐让位于和睦相处。这个结论对以往义和团运动前夕教民与非教民之间存在激烈敌对的笼统说法提出大胆挑战。美国学者李仁杰在《华北农村的宗教和权力——义和团运动前直隶地区的天主教》一文中①，不仅对民教冲突的原因给予诠释，还对直隶农村天主教徒的源起作了分析，有些资料对河北天主教的研究很有价值。另外，程啸、谈火生也以直隶乡土教民为考察对象，分析了 1900 年极端情景下中国基层社会天主教民的信仰状态，指出“激烈的拳教冲突并非两种信仰体系的绝然对立，而是在不同程度上反映了冲突双方根植于政治和经济事实的对于本土文化资源的分别解释和重塑”②。董丛林的《十九世纪六十年代直隶教案概观》一文③，则从反洋教的角度对 19 世纪 60 年代直隶教案进行了分析和探讨。

与河北天主教会相关的一些研究，主要集中在教案和义和团运动的研究上。1870 年发生的天津教案是 19 世纪 70 年代规模最大的教案，也是学术界长期讨论的热点之一，发表和出版了一系列论文与著作，论文主要有贾逸君的《1870 年的天津教案》、廖宗麟的《天津教案中的李鸿章》、顾卫民的《文化背景：曾国藩与天津教案》、越野的《天津教案与中国屈辱特使》、赵润生的《英国与天津教案》等，这些论文都对天津教案的发生及处理经过作了分析，普遍认为天津教案不是一次单纯的民教冲突，实是一次反侵略斗争，但由于认识水平的局限及缺乏组织领导，不可避免带有极大的盲目性与报复性。著作主要有两部④：南史所著的《天津教案》与天津历史研究所天津史话编写组编写的《火烧望海楼——1870 年天津人民反洋教斗争》，由于出版年代较早，这两部著作基本没有脱离“反帝”的框架。在对教案史的研究上，张力、刘鉴唐的《中国教案史》⑤及戚其章、王如绘的《晚清教案纪实》⑥，

---

① 中国义和团研究会编：《义和团运动与近代中国社会国际学术讨论会论文集》，齐鲁书社 1992 年版。

② 程啸、谈火生：《灵魂与肉体：1900 年极端情景下乡土教民的信仰状态——以直隶为中心的考察》，《文史哲》2003 年第 1 期。

③ 董丛林：《十九世纪六十年代直隶教案概观》，《河北师范学院学报》1990 年第 1 期。

④ 南史：《天津教案》，天津人民出版社 1962 年版；天津历史研究所天津史话编写组编：《火烧望海楼——1870 年天津人民反洋教斗争》，天津人民出版社 1973 年版。

⑤ 张力、刘鉴唐：《中国教案史》，四川省社会科学院出版社 1987 年版。

⑥ 戚其章、王如绘：《晚清教案纪实》，东方出版社 1990 年版。

是国内较早系统梳理中国教案史的著作，但由于时间跨度长、覆盖范围广，其对河北地区教案的研究不很深入。孙江所著的《十字架与龙》①，提出异质文化间的互相排斥的研究视角，同时还指出基督教的传播方式以及教会权威结构对从中央到地方一体化结构的冲击，是造成民教冲突不可忽视的原因。董丛林的《龙与上帝》②，从基督教与中国传统文化的相互碰撞与冲突中，阐释两种异质文化的矛盾，加之政治因素的影响，造成民教矛盾不断升级，直至最后酿成教案。苏萍的《谣言与近代教案》③则以当时所传谣言为切入点，从社会心理学的角度剖析士绅、官员、匪徒与游民以及民众在谣言产生与传播过程中的角色，揭示谣言与教案的产生有着密不可分的关系。赵树好的《教案与晚清社会》④，突破了传统反侵略研究的模式，从社会学的视角对晚清教案进行了较为深入的研究。

在义和团运动的研究中，不可避免地涉及民教矛盾和民教冲突。许多学者认为民教冲突是义和团运动爆发的一个重要原因，并出版和发表了大量专著与论文，其中最具代表性的著作是路遥的《义和拳运动起源探索》⑤和周锡瑞的《义和团运动的起源》⑥。这两部著作对义和团运动的渊源及发生的原因作了深入的探讨，特别是周锡瑞的研究，抛弃了传统的由组织源流入手的研究方法，转向研究义和团的仪式以及孕育它的华北农村的文化习俗、社会经济环境、自然生态及政治背景，民教冲突是其考察的一个主要原因。他认为教民倚仗列强撑腰，欺压百姓，是引起冲突的直接导火索。张鸣、许蕾的《拳民与教民——世纪之交的民众心态解读》⑦，从民众意识史的角度剖析拳民与教民在19世纪与20世纪之交的大动荡中表现出来的社会心理、意识和行为，揭示民教冲突的深层心理矛盾，开拓了民教矛盾研究的新领域。

---

① 孙江：《十字架与龙》，浙江人民出版社1990年版。
② 董丛林：《龙与上帝》，台湾锦绣出版事业公司1992年版。
③ 苏萍：《谣言与近代教案》，上海远东出版社2001年版。
④ 赵树好：《教案与晚清社会》，中国文联出版社2001年版。
⑤ 路遥：《义和拳运动起源探索》，山东大学出版社1990年版。
⑥ [美]周锡瑞著，张俊义、王栋译：《义和团运动的起源》，江苏人民出版社1995年版。
⑦ 张鸣、许蕾：《拳民与教民——世纪之交的民众心态解读》，九州图书出版社1998年版。

三、需要说明的几个问题

1. 研究时限问题

本书研究的时间限于1840—1949年。之所以选择这样长的一个时期，是考虑到天主教会在中国的发展有一个过程，只有把它放在这样长的时期加以考察，才可能整体把握其发展的脉络。

2. 研究区域限定及行政区划变迁

在地域范围上，本书主要以河北省区为研究对象。明清以来，河北省行政区划及名称变化频繁。明时，河北省主要隶属于北直隶范围。清顺治二年(1645)改称直隶，辖顺天、永平、保定、河间、真定、顺德、广平、大名8府，延庆、保安2州及宣府镇。后直隶省建制屡有变迁，辖区不断扩大。康熙八年(1699)直隶巡抚由真定迁至保定，保定遂定为直隶省会。雍正二年(1724)正式设直隶总督。至清末直隶省共辖顺天、保定、天津、宣化、承德、永平、河间、正定、顺德、广平、大名、朝阳(今属辽宁)12府，遵化、深州、冀州、定州、赵州、易州、赤峰(今属内蒙古)7直隶州和张家口、独石口、多伦诺尔(今属内蒙古)3直隶厅。

民国建立后，1913年废府、州、厅，一律改称县。1914年在直隶设津海、保定、大名、口北4道。同时设三个特别行政区：一是京兆特别行政区，主要是原顺天府区域，辖20县；二是热河特别行政区，由原承德府、朝阳府、赤峰州所属14县、经棚招垦设治局(后改为县)及内蒙古昭乌达盟11旗、卓索图盟5旗构成；三是察哈尔特别行政区，由内蒙古察哈尔12旗、锡林郭勒盟10旗、直隶口北3县，绥远兴和、丰镇、凉城、陶林4县构成。1928年6月，国民政府将直隶省改称河北省，实行省县二级体制。同年撤销京兆特别行政区，其所属县划归河北省；并将热河、察哈尔特别行政区改为热河省和察哈尔省。

本书的研究区域以晚清直隶省所辖范围为主，包括热河省、察哈尔省的部分区域，原朝阳府、赤峰直隶州及多伦诺尔直隶厅今分属辽宁省和内蒙古自治区，基本不在本书的研究范围之列。中国共产党建立的农村根据地和解放区也不是本书的研究重点。

3. 乡村教会概念的界定

本书提出的乡村天主教会特指除北京、天津两大城市以外的天主教会，由于这两个城市情况较为复杂，故不作为研究重点。当然，在研究过程中，不可避免地还会涉及两地的情况，特别是在述及天主教发展概况时，两个城市不可能被忽略。

四、资料的收集与运用

关于近代河北乡村天主教会的研究，最大的困难莫过于史料的缺乏和零散，加之宗教问题的特殊性，有些档案不能充分利用。而一些见于海外的资料多为法文、拉丁文等，不易使用。同时，本书是跨学科研究，必须借鉴社会学、宗教学及宗教心理学的一些理论和方法，才能使其研究更深入，这就增加了研究的难度。

为了解决上述写作的困难，笔者努力收集与整理现存的有关天主教研究方面的资料。为此，笔者奔赴北京、天津、上海、石家庄、保定等地的图书馆与档案馆，获得包括档案、文献、地方志、文史资料、报刊杂志等方面一些有价值资料。同时，为了弥补文献资料的不足，笔者又赴沧州、衡水、献县等地实地调查，通过访问与调查，收集到一些较为宝贵的口述资料。在资料搜集、整理的基础上，笔者加以归纳、分类，并对其运用情况加以说明。

1. 档案资料

档案资料作为第一手资料，无疑是研究的重要前提。尽管有关天主教方面的部分档案不能得到利用，笔者仍查阅到一些较为有价值的档案资料。同时，目前公开出版的《清末教案》、《教务教案档》等档案资料为本书研究提供了重要的资料来源。

2. 教会文献资料

教会文献资料十分丰富，包括传教士的信件、笔记、著述、教会文件等，这些资料成为本书研究的基础资料。在使用这些资料时，笔者注意到著者的护教立场，通过与其他资料的印证，取其可信处。

3. 地方志

民国一些县志对于当时教会情况略有记载,成为研究教会史的宝贵资料。现今编辑整理的一些宗教志虽有某些不足,但仍具有一定价值。

4. 报刊杂志

清末以来,直隶社会和教会机关与世俗团体及个人出版大量报刊杂志,如天津《益世报》、《大公报》、《益世主日报》、《圣教杂志》、《公教学校》、《新北辰》等,这些报刊杂志对于教会作了大量介绍,虽然有些宣传难免有失实和夸张之处,但也保存了有价值的资料,成为本书研究的另一个重要依据。

5. 文史资料

文史资料主要是当事人的一些回忆,虽有一些问题不明确,但通过与其他一些资料的对比,有些错误可以纠正。这些资料也是本书研究资料的一部分。

6. 社会调查与口述资料

这些资料由于受访人水平的限制,认识问题不一而足。但通过对大量受访人的调查与文献资料的佐证,调查资料仍具有较大的史料价值。本书在研究中即使用部分调查资料与口述资料,以弥补文献资料的不足。

五、基本思路与框架

近代河北天主教乡村教会研究是一个复杂庞大的课题,由于多种因素所限,对其进行面面俱到的研究是不可能的。笔者通过对现有资料的梳理与分析,决定把河北乡村天主教会建立与发展作为论文的切入点。天主教徒作为天主教会的重要组成部分,是教会建立与发展的基础。教会的首要目的是使更多的人皈依天主教。教徒人数的多寡成为衡量一个教会教务发展的重要标志。因此,本书在着重研究河北乡村教会发展、演变的同时,对教徒的皈依动机给予一定的剖析与诠释,并力图对乡村教会兴办的社会事业作一客观探讨。

本书共分五章:第一章,分三个时期介绍天主教会于 1900 年义和团运动发生之前在河北乡村建立与发展的概况;第二章,概括分析河北乡村社会对天主教的排斥及乡村教会采取的对策;第三章,揭示 1900 年义和团运动以后河北乡村天主教会的发展、演变状况及其遇到的困境;第四章,剖析乡村天主教徒入教动机;第五章,阐述乡村天主教会兴办的社会事业及其对近代河北乡村社会产生的影响。

第一章　禁教与开教:河北乡村天主教会的萌芽和建立

天主教在河北乡村社会的萌芽与建立经历了一个长期的发展历程。从唐代的景教、元代的也里可温教直至明清之际的天主教,经过一千余年的时间,天主教会到明清之际才正式在河北乡村萌芽建立。清朝初年开始的礼仪之争与百年禁教,使河北乡村教会发展受阻。近代以降,西方列强依靠船坚炮利打开了中国大门,中国政府被迫实行开教政策。天主教传教士在不平等条约的保护下,纷纷深入河北乡村,建立乡村教会,很快形成直隶北部、直隶西南、直隶东南等宗座代牧区。到 19 世纪末,河北乡村天主教会网络体系基本建立起来。

第一节　天主教在河北乡村的传入

天主教在河北乡村社会的传入最早可追溯到唐代的景教,几经沉浮后,明清之际才初步建立了河北乡村天主教会。清朝初年,刚刚萌芽的天主教会遭清政府取缔和禁止,教务急剧萎缩,只有少数偏远地区的教会仍在坚持,并成为日后教会恢复、建立的基础。

一、从景教碑到利玛窦

近代以前基督教在中国的三次传入,由于历史时机与当时中国社会形势各异,其传入的结果各不相同,对河北乡村社会的影响亦有很大差异。

(一)唐代的景教

基督教传入中国最早有文字记载的是唐代的景教。景教是基督教的一个分支——聂斯脱里派,其创始人聂斯脱里是 5 世纪中一个教会领袖,曾为君士坦丁堡宗主教，“他对于天主圣子降生为人，有不同于天主教传统的见解。”天主教“相信圣母所生的是天主降生为人，是一个耶稣；他认为只是天主圣子结合于圣母所生的人，因此耶稣有了两个主体。”①其学说被罗马帝国及教皇斥为异端，聂斯脱里被开除教籍。聂斯脱里派在西方传教受阻后逐渐东传，先在叙利亚、波斯等地流传，后经波斯传到印度、中国等地。

公元1622年或1625年(明天启三年或五年)，在西安城外出土的“大秦景教流行中国碑”，成为研究中国景教历史最重要的文献。此碑立于781年，碑文中写着：“太宗文皇帝光华启运，明圣临人，大秦国有上德曰阿罗本，占青云而载真经，望风律以驰艰险，贞观九祀，至于长安，帝使宰臣房公玄龄，总仗西郊，宾迎入内，翻经书殿，问道禁闱，深知真正，特令传授。贞观十有二年秋七月，诏曰：‘道无常名，圣无常体，随方设教，密济群生。大秦国大德阿罗本，远将经像，来献上京，祥其教旨，玄妙无为，观其元宗，生成立要，词无繁说，理有忘筌，济物利人，宜行天下所司。’即于京义宁坊，造大秦寺一所，度僧二十一人。”②从上文可知，景教传入中国是在公元635年(唐太宗贞观九年)，首来中国的传教士乃大秦国(波斯)大德(主教)阿罗本，他在长安曾受到唐太宗的盛情接待。经过三年的接触与了解，唐太宗对景教评价颇高，认为它“济物利人，宜行天下”。遂下令为阿罗本建寺一所，称波斯寺，后又称大秦寺；并准许他们在全国传教。唐高宗继位后，对景教尊崇有加，阿罗本被尊为镇国大法主，于各州普遍建立景教寺院，遂至“法流十道，寺满百城，真道昌明，遍满中土”③。武则天临朝后，崇信佛教，景教受到一定程度打击。在一些朝廷大员和几位教士的努力下，景教很快复兴过来，转危为安。以后，玄宗、肃宗、代宗、德宗四朝，均采取优待景教的政策。玄宗命宁国等五王到教堂行礼；天宝初年，又命大将军高力士把太宗、高宗、睿宗、中宗、玄宗五帝的写真，送到教堂内安置；肃宗在灵武等五郡重立教堂；一些教士并获得封号，赐紫袈裟；又有“赐天香，颁御馔”等荣宠，若干教堂的匾额，亦出于御题；教士又奉旨在兴庆宫修功德④。建碑后，景教发展平顺。唐武宗继位后，笃信道教，于公元845年(会昌五年)下令灭佛，殃及景

---

① 方豪：《中国天主教史人物传》上，中华书局1988年版，第5页。

② 萧若瑟：《天主教传行中国考》，河北献县天主堂1931年版，第8—9页。

③ 萧若瑟：《天主教传行中国考》，河北献县天主堂1931年版，第16页。

④ 方豪：《中国天主教史人物传》上，中华书局1988年版，第8页。

教。“是年七月、八月都有上谕，第一谕说：‘其大秦、穆护等祠，释教既已厘革，邪法不可独存，其人并勒还俗，……如外国人，送还本处收管。’”[①]诏书下达后，大秦穆护祆(即景教回教祆教)信徒2000余人(一作3000人)被迫还俗[②]，景教在内地似乎渐趋灭绝。

景教在中国唐代兴盛200余年，笔者以为其教务应该发展到河北地区。近代以来，在河北各地陆续发现的景教十字碑，即是景教传行河北地区的证据。1880年张家口西北石柱子梁发现的3座景教碑、辅仁大学(指北平辅仁大学)所存北平西南郊外出土的景教墓碑、1919年在河北房山县三岔山十字寺中发现的两座景教十字碑[③]，都是唐代景教的遗迹。教会史专家萧若瑟认为，唐之景教遭武宗灭佛渐至绝灭无踪者，特指黄河以南数省而言，若中国北境与塞外区域，当时在契丹与西夏势力范围者，必有景教士前往传教。对此观点，笔者认为颇有道理。近数十年，在关外、蒙古、河北北境发现之石十字碑，不一而足，确是景教遗物。在涿县琉璃河附近山中发现的古十字寺，更增加了上述观点的论据。该寺中有十字碑，十字四角且有叙利亚文字，与唐之景教碑同。此寺始建于唐代，经辽代营建，公元1365年又加重建。元时敕赐十字碑记述重修经过：都城西百余里，旧有崇圣院十字碑幢二座，为晋唐之遗迹，乃大辽之营造，圮毁已久，唯碑幢尚在。有僧名净善者，偶游此地，晚间忽见古幢十字重重发光，又有神人与语，乃誓愿重修此寺，名曰古刹十字寺[④]。此古寺的发现不仅证明唐代景教曾经流行河北地区，而且到辽代时(即北宋时)，景教在中国北方(包括河北地区)的活动并未绝迹，有的地方甚至还很活跃。新疆、蒙古地区即是如此。新疆的维吾尔族曾从摩尼教皈依景教；外蒙古境内的三大部落即克烈、乃蛮、蔑里乞部以及内蒙古境内的汪古部，都崇奉景教[⑤]。

(二)元代的也里可温教

公元1206年元朝建立后，景教随蒙古族入主中原，此时潜伏于内地的景教也趁机复兴，在元朝盛极一时。景教在大都城(西人称为汗八里)有很

---

① 方豪：《中国天主教史人物传》上，中华书局1988年版，第7—8页。

② 王治心：《中国基督教史纲》，上海古籍出版社2004年版，第37—38页。

③ 方豪：《中国天主教史人物传》上，中华书局1988年版，第10页。

④ 萧若瑟：《天主教传行中国考》，河北献县天主堂1931年版，第29页。

⑤ 顾卫民：《基督教与近代中国社会》，上海人民出版社1996年版，第9页。

大势力,拥有 3 万名信徒①。马可·波罗在其游记中也记载了景教的发展盛况,他说:"由喀什葛尔以东,直至北京,沿路一带,几无一处无聂派基督教徒也。"又曰:"在中国各地,如蒙古、甘肃、山西、云南、河北之河间、福建之福州、浙江之杭州、江苏之常熟、扬州、镇江等处皆有聂斯脱里派,及其教堂。"②另据近人统计,元代的景教徒分布地区很广,仅河北地区就有宣化、北京、房山、涿州、河间、大名等地③,北京(大都)逐渐发展成为景教活动的中心地区之一。

景教在元朝复兴繁盛的同时,基督教的另一派——罗马天主教,亦乘时东渐,拉开了天主教在华传教的序幕。元代对于景教及天主教等基督教各宗派统称为十字教,教堂称十字寺,也称"也里可温",亦作耶里可温、也里阿温、阿勒可温,等等,此为元朝蒙古人对基督徒的称呼。13 世纪,蒙古铁骑的西征震惊了罗马教廷和欧洲各国。教皇英诺森四世一方面呼吁欧洲各国联合起来抗击蒙古入侵,一方面派方济各会修士柏朗嘉宾(1182—1252)为使节前往蒙古帝国。1246 年,柏朗嘉宾出发,经过 3 个月的跋涉,于 7 月 22 日到达和林(上都)。11 月 13 日,柏朗嘉宾觐见了大汗贵由,呈上了教皇致蒙古皇帝的两道敕令。第一道敕令详细阐述了基督教的教义,第二道敕令则劝告、请求蒙古皇帝停止进攻西方,特别是停止迫害基督徒。1247 年,柏朗嘉宾携带贵由汗答复教皇的书信返回欧洲,没有达到预期目的。此时正值十字军第七次东征之际,法国国王路易九世(即圣路易)欲联合蒙古,合击伊斯兰教徒。乃于 1253 年 5 月 7 日派遣方济各会修士鲁布鲁克等来华,1254 年 1 月 7 日,受到宪宗蒙哥的接见。5 月 24 日,又蒙召见,鲁布鲁克请求居留蒙古传教,遭宪宗婉拒,不得不返回欧洲。1266 年,意大利人马可·波罗的父、叔经商来到上都(和林),曾蒙元世祖忽必烈召见,颇蒙优待。忽必烈决定以两人为使臣,面觐教皇,请教皇"派去一百名熟悉基督教信仰的贤人,他们也应通晓七艺,长于辩论……他们还应当善于据理阐明,基督教信仰比偶像崇拜之类的信仰更好"④。1269 年,他们回到欧洲。

---

① 顾卫民:《基督教与近代中国社会》,上海人民出版社 1996 年版,第 11 页。

② 徐宗泽:《中国天主教传教史概论》,上海书店 1990 年影印版,第 110—111 页。

③ 顾卫民:《基督教与近代中国社会》,上海人民出版社 1996 年版,第 11 页。

④ [英]阿·克·穆尔著,郝镇华译:《一五五〇年前的中国基督教史》,中华书局 1984 年版,第 148 页。

1271 年,他们携带马可·波罗及教皇格列高列十世派遣的两名多明我会士和回信再次东行,两名会士中途折回,马可·波罗与父、叔三人于 1275 年到达上都复命。马可·波罗在中国居住 17 年,1295 年返回威尼斯,因著《马可·波罗游记》而闻名于世。罗马教廷与蒙古王朝多次使节往来,为天主教在华正式开教作了准备。

1289 年,教皇尼古拉四世任命方济各会修士约翰·蒙高维诺(1247—1328)作为教廷使节出使蒙古。1294 年,蒙高维诺抵达大都(北京),"觐见元帝,元帝加以礼待,准在大都传教。"①蒙高维诺成为我国第一个天主教教区的创始人,罗马天主教正式在中国开始传教。蒙高维诺来中国的第一年,就劝化了汪古部高唐王阔里吉思改宗天主教。"在一三一八年以前,先后建造教堂三座。一三〇五年时,已付洗六千人。……又收养四十名七岁至十一岁幼童,教以拉丁文和教会礼仪。又组织圣诗队,并将新约及旧约圣咏,译为方言。"②1307 年,罗马教宗闻蒙高维诺传教成绩优秀,特设汗八里(即北京)总主教区,委任蒙高维诺为总主教,并授予统理远东教务,有简授主教和划分教区之权,并从教宗领取总主教绶带,但绶带的传袭,需有教宗的认可。同年 7 月,教宗祝圣方济各会士主教 7 人来华协助蒙高维诺,只有 3 人于 1308 年抵达中国,并祝圣蒙高维诺为总主教。1313 年,教廷在泉州设立教区,3 人先后在泉州担任过主教。1328 年,蒙高维诺去世,享年 81 岁。他在中国传教 30 多年,授洗 3 万余人③,成绩显著。

蒙高维诺去世后,教廷一直没有派出得力的人选接替其职位,致使教务日渐衰落。1333 年,教皇若望二十二世派遣方济各会士尼古拉接任蒙高维诺任北京总主教,但尼古拉未能到任,可能死于赴任途中。1338 年,教皇本

---

① 方豪:《中国天主教史人物传》上,中华书局 1988 年版,第 27 页。

② 方豪:《中国天主教史人物传》上,中华书局 1988 年版,第 28 页。

③ 徐宗泽:《中国天主教传教史概论》,上海书店出版社 1990 年影印版,第 158 页。另据该书第 158 页载:蒙高维诺去世时 83 岁,在中国传教 38 年,应为不确。按方豪的《中国天主教史人物传》(上)第 26—28 页载,蒙高维诺去世时 81 岁,在中国传教 34 年。关于蒙高维诺归化教徒人数,方豪在《中国天主教史人物传》中没有明确记载,只提到"孟(蒙)氏自云:如聂思托里派人不加阻挠,虽 3 万人领洗,亦意中事"。此意好似蒙高维诺领洗人数并没有达到 3 万人。但徐宗泽在《中国天主教传教史概论》第 158 页、德礼贤在《中国天主教传教史》第 41 页均认为蒙高维诺归化人数约有 3 万人。笔者采用徐宗泽、德礼贤的说法。

笃十二世再次派马黎诺里等 4 人组成使团来华，于 1342 年到达北京，向元顺帝呈送教皇的礼物及书信。1345 年，使团离开中国，于 1352 年（一说 1353 年）回到阿维农①，把元顺帝请求再派传教士来华的复书上交教皇。时值教廷内部发生分裂，无暇顾及，加之瘟疫的影响，教皇虽于 1362 年、1370 年和 1426 年先后派遣 3 位总主教去北京，但没有一位到任②。而此时的蒙元王朝也是风雨飘摇。1362 年，天主教在泉州最后一位主教雅各伯弗乐愣斯被乱兵杀害，漳泉一带不再设主教③。1368 年，汉军攻入北京，元顺帝出逃漠北，元朝灭亡，基督教在中原的传教活动也随之沉寂。

唐元两代基督教衰亡的原因，近现代学者如方豪、王治心、顾卫民、孙尚扬等都给予一定的剖析。归纳起来主要有三个方面：一是唐元基督教与政治关系密切，其本身的命运随国家政策的改变和新旧政权的更迭而改变。二是传播对象的局限性。唐朝景教徒多是皇室成员和王公巨卿，或是汉人之外的少数民族和外国人；元朝景教和天主教的传播对象也局限于蒙古人、色目人和边区少数民族，汉人信奉基督教的记载很少。三是教派纷争和内部腐化，削弱了其自身力量，损害了其在民众中的形象，使基督教不能得到充分的发展。上述分析颇有一定道理和价值，但并不能涵盖全部。尽管现存很少汉人信奉基督教的记载，但并不能否认有汉人信奉基督教的事实。从元代景教分布看出，景教已经广泛深入内地，河北地区的房山、涿州、河间、大名等地多为汉人居住区，其信徒应该也多为汉人，这些汉人信徒之所以没有记载，主要原因恐怕多是平民信徒，不大为传教士和史家所注意，此期的天主教徒应该也存在相同的状况。故此笔者推测，蒙古族败退后，这些汉人平民信徒并没有完全绝迹，只是随着环境的变化与时间的推移，其信仰可能逐渐淡化并日益消逝，最后融于强大的中国传统文化中。

（三）明清之际的天主教

基督教在中国第三次传入始于明朝末年。最先尝试进入中国传教的是天主教耶稣会士方济各·沙勿略。他于 1542 年到达印度，先在印度、日本等地传教，在得知日本的一切文化都传自中国之后，就决定到中国传教，

---

① Paschal M. D'Elia, S. J., *The Catholic Missions in China*, The Commercial Press LTD., Shanghai, 1934, pp.29－30.

② ［德］德礼贤：《中国天主教传教史》，商务印书馆 1934 年版，第 41 页。

③ 萧若瑟：《天主教传行中国考》，河北献县天主堂 1931 年版，第 92 页。

"使中国人能从迷信之中皈依。做到了这一点,他就更容易争取日本人,并把福音从中国带给他们了。"①1552年他来到广东上川岛(距广州30里),终因明朝海禁较严,未能进入中国大陆,于年底病死该岛。其后,天主教的多明我会、奥斯定会和方济各会等修会会士接踵而来,试图扣开中国紧闭的大门。然而,直到耶稣会士罗明坚和利玛窦来华,这种形势才有所改变。1580年,罗明坚到了广州,他采用贿赂广东地方官员的手段,获得了进入内地的机会。1583年,他引领利玛窦到了广东肇庆,居住6年后,利玛窦转赴韶州开教,1595年至南京受阻,转往南昌传教。1598年第一次到北京不能久居,随即在南京住下。1601年第二次北上,得以在北京定居,并获准开堂传教。1610年,利玛窦卒于北京。利玛窦采取结交上层、知识传教等策略,在中国传教20余年,一度取得很大成功,奠定了天主教在华传教事业的基础。他自1582年来华,次年为第一位信徒授洗,至1586年全国有信徒40人,1589年有80人,1596年超过100人,1603年约有500人,1605年有1000多人,1608年增至2000多人,到他去世时,全国天主教信徒约有2500人②。

与利玛窦同时入华的耶稣会教士,如葡萄牙人麦安东、孟三德、罗如望、苏如望、费奇观,意大利人石方西、郭居静、熊三拔、龙华民、王丰肃(又名高一志),西班牙人庞迪我,协助利玛窦在广东、江西、江苏、浙江、北京以及山东、山西、陕西等地传教③。1629年,崇祯皇帝设立历局,任用耶稣会士邓玉函、龙华民、罗雅谷、熊三拔、汤若望等帮助修历。清朝入关后,仍沿用汤若望、南怀仁为钦天监监正,顺治帝和康熙帝对他们都很尊重,加深了传教士与朝廷之间的关系,有利于天主教的传播与发展。1615年,全国天主教信徒从利玛窦去世时2500人增加到5000人,1636年则有38200人,1650年竟增至150000人,1670年,已有教徒273780余人④。

从现有资料看,明末清初的河北乡村已经是天主教活动比较频繁的地区了,许多地方的开教可以追溯到明清之际。以利玛窦为首的传教士以北京为中心,深入京畿附近乡村传教,劝化了一批信徒,建立了一些传教网点。

---

① 利玛窦、金尼阁:《利玛窦中国札记》,中华书局1983年版,第128页。
② [德]德礼贤:《中国天主教传教史》,商务印书馆1934年版,第60页。
③ 周燮:《中国的基督教》,商务印书馆1997年版,第78页。
④ [德]德礼贤:《中国天主教传教史》,商务印书馆1934年版,第67—68页。

1605 年，北京的神父在迁入新居后不久，“就去离京城约有三天路程的北直隶保定府（Pantinfu）地区的乡村转了一圈。他们进行这次旅行的目的是要看一看基督教信仰是否已传播到农村；而他们对他们所发现的情况一点也不感到失望。在他们来到北京之后的一年中，这个地区已有一百五十多名信徒入教，而且人数还逐年继续增加。”①由于利玛窦工作繁忙，不能常至乡村传教，别的耶稣会士就“走向村庄，有机会时，就与村人攀谈，在适当时间，就讲主要的教理。若有人留心听时，他们就留数日，留下教义及经文册子，然后至别村；过了些时后，他们回来视察他们的教友；这是最初的教友，将来成为此区的教友村庄，其中最重要的，为离北京一百十公里的安家庄；耶稣会士遣（遗）下的教友，约有一百五十人。”②庞迪我于 1605 年“曾至近畿若干村庄传教，在一远距二十四哩（梅乘骐等在《明清间在华耶稣会士列传（1552—1773）》中译为 24 古法里 lieues，1 古法里约合 4 公里）之地为十人或十二人授洗，次年至别一地为十三人授洗。人皆争延之至”③。1604 年费奇观至北京后，利玛窦让他在京师近郊由庞迪我建立的基督徒据点进行传道工作。“时入教者甚众，费奇观神父乃分其众为三部：‘男子部由徐必登④修士讲授教义；老年妇女，由费神父自任讲解之职；年轻妇女及少女，则由经过培训的儿童或女孩为之讲解。人们信教热忱如此昂扬，到处传诵着天主圣名，并高唱着《天主经》、《圣母经》及其他圣歌，甚至那些无意入教者，也跟着一道咏唱，虽还不懂其意义。’这一年，受洗者有 140 人，并扩展至其他村庄。在一个邻村中，有一妇女劝化了 7 个家庭的全部人员，并带他们前来领受洗礼。”⑤龙华民在 1620 年后，也矢志发展京畿及其附近乡村地区的传教事业，他“不再远离北京，一面在城中培育日渐增多的新教友，一面在 4 至 10 日路程范围内的地区开辟新教区。……每年，他必有数周或数月去

① 利玛窦、金尼阁：《利玛窦中国札记》，中华书局 1983 年版，第 516 页。

② Octave Ferreux 著，吴宗文译：《遣使会在华传教史》，台湾华明书局 1977 年版，第 453 页。

③ ［法］费赖之著，冯承钧译：《在华耶稣会士列传及书目》（上册），中华书局 1995 年版，第 73—74 页。

④ ［法］费赖之：《明清间在华耶稣会士列传（1552—1773）》第 118 页载：徐必登，澳门人，在北京入耶稣会。年 15 岁即入内地，担任教理讲解员。他经常随同庞迪我神父去京郊各地传教，专为男性望教者辅导教义。此后，又与费奇观神父共事。

⑤ ［法］费赖之著，梅乘骐、梅乘骏译：《明清间在华耶稣会士列传（1552—1773）》，天主教上海教区光启社 1997 年版，第 92—93 页。

新辟教区,以辅导并发展新教徒;至是,他的教区已逐渐扩展到泰安。"①

清朝初年,耶稣会传教士利用各种机会,扩展直隶地区的教务。1656年,为了协助汤若望,汪儒望被调到北京,由他负责北京周围的教徒。"当时利类思和安文思两位神父虽在北京,但不准出城活动,所以满清入主中国后,汪儒望神父是在北直隶各城镇乡村继续传教的第一人。……汪神父去正定巡访教务时,给 763 名望教者付了圣洗。6 年之后,他再去巡访时,见这些教友依旧信心坚定,勤行善工。他使教友人数又增加了 490 名,过一年又增加了 700 名。"②安文思和利类思"另在正定府发展了堂口 7 所,保定府 2 所,河间府一所,在山区也有一所。在某些县城内共有传道室 14 处,其中若干处各有小堂一所,四乡村镇的小经堂尚不计在内。1663 年北京城内成年人领洗的有 500 余人,省内领洗的有 1000 余人,次年已有 700 余人上了领洗录。若非因教难而传教中断,利神父肯定还会有 2000 余人领洗。"③1690 年后,郭天爵和何大经先后在直隶正定地区传教,管理正定地区教务。对于北京以北长城以外各地及京城附近山区的传教,巴多明可谓不辞劳苦。据隆德理在《西湾子圣教源流》一书中考证,西湾子第一位教徒大约于 1700 年前后在巴多明神父手中领洗;当时西湾子已有一座小堂④。1710 年,巴多明在随从皇帝出塞前,已在其地创办了 4 个传教会,其中有位永平府的新信徒非常热忱,经常向一些佛教徒讲授基督教要理,以致许多人要求领洗。时巴多明不在京城,汤尚贤神父被派往那里为 80 名成年人付洗。随皇帝在热河儿(Ge-ho-ell)逗留的 3 个月间,巴多明把从各省来此经商的基督徒集中起来,他们每人都作了 3 次忏悔……在那里为约 16 人施了洗。在长城附

① [法]费赖之著,梅乘骐、梅乘骏译:《明清间在华耶稣会士列传(1552—1773)》,天主教上海教区光启社 1997 年版,第 74 页。

② [法]费赖之著,梅乘骐、梅乘骏译:《明清间在华耶稣会士列传(1552—1773)》,天主教上海教区光启社 1997 年版,第 319 页。

③ [法]费赖之著,梅乘骐、梅乘骏译:《明清间在华耶稣会士列传(1552—1773)》,天主教上海教区光启社 1997 年版,第 287 页。

④ 隆德理:《西湾子圣教源流》,古伟瀛编:《塞外传教史》,台湾光启文化事业 2002 年版,第 12 页。隆德理(1904—1983),比利时圣母圣心会士,1930 年晋铎,1931 年来西湾子代牧区传教。1939 年出版《西湾圣教源流》一书,对西湾子代牧区开教历史及教务状况进行较为详细的描述,是研究西湾子教会的宝贵资料。此书于 2002 年被收录到古伟瀛主编的《塞外传教史》一书中,并改名为《西湾子圣教源流》。

近，又为40来名受过教化、信仰坚定的士兵付了洗①。直隶东南部的献县、任丘等地也先后有传教士前去开教。兹将河北乡村部分地区开教时间及缘由列表于下：

表1.1　明末清初河北部分地区开教情况简表

地名	开教时间	开教缘由	资料来源
宣化	康熙年间	张诚、巴多明神父传入	《张家口文史资料》第16辑，第100页
西湾子	1700年前后	第一位信徒张根宗在巴多明神父手中领洗后，劝化同乡人进教	《塞外传教史》，第11—12页
徐水安家庄	明末	第一位教友在北京听道进教，引导利玛窦到安家庄一带传教	《中华文史资料文库》第18卷，第715页
献县齐庄、南皇亲庄	明末	利玛窦、龙华民等神父传入，1651年已建教堂	陈义《献县教区简史》，第1页
任丘段家坞	康熙年间	首信教者刘姓是汉军旗，清初在北京奉教，后来任丘圈地定居，张姓与刘姓联姻进教	《义勇列传》第1册，第2页 《清代禁教期的天主教》，第151页
通州贾家疃	1692年	第一位信徒贾瞎子在北京营业，得闻道理进教，归里后传于他人	《拳时北京教友致命》卷13，第1页
三河县北寨村	康熙年间	戴自有娶香河县挠子庄李姓信徒之女为妻，日久奉教	《拳时北京教友致命》卷13，第60页
宛平县西山斋堂川	明末清初	先是上清水村、东胡林村、东北山村3村中奉教者极多，后不知在何年泯灭	《拳时北京教友致命》卷6，第1页
宛平县桑峪	康熙年间	第一位教徒张国仁不知在何处保守奉教，其子张显书亦相接奉教	《拳时北京教友致命》卷6，第1—2页
威县魏村	明末	崔和尚、孟道人去京与天主教士辩理，因研究道理而改信天主教，规劝村人入教	《山东大学义和团调查资料汇编》上册，第457页
威县赵家庄	明末	相传该村有人在临清经商，因与该地教徒有亲友关系而领洗进教，规劝村人，相继进教	解成：《基督教在华传播系年》河北卷，第493页

① ［法］杜赫德著，郑德弟译：《耶稣会士中国书简集》第2卷，大象出版社2001年版，第48—49页。

表1.1可证，自明末利玛窦等传教士在北京开教后，河北乡村部分地区也相继开教，尽管这些地区开教原因不尽相同，但它们有一个共同的特点：即都是直隶天主教传入最早的地区之一，并且在以后的发展过程中，很多地方又成为天主教活动的中心地区，有的还是日后重要教区主教府的所在地。

近代以前基督教在中国的三次传入，对河北乡村社会所造成的影响有很大不同。近代河北地区出土的景教十字碑等，证明唐代景教确实在这一地区活动过，由于时隔久远和史料缺乏，其对直隶社会的影响不好评价，估计影响不会太大。元代的基督教（景教、天主教）在河北乡村社会造成了一定影响，其时的景教一度传入河北地区的宣化、北京、房山、涿州、河间、大名等地；元代天主教在北京设立总主教区，曾经拥有教徒3万人。这些教徒的宗教信仰和活动，不能不对周边的人和社会产生一定的影响，并为明末清初天主教的重新传入打下一定基础。献县教区陈义神父认为：在蒙高维诺任北京总主教时，献县已开始有信奉天主教的了，在河间城已建立教堂①。对于这个说法，笔者目前还没有找到其他材料加以佐证。如果此说属实的话，是否可以证明：献县、河间在明末清初之所以开教较早，是受元朝天主教传入的影响。

二、礼仪之争与百年禁教

明末清初，天主教在河北地区相继开教以后，教务发展很快。据统计，1664年，北京有信徒15000人，教堂3座（南堂、东堂及利玛窦墓堂）；正定府有教堂7座；保定府有教堂2座；河间府有教堂一座，信徒2000人。到1701年，耶稣会在直隶已拥有住院6所，教堂21座，教士11人②。然而，就在天主教日渐发展的同时，教会内部正酝酿着一场深刻的危机。当时修会内部及各修会之间围绕中国礼仪问题进行了激烈的争论。随着时日的加深，这场争论由教会内扩大到教会外，造成罗马教廷与清朝政府产生直接冲突，最终导致清政府的百年禁教。

（一）礼仪之争及其后果

礼仪之争实际始于利玛窦时期，主要围绕两个问题展开：一是基督徒能

① 陈义：《献县教区简史》，天主教沧州（献县）教区2000年版，第1页。

② 徐宗泽：《中国天主教传教史概论》，上海书店1990年影印版，第238—243页。

否参加祭祖、祭孔仪式?二是能否用中国典籍中的"天"、"上帝"称呼造物主?以利玛窦为首的一派认为"敬孔子,不过敬其为人师范;敬祖先、立木牌,不过尽人子孝思之诚,"①不是宗教典礼,作为一种风俗,教徒可以参加其活动;龙华民等人则认为祭祖、祭孔等仪式是偶像崇拜,是异端,应该禁绝。对于造物主的称呼问题,利玛窦一派认为"天"、"上帝"、"天主"三者可以并用;龙华民等主张一律使用拉丁文音译,作陡斯(Deus)。在中国的耶稣会士多数赞成利玛窦的主张,并于1628年召开的嘉定会议上基本达成一致意见。此期在中国的其他修会人数很少,没有引发大的矛盾,教廷也无意多加干涉,让教士自由决定。

1630年后,先后来福建传教的多明我会和方济各会对耶稣会在礼仪问题上的做法大加批评,礼仪之争再度爆发。1643年,多明我会教士黎玉范亲赴罗马,向传信部呈递了对耶稣会的17条指控。1645年,教廷下令:"凡是敬城隍、敬孔子、敬祖先的祭祀,都加以禁止。"②耶稣会士闻讯后,派卫匡国专程赴罗马申辩。卫匡国于1654年到达罗马,向传信部递交了申诉报告。1656年,裁判所公布了教皇亚历山大七世签署的一项谕令:允许中国教徒参加敬孔祭祖仪式。因为根据卫匡国的报告,"这些仪式似乎只是世俗性的或政治性的"③。教廷对双方陈述与请求均予以批准的做法,使得传教士无所适从,进而引发双方更激烈的争论。1693年,时任福建宗座代牧的巴黎外方传教会传教士阎当下令福建代牧区严格禁止敬孔敬祖的礼仪,次年又派两教士赴罗马,上书教宗。1700年,耶稣会士为了证明自己观点的正确性,向中国最高世俗权威康熙帝上了一封奏书,寻求康熙帝对中国礼仪的解释。当日,康熙帝即在奏书上批示:"这所写甚好,有合大道。敬天及事君亲、敬师长者,系天下通义,这就是无可改处。"④明确表示康熙帝赞同耶稣会士对中国礼仪的看法,即认为中国礼仪与宗教无涉,敬孔敬祖纯为表示爱敬先人和先师,不是宗教迷信。耶稣会士认为康熙帝的权威结论将加重他们在礼仪之争中的分量,遂把康熙的批示"由四条不同的路线,分途

---

① 萧若瑟:《天主教传行中国考》,河北献县天主堂1931年版,第334页。

② 罗光:《教廷与中国使节史》,台湾传记文学出版社1983年版,第85页。

③ 100 Documents,p.5.转引自孙尚扬、钟鸣旦:《1840年前的中国基督教》,学苑出版社2004年版,第353—354页。

④ 方豪:《中国天主教史人物传》中,中华书局1988年版,第317页。

赶紧寄往罗马"①。然而,耶稣会士的这一做法更增加了反对派攻击的口实,他们"即以此攻击耶稣会士,谓彼等以此关于圣教之事,求判决于外教皇帝,而不请求罗马教廷",以引起教廷对耶稣会士的恶感。1704年11月20日,罗马教宗格肋孟第十一世批准了关于中国礼仪问题的决议案,对中国教徒规定7条严厉禁令,主要有:(1)不许用"天"、"上帝"称天主;(2)教堂不许悬挂"敬天"匾额;(3)禁止教徒祭孔、祭祖;(4)不得在家中留有灵位神主等字眼的牌位等②。1705年12月,罗马教廷特使多罗主教抵达北京,名为通好,实为监督执行教廷决议。这样,教会内部的礼仪之争很快上升为教廷与中国政府之间的冲突。

1706年,康熙在得知多罗来华出使的目的后,不能容忍"立于大门之外,论人屋内之事"的行为,于是命多罗离京南下,并于年底颁发谕旨,令在中国的传教士,均应向朝廷领取发票,声明遵守利玛窦成规。不领票者,一概不准留居国内③。作为对康熙谕令的回应,多罗则于1707年2月向在中国的传教士发表公函,"不许祭孔、祭天,不许供牌位,不许以天或上帝称天主,不遵守的,即时应受'弃绝'重罚,教宗与特使保留赦免全。"④多罗与康熙帝对于中国教徒针锋相对的政策规定,使中国政府与教廷的矛盾逐步激化,遵照康熙帝旨意领票的传教士允许在中国继续居住,而服从多罗禁令的传教士则被驱逐出中国。至于多罗本人,康熙遂令将其遣送澳门,并于1710年在澳门病逝。

1710年9月,教皇重申多罗主教所宣布的禁令,驳斥了耶稣会士收回成命的请求。为了彻底解决礼仪之争问题,教皇于1715年颁布谕旨,"禁止教士不得再兴起此问题,且当守1704年之禁令,又在中国之传教士对于上述禁令当宣誓愿意遵守。"⑤次年8月教皇禁令传到中国,康熙帝认为这是对自己最高权威的挑战,威胁了国家政权的稳固,出于防患于未然的考虑,于1717年4月16日下旨礼部,"禁止天主教,不得在中国宣传。"⑥为了缓

---

① 罗光:《教廷与中国使节史》,台湾传记文学出版社1983年版,第88页。
② 罗光:《教廷与中国使节史》,台湾传记文学出版社1983年版,第92—93页。
③ 罗光:《教廷与中国使节史》,台湾传记文学出版社1983年版,第118页。
④ 方豪:《中国天主教史人物传》中,中华书局1988年版,第324—325页。
⑤ 徐宗泽:《中国天主教传教史概论》,上海书店1990年影印版,第236页。
⑥ 徐宗泽:《中国天主教传教史概论》,上海书店1990年影印版,第236页。

和与中国的关系,罗马教皇于 1719 年派遣主教嘉乐出使中国。嘉乐于 1720 年 12 月到达北京,奏请康熙允许在华教士及中国教徒遵从教皇有关礼仪的禁令,并同意教廷管理在华教士和教务。康熙坚决拒绝了嘉乐的请求,认为"尔教王条约与中国道理,大相悖戾。尔天主教在中国行不得,务必禁止"①。1721 年 1 月,康熙看到嘉乐呈递的教皇 1704 年禁约,非常震怒,坚定了他禁止天主教的决心,他在禁约后批道:"以后不必西洋人在中国行教,禁止可也,免得多事。"②嘉乐为了挽回僵局,提出"八项准许"作为暂时折中办法,但礼仪问题并未澄清,各教区、各修会仍各行其是。1742 年 5 月,教宗本笃十四颁发通谕,废除嘉乐的"八项准许",重申格肋孟十一世的禁令,使礼仪之争基本停止。

关于礼仪之争以及礼仪之争被禁的后果,涉及基督教在中国传播问题,史家多给予论及,目前学术界主要有两种对立意见:一方认为教廷在礼仪问题上的拘泥断绝了基督教在中国深入发展之路;一方则认为无论有没有礼仪之争,17、18 世纪中国的形势都不允许基督教自由成长③。不管两派观点孰是孰非,都必须承认一个不争的事实,那就是礼仪之争导致了清政府的百年禁教。天主教在禁教期间,教士被驱逐,活动被禁止,教堂被拆毁或充公等,刚刚发展起来的天主教事业受到沉重打击,河北地区当然也不例外。

(二)百年禁教期的河北乡村教会

康熙皇帝虽然公布了禁教令,北京的神父们仍可以进行传教活动,各省也还没有大规模的教案发生。及至雍正继位,颁布了更加严厉的禁教令,天主教受到普遍禁止。北京各堂的圣像圣龛遭到焚毁,北堂改为病院。京畿顺天府所属文安县、古北口、宣化府等处教堂都改为官所。1734 年,直隶高阳、任丘一带也兴起了严重的教案(资料缺乏,待考)④。乾隆初年,福建境内发现许多崇奉天主教的信徒,这个现象引起朝廷注意,遂传令各省督、抚等严密查拿天主教徒。经过查访发现,直隶河间、天津、古北口及近京州邑颇有传习天主教之事。清苑等县民人刘英儿、赵二、孙玉书、马得明、宋奇

① 方豪:《中国天主教史人物传》中,中华书局 1988 年版,第 331 页。

② 罗光:《教廷与中国使节史》,台湾传记文学出版社 1983 年版,第 159—160 页。

③ 张国刚:《从中西初识到礼仪之争——明清传教士与中西文化交流》,人民出版社 2003 年版,第 502—503 页。

④ 张泽:《清代禁教期的天主教》,台湾光启出版社 1992 年版,第 40 页。

圣、杨顿、贾至英7人以及河间府献县村民周士俊、周宗均已入教。对于这些教徒，官府照例枷责，谕令改悔。将经文、念珠、十字(记)[架]即行销毁，交保严加管束①。1754年，宛平县桑峪村民张显书(枢)被官府查拿，经迅究不愿背教，后定罪发往边外②。尽管乾隆朝对教徒入教严厉禁止并加以惩罚，但总是屡禁不止。1782年，又拿获私盖天主教堂、聚众念经之宝坻县李天一、张全等人。李天一应照左道惑人为从例，发边卫充军。张全、张化陇等，应照违制律杖责。经、像、乐器等，概行销毁③。尽管各地教徒时有查获，可对乾隆皇帝来说，这些乡村愚民不足为虑，他最担心的是那些秘密潜往各地传教的外国传教士。他认为"西洋人潜赴内地惑众最为人心风俗之害"④，要严密查拿。1784年，据在陕西省被捕的西洋传教士呢吗·方济各供称："该省汉中府、山西洪洞县、潞安府、大同府及山东、湖广、直隶等省俱有学习天主教及西洋人在彼传教，本年罗玛(马)当家寄信，内言及'现派十人分往山、陕、湖广、山东、直隶等省'"⑤，这使得乾隆十分震惊，遂在全国掀起查拿外国传教士的风潮。直隶总督刘峩对此不遗余力，在东安县、永清县、固安县先后查获教徒多人，就是没有找到派往直隶的西洋神父汉色勒木和阿头大多，因而受到乾隆皇帝的申饬，谓其"不审事体之轻重"⑥。后来查知，西洋人汉色勒木即颜诗莫，阿头大多即德天赐(意大利籍奥斯定会士)，他们同另外两位传教士想来京中供职，得到朝廷批准，事情遂告结束。原住京师天主堂的葡萄牙籍的梅神父在藁城县被捕。同时被捕的还有教徒郝保禄、朱行义等多人。在顺天府被捕的，有教徒刘多默等。此外直隶清河县教徒安三在山东被捕⑦。嘉庆时期，对天主教更加严苛。

① 中国第一历史档案馆编：《清中前期西洋天主教在华活动档案史料》第1册，中华书局2003年版，第94—95页。

② 中国第一历史档案馆编：《清中前期西洋天主教在华活动档案史料》第1册，中华书局2003年版，第211页。又见《拳时北京教友致命》卷6，第2页。

③ 方豪：《中国天主教史人物传》下，中华书局1988年版，第198页。

④ 中国第一历史档案馆编：《清中前期西洋天主教在华活动档案史料》第2册，中华书局2003年版，第557页。

⑤ 中国第一历史档案馆编：《清中前期西洋天主教在华活动档案史料》第2册，中华书局2003年版，第547页。

⑥ 中国第一历史档案馆编：《清中前期西洋天主教在华活动档案史料》第2册，中华书局2003年版，第557页。

⑦ 张泽：《清代禁教期的天主教》，台湾光启出版社1992年版，第112—113页。

1811 年,嘉庆皇帝发布上谕,对私自传教的西洋神父定了绞刑。北京除在钦天监任职的贺清泰、吉德明、毕学源三位西教士留下外,其余 4 位老年神父则遣送回国。同时又规定凡在一年内投书悔教者,免于追究等,并严饬地方官再查拿传习教之人,对不认真禁教的官吏予以处分。在这种高压政策下,不少教徒不得不具结出教。直隶提督徐锟于 1820 年赴古北口边城查拿天主教,陆续使天主教徒叶遇春、殷夏氏、殷承业、林永庆、贾明德、赵秉纯、赵青明、赵宁前、张允恭、张汉元、赵继德、张起元、张仁、殷承陇、汤兴邦、蒲永禄、王法傑、张万保、崔守成、张惠元、冯有喜、谭德、张万星、赵裕前、国怀卿、闫起亮、梁武德、国怀信、高文焕等,各带家藏画像、经卷、念珠、十字架等物自行投告,呈请销毁,宽免治罪,情愿出教,并表示如果执迷仍复入教,情愿加倍治罪①。束鹿县习天主教之高自显等 2 名、献县习天主教早经改悔之范天祥等 5 名、晋州习天主教之曹青 1 名、赤城县习天主教之郭三栋等 11 名、赵州习天主教之潘子恒等男妇 12 名,先后赴该州县具结改悔②。上述多数教徒背教固然是在强权政治面前不得已的选择,是被迫的、无奈的,但也不排除有人在世俗利益面前甘愿抛弃信仰,当初他们进教也因世俗目标,信心本不坚固,一旦遇到外部阻挠,背教是其自然选择。

河北地区天主教经过上述打击,教务急剧萎缩,教徒数目大幅下降,剩余的部分教徒主要分布于边远乡村,长期得不到神父鼓励,信仰也有失却的危险。在这样一种艰难困苦的形势下,一些神父不避危险,潜往各地继续传教,使河北地区天主教得以保持,有些地方还有一定发展。

表 1.2　禁教期间部分外国籍传教士在河北活动情况统计表

姓名	国籍	来华时间在朝职务	传教地区	主要活动及教务成绩	去世时间、地点
冯秉正	法国	1703 年内廷行走	北京	1732 年为 50 成年人付洗,儿童更多	1748 年北京

① 中国第一历史档案馆编:《清中前期西洋天主教在华活动档案史料》第 3 册,中华书局 2003 年版,第 1029—1030 页。

② 中国第一历史档案馆编:《清中前期西洋天主教在华活动档案史料》第 3 册,中华书局 2003 年版,第 1114—1115 页。

续表

姓名	国籍	来华时间在朝职务	传教地区	主要活动及教务成绩	去世时间、地点
高嘉乐	葡萄牙	1696年治理历算	正定28年 北京22年	1725年,在正定、保定成绩斐然,管理16所教堂	1746年北京
魏继晋	德国	1738年在廷教授乐律	北京及周围地区	常赴宝坻县传教。1747年为71名成人和427名儿童付洗,听神功1993人次,送圣体1974人次;1748年为292人付洗,其中成人41人,听神功2314人次,送圣体2224人次	1771年北京
刘松龄	奥地利	1738年钦天监监正	北京近郊	给蒙难教徒散发经本、圣像、念珠等;在京城和近郊有若干传教点,成绩甚佳	1774年北京
傅作霖	葡萄牙	1738年治理历算	北京、河间	管理河间府堂口,1743年有教堂15所,教徒3000余人;付洗成年人200名,儿童161名,听神功2487人次;1746年付洗357人,听神功2711人次,送圣体2670人次	1781年北京
赵圣修	法国	1737年	北京及辽东边境	注重弃儿领洗:1750年付洗2000人,1751年付洗2423人,1752年付洗2662人,1753年付洗4417人,劝化及于辽东边境	1760年北京
晁俊秀	法国	1767年	北京及周围山区	1770年至距京2日路程的贫苦山区传教,1776年,说教、告解、领洗如故;华籍神父仍巡历塞外教区,某次巡历听神功1200人次,付洗成人50名,儿童150名	1792年北京
方守义	法国	1759年曾充任中俄交际译员	北京四周至长城以外	鼓励懦弱,设法传教距京四五百里之地,足迹至长城以外。每年听告解3000余次,相等于北京法籍教区内的1/3人次。距京2日路程之山区居民几尽受其劝化	1780年北京
李世辅	不详	不详	直隶、山西、陕西	乾隆初年,潜行到直隶、山西、陕西传教多年,授洗了许多人,1746年被捕	不详

续表

姓名	国籍	来华时间在朝职务	传教地区	主要活动及教务成绩	去世时间、地点
梅神父	不详	不详	北京、直隶、山东	1757年,由山东历城教徒李松引到北京,又到直隶威县和山东临清等地传教,后在藁城被捕	不详
安神父	法国	不详	西湾子、任丘县	安神父来自长城以北的西湾子,嘉庆年间到任丘县暗地传教,常驻任丘东部的张庄,张庄有3位修女	任丘张庄
孟振生	法国	1834年	西湾子	1835年,开始管理西湾教务,时蒙古地方有教徒2000人,其中西湾子村有676人,另有望教者32人	1868年北京

资料来源:据费赖之:《在华耶稣会士列传及书目》,费赖之:《明清间在华耶稣会士列传(1552—1773)》,张泽:《清代禁教期的天主教》,古伟瀛:《塞外传教史》相关资料编制。

百年禁教时期清政府虽一再严禁西方传教士进入内地传教,仍有部分神父潜入河北乡村,特别以居住北京的传教士为主。他们多数在朝廷供职,拥有公开身份,便于他们传教。也正由于他们有职务在身,所以其传教区域多以北京周围方圆几百里为主。而且,他们的活动主要集中在雍正、乾隆朝,到了嘉庆时期,由于北京仅有少数几个外国传教士,其去乡村的传教活动基本停止。至于由他处暗来河北的少数传教士,多冒着被捕的危险,李世辅和梅神父即是其例。同时,传教士的教务成绩表明,尽管禁教时期有很多人背教,但也有不少人依然坚持信仰,他们还以极大的热情发展新信徒,不少人在此期间领洗即是明证。

毋庸置疑,禁教时期外国传教士的传教活动对河北地区天主教事业的保持起了重要的作用。但是,这时中国籍神职班的力量渐渐浮出水面,他们成为禁教时期直隶乡村天主教会的主要支撑力量。特别是禁教后期,西方传教士或被监禁,或被遣送出国,偌大的教区只有为数不多的中国籍神父们苦苦维持,可以说,没有他们的努力,近代以后天主教的复兴就不会那么顺利。表1.3基本反映了禁教时期中国籍传教士在河北乡村的活动情况。

表 1.3 禁教期间部分中国籍传教士在河北活动情况统计表

姓名	籍贯	传教地区	主要活动及成绩	生卒年
范守义	山西	北京附近、直隶、辽东各地	探望发配边陲的苏努亲王一家;多年一人探访直隶、辽东各地教徒。1734 年付洗成人 298 名,儿童 315 名,听告解 1260 人次,送圣体 1246 人次。1743 年在正定府,后赴威县	1628—1753
高若望	宣化	北京及近畿	传教于京内及近畿,1750 年听告解 2450 人次,送圣体 2042 人次,付洗成人 91 名,儿童 81 名;1754 年付洗成人 133 名,儿童 197 名	1705—1766
蓝方济	直隶	湖广、北京	幼赴法国学习,1754 年回国后在湖广传教,1759 年被捕,官吏以为他是教徒,很快被释放。嗣后被召进京,协助法籍神父照管教徒	1727—1796
刘保禄	宣化	北京一带至塞外	1772 年赴赤峰探望教徒,为何氏领洗,在安邦沟劝化民人,为 30 人预备领洗。后每年必赴赤峰	1717—1794
谷文耀	古北口	四川、河北	雍正初年,随马国贤神父赴意大利,在圣家书院读书,1734 年晋铎,同年 9 月回国,传教于四川、河北等地	1701—1763
魏神父	深州穆村	直隶宁晋	在圣家书院祝圣为神父,乾隆年间在直隶宁晋一带传教	不详
何天章	澳门	山西、陕西、河南、京畿	多年传教于山西、陕西、河南等省,帮助张安当主教。雍正教案时年近六旬,迁至京畿传教,不久又回山西	卒年 72 岁
陈圣修	广东	直隶	传教直隶,历年最久,两次被官府拿获	卒年 1776
沈东行	江苏	京畿一带	传教于京畿一带,历 27 年之久,著《简易祈祷》一书	不详
范西满	景州朱家河	山东、山西、甘肃、陕西	17 岁赴意大利入圣家修道院,1781 年晋铎,两年后回国,传教于山东、山西、甘肃、陕西等处	1755—1828
刘汗良	宣化	北京附近	1741 年赴法,1747 年入会,1750 年回国,传教北京附近,曾至东北及山东等处访问教徒,又尝至热河,1794 年返京	生年 1716
杨德望	北京	北京、江西、广州	1751 年赴法学习,1765 年回国,至北京及江西等地传教,1787 年被捕,官吏以为其是教徒,押回原籍	1733—1798

续表

姓名	籍贯	传教地区	主要活动及成绩	生卒年
高类思	北京	北京、湖广	与杨德望邻村而居,两人同赴法国亦同归,回国后任事北京,1770年入湖广	1732—1790
杨嘉禄	不详	献县大郭庄	约在嘉庆十四年至道光十二年(1809—1832)间,在献县大郭庄传教,逝于任上,被葬于该村教堂下	卒年1832
韩若瑟	直隶	北京及蒙古	1790年入北堂修道院,1798年晋铎,任职初期每年探视10余名基督徒,耶稣会解散后教徒散居蒙古,尽力寻访分散在各地的信徒	1772—1844
薛玛窦	山西	北京及西湾子地区	1807年晋铎,1820年任北京法国传信会长上及直隶、蒙古等省长上,被赶出北堂后,带领修生到西湾子村,创办一个修道院,并管理北堂所属地区,直到孟振生到来	1780—1860

资料来源:据费赖之:《在华耶稣会士列传及书目》,费赖之:《明清间在华耶稣会士列传(1552—1773)》,张泽:《清代禁教期的天主教》,古伟瀛:《塞外传教史》,沙百里:《中国基督徒史》、《献县教区义勇列传》、《献县宗教志》相关资料编制。

表1.3说明,禁教时期的确有大批中国籍神父在河北地区秘密传教。他们因是本地人,熟悉中国环境,不容易被官府辨认,有人即使被捕,也往往被视为普通教徒而释放。中国神父这些优于外国传教士的特点,决定了他们在禁教期担当了主要的传教角色,他们的足迹遍及河北地区的每个角落,而不是囿于北京周围地区。此期传教的中国神父在数量上也大大超过外籍传教士,表1.3只是中国籍神父的一部分。由于他们往往不被外籍神父重视,很少有他们的记录,有的只知其名,有的恐怕连名字也没留下。从一定意义上讲,正是这些中国籍神父们默默地苦撑,才使得禁教期的天主教不致像唐元时期基本灭绝。天主教在百余年的严禁过程中,依然保持了一定的生机和活力,这就为近代天主教的重新发展奠定了基础。

第二节　河北乡村教会的萌芽

近代以降,清政府在西方列强压力下被迫放弃了长达百年之久的禁教政策,长期处于秘密传教状态下的主教、传教士开始从地下走到地上,从秘密走向公开，天主教会开始复苏。

一、天主教的驰禁与开放

1840年的鸦片战争，开启了中国闭关已久的大门，也敲响了大清帝国衰落的警钟。这次战争的失败，带给中国人的是耻辱，是伤痛。然而，对于一些西方传教士而言，却认为这是传教的最好契机。遣使会驻澳门账房神父陶若翰在1840年8月高兴地宣称："今后我们再也不用为向中国派遣传教士发愁了。所有江河都将为我们提供方便，我们可以把传教士一直运送到传教国家的心脏。"①1842年中英签订的《南京条约》虽然对传教一事只字未提，却让传教士看到希望。1843年法国使臣拉萼尼使华，为天主教的驰禁打开了通道。1844年10月，中法签订《黄埔条约》，其中第二十二款规定法国人在5个通商口岸"可以建造礼拜堂、医人院、周济院、学房、坟地各项。……倘有中国人将佛兰西礼拜堂、坟地触犯毁坏，地方官照例严拘重惩。"第二十三款还规定法国人如"越界或远入内地，听凭中国官查拿，但应解送近口佛兰西领事馆收管，中国官民均不得殴打伤害、虐待所获佛兰西人"②。这样使得传教士不仅获得在五口建造教堂的权利，而且保护了潜入内地的传教士免于死难。然而，传教士对这个条款显然并不满足，耶稣会士葛必达③认为："拉萼尼完全可以把以前因为没有法国政府的指示而未能写进条约的规定，即完全自由地传播和信仰天主教条款写入附约中。"④在传教士的推动下，拉萼尼与当时的两广总督耆英多次交涉，要求耆英上奏道光帝驰禁天主教。耆英在同年12月奏请朝廷："……今据咈兰哂使臣喇萼呢请将中国习教为善之人免罪之处，似属可行，应请嗣后无论中外民人，凡有学习天主教并不滋事行非者，仰恳天恩，准予免罪。"道光帝朱批"依议钦此"⑤。

① [法]卫青心著，黄庆华译：《法国对华传教政策——清末五口通商和传教自由（1842—1856）》上卷，中国社会科学出版社1991年版，第179页。

② [法]卫青心著，黄庆华译：《法国对华传教政策——清末五口通商和传教自由（1842—1856）》上卷，中国社会科学出版社1991年版，第275页。

③ 葛必达与另外5名耶稣会士在1843年搭乘拉萼尼使团的船到达中国，长期在江南传教。见《江南传教史》。

④ [法]卫青心著，黄庆华译：《法国对华传教政策——清末五口通商和传教自由（1842—1856）》上卷，中国社会科学出版社1991年版，第280页。

⑤ 中国第一历史档案馆编：《清中前期西洋天主教在华活动档案史料》第4册，中华书局2003年版，第1364页。

此谕是天主教驰禁的开始。拉萼尼的翻译加略利承认“在请求驰禁天主教问题方面,确实有传教士在幕后策划、活动”①。随着中法交涉的深入,拉萼尼进一步要求清政府归还禁教期间被封闭的天主堂。1846 年 2 月 20 日,道光帝发布谕旨:“天主教既系劝人为善,与别项邪教迥不相同,业已准免查禁……所有康熙年间各省旧建之天主堂,除改为庙宇、民居者毋庸查办外,其原旧房屋各勘明确实,准其给还该处奉教之人。”②这道谕旨成为天主教正式驰禁的标志,它宣告了长达 120 余年禁教时期的结束。

道光帝驰禁天主教的上谕,只允许传教士在 5 处通商口岸进行传教活动,一概不准传教士深入内地。这不仅限制了天主教的发展,而且还使潜伏内地的传教士仍不能公开化。1856—1860 年的第二次鸦片战争给传教士带来了希望。1858 年 6 月,战败的清政府在天津与俄、英、法、美等国先后签订一系列不平等条约,都对传教权利作了明文规定。《中英天津条约》规定,“耶稣圣教暨天主教,原系为善之道,待人如己,自后凡有传授习学者,一体保护,其安分无过,中国官毫不得刻(苛)待禁阻。”③《中法天津条约》也规定:“凡按第八款备有盖印执照安然入内地传教之人,地方官务必厚待保护;凡中国人愿信崇天主教而循规蹈矩者,毫无查禁,皆免惩治,向来所有或写或刻奉禁天主教各明文,无论何处,概行宽免。”④1860 年 10 月 24 日、25 日和 11 月 4 日,英、法、俄等国先后迫使清政府签订了不平等的《北京条约》,不但规定传教士可以到内地进行活动,而且在《中法北京条约》里还有“任法国传教士在各省租买田地,建造自便”⑤的规定,而这一规定在法文本的条约里是不存在的。据历史学家考证,凭空私添中文的欺骗者,是议约时的翻译法国传教士德拉迈⑥,也有人认为是参加谈判的另一位翻译美里登⑦。不管怎么说,传播福音的教士,居然可以用欺骗诈术于如此重大的事

---

① [法]卫青心著,黄庆华译:《法国对华传教政策——清末五口通商和传教自由(1842—1856)》上卷,中国社会科学出版社 1991 年版,第 398—399 页。

② 李刚己:《教务纪略》卷首,上海书店 1986 年版,第 3 页。

③ 田涛主编:《清朝条约全集》第 1 卷,黑龙江人民出版社 1999 年影印版,第 199 页。

④ 田涛主编:《清朝条约全集》第 1 卷,黑龙江人民出版社 1999 年影印版,第 223 页。

⑤ 田涛主编:《清朝条约全集》第 1 卷,黑龙江人民出版社 1999 年影印版,第 260 页。

⑥ W.Devine, *The Four Churches of Peking*, Burns, Oates & Washbourne LTD., London, 1930, p.153.

⑦ 吕实强:《中国官绅反教的原因》,台湾中国学术著作奖助委员会 1973 年版,第 101 页。

项，即使其目的纯为良善，其手段仍深为可鄙①。

天主教在中国的驰禁与开放，是在西方列强炮口威胁下实现的。传教士在为自己获得的成功欢呼雀跃的时候，却忘记了中国民众特别是官绅阶层的感受，这种建立在强权政治下的传教自由，从一开始就带有西方殖民主义的色彩，伤害了中国民众的民族感情，从而成为日后民众反教的一个重要原因。

二、北京教区的起源与划分

北京教区最早可追溯到元朝蒙高维诺时期。1307 年，罗马教廷设立汉八里（今北京）总主教区，委任蒙高维诺为总主教，并授予统理远东教务。可惜这时的北京教区只是昙花一现，很快随着元朝的灭亡而销声匿迹了。明末清初，天主教在中国重新发展起来。起初，中国传教事业属于澳门主教，澳门主教隶属于印度卧亚的总主教。由于中国教务发展很快，教廷有意派遣更多传教士，并企望成立新教区。教廷的这种设想遭到了葡萄牙、西班牙的反对。自 16 世纪起，葡萄牙对远东传教事业拥有保教权。所谓保教权就是由葡萄牙对来远东传教的传教士及教区予以经济援助和保护，作为回报，教宗授给葡王推荐主教等特恩。同时，非葡籍的他国传教士如来远东，需得到里斯本及以后卧亚总主教的同意，然后乘葡国船而至远东。随着葡国海上霸权的衰落及远东教务的发展，葡国的保教权已不合时宜，罗马教廷欲成立宗座代牧区，任命名义主教而不是正式主教，代教宗署理牧区。因不是正式主教，也就无须葡王推荐，教宗可以顺理成章收回葡国的保教权。1658 年，教廷选郎主教为安南代牧主教；选巴主教为中国华南代牧主教；1660 年选高主教为中国华北代牧主教，署理直隶、山东、陕西、河南、高丽及蒙古的教务。但巴主教和高主教均未进入中国，前者为西班牙人阻止，后者途中病故。此三位代牧皆为法国人，故为葡、西两国所阻。1674 年，教廷任命中国人罗文藻为宗座代牧，管理华北六省，即江南、河南、直隶、陕西、山西、山东。由于葡萄牙不断反对，教宗于 1690 年设立了北京及南京两个教区，葡王有权推荐新主教。这样，中国即有三个“圣统制”教区：澳门教区，

---

① 吕实强：《中国官绅反教的原因》，台湾中国学术著作奖助委员会 1973 年版，第 101—102 页。

辖广东、广西等;北京教区,辖直隶、山东、山西、蒙古、河南、四川;南京教区,辖浙江、福建、江西、湖广、贵州、云南。三个教区主教皆归印度卧亚总主教管辖,亦即由葡国政府保护。

"圣统制"教区与宗座代牧区主要区别有三:一是"圣统制"教区主教是宗徒的继承人,为教区本主教(即正式主教),能够直接管辖教区内的教徒;宗座代牧区主教是教皇的代理人,只是代替教皇管理教区内的教徒。二是"圣统制"教区主教在组织方面较有系统,一个教区主教受其上总主教的管辖;宗座代牧区主教在组织上与其他代牧区主教没有从属关系,皆直属于罗马教皇。三是"圣统制"是教会永久的常态组织;宗座代牧制是暂时的畸形组织,多在刚刚进行传教的地区实行。随着教务的发展,宗座代牧制将上升为"圣统制"。中国实行宗座代牧制一方面是教务不发达所致,另一方面也是教皇打击葡国保教权的一种手段。继 3 个主教区成立后,教皇又于 1696 年成立了 9 个宗座代牧区,即福建、浙江、江西、湖广、山西、四川、陕西、云南、贵州。新的宗座代牧区与上述 3 个教区在区域上重合,所以引起一些纠纷。

北京教区于 1690 年成立后,葡王推荐的第一任主教为伊大仁。1721 年,伊主教在山东临清去世。伊主教的继位人大都为葡国人,有些因禁教根本没有上任。1782 年,汤士选被任命为北京主教,他在钦天监任职多年,于 1808 年去世,他的辅理主教索主教①继任为北京主教。由于索主教不能进入北京,则由北京东堂遣使会会长李拱辰为北京副主教,他不以副主教名义而以宗座署理名义管理教区。1826 年,李拱辰去世后,南京主教毕学源②被任命为北京署理主教,此后,北京教区直至 1856 年,只有宗座署理,没有正式主教。1838 年,毕主教去世后,北京教区就归南京教区副主教赵若望③署理。1841 年,葡王还想用他的推荐主教权,委任葡籍遣使会士赵若望为北京主教,但罗马拒绝批示。教廷认为"保教权为传教不但是阻碍,为教宗是

① 索主教于 1805 年在澳门祝圣为汤主教的辅理主教,1808 年任北京主教,由于此时朝廷对西士进京控制很严,一直没有机会进京,1818 年逝于澳门。

② 毕学源,葡籍遣使会士,1804 年抵京,1806 年由汤主教祝圣为南京教区主教,在朝供职,后任钦天监监正,由于朝廷禁止西教士离京,不能去南京赴任,1838 年逝世于北京。

③ 赵若望,葡籍遣使会士,1804 年生,1825 年至中国,1830 年以毕主教副主教的名义至南京,1838 年以北京教区署理人名义来北京,因当时朝廷禁止西人进城而住在直隶乡村。

个麻烦事。教宗解脱办法，就是不再任教区主教，而改为宗座代牧"①。所以传信部只答应给赵若望名义主教衔，让其代管北京教区教务，这样北京教区就有名无实了。赵若望处在葡国与罗马教宗两者之间的为难境地，他"不愿在他的手里把葡国的特权丢了"②，就不愿接受教宗的任命，这样事情一直拖了6年。1846年4月28日，传信部部长弗朗索尼写信给赵若望，要求他或是按罗马教宗的意愿祝圣为名义主教，或者将北京教区的管理权交给蒙古代牧主教孟振生。孟振生接到部长的训令后，多次写信劝说赵若望接受教宗的任命，并亲自到赵若望的住地胡林镇当面规劝，但赵若望坚决不从，决定把北京教区管理权交给孟振生。在孟振生的请求下，赵若望写了三封信，一封致神父的拉丁文信，一封致教徒的中文信，另一封给孟振生，以证明孟振生对他的离去毫无责任③。1847年，赵若望起身去澳门，北京教区此后由孟振生署理。

孟振生为法籍遣使会士，1807年生，1834年抵达澳门，被中国遣使会的总会长陶若翰派到北方管理北京传教事业。由于不能进入北京，于1835年来到崇礼县西湾子村，接替中国籍神父薛玛窦任遣使会北京传教区会长。1838年8月，罗马教廷划出北京教区一部分蒙古，与满洲里、辽东合并成为一个新的代牧区，同时任命巴黎外方传教会传教士方济各为新代牧区的代牧。孟振生致函总会长陈述当时的教务情况："如果我们遣使会离开蒙古地区，修道院恐怕就会解散，修生们不得不遣散回家，许多神父也得迁往澳门。"④陶若翰也给罗马上书，说明蒙古地方对遣使会的重要性。这样，罗马教廷于1840年对教区重新调整，将蒙古从新教区划分出来，成立蒙古宗座代牧区，孟振生以福所拉名义主教任蒙古宗座代牧。蒙古宗座代牧区的边界是：南以长城为界，东以关东（东北）三省为界，西以宁夏、陕西三边地区和山西省雁门关以北的广大地区为界。西湾子村成为主教居住地，西湾子

---

① A.Morelli, C.M., *Notes D'Histoire Sur le Vicariat de Tcheng-Ting-Fou 1858 – 1933*, Imprimerie des Lazaristes, Pei-P'ing, 1934, p.3.

② A.Morelli, C.M., *Notes D'Histoire Sur le Vicariat de Tcheng-Ting-Fou 1858 – 1933*, Imprimerie des Lazaristes, Pei-P'ing, 1934, p.3.

③ Octave Ferreux著，吴宗文译：《遣使会在华传教史》，台湾华明书局1977年版，第188—189页。

④ 隆德理：《西湾子圣教源流》，古伟瀛编：《塞外傳教史》，台湾光启文化事业2002年版，第27页。

堂成为蒙古代牧区的总堂。

孟振生接任北京教区署理主教职务后,就把主教居住地从西湾子村迁移到保定安家庄,以便于管理直隶传教区。在离开蒙古前,他于1848年委任孔神父为副主教,代替自己管理蒙古代牧区教务。但是,孟振生主教对北京教区的接管并不是一帆风顺的,直隶地区在最初几年曾发生分裂运动。尽管赵若望临走时给神父和教徒留有信件,证明自己离去与孟振生毫无关系。仍有一部分神父和教徒认为是孟振生驱逐了赵若望,他们联合起来,反对孟振生的领导。他们募集大量钱财,派遣代表团去罗马,向教宗状告孟振生。这个代表团以高邑县李村五老兰(Ou-lao-len)为首,还有栾城北赵台的郭耗子(Kouo-ho-tze)、冀州(Ki-chou)冯家庄的陈三(Tch'enn-san)及唐邱的申老宠(Chenn-lao-tchoung)等,最后只有五老兰和河间府的一个教徒到了罗马①。不仅如此,在栾城油通,一些分裂派教徒还协同警察抓捕来此处做圣事的神父卫儒梅;辅理主教董若翰在藁城宽亭为一个病人出终傅时,两派教徒差点发生武装冲突。分裂派以徐神父为领袖,以宁晋唐邱、栾城油通、高邑李村等地为中心,包括河间府一些教徒也随同他们。分裂派之所以反对孟振生,除了葡国保教权问题外,还因为法国会士贫穷,规矩严格,以前每位神父应得50两的年补助,今只给30两②。在孟振生和董若翰等的努力下,分裂逐渐消逝。1852年,孟振生视察赵州30个堂口,各处受人欢迎,只有一处约200名教徒不愿接待他;次年,他又遣董若翰和卫儒梅去赵州,到年底,只有600名教徒追随徐神父③。1854年,徐神父与主要分裂派头目到安家庄请求孟振生主教宽免罪过,表示服从。时孟振生不在安家庄,董若翰接受了他们的悔过,分裂渐趋停止。到1856年,北京教区的分裂活动完全结束。孟振生写信给传信部说:"……北京的分裂业已平息;二位分裂的首领及许(徐)神父做了相当的补赎后,改正了他们不良的表率,接受他们的请求,又进入了罗马公教。"④

---

① A.Morelli, C.M., *Notes D'Histoire Sur le Vicariat de Tcheng-Ting-Fou 1858 - 1933*, Imprimerie des Lazaristes, Pei-P'ing, 1934, p.17.

② A.Morelli, C.M., *Notes D'Histoire Sur le Vicariat de Tcheng-Ting-Fou 1858 - 1933*, Imprimerie des Lazaristes, Pei-P'ing, 1934, p.17.

③ Octave Ferreux 著,吴宗文译:《遣使会在华传教史》,台湾华明书局1977年版,第201页。

④ Octave Ferreux 著,吴宗文译:《遣使会在华传教史》,台湾华明书局1977年版,第201页。

北京教区分裂活动的停止，为教区的正式划分创造了条件。1851 年 9 月，在遣使会中国宗座代牧召开的宁波会议上，已经提到教区划分问题。会上多数人认为遣使会目前没有足够的人力、物力管理辽阔地区的教务，提议在北京教区只保留过去法国遣使会的传教地区，其余由葡萄牙遣使会管理。孟振生不同意这种划分，他另拟一个方案，“把直隶省划为三个区，其中两个区交给另外两个传教团体承担，……这样，我们保留了过去全部的法国教区，即我们管理的北京教区中最基本最重要的地区：北京、天津和保定府；我们只把省的南区、西南区、东南区及其所属的教友让给别人。”①随后，孟振生参加了 11 月份传信部召集的上海会议，河南宗座代牧安若望又提出在目前的状况下，设立直属教宗的宗座代牧区似乎较为有利……凡此种种，使得孟振生相信，教宗日后必定会把北京教区和南京教区划分成几个宗座代牧区。为了争取主动，孟振生于 1851 年 12 月 21 日向传信部寄去划分北京教区的方案，即直隶西区划归耶稣会，东区归巴黎外方传教会②，北区留归遣使会自己。孟振生的计划呈请后，受到一些同会会士的反对，孟振生为了使他们满意，在 1852 年 3 月，又呈文传信部，要求撤销他的申请。遣使会总会长艾蒂安本人也上书传信部要求北直隶全省③保留给自己的修会④。

与此同时，传信部咨询了巴黎外方传教会与耶稣会的意见。起初，巴黎外方传教会愿意接受直隶东南部代牧区，而耶稣会由于人力、物力不足，谢绝接受直隶西南部。两年后（1854 年）当传信部重新咨询耶稣会时，耶稣会士经过讨论，同意接受传信部的意见。1856 年初，传信部把直隶西南区划给耶稣会，直隶东南区划给巴黎外方传教会。但此时巴黎外方传教会的修院院长们要求豁免承担献给他们的教区，因为他们看到遣使会神父对于划分直隶非常反感，怕挫伤遣使会神父们的感情⑤。这样，直隶东南部就划给了耶稣会，任命郎怀仁为第一任宗座代牧。1856 年 6 月，当耶稣会神父把

---

① 孟振声在 1856 年 9 月 8 日致总会长艾蒂安信中陈述了这次会谈的过程，见《遣使会回忆录》第 8 卷，第 1075 页。转引自史式徽：《江南传教史》第 1 卷，上海译文出版社 1983 年版，第 204—205 页。

② ［法］史式徽：《江南传教史》第 1 卷，上海译文出版社 1983 年版，第 205 页。

③ 北直隶省，即今河北省，前称北直隶，因当时江南也是直隶中央的省，故加“北”字以示区别。

④ ［法］史式徽：《江南传教史》第 1 卷，上海译文出版社 1983 年版，第 337 页。

⑤ ［法］史式徽：《江南传教史》第 1 卷，上海译文出版社 1983 年版，第 338 页。

罗马划分教区的最后决定告诉孟振生时,他很失落,因为此前他一直没有教廷这方面的信息,还以为他 1851 年建议已被遗忘。尽管不太情愿,他还是于 1857 年 3 月 22 日在安家庄祝圣了郎主教。同时,传信部通知孟振生取消北京教区的名义,直隶西南区仍归他代管。孟振生暂托自己的辅理主教董若翰管理直隶西南代牧区。1858 年 12 月 14 日,教宗比约九世下达诏书,决定由董若翰管理西南遣使会接受的教区①。董若翰正式成为直隶西南代牧区的宗座代牧。

1856 年,北京教区被划分成 3 个宗座代牧区,北京教区的名义从此被取消。

表 1.4　1856 年直隶 3 个宗座代牧区基本情况摘录表

代牧区名称	所辖范围	代牧主教	堂口(处)	信徒(人)
直隶北部代牧区	北京、宣化府、保定府、天津府、永平府	孟振生	250	16500
直隶东南代牧区	河间府、广平府、大名府、深州、冀州	郎怀仁	94	10000
直隶西南代牧区	正定府、顺德府、赵州、定州	孟振生(1856—1858) 董若翰(1858—1869)	122	12000

资料来源:Octave Ferreux:《遣使会在华传教史》,第 213—214 页,陈方中:《法国天主教传教士在华传教活动与影响(1860—1870)》,第 49 页。

第三节　河北乡村教会的建立

自 1856 年直隶划分为 3 个代牧区后,天主教在中国的处境也正发生很大变化。1844 年和 1846 年,清道光帝连续两次发布驰禁天主教上谕,使传教士获得在中国通商口岸传教的权利,结束了中国 100 多年的禁教历史。1856—1860 年第二次鸦片战争期间,清政府与西方列强各国签订的新的不平等条约,把传教士的传教区域从沿海扩大到内地,标志着天主教在中国正式开放。传教士堂而皇之地在中国内地进行传教活动,天主教会在河北乡村普遍建立起来。

① A.Morelli, C.M., *Notes D'Histoire Sur le Vicariat de Tcheng-Ting-Fou 1858 - 1933*, Imprimerie des Lazaristes, Pei-P'ing, 1934, pp.6 - 7.

一、直隶北部宗座代牧区

直隶北部代牧区是原来北京教区的核心地区，它以北京为中心，包括宣化府、保定府、天津府、永平府，拥有北京、宣化府、京东、保定府4个总铎区，教徒16500人，由法国遣使会管理，孟振生任宗座代牧。1857年，孟振生辞去蒙古宗座代牧的头衔，专管直隶北部代牧区，蒙古宗座代牧由其辅理主教孔主教担任。

早在北京教区划分以前，孟振生就想借道光帝的条约收回禁教时期被没收的北京天主教堂，只是这时他没有在内地传教的公开身份，所以归还教堂不能获得成功。1860年8月，英法联军攻占天津，北京门户打开。咸丰皇帝逃奔热河，派其弟恭亲王负责与英法交涉全权事宜。恭亲王听说孟振生此人，乃派他与西洋人交涉，时在天津的董若翰也参与斡旋。条约签订后，恭亲王于10月28日接见了他们，他们的合法地位被中国官方正式接受①。在法国政府和不平等条约的保护下，北京的教堂和教产被一一归还。首先归还的是栅栏墓地和南堂，接着北堂、东堂和西堂也相继交还。10月29日，在法国远征军的护卫下，南堂重新开放。由于南堂并未毁坏，大体轮廓还在，法国海军在屋顶上放了十字架，于当天举行弥撒，董若翰为法军阵亡将士作追思祷告，孟振生负责讲道，他流着泪感谢法皇拿破仑三世，感谢率军打仗的将军和士兵，感谢特使和中国签订条约，他说在他们的努力下，使天主教在中国获得了自由②。这样，法国公开接受了保护传教区及教会自由的任务③。法国对天主教的保教权也由此固定下来。保教权在短时期内虽然使天主教获得很大发展，可它毕竟是不平等条约下的产物，带有强烈的殖民色彩，受到中国民众的抵制和反对。随着以后民教矛盾斗争的不断加剧，保教权的弊病也日益凸显出来。所以，从长远看，保教权对天主教发展是有害无利。后来一些教会人士也对法国保教权提出批评，罗马教廷最

---

① A.Thomas, *Histoire de la Mission de PéKin-Depuis L'Arivée des Lazaristes Jusgu'a la Revolte des Boxeurs*, Paris, 1926, p.395. 转引自陈方中：《法国天主教传教士在华传教活动与影响（1860—1870）》（博士学位论文），台湾师范大学历史研究所，1999年，第141页。

② Ibid., pp.398－399. 转引自陈方中：《法国天主教传教士在华传教活动与影响（1860—1870）》（博士学位论文），台湾师范大学历史研究所，1999年，第141—142页。

③ A.Morelli, C.M., *Notes D'Histoire Sur le Vicariat de Tcheng-Ting-Fou 1858－1933*, Imprimerie des Lazaristes, Pei-P'ing, 1934, p.32.

终亦取消了法国保教权①。尽管保教权有上述弊病,但在当时条件下,它却受到传教士普遍的欢迎,特别是法国籍传教士更是凭着法国政府的保护,要求归还教产,干涉诉讼,激化了矛盾,引发了一些教案。

继北京四堂归还后,各地传教士也向政府提出归还教堂的要求。1861 年 10 月,法使哥士耆致函直隶总督,要求查还宣化府城内原有天主堂旧址,宣化府知府李培祜以查无实据为由,欲令传教士择地租给,直隶总督认为还是择地给予,以示宽厚。后法使指出旧有天主堂不止一处,沙坡街府学即是堂地。在法使压力下,总督决定将府城柳川书院或郭姓宅房择给一处,由于书院系宣化府 10 州县生童肄业之处,绅董不肯给予,后由政府于 1862 年 5 月筹拨纹银 5000 两,买下县城财神庙街郭姓民宅一处,交与法国传教士梁儒望②,此归还教堂地基案才算结束。其他地区例如宛平等地也有类似的案件发生。

在归还了北京教产之后,孟振生于 1861 年初去欧洲,参加遣使会的总会议。他在欧洲备受瞩目,到处有人请他讲演、参加会议,他还觐见教宗,并拜见了拿破仑三世,法皇问他最需要什么,他回答:"最使我乐意的是送我所需要的传教士及修女直到天津"。于是,他在一艘法国政府船只的运送下,在 1862 年 6 月 30 日,带着 4 个传教士、2 个辅理修士、14 个修女及 36000 公斤的行李回到天津③。这批修女"只有 5 名修女应当留在天津,其余的传教士和仁爱会修女还要继续兼程前往北京"④。她们来中国的目的是从事慈善事业,开办孤儿院与施诊所等。而这些留在天津的修女在以后的天津教案中都成了遇难者。

孟振生回到北京后,立刻着手修复并建立北京四堂及其附属建筑,他选择北堂作为主教坐堂。北堂在 1864 年毁于大火,他决定于 1865 年重建,到 1867 年即完工,并举行了祝圣典礼。1868 年 12 月 4 日,孟振生去世。孟振生任宗座代牧的时代,正是天主教开始发展的时代。天主教凭着合法地位,

---

① Octave Ferreux 著,吴宗文译:《遣使会在华传教史》,台湾华明书局 1977 年版,第 204 页。

② 张贵永、吕实强等编:《教务教案档》第 1 辑第 1 册,台湾"中央"研究院近代史研究所 1974 年版,第 258—265 页。

③ A.Thomas, *Histoire de la Mission de Pékin*, pp.411－412. 转引自陈方中:《法国天主教传教士在华传教活动与影响(1860—1870)》(博士学位论文),台湾师范大学历史研究所,1999 年,第 143 页。

④ [法]高若翰著,宋乐山译:《仁爱会修女的事业》,《天津宗教资料选辑》第 1 辑,天津宗教志编辑室 1986 年版,第 13 页。

建立教堂,发展教徒,教务取得很大进展。孟振生刚管理北京教区时,只有安家庄2座小堂,他去世时留下30余座教堂;信徒也从刚划分教区时约17000人,增长到24000人①。其继任者苏凤文、田嘉璧、戴济世、都士良和樊国梁都重视教务发展。表1.5是直隶北部代牧区1856—1899年的教务情形,一定程度上反映了代牧区的发展概况。

表1.5 1856—1899年直隶北部代牧区教务统计表

<table>
<tr><th>年度
项目</th><th>1856</th><th>1868</th><th>1884</th><th>1899</th></tr>
<tr><td>教徒(人)</td><td>16500</td><td>24000</td><td>32044</td><td>43894</td></tr>
<tr><td>领洗教徒子女(人)</td><td></td><td></td><td>1742</td><td></td></tr>
<tr><td>领洗外教人病重时的子女(人)</td><td></td><td></td><td>8715</td><td></td></tr>
<tr><td>成人领洗(人)</td><td></td><td></td><td>77</td><td>1711</td></tr>
<tr><td>望教者(人)</td><td></td><td></td><td>1011</td><td></td></tr>
<tr><td>教堂与神父住所(处)</td><td></td><td rowspan="3">30</td><td>25</td><td></td></tr>
<tr><td>公开教堂(座)</td><td></td><td>128</td><td></td></tr>
<tr><td>小堂(座)</td><td>2</td><td>132</td><td></td></tr>
<tr><td>外籍遣使会士(人)</td><td></td><td></td><td>15</td><td>23</td></tr>
<tr><td>华籍遣使会士(人)</td><td></td><td></td><td>12</td><td>16</td></tr>
<tr><td>华籍教区神父(人)</td><td></td><td></td><td>12</td><td>20</td></tr>
<tr><td>大修士(人)</td><td rowspan="3">36</td><td></td><td></td><td>23</td></tr>
<tr><td>小修士(人)</td><td></td><td></td><td>88</td></tr>
<tr><td>辅理修士(人)</td><td></td><td>4</td><td>2</td></tr>
<tr><td>仁爱会修女(人)</td><td></td><td></td><td>32</td><td>31</td></tr>
<tr><td>若瑟会修女(人)</td><td></td><td></td><td>32</td><td>63</td></tr>
<tr><td>医院(所)</td><td></td><td></td><td>3</td><td></td></tr>
</table>

资料来源:Octave Ferreux著,吴宗文译:《遣使会在华传教史》,台湾华明书局1977年版,第213—214、235、275—276、327页。

表1.5是整个代牧区总的发展情况,涉及各地区,情形不尽相同。宣化自1868年设为总堂后,次年即开始在清政府归还的郭宅处建立教堂,1872年始告完竣。1877年,又在苏家房子、黄土岗子、石家房子和沙地房子四个

① Octave Ferreux著,吴宗文译:《遣使会在华传教史》,台湾华明书局1977年版,第235页。

村建立了小教堂。1882 年,杨家沟、南屯和双树子教堂也相继建立。1896 年,建立了纸房口本堂和西小庄子本堂。在 1871 年,宣化一带的教徒已发展到 4150 人,准备入教的还有 165 人①。保定地区是天主教发展最早的地区之一,徐水县安家庄在 1860 年前曾是主教的座堂,在此期间,保定一带即有教徒 1710 人。主教座堂迁入北京后,安家庄成为保定区的总堂。到 1871 年,保定地区教徒已达 6200 人。青苑县的东间、北河庄、南宋村、大侯村、小望亭等村先后开教,到 1877 年,东间、北河庄、吕家屯、南宋村等村先后建立教堂②,1899 年,保定区已有 6 座教堂及 12026 名教徒③。

与其他地区比,天津地区是新教区,它不仅开教晚,而且教徒数量少。1858 年,孟振生派神父邱若瑟至天津开设一小施药房,教徒只有数十名。1861 年,卫儒梅继其位。1862 年,孟振生自欧洲同来的 5 位仁爱会修女留在天津,设立了仁慈堂,收养孤儿及施药。1866 年,谢福音来到天津,据其 1867 年统计,天津共有教徒 202 名。1869 年,望海楼教堂竣工,取名“得胜圣母堂”。1870 年,天津教案爆发,打死教士、修女、商人 10 多人,天主教受到沉重打击。1883 年,天津教会只有望海楼、紫竹林、锦衣卫桥、线儿河、南皮、盐山 6 个堂口,教徒总数 1224 名。到 1898 年,天津教徒也只有 2428 名④。远远落后于保定、宣化等地。

从 1856 年教区划分到 1899 年几十年的时间里,永平府教务亦有很大进展。永平府卢龙县天主教自道光年间由建昌营传入,1887 年在县城北街建筑教堂。至光绪“二十五六七年陆续永租城内大新坡地,建设今之教堂为永遵十属天主教总堂”⑤。迁安县天主教信徒以建昌营一带为最多。在教徒数量增加、堂口增多形势下,宗座代牧樊国梁于 1899 年回到罗马,向教宗报告代牧区情形,愿从教区东部划出一个新的代牧区。教宗赞成这个建

---

① 王明生、王维民:《宣化天主教发展简史》,《张家口文史资料》第 16 辑,政协张家口市文史资料研究会 1989 年版,第 130、135 页。

② 郑汉青:《天主教点滴漫谈及青苑县天主教概况》,《青苑文史资料》第 1 辑,政协青苑县文史资料研究会 1992 年版,第 215 页。

③ Octave Ferreux 著,吴宗文译:《遣使会在华传教史》,台湾华明书局 1977 年版,第 455 页。

④ 赵永生:《天主教传行天津概述》,《天津宗教资料选辑》第 1 辑,天津宗教志编辑室 1986 年版,第 4—6 页。

⑤ 童天华等修,李茂林等纂:《卢龙县志》,中国方志丛书华北地方第 145 号,台湾成文出版社 1968 年版,第 207 页。

议，乃将直隶北部代牧区划分，形成直隶东部代牧区，任命荷兰籍遣使会士武致中为第一任宗座代牧。主教府设在永平府（今卢龙县城）。代牧区下辖卢龙、丰润、遵化、玉田、临榆、滦县、乐亭、抚宁、迁安、昌黎共10个县。此后，直隶东部代牧区从直隶北部代牧区分离出去，独立开展教务。

二、直隶西南宗座代牧区

直隶西南代牧区位于直隶西南部，距北京262公里，东西长约150公里，位于东经114°—116°之间；南北长约300公里，位于北纬36°—39°之间。① 它包括正定府、顺德府、赵州、定州，下辖正定、新乐、行唐、阜平、平山、灵寿、藁城、获鹿、井陉、栾城、元氏、赞皇、无极、晋县、定县、曲阳、深泽、邢台、南和、唐山（今隆尧县）、任县、沙河、内邱、平乡、广宗、巨鹿、赵县、柏乡、宁晋、隆平、高邑、临城32个县，由遣使会管理，主教府设在正定。

1856年北京教区刚划分时，由孟振生代理直隶西南代牧区宗座代牧，孟振生委任其辅理主教②董若翰署理。1858年，董若翰正式被任命为直隶西南代牧区宗座代牧。其时代牧区有外籍遣使会士1人，为林安当，5位国籍遣使会士，还有2位不入会的本地神父，全区共有13000或14000名教徒，分散在127个堂口③。

直隶西南地区是天主教最早传入的地区之一。明末京城有个冯尚书，是宁晋县唐邱镇赵平邱村人，他受利玛窦劝化信教，因其有两个妻子，不能立刻领洗，就向乡人传教，信教人数逐渐增多，奠定了宁晋初期教会的基础。藁城和晋州开教则始于清初。传说从清初开始，有两个信教官员被派到藁城和晋州，他们在那里传教，劝化了许多文人，这两个县有不少信徒，同时也

---

① A.Morelli, C.M., *Notes D'Histoire Sur le Vicariat de Tcheng-Ting-Fou 1858 - 1933*, Imprimerie des Lazaristes, Pei-P'ing, 1934, p.8.

② 按天主教教会法典规定，辅理主教没有继承主教的权利，助理主教才有继承权。可能由于翻译的原因，《遣使会在华传教史》等书籍都称主教选定的人选为辅理主教，有继承主教的权利。

③ A.Morelli, C.M., *Notes D'Histoire Sur le Vicariat de Tcheng-Ting-Fou 1858 - 1933*, Imprimerie des Lazaristes, Pei-P'ing, 1934, p.6. 另据 Octave Ferreux:《遣使会在华传教史》第214页载，本代牧区刚划分时有教徒12000人。

传到周围各地①。禁教时期，这些地区天主教受到打击，许多信徒背教。

董若翰署理西南代牧区初期，传教士在内地活动仍被禁止。1857 年 1 月 1 日，董若翰在白石口村传教，官兵突然而至，他仓皇逃脱。与此同时，1858 年至天津开药铺的国籍神父邱云亭被捕。1860 年主动投案的董若翰与邱云亭一起被驱逐。4 个月后他们到达上海。时英法联军正准备进攻天津，董若翰应普罗泰舰队长的邀请搭乘军舰回到天津，并与孟振生一起参与了英法联军与中国方面的停战斡旋。1860 年底，董若翰来到正定府，住在离官方衙门不远的一个小旅馆里，他拜见政府官员，要求归还正定天主堂旧址。1861 年 10 月，董若翰请法国使臣哥士耆致函总督，要求将府城崇因寺或皇帝行宫抵还旧堂，总署以两处“不便给予”答复，拟另行择给相当之地租于该国自行建造。后法国呈出直隶天主教堂“清单”，并称 70 余处只要查还正定、宣化二三处即可，余皆不必办理（后来事实并非如此）。清政府在权衡后，于 1862 年 3 月答应将正定府行宫给董若翰建天主堂②。董若翰对于取得皇帝行宫非常兴奋，认为它们具有的宣示效果，比许多皇帝的谕令更有效③。

从 1860 年开始，董若翰不停地视察教区，宣讲道理。他给传信部负责人写信说：“几个月来，我不但巡视了老教友村，也巡视教外村庄，我不但在家中讲道，还在公开场所、甚至在房顶上讲，有一张桌子，一条椅子，我就开始宣讲，9 个村全部愿意奉教，在 20 个村中，许多家庭摒弃了偶像，愿意恭敬天主。柏乡县贾庄有 70 家，路村有 50 家，寨里有 65 家，小里有 50 家；在东南面唐山县的东董有 100 家，西董有 40 家；任县兰村有 70 家；邢台县辛掌有 60 户。”④

---

① A.Morelli, C.M., *Notes D'Histoire Sur le Vicariat de Tcheng-Ting-Fou 1858 - 1933*, Imprimerie des Lazaristes, Pei-P'ing, 1934, pp.12 - 13.

② 张贵永、吕实强等编：《教务教案档》第 1 辑第 1 册，台湾“中央”研究院近代史研究所 1974 年版，第 242—254 页。

③ “Lettre de Mgr.Anouilh à M. le Directeur de l'OEuvre de la Propagation de la Foi , 10 mars 1862”, *Annales de la Congrégation de la Mission*, Tome XXXI, paris, 1866, p.21.转引自陈方中：《法国天主教传教士在华传教活动与影响（1860—1870）》（博士学位论文），台湾师范大学历史研究所，1999 年，第 143 页。

④ A.Morelli, C.M., *Notes D'Histoire Sur le Vicariat de Tcheng-Ting-Fou 1858 - 1933*, Imprimerie des Lazaristes, Pei-P'ing, 1934, p.37.

董若翰向教外人传教时，总是把同治帝1862年颁发给传教士的谕单带在身边，他宣讲道理时说："我有皇帝的谕旨，他指着桌子上用黄色丝绸写的皇帝的谕单说，大家都可以信奉天主教，任何人不能阻挡，连皇上亦不能，官员更不能了。"于是向人们宣讲道理。有人问："大人，你管理我们的诉讼么？"他回答说："若是公道合理的事，你们守好教会的规矩，放心吧，管保我要去管理。"①于是，来找董若翰的人更多了，有人为了获得保护，不惜歪曲事实，并以入教为条件，一时入教人数大增。由于这种传教方法效果明显，其他代牧区神父亦纷纷仿效，人们称它为"诉讼时代"，由条约开始，约有30年的历史②。

1867年，董若翰开始建立正定府主教座堂，另外又在各地建立了40多座教堂或小堂。1869年2月，董若翰在正定去世，由戴济世继任宗座代牧。戴济世继任主教初期，董若翰归化的教徒数目下降，1万名新教徒只有五六千名还保留着，原因是有些人听道理只为钱财，董若翰把这些听道者也计算在信徒内。而1870年的天津教案对直隶西南代牧区也产生很大影响，教外人皈依天主教的运动停止了。10年间，信徒的数字并没有增加，到1880年仅能领洗成人200—300名，后增至500名③。在此期间，戴济世主要采取作僻静的方式坚固教徒信德，培植新教徒。这个方法使一些冷淡的信徒归正，激发了他们信仰热情。1881年以后，慕道者（即望教者）不断增长，教徒数字开始回升。1881年教徒数目达到22211人，1882年到22618人，1883年到23219人，1884年到25035人④。1884年，戴济世调到北京任直隶北部代牧区宗座代牧，都士良继任直隶西南宗座代牧。

都士良上任后，着手实行前任主教戴济世的计划，将代牧区南部由柏乡贾庄分出，建成一个以顺德城（今邢台市）为中心的新区。都士良命贾庄总本堂神父包儒略在顺德城买地，以建筑教堂和神父住所，但遭到城内文人和绅士的反对。然而由于不平等条约的保护，包儒略最终获得成功，这就增加

---

① A.Morelli, C.M., *Notes D'Histoire Sur le Vicariat de Tcheng-Ting-Fou 1858－1933*, Imprimerie des Lazaristes, Pei-P'ing, 1934, pp.38－39.

② Octave Ferreux著，吴宗文译：《遣使会在华传教史》，台湾华明书局1977年版，第239页。

③ A.Morelli, C.M., *Notes D'Histoire Sur le Vicariat de Tcheng-Ting-Fou 1858－1933*, Imprimerie des Lazaristes, Pei-P'ing, 1934, p.79.

④ A.Morelli, C.M., *Notes D'Histoire Sur le Vicariat de Tcheng-Ting-Fou 1858－1933*, Imprimerie des Lazaristes, Pei-P'ing, 1934, p.85.

了绅士反教的情绪。1885—1890 年,都士良视察整个教区,对不同地区作了不同评价。他评价最高的是宁晋区,认为它是最好的区域,是全教区的珍珠①。1890 年,都士良调到北京,直隶西南代牧区暂时没有主教,由梅慎思管理教区。1891 年,罗马教廷任命包儒略为治纳的名义主教及正定的宗座代牧。包儒略注重培植神职人员。1893 年,他在柏棠墓地附近造了几间房子,把小修院迁过去,任马进贤为院长。他后来祝圣了许多中国神父。1895 年,包儒略赞同孟爱理的建议,在代牧区成立了一个男人团体——保禄会,目的是帮助传教,解决传教先生不足的问题。在他任职的 15 年中,代牧区组织完备,分成 8 个总本堂区,每区有一个总本铎,由二三位传教先生助之。在 440 个村庄中宣讲过道理,大堂区才有教堂。1899 年,张若望在边村盖了 1 座教堂,以后在高邑县李村和顺德府建了较小教堂,孟爱理也在秀才营、朱家庄建了教堂②。1900 年共有 8 座教堂,240 座小堂,在许多村中,没有聚众念经场所③。

表 1.6　1856—1898 年直隶西南代牧区教务统计表

项目＼年度	1856	1870	1885	1899
教徒(人)	13000—14000	21615	25555	32262
堂口(处)	127	339		
大教堂(座)			30	
小堂、公所(所)			211	240
外籍神父(人)	1 人,另有外籍主教 1 人		12	10
华籍神父(人)	7		15	19
全年办神功次数(人次)			17256	22862
全年领圣体次数(人次)			31279	14254
成人领洗(人)			425	515

---

① A.Morelli, C.M., *Notes D'Histoire Sur le Vicariat de Tcheng-Ting-Fou 1858 – 1933*, Imprimerie des Lazaristes, Pei-P'ing, 1934, p.100.

② A.Morelli, C.M., *Notes D'Histoire Sur le Vicariat de Tcheng-Ting-Fou 1858 – 1933*, Imprimerie des Lazaristes, Pei-P'ing, 1934, pp.109 – 110.

③ Octave Ferreux 著,吴宗文译:《遣使会在华传教史》,台湾华明书局 1977 年版,第 312 页。

续表

项目 \ 年度	1856	1870	1885	1899
教徒子女领洗(人)			1186(包括教外儿童)	1474
教外儿童临终领洗(人)				31235
大修士(人)				9
小修士(人)			修院学生 15	47
辅理修士(人)				2
保禄会士(人)				9
仁爱会修女(人)				36
若瑟会修女(人)				52

资料来源:A.Morelli, C.M., *Notes D'Histoire Sur le Vicariat de Tcheng-Ting-Fou 1858 – 1933*, pp.6、97、110; Octave Ferreux:《遣使会在华传教史》,第 240—241、327 页。另 Octave Ferreux:《遣使会在华传教史》第 214 页载,1856 年直隶西南代牧区有教徒 12000 人,堂口 122 处。

直隶西南代牧区自成立后,教务发展很快,至 1900 年,教徒增长近两倍,堂口、教堂亦有较大幅度增加。特别是董若翰担任主教时期,由于他采取吸引人入教的诉讼等传教方式,使教徒人数猛增。1856—1870 年 15 年间,教徒增长近万人。此后代牧区在天津教案的影响下,教务发展缓慢,1870—1885 年间教徒只增长 3940 人,远远落后于董若翰时代。都士良、包儒略任主教后,调整了代牧区的一些传教政策与策略,教务开始回升。

三、直隶东南宗座代牧区

直隶东南代牧区位于直隶东南部,南起北纬 35°18′,北至 38°58′;西起东经 114°8′,东至 117°10′,面积共计 47157 平方公里①。包括河间府、广平府、大名府 3 府,深州、冀州、景州、开州(今河南濮阳)、磁州 5 州,下辖任丘、肃宁、献县、交河、阜城、故城、宁津、吴桥、东光、永年、曲周、肥乡、鸡泽、广平、邯郸、成安、威县、清河、大名、元城、南乐、清丰、东明、长垣、魏县、南宫、新河、枣强、武邑、衡水、饶阳、武强、安平 33 个州县。直隶东南代牧区由

① 张奉箴:《献县教区简史》,见《赵主教振声哀思录》打印稿,台湾 1976 年印行,第 150—151 页。

耶稣会士管理,郎怀仁为第一任宗座代牧。

1856年教区刚划分时,拥有广平、河间两个总堂区,堂口94处,教徒约10000人[①]。1857年3月,郎怀仁在保定安家庄接受孟振生的祝圣后,于4月来到直隶东南代牧区的威县赵家庄,拟定此地为主教府所在地。不久,郎怀仁便感觉到"以此处为代牧区中心位置不够适宜,对整个教区的管理不便"[②]。另外,由于威县地处直隶、山东交界处,是白莲教等秘密会门活跃地区,他们多次攻占威县赵家庄教堂。有鉴于此,郎怀仁决定把主教府北迁。1861年3月,郎怀仁派神父徐听波和修士吉玉隆到献县考察,决定把献县附近的张家庄作为主教府所在地。从4月到7月,徐听波等传教士在张家庄盖起25间房,暂作主教座堂。10月,郎怀仁来到张家庄,修道院随后也迁移到这里。1863年12月3日,主教座堂正式动工建造,经过3年施工,1866年始告完竣。这座哥特式教堂"为十字形,东西广二十余丈,门楼一,高八丈余,分三层,每层悬铜钟一,以铁轮击之,每晨行祭即鸣其一,以聚众;遇行大礼则三钟齐鸣,喤喤乎声闻七、八里"[③]。这座教堂在直隶乡村不仅规模大,而且建筑时间较早,是我国境内第一座奉献于圣心的大堂,故有"华北第一堂"之称。1864年,郎怀仁利用不平等条约的保护,强买献县云台山,以后作为传教士墓地。除了张家庄总堂外,代牧区还有深州、广平府、河间府3处中心。这样,直隶东南代牧区初具规模。

1865年,郎怀仁调到江南代牧区任代牧主教,直隶东南宗座代牧由杜巴尔继任。1866年,在献县陵上寺村设立了1座协助传教的男子师范学校,在威县赵家庄建立了1座男孤儿院,在魏村建立了1座女孤儿院,鄂答位建了1所协助传教的女子师范学校,在河间也开设了1个传教员训练学校。1867年12月,教徒增至15000人,10位神父(包括主教、会长神父和1位中国神父),代牧区分为3个地区:南区是广平府和大名府,教徒4000名;东区有4县,1000名教徒;北区是河间府和11县,教徒9000名,河间还有900个家庭研究天主教道理[④]。1868年,部分捻军在首领张宗禹的带领下

---

① Octave Ferreux 著,吴宗文译:《遣使会在华传教史》,台湾华明书局1977年版,第214页。

② 赵振生译:《耶稣会士在直隶东南教区史记》第1册,转引自泉水:《天主教献县张家庄总堂》,《中华文史资料文库》第18卷,中国文史出版社1996年版,第735页。

③ 薛凤鸣修,张鼎彝纂:民国《献县志》卷十五,1925年铅印本,第3页。

④ 刘献堂:《献县教区简史——庆祝教区成立150周年》打印稿,台湾2006年印行,第86页。

攻占献县城。之后，闯入张家庄总堂，捣毁一些圣像祭器，掳去3位神学院学生、会长神父的传道员和几个基督徒①，后来他们又被释放回来。

捻军并没有对教区造成很大伤害，教区教务继续进展。1871年，全区信徒增至21519名②。1877年，教区遭受旱灾和瘟疫，6位教士死亡。虽然遭受很大困难，1876—1877年仍然领洗成年人1110名、教外父母婴儿5183名、教徒父母婴儿770名；望教者2873名，坚振者446名，领婚配者116名，领傅油礼者269名，听告解39027人次，领圣体33313人次③。1878年，杜巴尔在吴桥去世，副主教鄂尔璧成为代理主教。鄂尔璧曾于1866—1877年、1878—1884年前后17年间为直隶东南代牧区耶稣会会长，并兼教区副主教。他提出并大力推行三种传教方式：一是包揽诉讼，即以全家和所隶属的人声明奉教为条件，由教士出面斡旋，使当事人在诉讼中获胜；二是开办学校，即用国内外教徒捐助的钱开办走读学校和其他各类学校，学生免费受教育，甚至免费在学校用膳和住宿；三是施赈救济，即向遭遇天灾人祸的穷人施以救济或由教会置买土地，租给无地穷人耕种。这种传教方式很有成果④。广平府成安县在“光绪元二年间由法国教士鄂答位自大名传教至成，是时信奉之人甚属寥寥，迨光绪十年后，信奉者渐多”⑤。

1880年，步天衢被任命为直隶东南代牧区主教。1881年，在云台山建立若瑟堂。1886年教区提倡退省神功，是年教徒达到34535人。1891年，全教区教徒已达38765人，其中河间府21390名，深州3553名，冀州3632名，广平府9119名，大名府1071名⑥。相比较而言，河间府是教徒比较集中地区，大名府教徒人数最少。河间府献县的陵上寺村到1892年已有180年奉教历史，教徒380名，是一个典型的教徒村；河间范家圪垯村亦是一个

---

① 中国第一历史档案馆、福建师范大学历史系合编：《清末教案》第4册，中华书局2000年版，第169—170页。

② 陈义：《献县教区简史》，天主教沧州（献县）教区2000年版，第7页。

③ 张奉箴：《献县教区简史》，《赵主教振生哀思录》打印稿，台湾1976年印行，第175—176页。另据刘献堂：《献县教区简史——庆祝教区成立150周年》第94页统计，告解39627人次。

④ 献县民族宗教事务局：《献县宗教志》打印稿，1990年印行，第10页。

⑤ 张应麟修，张永和纂：《成安县志》（二），中国方志丛书华北地方第199号，台湾成文出版社1969年版，第399页。

⑥ 张奉箴：《献县教区简史》，《赵主教振生哀思录》打印稿，台湾1976年印行，第178—179页。

教徒村，拥有教徒 220 名。1893 年，磁县的彭城镇有教徒 10 余名，田家庄有教徒 20 余名；交河县有会口 14 处，教徒 1500 名，其中老信徒 600 多名。主要会口是留信、郝村、宋庄、赵家楼等①。到 1900 年义和团运动前，全区教徒达到 50875 人②。

表 1.7　1856—1899 年直隶东南代牧区教务统计表

<table>
<tr><th>年度
项目</th><th>1856</th><th>1864</th><th>1877</th><th>1891</th><th>1898</th><th>1899</th></tr>
<tr><td>教徒（人）</td><td>9475</td><td>11367</td><td>26023</td><td>38765</td><td>47086</td><td>50875</td></tr>
<tr><td>望教者（人）</td><td>15</td><td>1865</td><td>2873</td><td>3143</td><td>6018</td><td></td></tr>
<tr><td>会口（处）</td><td>132</td><td>164</td><td>387</td><td></td><td>668 附属会所 1165</td><td></td></tr>
<tr><td>大教堂（座）</td><td></td><td rowspan="2">15</td><td>1</td><td></td><td rowspan="2">637</td><td rowspan="2">676</td></tr>
<tr><td>小堂（座）</td><td></td><td>160</td><td></td></tr>
<tr><td>外籍司铎（人）</td><td>3</td><td>8</td><td rowspan="2">34</td><td>36</td><td rowspan="2">57</td><td>40</td></tr>
<tr><td>华籍司铎（人）</td><td>3</td><td>2</td><td>11</td><td>16</td></tr>
<tr><td>传教员（人）</td><td>3</td><td></td><td>92</td><td>174</td><td>435（234 位在校任教）</td><td></td></tr>
<tr><td>传教贞女（人）</td><td>数名</td><td></td><td>86</td><td>162</td><td>成年贞女教师 49，准备成为传教员的贞女 96</td><td></td></tr>
<tr><td>孤儿院（所）</td><td></td><td>3</td><td>4</td><td>6</td><td>8</td><td></td></tr>
<tr><td>男校教员（人）</td><td></td><td>校长 12</td><td>67</td><td></td><td></td><td></td></tr>
<tr><td>女校教员（人）</td><td></td><td>校长 6</td><td>61</td><td></td><td></td><td></td></tr>
<tr><td>修士（人）</td><td></td><td>28</td><td>45</td><td>修士 17
修生 112</td><td>修士 18 修生 194</td><td>辅理修士 11</td></tr>
</table>

资料来源：《赵主教振声哀思录》，第 171—184 页；刘献堂：《献县教区简史》，第 56、76—77、94、110—111、122—123、126 页。另据 Octave Ferreux：《遣使会在华传教史》第 214 页统计，1856 年本代牧区有教徒 10000 人，堂口 94 处；《赵主教振声哀思录》第 174 页统计，1877 年本代牧区教徒为 26000 人。另刘献堂：《献县教区简史》第 122 页统计，1898 年教徒人数为 47486 人。

直隶东南代牧区自成立后，教徒数目不断增加，到义和团运动前夕，几

① 张奉箴：《献县教区简史》，《赵主教振生哀思录》打印稿，台湾 1976 年印行，第 179—180 页。

② 沧州地区民族宗教事务委员会：《沧州宗教志》打印稿，1992 年印行，第 58 页。

乎增长了4倍。会口、教堂逐渐增多。教区刚划分时，尚有15县没有信徒，到1891年，只剩下东明和长垣两县①。这样，到义和团运动前夕，直隶东南代牧区的乡村教会普遍建立起来，形成以总堂为中心，以各分堂为支干的传教网络体系。

四、蒙古宗座代牧区

蒙古宗座代牧区成立于1840年，由法国遣使会署理，孟振生为第一任宗座代牧，主教府设在直隶省崇礼县的西湾子村。1848年，孟振生离开蒙古前，由其副主教孔神父代替自己管理蒙古代牧区教务。1857年，孔神父由教宗正式任命为蒙古宗座代牧区宗座代牧。

西湾子是天主教传入最早的地区之一。1700年前后，西湾子第一位教徒张根宗领洗后，劝化了同乡人进教，不久，西湾子即建立第一个小学。1726年，全村居民“有100人上下都进了教，只有两人没有被劝化。”②禁教期间，此地由于偏居一隅，教徒没有受到大的冲击，并且还成为一些神父藏身的好地方。1829年，遣使会北京传教区会长薛玛窦带领北堂修道院的8位修生来到西湾子，成为西湾子的第一任本堂神父，此后，在西湾子堂区创办了一个修道院。1835年，孟振生来到西湾子，接替薛玛窦成为北京传教区会长，在他们的推动下，西湾子教务有了很大进展。1836年，西湾子已有676位教徒，几近全村的人数。当时蒙古地方有教徒2000人，另有望教者32人③。1851年西湾子村及附近村庄教徒人数总计达到1934人。

表1.8 1851年西湾子村及附近村庄教徒人数统计表 （单位：人）

西湾子989	七道沟23	大南沟84	白桦沟81
五道沟45	高家营子117	门扇川50	和气营30
四道沟22	桦林背19	二道营24	石窑子63
黄土梁42	贾麻子沟61	擒虎路沟24	吴东窑31

① 张奉箴：《献县教区简史》，《赵主教振生哀思录》打印稿，台湾1976年印行，第171、179页。

② 隆德理：《西湾子圣教源流》，古伟瀛编：《塞外传教史》，台湾光启文化事业2002年版，第12页。

③ 隆德理：《西湾子圣教源流》，古伟瀛编：《塞外传教史》，台湾光启文化事业2002年版，第22—23页。

续表

翠花沟 20	二道沟 31	五号 71	大北沟 107
合计:教徒 1934			

资料来源:隆德理:《西湾子圣教源流》,古伟瀛编:《塞外传教史》,台湾光启文化事业 2002 年版,第 42 页。

孔主教去世前,蒙古宗座代牧区有教徒不到 6000 人,外籍传教士 4 人,中国籍司铎 5 人,修生 19 人①。1859 年,孔主教去世,由副主教戴济世署理蒙古宗座代牧区教务。

由于人力不足,遣使会决定把蒙古宗座代牧区让给其他修会管理。适值比利时神父南怀仁②创立了圣母圣心会,其宗旨就是要向远东特别是中国传教。传信部经过考虑,于 1864 年 8 月正式决定把蒙古宗座代牧区交给比利时圣母圣心会来管理。1865 年 12 月,第一批比利时传教士抵达西湾子,遣使会士则逐渐退出③。第一批到达的圣母圣心会士共有 4 位,即会祖南怀仁、司维业、良明化、韩默理,南怀仁以副主教的身份管理蒙古宗座代牧区。自孔主教 1859 年去世后直到 1874 年,蒙古宗座代牧区没有代牧,南怀仁及其后的司牧灵、韩默理、巴耆贤 4 人自 1865 年至 1874 年间,均以副教主身份掌管蒙古宗座代牧区。原因在于圣母圣心会刚刚成立,传信部对他们的能力有所担心,认为他们"最明智的办法就是由修会一位会士管理该区,管理者虽非主教,但有主教的权位"。随着"圣母圣心会的会士不断增加,足以分配蒙古教区的需要,并有相当的能力……到那个时候,我们将从圣母圣心会会士当中选派一位代牧,和别的教区一样,这位代牧具主教的地位"④。

① 隆德理:《西湾子圣教源流》,古伟瀛编:《塞外传教史》,台湾光启文化事业 2002 年版,第 33 页。

② 南怀仁(1823—1868),比利时人,圣母圣心会创始人(会祖),抵达中国时取名南怀仁,与早期耶稣会著名传教士南怀仁(1623—1688,比利时籍)名字相同。后来圣母圣心会士发现会祖的遗物中留有一个印章,上头刻有"南怀义"3 字,显示圣母圣心会会祖可能为了与耶稣会南怀仁神父有所区别而欲改名,唯因他去世太早,来不及使用这个名字。近年来,圣母圣心会为区别这两位比利时籍传教士,决定以"南怀义"这个名字来代表该会会祖。但本书还是采取传统用法,仍把圣母圣心会会祖名字写作"南怀仁"。

③ Ibid., pp.449 - 452.转引自陈方中:《法国天主教传教士在华传教活动与影响(1860—1870)》(博士学位论文),台湾师范大学历史研究所,1999 年,第 148 页。

④ 隆德理:《西湾子圣教源流》,古伟瀛编:《塞外传教史》,台湾光启文化事业 2002 年版,第 55 页。

1874 年蒙古代牧区已有 22 位传教士，另有 6 位中国神父，罗马认为此时是任命宗座代牧最适当的时机，于 10 月 23 日公布巴耆贤为蒙古宗座代牧①。

圣母圣心会刚刚接管蒙古代牧区时，代牧区被分成三个部分，其一为西湾子地区，该区有 25 个传教站及 2700 位教徒；其次是西口外，即长城以西的通道，约有 2000 位教徒分散在 20 个传教站；最后即东区，有 3000 位教徒住在 4 个大传教站的 40 个偏远小堂②。由于地域广阔，南怀仁只好把几位外国传教士分组，南怀仁本人和良明化驻西湾子，管辖总堂、修道院和中区教堂；韩默理和中国神父林道远去热河西北黑水区传教；司维业与二位中国籍神父张神父（Matthew Changching-hsiu）、姚神父（Barnabas Yao）去关东下庙儿沟地区传教。因圣母圣心会的传教士不敷分配，所以遣使会仍继续照管西区，设总堂于兴和县二十三号村。直到 1866 年 9 月，遣使会才离开西蒙古③。在圣母圣心会的管理下，蒙古地区教务有了一定进展。在西湾子地区，南怀仁于 1867 年在教徒较多的高家营村建立了第一个分堂。几年后，五号村也成立了一个分堂。由于神职人员缺少，1865—1872 年，西湾子没有本堂司铎，本堂司铎由其他司铎兼理。1873 年，巴耆贤委任梅秉和为西湾子本堂司铎，次年，由季舍尔接任。1874 年，在西湾子附近村庄五号村、小北沟、大北沟、头道营子村建立了 4 个小堂，由魏士通和中国籍赵神父管理附近各堂教务，教徒分布村庄由 20 个增至 34 个④。传教士在西口外地区、黑水地区等地的传教工作也取得了一定成绩。费尔林敦为二十三号村本堂司铎，经常去探访 16 个小型团体；吕之仙在西营子（后叫南壕堑，今称尚义镇）的工作也颇受蒙古人重视⑤。梅秉和在苦立图使领洗进教的人不少。与西湾子地区最接近的热河地区教务发展很快。自圣母圣心会会祖南怀仁于 1868 年逝世于老虎沟村后，这个村逐渐成为热河地区的传教中

---

① Daniël Verhelst：《向中国传教的比利时》，古伟瀛编：《塞外传教史》，台湾光启文化事业 2002 年版，第 162 页。

② 贝文典：《圣母圣心会在华简史》，古伟瀛编：《塞外传教史》，台湾光启文化事业 2002 年版，第 287 页。

③ 古伟瀛编：《塞外传教史》，台湾光启文化事业 2002 年版，第 47—48、148 页。

④ 隆德理：《西湾子圣教源流》，古伟瀛编：《塞外传教史》，台湾光启文化事业 2002 年版，第 54 页。

⑤ Daniël Verhelst：《向中国传教的比利时》，古伟瀛编：《塞外传教史》，台湾光启文化事业 2002 年版，第 163 页。

心。魏士通任本堂时,在此地盖了神父宿舍、1 所孤儿院及 1 座新堂。这个地区皈依行动规模庞大,慕道人也相对地大幅增加,尤其是三道营子、八沟(今平泉镇)和三十家子等地①。在教务发展的基础上,巴耆贤于 1883 年 5 月向宗座提议,将蒙古代牧区分为三部分,传信部批准了其请求,于 12 月颁发谕令,指定巴耆贤为中蒙古代牧区(察哈尔)代牧,吕之仙为东蒙古代牧区(热河、辽西)代牧,德玉明为西南蒙古代牧区(绥远、宁夏)代牧。中蒙古代牧区主教府所在地为西湾子,东蒙古为松树嘴子,而南蒙古为三盛公。

东蒙古代牧区成立后,主教吕之仙把代牧区分为四个行政区:松树嘴子、北子山后、老虎沟、毛山东。区长分别为薄福音、易维世、唐救灵与叶(艾)步司。1889 年,吕之仙探视老虎沟地区,决定在玻璃沟与八沟建座小堂,在三十家子设小学校与公堂。他指定向迪吉到八沟成立组织推行皈依运动。他与此处本堂林道远密切合作,在西北三台子建了新住所,且修复了公堂,在八沟建新教堂。因三十家子皈依运动的影响,教徒人数大增。北子山后地区发展得也很好,易维世在山后盖了座教堂。第二个基督徒团体在北子山后西北的大城子出现,公堂与神父住所也盖了起来,皈依了许多中国农民。松树嘴子和毛山东地区教务也有一定进展。1891 年,代牧区有望教者 2972 人,其中 1984 人于 1891 年领洗②。是年,在理教与金丹道在朝阳等地起事,烧毁公堂、住所及房屋多处,杀死教徒 170 人,中国司铎林道远亦遇害③。1892 年,代牧区有 20 位司铎:13 位外籍传教士与 7 位中国司铎,增加了传教力量④。1896 年 8 月,主教吕之仙去世,叶步司成为代理代牧。1897 年 7 月 9 日,罗马教廷正式任命叶步司为东蒙古宗座代牧。至 1899 年,代牧区传教士增加到 30 位⑤。

---

① Daniël Verhelst:《向中国传教的比利时》,古伟瀛编:《塞外传教史》,台湾光启文化事业 2002 年版,第 169 页。

② Daniël Verhelst:《向中国传教的比利时》,古伟瀛编:《塞外传教史》,台湾光启文化事业 2002 年版,第 192 页。

③ Daniël Verhelst:《向中国传教的比利时》,古伟瀛编:《塞外传教史》,台湾光启文化事业 2002 年版,第 192 页。

④ Daniël Verhelst:《向中国传教的比利时》,古伟瀛编:《塞外传教史》,台湾光启文化事业 2002 年版,第 193 页。

⑤ Daniël Verhelst:《向中国传教的比利时》,古伟瀛编:《塞外传教史》,台湾光启文化事业 2002 年版,第 194 页。

1883年划分蒙古代牧区时，中蒙古代牧区有教徒8720人，外籍神父13人，中国籍神父3人，西湾子村有1300名教徒①。由于西湾子村人多地少，一些教徒于1886年迁移到西方的黑麻湖村，并引领附近居民奉教。1889年，主教巴耆贤派一位神父到黑麻湖村任本堂，同时在黑麻湖村的南方和北方（张北县周围地方）又成立了几个大的堂区。另外一些教徒迁居到平定堡村（今沽源镇），1888年，巴耆贤主教与何济世一起去平定堡，何济世任本堂司铎。此后，在黑土凹地区陆续建了6个大堂区，平定堡为总堂。1884年后，在土木川平原和七苏木滩上设了一连串村落。巴耆贤派李秀和王庆二位传教先生去此地传教，最后，玫瑰营子（七苏木）成为重要的传教区，西营子本堂司铎刘拯灵自1897年起就住在玫瑰营子。1888年，中蒙古约有教徒10545名，望教者1000名，到1895年，教徒增至14000人，望教者增至2500人②。1895年，主教巴耆贤去世，季舍尔代理中蒙古代牧区教务。1898年，教廷派方济众为中蒙古代牧。1899年，主教方济众在西湾子村正式设立了主教府和堂区，组织结构进一步健全和正规，西湾子村成为该区总本堂区，下辖5个本堂。

表1.9　1899年西湾子总本堂区教务统计表

项目 本堂名称	本村教徒人数（人）	送弥撒堂口数（处）	本堂区教徒总计人数（人）
西湾子总本堂	1905	16	3100
高家营子本堂	242	8	689
五号村本堂	392	7	751
白桦沟本堂	164	6	578
黑麻湖本堂	不祥	2	799
平定堡本堂	不祥	3	989
总计	2703	42	6906

资料来源：古伟瀛：《塞外传教史》，第64页；《张家口文史资料》第16辑，第107页。

① 隆德理：《西湾子圣教源流》，古伟瀛编：《塞外传教史》，台湾光启文化事业2002年版，第61页。另据贝文典：《圣母圣心在华简史》（载《塞外传教史》第300页）统计，1883年中蒙古代牧区有教徒15000人，15位外籍教士及6位本地神父。

② Daniël Verhelst：《向中国传教的比利时》，古伟瀛编：《塞外传教史》，台湾光启文化事业2002年版，第185、188页。

表1.9表明，西湾子地区在教徒人数、堂口多寡等方面在全教区均占优势，成为教务最发达、办教最正规的地区。其发展规模与组织形式为以后教会发展打下一定的基础。

综上而论，天主教自明末传入中国后，河北乡村一些地方零星开教。尽管天主教在清初有了一定发展，但其规模仍然很小，教徒人数有限，天主教会在河北乡村尚未建立，只是处于萌芽阶段。百年禁教期间，河北乡村天主教受到沉重打击，教务一度萎缩。1840年鸦片战争以后，清政府在西方列强的压力下，被迫对天主教实行驰禁与开放政策，天主教遂在中国取得了合法地位。在这种形势下，传教士利用不平等条约取得的权利，纷纷深入河北乡村，利用多种传教手段，发展教徒，建立教堂，等等，到19世纪末，河北地区各代牧区的教务均有长足进展。这些代牧区不仅教徒、教堂数目增多，而且教会组织结构亦逐渐走向正规与完备，这就标志着天主教会在河北乡村社会已经普遍建立起来。

第二章　排斥与融合：河北乡村教会面临的挑战与回应

天主教作为一种外来宗教文化，自传入中国后即受到中国传统文化的排斥与反对，引发了许多矛盾与冲突。近代以降，天主教会在不平等条约的保护下，教务获得长足进展，河北乡村天主教会普遍建立起来。这时，天主教会与中国传统社会的矛盾非但没有缓解，反而由于天主教会所带有的殖民色彩使矛盾更加激化，教案层出不穷。日益加剧的民教矛盾与民教冲突，成为义和团运动的直接导火索。受到打击的天主教会在义和团运动后，调整了传教政策与策略，以缓和矛盾，适应社会。面对民国初年拟定国教风波与20世纪20年代非基督教运动的挑战，天主教会亦及时作出回应，力图使天主教会本地化，达到与中国社会融合之目的。

第一节　河北乡村社会对天主教的排斥

近代以来，天主教会在不平等条约的保护下向河北乡村强力推进，引起乡村民众不满。从跌宕起伏的教案到轰轰烈烈的义和团运动，再到民国时期的非基督教运动，所有这些事件与运动充分显示了河北乡村社会对天主教的排斥与抵制。

一、形形色色的教案

教案本身是一个很宽泛的概念，从广义上说，一切关涉教会方面的矛盾与冲突都可称之为教案，它不仅包括传统意义上的反教斗争，也包括纷繁复杂的民教冲突。在直隶乡村，教案多以民教冲突的面目呈现出来。这里笔者仅列出由传教士或外国领事、公使施加影响，由中国官府处理的民教冲突涉讼案件与反教案件。据《教务教案档》和《清末教案》两套资料大体统计，从1860年至1898年底义和团运动前夕，河北乡村共发生大小案件约85起。这些案件类型繁多，五花八门，主要如下：

表2.1　1860—1898年河北乡村部分天主教教案统计表

类型	案件数	主要案件
查还教堂旧址案	5	1862年正定教堂旧址归还案 1862年宣化教堂旧址归还案 1862年深州大染庄教堂旧址归还案 1862年清河教堂旧址归还案 1867年宛平罗谷岭地方地产归还案
买房、租地案	5	1864年延庆孔化营村地租上调教民佃户不允案 1866年广平府教士买房案 1871年开州法国教堂购买教民房屋（系族人公产）案 1884年滦平杨树底村村民陈太典地于教堂案 1898年滦平老虎沟教堂租种旗地欠租涉讼案
民教争夺公产、地产案	11	1863年柏乡县贾庄、东路村、西路村因3村共有的高庙周围之柏树砍伐问题与庄县令冲突案 1864年平山县水碾村争夺村内大寺及香火地案 1864年灵寿张阜安等村争夺积善寺案 1864年柏乡塞里村争夺观音堂、西破寺及其香火地案 1868年沙河县北掌村争夺村庙及庙内地亩、树木公产案 1868年武清县教民郑氏呈控民人张金升霸种地亩案 1869年栾城教民苏润身赴府呈控王二小等霸地修庙案 1870年张家口张理、丰镇两厅民教争地案 1873年张家口张理厅教民张文焕与民人田恒争地案 1881年宝坻县南小桥庄教民李自相与林亭镇绅士李锡安等争夺镇南公产羊角坑一段涉讼案 1897年宣化府万全县文生孟士仁与教民杨世望等在山西丰、宁两厅边外争夺垦荒之地案
摊派修庙、演戏等钱款案	12	1866年文安县靳村陈李二姓教民拒纳文昌庙香钱案 1867年董若翰控任县县令勒派教民出修文庙钱款案 1873年巨鹿县高家庄教民梁武魁恃教拒摊修建文庙钱款案 1874年高邑县卫县令发布摊派教民出钱修理文庙告示案 1874年定州西板村教民拒摊庙会钱文案 1877年深州王乐寺、杜家庄等地拒摊修州志及城池、城隍庙等项钱款案 1879年赤峰翁牛特旗因祭敖包事向教民摊派钱款案 1881年内丘县李家庄会首向教民张其仲收取演戏钱案 1881年定州阜头庄乡地吴洛谦向教民陈洛美摊派祈雨求神钱文案 1881年清苑县刘村演戏向教民王福良等摊钱案 1882年高阳县杨家左村文生李时瑞、李寅、段洛从等赴教堂义学向教民韩洛凤敛取老母庙香钱案 1884年宛平县西山齐家司马兰村首事张进禧、杜海龙向教民张进廉敛钱谢神成讼案

续表

类型	案件数	主要案件
与祈雨、婚姻等风俗冲突案	6	1862 年柏乡小里村教民不随众祈雨争殴案 1863 年北堂教士蓝田玉过通州遇拜神求雨之乡民不肯下马被殴涉讼案 1866 年巨鹿民人刘张氏抱养教民张书绅之女婚配案 1869 年广平府进城求雨乡民打砸教堂案 1873 年宁津刘太环村民人庞橘娶教民之女为儿媳后阻其奉教案 1898 年平山缑家庄村武生曹得魁因嫁女与苏家庄韩璋成讼案
教方捏词逼教案	6	1860 年宝坻教民薄进功捏称县令逼教案 1862 年唐山(今隆尧县)良村教民程大拴保等呈控县令刑打逼迫背教案 1863 年安州(今安新县)前亭子村教民李芳呈控州牧吴保琛逼教案 1864 年献县天主堂执事刘孟择呈控永年绅士吴瑞清主使厅官郝天泉等逼迫教民背教,致侯玉成、李润身 2 教民身死案 1873 年法国翻译向总署呈控正定府知府刘秉林办理民教交涉不力案 1884 年井陉天主堂疑有人纵火捏词上控案
谣言揭帖案	7	1864 年广平府私张揭帖案 1870 年大名府刊刻反教公檄案 1870 年邯郸颁发《入教明证》禁人信教案 1870 年通州霍县讹言焚烧教堂案 1870 年保定讹言烧毁天主堂施药铺案 1870 年正定讹言勇兵滋扰教堂案 1896 年宝坻大口屯镇教堂有反教揭帖案
教民、教堂失窃遭劫案	7	1863 年宣化天主堂被窃案 1867 年新城孔家码头村民孔昭麟、乔洛三抢劫安肃县教堂董教士案 1868 年献县勇丁王得胜拦截教民刘孟才粮车案 1870 年广平民人王五福等进郡城南街天主堂攫取财物案 1878 年枣强县萧张镇讲书堂被盗案 1898 年曲周辛营村教民周清霄家被抢案 1898 年威县西钟营教民王多才家被抢案
捻军、兵丁滋扰案	6	1863 年柏乡县贾庄教民状告察哈尔过路军马践踏麦田案 1868 年西捻军张宗禹部闯进献县张家庄天主堂案 1868 年雄县安家庄天主堂被西捻军焚抢案 1873 年广平府肥乡县练军马队赴教堂借宿滋扰案 1881 年定兴县固城镇汛兵韦洛杰与教民韩顺争执案 1898 年保定甘军 2 名哨官欲进北关天主堂游玩不让争殴案
教民恃教抗差案	4	1863 年满城大固店村刘拴儿恃教抗粮案 1881 年内丘李家庄地保胡盛呈控教民张三黑等恃教不出大差钱案 1881 年霸州高家庄教民陈锡玉以修堂为辞拒修河工案 1882 年雄县庄头村教民沈有功因摊修河堤呈控乡地沈化龙案

续表

类型	案件数	主要案件
教士庇护教民案	3	1863年承德建昌县教民刘占元与人涉讼在案被法教士白振铎保回 1865年宣化案犯天主教徒屈有伸、刘绂避于京都天主堂,不能结案 1874年赤峰教民韩长风因讼被押,法教士韩默理等将其领回
教士被伤害案	2	1866年,宁晋县双井村民人张洛待请艾教士等为子"驱魔",误将火药燃着,致伤艾教士等人,教士疑有人故意纵火,成讼在案 1896年,樊国梁自通州雇船赴天津,途遭漕船殴打案
教门打教案	2	1891年,在理道、金丹道起义,焚毁承德建昌县三十家子、平泉州聂门子等处教堂 1898年,威县姚洛奇等率拳民在冠县红桃园打教,烧毁威县第三口村教堂及教民房屋20余间
绅民排斥天主教案	2	1867年,任县刘叠村教民辛满常延请永年李国奉在村传教,村民孔拴柱、孔昭立等私相斥说,成讼在案 1881年,宝坻林亭镇绅士在羊角坑地方立有"该处房屋不准典赁教民"之碑,1896年教民上控成案
由民事纠纷引发的教案	6	1863年武强河南屯村民魏奔楼因摘食教民杨熊家菜茄争殴成讼 1870年武清大三庄张兴位与教民石春闲言口角案 1872年深州民人张兴泰疑教民田泽至其家偷窃成讼案 1873年宁津教民肖宗兴与民人商秀亭因事争讼案 1880年平乡弯子村村民刘贵与教民刘贵清之弟刘小五等打架斗殴案 1895年通州木匠曹大、曹二因包工造房与教士谢卫楼争殴案
原因不明案	1	1898年静海县保甲局及民人与教民"滋事"案

资料来源:据张贵永、吕实强等编:《教务教案档》1—6辑;中国第一历史档案馆、福建师范大学历史系编:《清末教案》1—6册相关资料编制。

就笔者归纳的上述15种教案类型看,以民教争夺公产、地产案和摊派修庙、演戏钱款案为最多,占教案总数的27%强。这两种案件从表面上看是民教双方围绕经济利益而进行争夺,是对有限生存资源的再分配;从深层看,亦是乡村固有宗教信仰与理念对天主教信仰的排斥与反对。分析上述11起争夺公产、地庙案看出,有5起直接是对原来村庙、大寺公产的争夺,2起也用于修庙、建庙。很明显,教民对村庙的争夺是为了建立教堂、兴修义学(传教学校),这对于乡村原来宗教信仰是个极大的挑战,乡村绅民不想让这种新宗教影响固有信仰,力图阻止其扩展即不足为奇。同样,尽管朝廷一再谕令:教民"迎神演戏赛会烧香等事,与伊等无涉,永远不得勒摊勒派"①。但乡村首事、

① 张贵永、吕实强等编:《教务教案档》第1辑第1册,台湾"中央"研究院近代史研究所1974年版,第8—9页。

文生甚至县令对教民仍强行摊派修庙钱款，这一方面是出于经济因素的考虑，另一方面也是为了维护原有习俗与信仰、排斥天主教的需要。对于这类案件，由于传教士干预，教民多是胜诉，但1873年巨鹿县摊派钱款案则是个例外。时该县绅民议修文庙，拟每亩摊钱20文，高家庄教民梁武魁恃教抗捐，拘押在案，正定戴教士代为出头说和，府县未允，乃请法国公使致函李鸿章，请免摊教民钱文。李鸿章复函驳斥说："修理文庙实系地方极正大有益之公事，与谕单内所指迎神赛会各节不同……教民虽习外国之教，仍系中国之民，若只知有天主教而不知有孔圣，则背君藐上。"①最后，梁武魁被杖八十，并与其他教民将捐款一律完纳。其他因祈雨、婚姻等风俗冲突而引起的教案，更显示了中西两种文化的碰撞与排斥。值得注意的是，近代以后的教案不单纯是两种异质文化的对立与冲突，更是两种社会势力的对比与较量。

天主教会在不平等条约的保护下，作为一种强势外来力量渗入河北乡村，与士绅所代表的传统势力发生矛盾在所难免。士绅作为地方社区领袖，拥有管理地方公共事务的权力，从修路建桥、开河筑堤、兴修水利到捐资维修文庙、先贤祠以及兴建义学、开设慈善事业等，所有公共事业无不由绅士领导进行。同时士绅"还有卫护传统的纲常伦纪的职责"②。教会势力的介入无疑是对士绅权力的极大挑战和威胁。因此，士绅成为反教的先锋和中坚。他们不仅支持乡民与教民争夺庙产、摊派钱款，而且制造一些反教谣言、揭帖，鼓动乡民反对教会。直隶乡村7起由谣言、揭帖引发的教案中有4起即是士绅掀起的反教风潮。其他3起是受天津教案影响，所传谣言并未成为事实。最为典型的是1881年宝坻县案件。宝坻县林亭镇绅士李锡宗等在与小桥庄教民李自相争夺羊角坑一段土地成功后，即在该地方立碑，碑上有"该处房屋不准典赁教民语句"③。1896年大口屯教堂门首出现反教揭帖，教士疑是士绅所为，连同林亭镇碑文一同呈控县府，后由士绅把碑石推倒结案。

---

① 吕实强、王世流等编：《教务教案档》第3辑第1册，台湾"中央"研究院近代史研究所1975年版，第281页。

② 张仲礼著，李荣昌译：《中国绅士——关于其在19世纪中国社会中作用的研究》，上海社会科学院出版社1991年版，第61页。

③ 陆宝千、王世流等编：《教务教案档》第6辑第1册，台湾"中央"研究院近代史研究所1980年版，第70页。

上述案件说明,作为地方领袖的乡村士绅力图把教会外来势力从地方排挤出去,教会则利用西方列强作后盾向内地强行推进,结果教会在教务进展的同时,也促进了中国民族自觉意识的觉醒。正如美国传教士明恩溥所说:"基督教和爱国主义精神将在中国携手并进。"①

近代以后,法国取代葡萄牙获得了对天主教的保教权。保教权目的是保护传教自由,减少传教阻力,但其副作用却使天主教会与强权政治联系在一起,大大伤害了中国民众的民族感情。而一些传教士对保教权的滥用,更激化了与中国民众的矛盾,这样反教运动在所难免。英国驻上海领事阿礼国在 1857 年就断言:"基督教会在中国的最大敌人就是传教士自己和自称为保教者的西方强国。"②他在 1869 年信中还写道:中国官员绅士"与其把传教士看作是宗教导师,毋宁是政治侵略的工具。他们对前一项工作无所顾忌,可任其自流,惟独对于后一项工作所持的怀疑心就使他们团结一致以对抗传教士的整体——天主教徒和基督教徒,英国的、法国的和美国的"③。

显而易见,河北乡村教会的传教士并没有置身于民教冲突之外,有些传教士反而积极参与民教诉讼,并以此作为吸引某些乡民入教的一种手段。直隶西南代牧区主教董若翰即是突出代表。他创立的此种传教方法也被直隶东南代牧区传教士徐听波及直隶北部代牧区神父刘永和等所仿效,因此,19 世纪 60—90 年代被称为"诉讼时代"。董若翰也获得了"董大人"的称号,仅董若翰亲自参与处理的案件计有 10 余起。同时,由于河北乡村教会多为法国遣使会、耶稣会管理,极易从法国那里获得保护,一旦案件处理受阻,传教士便直接上诉法国公使或领事,在他们的压力下,地方官府往往作出有利于教方的判决。正是看到教会的这种政治权力优势,一些乡民皈依入教,目的是获得教会保护。为了在利益冲突中获得更大权益,有些教民不惜夸大其词,甚至打架、斗殴、失窃等纯粹民事纠纷也要上控教士,这样就使得原本简单的案件趋于复杂化。另外,也有个别不法教民仗势欺人,藐视官长,咆哮公堂,有的甚至恃教抗捐、抗差等。尽管这类案件在河北乡村所占比例很少,但影响极坏,增加了民众对教民的恶感和敌视,他们把教民排除

① [美]明恩溥著,午晴、唐军译:《中国乡村生活》,时事出版社 1998 年版,第 344 页。
② 史式徽:《江南传教史》第 2 卷,上海译文出版社 1983 年版,第 200 页。
③ 中国第一历史档案馆、福建师范大学历史系编:《清末教案》第 6 册,中华书局 2006 年版,第 144 页。

在乡村民众群体之外，并称“天主教徒为二毛子”。[①] 这样，民教冲突日渐加剧。1929 年，崔正春等人在其编修的《威县志》中对教案起因亦做了剖析，他们认为：“吾国向无教争，自基督教传入而教案以起，其弊一则乡民顽固，不谙教中真象(相)；一则传教者不择良莠，一概收录，遂使不良分子名为入教，实则藉教为护符，积此两弊而仇教之事遂层见迭出。”[②]

总之，义和团运动前河北乡村地区的教案类型多样，原因复杂，既有民教争夺生存有限资源的经济原因，也有官绅反教的政治原因，更有中国传统文化排斥西方基督教文化的文化原因，加之乡民邻里、宗族之间固有的一些矛盾，致使教案频繁迭出。这些教案不仅反映出近代河北乡村错综复杂的社会矛盾，更凸显了两种异质文化、两种社会力量之间的排斥和对抗。这种排斥和对抗又与乡村民众朴素的民族意识相联系，导致更大规模教案的发生。

二、义和团运动

1899 年发轫于直隶山东两省交界的义和拳(后改称义和团)运动，是中国各种社会矛盾的总爆发。关于义和团运动爆发的原因学术界已多有论述。美国学者周锡瑞认为，义和团运动的形成是由于许多冲突因素在不同社会环境、历史契机下激荡而酝酿出来的。大致说来“当鲁西经济衰竭之际，帝国主义的侵略助长了教民气焰，构成了义和团运动的社会背景；鲁西南的大刀会，提供了组织的典型与刀枪不入仪式；冠县的义和拳和十八魁首先打出了义和拳名号，流传下与教民进行长久斗争的英雄典范；1898 年在平水灾之后，又与流行于当地为人治病的神拳相结合，至此，才使义和团运动的构成完全具备了”[③]。在《义和团运动的起源》一书中，他进一步认为，19 世纪中日甲午战争与帝国主义瓜分中国的狂潮，加剧了民教的冲突，教民依仗帝国主义撑腰，欺压周围百姓，是引起冲突的直接导火索[④]。上述论

---

① 《1997 年任丘段家坞天主教神父张泽、刘亚静口述资料》，黎仁凯编：《直隶义和团调查资料选编》，河北教育出版社 2001 年版，第 146 页。

② 崔正春修，尚希宾纂：《威县志》(一)，中国方志丛书华北地方第 517 号，台湾成文出版社 1976 年版，第 1538 页。

③ [美]周锡瑞：《论义和拳运动的社会成因》，《文史哲》1981 年第 1 期。

④ [美]周锡瑞著，张俊义、王栋译：《义和团运动的起源》，江苏人民出版社 1995 年版，中文版前言，第 7 页。

述,与山东大学教授路遥认识基本相同。路遥在《义和拳运动起源探索》一书中认为,义和拳运动是从冠县十八村之一的梨园屯民教矛盾中发展起来的。甲午战争后,因帝国主义侵略加深而出现的民族危机对山东、直隶教案影响深远,它改变了反教会斗争的格局,加深了反教会的性质。①

上述学者的研究表明,尽管义和团运动起因多种多样,民教冲突仍然是其中一个重要的原因。在《直隶义和团调查资料选编》和《山东大学义和团调查资料汇编》两套资料中,多数被调查者都认为"义和团的兴起是因为民教斗争而起"②。他们还把民教斗争的原因归结为教士、教民欺压乡里百姓,引起民愤所致。尽管由于历史条件和被调查者认识水平的限制,上述认识难免偏颇,但它亦反映出当时社会普遍存在民教冲突的现实。这种冲突在民族危机和自然灾害等社会危机的影响下,矛盾日益加剧,冲突也逐渐升级。它已突破了纯粹民教斗争的范畴,进而扩大为反对西方帝国主义侵略的斗争。正如直隶东南代牧区一些传教士所忧虑的那样:"德国人对胶州的侵略行径在中国官员和易变的民众的思想中产生了恼火的反感。洋人的大炮所轰不到的内地传教区,就难免不遭受到这股恼火的反感情绪的反击。"③"在中国人的心中燃烧着多么炽热的烈火,他们攻击我们教会是洋人的先遣队,并说是教会把洋人叫来的。在这里人们都在议论:洋人要瓜分中国,他们已经潜伏在中国各地;现在同法国还挑起了新的冲突。"④因此可以说,义和团运动不仅是民教矛盾激化的结果,更是民族危机日益加剧的事实。它所具有的朴素的爱国主义色彩又与盲目排外主义相联系,构成了这个运动的特色。

义和团运动打击的主要目标是教士、教会,因为它是"列强侵犯中国之唯一的具体代表物"⑤。对普通乡民而言,平日他们所能见到的外国人仅限于个别传教士,他们所接触的外国事物也只有高耸的十字架和教堂,

---

① 路遥:《义和拳运动起源探索》,山东大学出版社1990年版,第27、75页。

② 路遥编:《山东大学义和团调查资料汇编》下册,山东大学出版社2000年版,第1294页。

③ 《大名广平府总本堂司铎范迪吉致主教函》,路遥:《义和拳运动起源探索》,山东大学出版社1990年版,第197页。

④ [法]任德芬:《义和拳在直隶东南》,路遥:《义和拳运动起源探索》,山东大学出版社1990年版,第246页。

⑤ [美]施达格:《中国与西方,义和团运动的起源与发展》,第140页。转引自路遥:《义和拳运动起源探索》,山东大学出版社1990年版,第79页。

他们所受到的侵略多为教士、教民的仗势欺人。从这种狭隘的民族主义立场出发，他们把打教、灭教作为“宣泄民族仇恨和排外情绪的突破口”①。

直隶作为义和团运动的发源地和运动进行的主要地区，天主教会所受到的打击是沉重的。在运动的前期，打教多局限于抢劫教民财物、砸毁教堂等方面。到1900年6月中下旬，朝廷下令攻杀教士、教民后，各地相继出现攻击教民村庄、屠杀教民的活动。

直隶东南代牧区是义和团运动的发源地。早在1898年11月2日，姚文起（姚洛奇）就率义和拳200余人在冠县红桃园村打教，3日，又焚毁威县第三口村教堂和教民房屋。1899年，大刀会在大名府成安县也进行了攻击教会的活动，毁掉了传教士的一些房屋。同年，故城、景州、阜城三县天主教会均受到义和拳的打击。阜城许家铺教堂、耿家庄教堂、八里庄教堂、小营村教堂、东光县张庄教堂、景州苏古庄教堂、刘八庄教堂及武邑小里村、石海波教堂等，皆被烧毁，枣强县紫结村教堂、三岔村教堂，也遭毁坏。自此以后，景州全县各堂口，除了黄古庄、青草河、朱家河以外，其余皆焚毁、逃散，教徒已不能立足②。同年12月，献县东大过天主教堂、吴桥庞家桥教堂亦遭义和团围攻。1900年，义和团由于受朝中保守势力的支持而发展迅速。到1900年5月，直隶东南代牧区内几乎所有村庄都设有拳场，许多人加入义和团，在清政府支持下，他们向教会发动全面出击。在死亡的威胁面前，多数教民仓皇出逃，个别投奔亲戚朋友，多数齐集到较大的教徒村庄，挖壕筑垒、备械储粮，决意死守。这些据点主要有任丘县段家坞、河间县范家圪垯、蔡间、献县张家庄总堂、陵上寺、大郭家庄、深县东阳台、景县朱家河、青草河、威县鱼台、张家庄、魏村、潘村、赵家庄等。自6月开始，义和团分别围攻上述教民据点。首先遭到围攻的是河间蔡间天主堂，经过4天激烈交战，

---

① 顾卫民：《基督教与近代中国社会》，上海人民出版社1996年版，第333页。

② 《献县教区义勇列传》第2册，献县天主堂1935年版，第6—7页。《献县教区义勇列传》共3册，原为教区司铎萧静山（萧若瑟）对献县教区在义和团运动时被杀的教士、教徒的调查资料（手稿为法文）。萧静山未及整理与出版，即于1924年去世。1931年夏，谈天道（法籍耶稣会士，1916年来献县教区）司铎把萧静山的法文手稿交于华籍司铎刘斌，嘱其译为中文。刘斌于1932年秋完成翻译工作。1935年，该书由献县天主堂印书馆印刷出版。

教民不支,遂于6月16日夜集体逃往范家圪垯,教民被捕杀者17人①。此后,深州王老寺教堂、东阳台教堂都遭到相同的命运。5月26日,数千义和团攻打深州王老寺教堂,由于教民不慎把火药缸引爆,教堂不攻自破,教民被杀者不下100余人,调查确实者即有89名,王老寺本村死亡教民42名②。东阳台天主堂内教民在7月2日遭到义和团的攻击后,于当日深夜集体出逃,遭杀害者计有30名之多③。直隶东南代牧区最惨烈的教案当数景州朱家河教案。7月15日,约2000名义和团员开始了对朱家河的围攻,连续2天,毫无进展。时前任山东巡抚李秉衡带兵去北京勤王,路过景州,义和团首领与一些地方士绅面见李秉衡,请求清军帮助攻打朱家河,李秉衡由于军务紧急,答应让其部将陈泽霖的部队留下助战。7月17日,陈泽霖部队连同义和团共约4500人包围了朱家河村,经过三天激战,于7月20日晨攻占了朱家河,开始了残酷的杀戮。在朱家河避难的教民几乎全遭杀害,死亡教徒约有3000名。景州总本堂任德芬和在教区传教的法籍司铎汤爱玲在朱家河教案丧命④。义和团对任丘县段家坞、河间范家圪垯、献县大郭家庄、张家庄总堂的围攻都没有获得成功,使得许多教民能在这些避难所中存活下来,渡过危机。直隶东南代牧区除发生上述教士、教民被杀外,各地零星被杀的教士、教民不在少数。6月19日,法籍司铎路懋德、赵席珍在武邑城天主堂被杀害,引起全区震动;6月29日,肃宁县尚村集体逃往献县张家庄总堂的教民167名,在献县北境的李家庄附近遇难,被杀者多为妇孺老人⑤。到1900年底,直隶东南代牧区教士、教民遇难有据可查者共约3700余名⑥。义和团运动,使直隶东南代牧区教务受到严重打击,教区内教堂大都被焚毁,许多教民惨遭杀害,等等。表2.2基本反映了直隶东南代牧区在义和团运动时期遭受打击的概况。

---

① 《献县教区义勇列传》第1册,献县天主堂1935年版,第297—298页。

② 《献县教区义勇列传》第2册,献县天主堂1935年版,第264页。

③ 《献县教区义勇列传》第2册,献县天主堂1935年版,第308页。

④ 《献县教区义勇列传》第2册,献县天主堂1935年版,第15—119页。

⑤ 《献县教区义勇列传》第1册,献县天主堂1935年版,第207—215页。

⑥ 张奉箴:《献县教区简史》,《赵主教振生哀思录》打印稿,台湾1976年印行,第183页。另据《献县教区义勇列传》第3册殉难教友一览表记载,直隶东南代牧区被杀害的教民不少于四五千人。

表 2.2 义和团运动前后直隶东南代牧区教务情况对比表

项目＼时间	义和团运动前（1900 年春）	义和团运动后（1900 年冬）
教民(700 万居民中)(人)	50575	45422
望教者(人)	5164	3800
大小教堂(座)	674	58
司铎(华籍 15 位)(人)	55	48
传教先生(25 位在学校)(人)	447	80
传教贞女(36 位在学校)(人)	285	50
修院(所)	1	1
中等学校(所)	6	2
传教贞女初学院(所)	2	2
初等男学校(所)	221	19
初等女学校(所)	209	30
教内学生(人)	4078	903
教外学生(人)	772	63
孤儿孤女院(所)	8	3
施诊所(所)	87	无
付洗人数(人)	12855	1663

资料来源:张奉箴:《献县教区简史》,《赵主教振生哀思录》打印稿,第 184—185 页。另据本书第五章研究教会中等教育事业发现,此时教会所统计的中等学校一般为公学,相当于高等小学性质。

直隶北部代牧区为义和团运动高潮时活动的主要地区,其所受的冲击较直隶东南代牧区更甚。1920 年前后,直隶北部代牧区遣使会神父包士杰(法籍)奉主教林懋德之命,调查义和团运动时期本代牧区(因此时保定和天津地区已经从直隶北部代牧区划分出去,故不在调查范围之内)教士、教徒死亡情形,汇编成册,命名为《拳时北京教友致命》。本书共 18 卷,由北京救世堂于 1920—1931 年先后印刷出版。笔者根据这套资料,把直隶北部代牧区死亡教士、教徒人数统计如表 2.3 所示:

表 2.3　义和团运动时期直隶北部代牧区教士、教徒死亡人数统计表

项目 卷册	区域范围	平信徒(人)			神职人员(人)	合计(人)
		男	女	性别不明		
卷一	北堂	17	8			25
	南堂	83	89		神父1人	173
卷二	东堂	81	91		神父1人	173
卷三	西堂	134	113	27	神父1人 修士1人	276
卷四	京西	43	54			97
卷五	京北	69	84			153
卷六	宛平桑峪	93	73			166
卷七	京南马家场	98	135			233
卷八	京南高家庄	76	93	6	修女3人	178
卷九	京西南	96	85			181
卷十	京东大口屯	157	64			221
卷十一	京东武清县	44	22			66
卷十二	蓟州敦庄村	53	28			81
卷十三	通州贾家疃	123	118	2	神父1人	244
卷十四	宣化城	116	154	5		275
卷十五	宣化南屯	74	132	8		214
卷十六	宣化西小庄	106	115	7		228
卷十七	宣化尉州	61	72			133
卷十八	宣化永宁	302	297	1		600
合计		1826	1827	56	8	3717

资料来源:据包士杰:《拳时北京教友致命》第1—18卷相关资料编制。

直隶北部代牧区(不包括保定、天津地区)在义和团运动时期共死亡教士、教民3717人,其中神职人员(神父、修士、修女)8人,平信徒3709人。在死亡的3709名平信徒中,男性教徒1826人,女性教徒1827人,数目基本相等。这些教民由于受到义和团运动的猛烈冲击而丧命,有时甚至一户、一村全部遇难。如"宣化府属延庆州及龙门、赤城三县,难前教友大小男女一千七百来人,难后仅存二百六十七人,因奉教死者一千四百余,全家尽死者七十八户"①。

① 包士杰:《拳时北京教友致命》卷十八,北京救世堂1931年版,第2页。

在保定和天津地区，义和团与教会的斗争同样非常激烈。1900 年 4 月，清苑义和团 2000 余人围攻姜庄教堂，由于官府干涉暂时避免了一场流血事件。不久，义和团袭击涞水高楼村，杀死、烧死教民近 50 人，只有 1 人从火中逃生①。6 月，义和团在保定城里捕杀洋人、教民百余人，并烧毁教堂数处。教民纷纷逃避到教徒较多的村庄，清苑东闾、徐水安家庄分别集合教徒二三千人，高阳徐果庄教徒近千人，在博野程六市、束鹿刘家庄各聚数百名教徒。其余教堂、房屋全部烧毁，教民多被捕杀。安家庄和东闾是保定总铎区两个最大的教徒集合点，也是战斗最激烈的地方。义和团众虽然围困安家庄达一个多月之久，并两次发动猛烈进攻，均未攻破村寨，反而伤亡数百人，安家庄教徒只伤亡一人；东闾在一个多月的时间里，义和团进攻达 40 多次，尽管后来有清军配合，但东闾村终未被攻陷，义和团伤亡 2000 多人，教徒死亡 40 多人②。在天津附近乡村，教堂被毁、教民被捕杀者亦时有所闻。1900 年 6 月 18 日，遣使会士聂春元及教区神父包多默在盐山（应为庆云县杏行村）被杀害，3 位若瑟会修女亦被害③。天主教人士认为，在义和团运动期间，直隶北部代牧区死难人数超过 6000 人④。

位于长城以外的中蒙古代牧区也发生了大规模义和团攻击教会的事件。第一次攻击是 1900 年的 7 月 5 日在窑子沟，教徒进行了有力抵抗，义和团撤退，死亡义和团团员 17 人，教徒伤 60 人⑤。此外，西口外所有小传教区都被焚毁，西营子、七苏木、二十三号村及黄羊滩等大的神父住堂遭到义和团民众的攻击。西湾子区内的高家营子和五号二个村子都遭焚毁，西湾子未遭攻击。义和团运动时期，中蒙古代牧区有 5 位传教士及 1700 位教徒遭杀害，有 60 个教徒团体及 72 所学校遭迫害，19 个村落和 6 个孤儿院

① 王英：《天主教保定教区简史》，《中华文史资料文库》第 18 卷，中国文史出版社 1996 年版，第 720 页。

② 王英：《天主教保定教区简史》，《中华文史资料文库》第 18 卷，中国文史出版社 1996 年版，第 721 页。

③ Octave Ferreux 著，吴宗文译：《遣使会在华传教史》，台湾华明书局 1977 年版，第 365 页。

④ Octave Ferreux 著，吴宗文译：《遣使会在华传教史》，台湾华明书局 1977 年版，第 373 页。

⑤ Daniël Verhelst：《向中国传教的比利时》，古伟瀛编：《塞外传教史》，台湾光启文化事业 2002 年版，第 187 页。

被摧毁[①]。

与上述3个代牧区比较,东蒙古宗座代牧区、直隶东部代牧区和西南代牧区的损失相对较少。东蒙古宗座代牧区由于俄国军队前来保护,松树嘴子等地没有被攻下。直隶东部代牧区作为一个新成立的代牧区,教徒人数不超过3000名,教徒稀少,故义和团运动时只有少数教徒被害[②]。至于直隶西南代牧区,只有150人遇难[③]。对于这一特殊现象出现的原因,法国学者巴斯蒂认为:由于直隶西南教会采取一系列行之有效融入当地社会的政策与策略,使得教案减少。1860年后建立的教民基层团体及其特殊性最终基本为人们所接受,他们与当地社会保持较为和睦、正常的关系[④]。巴斯蒂的观点颇有一定道理,但笔者认为仍有一定疑问。依据笔者前文对义和团运动前直隶各个代牧区发生的教案统计,直隶西南代牧区应该是教案高发地区,特别是在董若翰时期。尽管包儒略主教一定程度上改变了董若翰传教政策,但民教冲突和矛盾依然存在。作为一种外来社会力量,它很难获得传统社会的认同与接纳,特别当它带有殖民政治色彩时,这种排斥与对抗则更加强烈。巴斯蒂得出天主教基层团体在直隶西南代牧区基本为人们所接受的结论为时过早。就中国实际状况而言,天主教逐渐为人们理解与承认应该是在民元非基督教运动以后。直隶西南代牧区在义和团运动时期之所以遭受了较少的损失,一定程度上是因为代牧区领导比较明智,防卫组织较为及时有效。主教包儒略从5月起指定8个避难中心,命令教士、教徒集中到这些中心,以便自我保护。这种措施不仅能集中教徒力量抗击义和团的进攻,而且还避免教徒被零星捕杀。不过,这种方法存在一个严重的负面后果,就是避难中心一旦被攻破,死伤人员则相对集中,直隶东南代牧区的朱家河教案即是一例。另一方面,直隶西南代牧区特殊的地理位置也减少了义和团运动对它的冲击。它与义和团运动的发源地有一定距离,不处在运河通往北京的交通要道上,离北京、天津(义和团运动高潮时期的活动地)

① 贝文典:《圣母圣心会在华简史》,古伟瀛编:《塞外传教史》,台湾光启文化事业2002年版,第300页。

② Octave Ferreux 著,吴宗文译:《遣使会在华传教史》,台湾华明书局1977年版,第379页。

③ A.Morelli, C.M., *Notes D'Histoire Sur le Vicariat de Tcheng-Ting-Fou 1858－1933*, Imprimerie des Lazaristes, Pei-P'ing, 1934, p.117.

④ [法]巴斯蒂:《义和团运动期间直隶省的天主教教民》,《历史研究》2001年第1期。

较远，这些因素都使得义和团在这些地区发展缓慢，义和团员人数相对较少。山东等外地的义和团不方便进入该地区。笔者在向献县教区一些神父访问调查时，一些人认为是他们教区阻挡了义和团向正定教区的进攻，致使正定教区损失较小。这种看法虽然偏颇，但也存在一定道理。直隶东南代牧区和直隶北部代牧区之所以损失重大，其中一个重要的原因就在于其所处的地理位置。前者不仅是义和团运动的发源地，而且还处于陈泽霖等过往部队通往京津的交通要道上，设若不是陈泽霖部队协助义和团，朱家河也不一定被攻破。同时山东义和团也多由此地区进入京城。直隶北部代牧区则位于义和团运动的中心地区，其遭受攻击在所难免。因此，笔者认为各代牧区损失的大小与当地民教冲突不是一种正比关系，它亦受其他诸多因素的影响。

作为一种极端状态下的暴力反教运动，义和团对河北乡村教会造成了重大打击。它从狭隘的民族主义立场出发，把所有教民都当作捕杀的对象。一些乡民出于本能的自卫意识，置血缘亲情和地缘关系于不顾，不敢收留藏匿教民，甚而向义和团告密，由此出现了丈夫杀妻、兄弟杀姐等极端事件。盲目的排外运动对教民来说是一场灾难，对义和团民众而言也是一场悲剧。乡村团民先是为腐败无能的清政府利用，继而又被其出卖，成为朝廷与西方列强停战谈判的政治牺牲品。在清政府与八国联军的联合剿杀下，义和团运动终归失败。在整个运动中，死亡的义和团民众缺乏精确的统计，估计其数目应不低于教民死亡人数。北京失陷后，八国联军仅在庄王府一处，就杀害 1700 名团民①。在易州德山社孤山村，联军杀死男女老少 73 口，重伤未死者 100 余人②，其中多为平民百姓。因此，单从死亡人数来看，无论教民还是团民都遭受了重大损失，其造成的心理与社会影响在很长时间里一直困扰着他们的生活。沉痛的记忆经过历史的积淀可以为理性思考所代替。今天我们在解读这段历史时，不要简单地判断孰是孰非，而要通过多层面、多视角的分析，揭示当时社会复杂多变的客观现象，以期更能接近历史真实。

---

① 姜文英：《试论直隶义和团运动三个阶段中的特点》，《河北大学学报》1999 年第 2 期。

② 黎仁凯编：《直隶义和团调查资料选编》，河北教育出版社 2001 年版，第 75 页。

三、拟定国教风波与非基督教运动

民国初年拟定国教风波与20世纪20年代非基督教运动不同于世纪之交的义和团运动。义和团运动是社会下层乡村民众进行的暴力反教运动，拟定国教风波与非基督教运动则是旧文人与新知识界从思想文化领域对教会的排斥。由于拟定国教风波与非基督运动性质不同,兹特分述于下。

(一)拟定国教风波

拟定国教风波是由孔教会掀起的。1912年10月,孔教会在上海成立,发起人为陈焕章、沈曾植、梁鼎芬、姚文栋等。1913年9月,孔教会总会由上海迁到北京,康有为任会长,陈焕章任北京总会主任干事。孔教会自称是一种新的宗教组织,奉孔子为教主,认为孔子是受天之命立教。陈焕章《孔教论》一文,从天命、政教、礼仪、祀祖、祀天,一直到衣冠、庙堂、孔林等各个方面论证孔教是一大宗教,从而为孔教创立了一套庞杂的神学体系。孔教会的目的不在于把孔孟之道作为一种宗教,更重要的是要把孔教作为中国的国教。这一活动与民国初年的封建复古逆流息息相关。

1912年1月,中华民国在南京成立,以孙中山为首的中华民国临时南京政府所颁布的《中华民国临时约法》第二章第五条规定:“中华民国人民一律平等,无种族、阶级、宗教之区别”;第六条第七款规定:“人民有信教之自由。”①这样,宗教信仰自由原则就以约法的形式固定下来。袁世凯上台后,不甘心为《临时约法》所限制。遂由参众两院于1913年7月成立了宪法起草委员会,准备制订一部正式宪法代替《临时约法》,袁世凯的目的是要让宪法赋予总统更大的权力,以实现其封建独裁的野心。1913年8月,孔教会上书参众两院,要求定孔教为国教,在社会上引起轩然大波。孔教会的提案得到了副总统黎元洪的支持。袁世凯不能容忍孔教教主凌驾于他之上,不想定孔教为国教。但仍想借孔子君臣伦理名义为其独裁专制披上合法外衣,所以他也积极提倡尊孔。1913年10月,宪法起草委员会制定宪法草案,这部宪法草案因在天坛祈年殿起草,故又称《天坛宪法草案》。《天坛宪法草案》继存了《临时约法》的一些精神,其第十一条规定:“中华民国人民有信仰宗教之自由,非依法律不受限制。”②在袁世凯和孔教会的压力下,

---

① 蔡鸿源主编:《民国法规集成》第2册,黄山书社1999年版,第12—13页。

② 要件代论:《山西省议会议员李其昌等请愿国会纠正宪法书》,天津《益世报》1916年11月3日第2版。

宪法草案第十九条第二项下面添注:"国民教育以孔子之道为修身大本。"①这个规定与其上宗教信仰自由原则相抵触,虽没有明文规定孔教为国教,但以教育为名令国人尊崇孔教。

草案出台后,宗教界一致反对,天主教、基督教、回教、释教、道教等先后组织请愿团,向大总统、国务院及参众两院递交请愿书,反对定孔教为国教。尽管《天坛宪法草案》比《临时约法》倒退一大步,仍不符合袁世凯独裁的要求。1913 年 11 月,袁世凯下令解散国民党,宪法起草委员会自行解散,《天坛宪法草案》随之流产。11 月 26 日,袁下令组织中央政治会议,解散国会,由政治会议代行国会职权。袁世凯把祭天、祀孔两议案提交政治会议。1914 年 1 月 14 日,政治会议开会讨论祭天、祀孔两案,多数议员表示赞同,但天主教议员马相伯、艾知命坚决反对,认为"尊孔与宗教前途大有妨碍,现在政教分离,宗教之事概应听人自由,万不可由国家干涉"②。宗教界人士群起反对,道教、基督教、天主教、佛教、回教组成联合请愿团,上书政治会议:"为祀孔典礼妨碍信教自由,恳请妥慎研究,主持公道。"③直隶宁河县天主教代表称:"立国教者,以维持世道人心为名,实则殖权集势,妄图非分,可忧亦复可鄙。复于大政方针中,主持以孔教为风化大本,屏各教于风化之外,激起教争,遂其奸谋,实为四万万同胞之公敌,应请准赐纠正。"④基督教、回教等亦纷纷上书反对定孔教为国教。

政治会议在袁世凯的授意下,置宗教界反对于不顾,于 2 月 7 日通过祭天、祀孔两案。为了掩人耳目,袁世凯又于同日发布大总统令,谓:"信教自由,为万国之通例。我中华民国本由汉、满、蒙、回、藏五大族组织而成,其历史习惯各有不同,斯宗教信仰亦难一致,自未便特定国教,致戾群情。至先圣先贤,岁时祭飨,载在前清典制,无关宗教问题,既于共和政体初无抵触之嫌,自应赓续旧章,用昭馨香之报。惟是崇祀垂为定制,观听系于四方,诚恐遐迩闻知,或疑尊崇先圣之礼文,为提倡宗风之先导,是用揭橥大旨,剀切申明,须知尼山俎豆,璧水鼓钟,实本于多数人敬仰之诚,亦以存数千载不刊之

---

① 专件:《山西南境潞泽辽沁平蒲霍隰绛解五十四县天主全体公民上国会请愿书》,天津《益世报》1916 年 10 月 22 日第 7 版。

② 秉直:《祭天祀孔两案成立始末记》,《圣教杂志》1914 年第 3 期。

③ 专件:《各教联合请愿团上政治会议书》,《圣教杂志》1914 年第 3 期。

④ 专件:《力争国教之要电》,《圣教杂志》1914 年第 3 期。

典。至于宗教崇尚,仍听人民自由,期共游熙皞之天,以促进大同之治,勿滋误会,咸使周知此令。"①观袁世凯之命令,他虽然表面上承认信仰自由,但也处处为孔孟之道辩护。他以祀孔祭天载在前清典制、为多数人所景仰为由,力倡尊崇孔教,实则利用孔子忠王尊君思想为其独裁专制开辟道路。在袁世凯的授意下,中央政治会议下的约法会议制定出一部《中华民国约法》,5 月 1 日由袁世凯公布实施,同时废除《临时约法》,标志着北洋军阀专制制度的确立。1914 年 9 月,正式颁布《祭孔令》,12 月,又下令恢复祭天制度。在一批封建尊孔复古分子的追捧下,袁世凯于 1916 年元旦最终登上皇帝的宝座。

袁世凯死后,国会重开,首要问题是制定宪法。1916 年 9 月 22 日,宪法审议会开始审定 1913 年制定的《天坛宪法草案》,拟定国教问题再掀风波。孔教会北京总会主任干事陈焕章、孔教议员孙光庭等百余人提出议案,"欲于宪法草案第二章第十条下增加一条,其修正条文曰中华民国人民依历史习惯以孔子之教为国教,并说明其理由。"②针对孔教会的这一举动,天主教、基督教、回教等各教派与之展开针锋相对斗争。他们上书请愿,要求取消《天坛宪法草案》中第十九条第二项"国民教育以孔子之道为修身大本"之规定,使人民真正有信仰自由。报纸、杂志发表大量文章,驳斥孔教会的复古谬论。全国天主教公民代表以 280 万天主教公民的名义致电国会,要求删除第十九条第二项条款,并认为帝制派议员的做法"实属挑衅五族,危害国家,敝教二百八十余万人死不承认,紧急电奉"③。直隶天主教公民代表王子良、姚文甫等致电国会,认为"此事关系国家存亡,人民生命,望诸君决然删去,万勿再留此数字,酿成教争"④。河间、深县、冀县等 38 县天主教全体公民也认为"国民教育以孔子之道为修身大本,侵犯信仰自由,无异明定国教"⑤,应予删除。河间、深县等 15 县天主教公教进行会代表张光书、韩天民等亦上书请愿。永平、遵化等 10 县天主教全体公民除致电

① 张述先:《节录北京基督教信仰自由不定国教请愿书报告》,中华续行委员会编:《中华基督教会年鉴》,1915 年版,第 259 页。

② 特别要闻:《再议国教加入宪法之被驳》,天津《益世报》1917 年 2 月 4 日第 3 版。

③ 公电录要:《全国天主教公民代表致国会电》,天津《益世报》1916 年 9 月 26 日第 2 版。

④ 专件:《直隶天主教公民代表致国会电》,《圣教杂志》1916 年第 11 期。

⑤ 专件:《反对孔道文电——河间深县冀县三十八县》,《圣教杂志》1916 年第 11 期。

国会抗议外,还派代表进京请愿。此外,直隶西南 32 县 75000 名天主教徒王之华、杨介石等亦请求废除宪法草案中有关孔道之规定①。天主教还与其他各教联合起来,首先在北京成立信教自由会,一致主张信教自由,反对定孔教为国教。天津、奉天、上海等各省、各县及各国华侨成立分会者不下数十百起,各地教徒致函两院请愿书者数万起。在全国宗教界的一致反对下,1917 年 5 月,议会多数议员否定了定孔教为国教案。随着段祺瑞、黎元洪矛盾的加剧,张勋乘机复辟。1916 年 6 月,黎元洪被迫解散国会,《天坛宪法草案》修改工作也就不了了之,拟定国教风波随之结束。

拟定国教风波虽由孔教会掀起,但也得到一批旧文人及封建复古分子的随声附和。他们以"尊崇孔子、阐扬孔子之道以范围人心为论据"②,排斥其他宗教,实则是一种极端复古主义,与民国民主自由思想不相符合。正因如此,它恰恰迎合了袁世凯专制独裁的野心,得到袁世凯的大力推崇。袁世凯死后,孔教会再度掀起风波,实不合时宜,受到全国宗教界乃至明达之士的反对,喧嚣一时的拟定国教风波最终偃旗息鼓,归于陈寂。拟定国教风波由于其盲目复古主义,对宗教界并没有太大影响,而其后的非基督教运动却对思想界和宗教界造成很大震动,其影响远非拟定国教风波所比。

(二)非基督教运动

非基督教运动发生于 20 世纪 20 年代,是中国思想界、文化界乃至政界的一场反教运动。它是在新文化和五四运动的大背景下发展起来的。开始于 1916 年的新文化运动,是一次大的思想启蒙运动。随着科学主义、实验主义、无政府主义以及社会主义思潮在中国的传播,中国思想界与文化界发生深刻变动,陈独秀、李大钊、胡适、蔡元培等一批具有先进思想的知识分子以民主、科学等为武器,向中国传统儒家思想展开猛烈抨击,"它不但是影响到中国整个的文化,亦与基督教有莫大的关系。"③他们从科学的立场出发,对一切宗教发生了怀疑,其中包括天主教与基督教。1919 年爆发的五四运动,将新文化运动推向了高潮,知识界以反对西方列强侵略相号召,势

---

① 专件:《反对孔道文电——直隶西南三十二县》,《圣教杂志》1916 年第 11 期。

② 刘孟杨:《定国教非所以尊孔》,天津《益世报》1916 年 11 月 14 日第 7 版。

③ 王治心:《中国基督教史纲》,上海古籍出版社 2004 年版,第 226 页。

必会波及基督教、天主教。正是在这样的历史背景下,非基督教运动逐渐产生与发展起来。

非基督教运动起源于1922年的世界基督教学生同盟大会。1922年4月4日,世界基督教学生同盟大会第十一次大会在清华大学召开,激起了社会各界的反对。在同盟大会召开之前,上海各界学生成立了“非基督教学生同盟”。3月9日发表《非基督教学生同盟宣言》,把基督教看作是资本主义经济侵略的先锋队,基督教学生同盟大会是资本主义支配经济的会议,号召人们群起反对①。北京学界和知识界积极响应,不仅反对基督教,也反对其他宗教。3月20日,北京成立“非宗教大同盟”。4月9日,“非宗教大同盟”在北京大学召开第一次大会,到会者2000余人,张耀翔、李石曾、李大钊、吴虞等人在会上作了演讲。除北京、上海外,广州、南京、杭州、长沙、厦门、福州等地也纷纷建立了反基督教组织,由此形成了一个声势浩大的全国性的非基督教运动②。

从1922年到1924年这一阶段,非基督教运动主要以青年学生为主体,同盟组织比较分散,目标不甚明确,学生与政党在此一时期结合尚嫌不足③。1924年4月,非基督教运动再度兴起,是由美国圣公会在广州创办的圣三一学校校长拒绝学生组织学联、开除学生领袖所致。从这年4月到次年5月,为运动的第二阶段。1924年8月,上海一些青年重组非基督教同盟。他们以《觉悟》为阵地,发表大量反教文章,并出版《非基督教特刊》。不久,湖南、湖北、河南、四川、江西、浙江、山东、山西、直隶、广东等各省也先后成立了类似的组织④。此时适逢国共合作时期,国民革命气氛浓烈,国共两党领袖大多对运动持积极态度。国民党曾宣布9月7日《辛丑条约》签订日为“国耻日”,此后一周为“反帝周”。中共中央机关报《向导》成为舆论指导中心,《中国青年》也刊载大量反教论文。由于国共两党的指导与支持,此期非基督教运动的主要目标是反对教会教育,收回教会教育权。1924年7月,中华教育改进社南京年会通过“收回教育权案”;10月,开封全国教育联合会通过“取缔外人在国内办理教育事业案与学校内不得传布宗教

① 王治心:《中国基督教史纲》,上海古籍出版社2004年版,第229—230页。
② 杨天宏:《中国非基督教运动(1922—1927)》,《历史研究》1993年第6期。
③ 叶仁昌:《五四以后的反对基督教运动》,台湾万象图书公司1992年版,第83页。
④ 杨天宏:《中国非基督教运动(1922—1927)》,《历史研究》1993年第6期。

案”,“于是收回教育权便成了全国一致的舆论。”[①]1925年爆发的“五卅”运动直接引发了全国性的反帝爱国运动,它使非基督教运动进入新的阶段。由于民族主义与反帝爱国情绪的高涨,非基督教运动逐渐融入到反对帝国主义侵略的洪流中。基督教由于被看作是“帝国主义底先锋,外国帝国主义侵略中国的手段”[②],成为反帝爱国运动打击的主要目标之一。1925年6月,全国学生第七届代表大会在上海召开,会上通过反基督教决议案:规定圣诞节前后一星期为反基督教周,号召群众进行反基督教运动。广大学生还深入工厂、农村等地区,宣传帝国主义的罪恶。北京各校反基督教大同盟多次赴教育部请愿,“要求发布一取消教会学校的命令。”[③]在全国强大舆论压力下,北京政府教育部于1925年11月1日颁发布告,制定外人捐资设立学校请求认可办法的6项规定,要求“学校不得以传布宗教为宗旨,不得以宗教科目列入必修科”[④]。各地在争取收回教会教育权的同时,九江、福州、汕头等地也发生零星的攻击教堂、驱逐教士的事件。如汕尾学生侵入当地意国教堂,捕去教士2人[⑤]。这些事件只是个别的、孤立的事件,不是非基督教运动的主流。1927年,国共分裂,国民党改变了内外政策,非基督教运动随之趋于沉寂。

发生于20世纪20年代的非基督教运动是知识界、思想界对外来文化的一次理性思维与批判,它与义和团运动所采取的盲目排外手段不同,非基督教运动主要以西方无神论思想和科学理论为武器,对基督教神学展开学理性批判,是一次深刻的思想启蒙运动,它不仅继存了新文化运动的传统,而且还在新的历史条件下使之深化。同时,非基督教运动还是一场重要的政治运动。在国共两党的支持下,非基督教运动又与全国反帝爱国运动相

---

① 陈启天:《我们主张收回教育权的理由与办法》,张钦士编:《国内近十年来之宗教思潮》,燕京华文学校1927年版,第342页。

② 李春蕃:《传教与帝国主义》,中国青年社、非基督教同盟合编:《反对基督教运动》,上海书店1924年版,第3页。

③ 季啸风、沈友益编:《中华民国史料外编》第35册,广西师范大学出版社1997年版,第138页。

④ 《北京教育部布告第十六号》,张钦士编:《国内近十年来之宗教思潮》,燕京华文学校1927年版,第371页。

⑤ 季啸风、沈友益编:《中华民国史料外编》第35册,广西师范大学出版社1997年版,第149页。

结合,具有强烈的民族主义色彩。正因为如此,非基督教运动对直隶乡村教会产生了一定冲击。在磁县,"因反对宗教、反对文化侵略及唯物主义等势力抬头,耶教(即基督教统称)势力遂呈衰落现象。"①新河县也由于"反对宗教之声浪日高,其(指天主教)势顿减,教徒亦日少"②。这就对条约体制下的基督教会提出强有力的挑战,不能不引起一些教会人士的深思与反省,促进了教会的改革。正如王治心指出的那样:反基运动"对于基督教不但没有什么害处,却相反的成了基督教的诤友,而蒙受着极大的利益和进步。至少可以使中国基督教徒觉悟到自身的责任,变更了西教士在中国教会中的地位"③。

第二节　天主教会的调整与变革

近代以来,天主教会在不平等条约的保护下,作为一种外来社会力量和强势文化,在向乡村社会推进的过程中,遭到普遍排斥与抵抗。从形形色色的教案到盲目排外的义和团运动,从拟定国教风波到非基督教运动,尽管其表现形式、参与人员、规模大小等各不相同,但都无一例外地反映了中国社会对天主教会的排斥与反感。面对来自社会的挑战,天主教会及时作出回应,采取一系列方针措施以融入当地社会,使乡村教会有了一定进展。

一、教会传教方式的改变

频繁迭起的教案与轰轰烈烈的义和团运动及民国时期的非基督教运动,给河北乡村教会带来沉重打击和深刻影响。一些明智的教会人士逐渐从中国社会的排斥中觉醒过来,开始对以往的传教政策进行反省与检讨。他们试图通过传教方式的改变,摆脱与西方列强的关系,树立教会的新形象,以达到融入中国社会的目的。

(一)放弃诉讼传教方式

干预诉讼是19世纪60—90年代乡村教会的普遍现象。在不平等条约

① 黄希文等纂辑:《磁县县志》,中国方志丛书华北地方第167号,台湾成文出版社1968年版,第144页。

② 傅振伦等纂修:《新河县志》(二),中国方志丛书华北地方第171号,台湾成文出版社1968年版,第612页。

③ 王治心:《中国基督教史纲》,上海古籍出版社2004年版,第241页。

保护下,传教士往往利用手中特权参与民教诉讼,或以帮助申诉为条件争取外教人皈依。这种传教方式在当时取得了很大成功,许多教外人因为官司胜诉皈依进教,有时甚至全家或整村一同进教。在保定地区,刘永和"不怕在法庭中控告欺侮教友的,使官吏判罚他们而得到胜利,因而不少的人皈依了圣教会"①。白振铎在其信中对主教董若翰的传教方式大加赞赏,认为"一个成功的案子比任何布道都有效果"②。从短期看,诉讼传教方式确实很快皈依一大批人,可从长远看,这种传教方式对教会存在很大威胁。其一,传教士参与诉讼降低了官员与士绅的权威,引起他们不满;其二,激化了民教矛盾。一些教徒藉教会为靠山,仗势欺人,损害了教会名誉;其三,强化了民众的排外情绪,促进了民族意识的觉醒。近代西方列强的入侵在中国民众心理造成难以敷平的创伤,而传教士干预诉讼的特权增加了民众的这种伤痛,他们被理所当然地看作侵略者而遭到普遍反对和仇视。因此,诉讼传教方式带给教会的威胁是致命的,它不仅大大增加了教案的数量,而且还成为义和团运动爆发的一个重要原因。

《遣使会在华传教史》的作者樊神父,自 1902 年来中国后,多年在直隶北部传教,他对诉讼传教方式也提出批评,认为"这是困难重重的方法,且弊病多端,很少传教士能善用它;因为往往神父无论如何谨慎,亦常受人欺骗,不主持公义,反而包庇了为非作歹。董主教因他的明智及信德精神,尚能避免这种弊病"③。与樊神父肯定董若翰的评价相反,当时亦积极参与诉讼的直隶东南代牧区神父徐听波却对董若翰提出严厉批评。他说:"董主教是一个真正的牧人,救灵心火热切,我可以向你保证。但他不了解中国人的本性,我们可以总结说,在宗教自由后所有的人来要求诉讼都是说:如果董主教保护他们,他们就皈依。于是董主教就非难官吏,使他们疲于奔命;结果现在所有的衙门都不愿理会他,没有人愿为他开门。他不好的名声连北京的中国政府和法国使团都知道。总而言之他这种制服外教人的方法是

---

① Octave Ferreux 著,吴宗文译:《遣使会在华传教史》,台湾华明书局 1977 年版,第 454—455 页。

② A.Morelli, C.M., *Note D'Historire Sur le Vicariat de Tcheng-Ting-Fou 1858 - 1933*, Imprimerie des Lazaristes, Pei-P'ing, 1934, p.40.

③ Octave Ferreux 著,吴宗文译:《遣使会在华传教史》,台湾华明书局 1977 年版,第 239 页。

衰竭的,这些不信神的人就希望他这样,今天这个好主教就真正的在对抗迫害。”①从徐听波叙述看出,董若翰过分干预诉讼的做法不仅激化了民教矛盾,更引起官员与士绅不满。有鉴于此,董若翰其后几位继任者都力图改变诉讼传教方式。特别是1891年出任直隶西南代牧区主教的包儒略,他于1877年来教区工作,精通汉语,对中国风俗习惯比较了解,易于处理好较难的事务。他以外国传教士的业绩和说教吸引新人入教,终止教会介入私人诉讼②。义和团运动后在清算赔偿时,包儒略为了缓和与当地民众的矛盾,拒绝要求从大赔款汇算中获得赔偿,而宁愿与地方当局交涉赔偿问题。面对教徒永无止境的勒索和苛求,传教士尽力压低教徒明显夸大的损失估算,以平息外教人的仇恨情绪③。其他代牧区一些明智神父亦采取类似的政策。“各个修会的负责人训令传教士们今后要少管或不管教徒诉讼的事,以免引起本来可以避免的民愤,尽可能地不要触怒非教徒。”④1908年罗马教会重申禁令,禁止传教士不分是非曲直,随意介入中国教徒的争诉,纵容包庇不轨教徒,禁止教会和传教士介入政治与外交活动⑤。1924年在上海召开的第一届中国教务会议明确规定“传教士不干涉教友的民事和刑事案件,除非先问准主教或其署理主教”⑥。由于传教士逐渐放弃诉讼传教方式,“自1900年以后,牵涉到教会的犯罪的讼案在广泛地正常地减少。”⑦

(二)组建信徒传教组织,提高教徒信德

天主教自从传入中国以后,主要依靠传教士和传教先生传教,对于教徒自发进行的零散传教活动,教会未给予足够重视。民国元年,随着中国社会、政治形势的变化,教会部分人士遂倡导组织教徒联合会。首先由在山西

---

① “Lettre du P.Leboucq 29 Juin 1862”, *lettres des Nouvelles Missions de la Chine*, Tome IV, p.262. 转引自陈方中:《法国天主教传教士在华传教活动与影响(1860—1870)》(博士学位论文),台湾师范大学历史研究所,1999年,第354页。

② [法]巴斯蒂:《义和团运动期间直隶省的天主教教民》,《历史研究》2001年第1期。

③ A.Morelli, C.M., *Notes D'Historire Sur le Vicariat de Tcheng-Ting-Fou 1858－1933*, Imprimerie des Lazaristes, Pei-P'ing, 1934, p.118.

④ 顾长声:《传教士与近代中国》,上海人民出版社2004年版,第232页。

⑤ 晏可佳:《中国天主教》,五洲传播出版社2004年版,第53页。

⑥ 顾卫民:《刚恒毅与1924年第一届中国教务会议》,《上海大学学报》2005年第3期。

⑦ 中国社会科学院世界宗教所编:《中华归主》下册,中国社会科学出版社1987年版,第1069页。

传教的司铎王远志、成玉堂等发起，得到天津雷鸣远、上海潘谷声等人的响应，中华公教进行会即宣告成立。其宗旨“专为团结教中人士，俾能保卫圣教，坚固信德”①。1913 年，公教进行会已遍及 10 余省。1914 年 8 月，中华公教进行会第一次大会在天津召开，会议鉴于当时各省主教均立于平等地位，决定不设总会，以各省主教驻在地为总支部，各总铎所在地为支部，正司铎所在地为分会。会议审查通过关于传教人才之方法案、严格取缔入教者之行为案等，“拒绝藉教报仇即犯人入教者；严行取缔藉保守之名一再冒领神长资助及重复领洗者。”②这样，就对入教者给予了严格限制，一定程度上纯洁了教徒队伍。直隶乡村一些地方亦成立了公教进行会，永平府乐亭县自 1913 年设立公教进行会以来，到 1914 年 1 月即设立宣讲所 1 处，拥有会员 120 余人③。其他如西湾子村、北京长辛店等地也成立了公教进行会。由于此期公教进行会没有统一组织，各地公教进行会处于初创阶段。

1928 年 8 月 1 日，教宗比约十一世通电中国，遥祝中国和平统一，“特嘱中国司牧，着手组织及发展一切公教工作，以完成其传教事业，以致公教之男女信徒，及尤属可爱之青年，以其祈祷善言及善工，于其祖国之和平、社会昌盛及发展有所贡献……并襄助诸司牧司铎，以广扬基督之思想，及因基督仁爱而得之个人与社会之幸福。”④教廷驻中国宗座代表刚恒毅根据教宗旨意，遂刊发《中华公教信友进行会简章》，决定暂行一年，成绩良好，再请教宗批准。同年 11 月 11 日，刚恒毅在北平成立中华公教进行会全国总部，委任赵怀义为指导司铎，魏子轩为会长。1932 年 12 月，罗马传信部批准《中华公教进行会组织大纲》，规定公教进行会之宗旨：“乃于圣教神长提倡指导之下，召集信友，按照个人地位，组织团体，以期集中各人之思想力量，实行宗座关于此事之训谕，完成个人生活，维护圣教权利，并以热切勇敢精神，谋教务之发展。”⑤公教进行会包括男子部、青年部、女子部、学术研究

① 《中华全国公教进行会统计册 1936—1937》，中华公教进行会总监督处 1937 年版，第 4 页。

② 《中华公教进行会第一次天津大会记》，《圣教杂志》1914 年第 12 期。

③ 《近事 · 本国之部 · 直隶》，《圣教杂志》1914 年第 3 期。

④ 《教廷八一通电译文》，天津《益世报》1948 年 8 月 1 日第 6 版。

⑤ 《中华公教进行会组织大纲》，中华公教进行会总监督处 1939 年再版，第 15 页。

部、社会部等各种部门。1933 年 6 月,刚恒毅委任于斌为中华公教进行会总监督。1934 年 1 月,中华公教进行会在北平召开成立大会,公教进行会正式成立。全国各地遵章改组及新成立之各部、各级公教进行会日见增加。截止到 1937 年 7 月,中国公教进行会男子部、妇女部、青年部三部分会、支会共 292 处,三部职员合计共 2758 人,全国三部会员合计共 8614 名。全国公教进行会分、支会最多的省是山西,共 65 处,其次为河北,共 63 处。支会最多的教区,计太原共有支会 24 处,永年 23 处,潞安 18 处,洪洞 17 处,北平 14 处,献县 12 处①。

表 2.4　1937 年河北各代牧区中华公教进行会统计表

<table>
<tr><th rowspan="2">代牧区名称</th><th colspan="3">男子部</th><th colspan="3">女子部</th></tr>
<tr><th>公教进行会名称</th><th>成立时间</th><th>会员数(人)</th><th>公教进会名称</th><th>成立时间</th><th>会员数(人)</th></tr>
<tr><td rowspan="10">北平</td><td>北平区指导会</td><td>1934.5.1</td><td>不详</td><td rowspan="3">北平区指导会</td><td rowspan="3">1934.6.24</td><td rowspan="3">不详</td></tr>
<tr><td>北堂分会</td><td>1929.4.28</td><td>30</td></tr>
<tr><td>交民巷分会</td><td>1934.2</td><td>24</td></tr>
<tr><td>西堂分会</td><td>1934.8.19</td><td>不详</td><td rowspan="2">北堂分会</td><td rowspan="2">1934.12.14</td><td rowspan="2">20</td></tr>
<tr><td>涿县分会</td><td>1934.6.11</td><td>15</td></tr>
<tr><td>长辛店支会</td><td>1934.12.8</td><td>20</td><td rowspan="3">西堂分会</td><td rowspan="3">1935.6.30</td><td rowspan="3">8</td></tr>
<tr><td>洛水坨(宝坻县)分会</td><td>1935.12.8</td><td>38</td></tr>
<tr><td>朱家铺(宝坻县)支会</td><td>1935.12.8</td><td>20</td></tr>
<tr><td>寨上(卢台)支会</td><td>1934.3.23</td><td>9</td><td rowspan="2">长辛店支会</td><td rowspan="2">1934.12.8</td><td rowspan="2">不详</td></tr>
<tr><td>仇庄(安次)支会</td><td>1934.4.1</td><td>36</td></tr>
<tr><td>安国</td><td>堤口(高阳)支会</td><td>1935</td><td>20</td><td></td><td></td><td></td></tr>
<tr><td rowspan="3">赵县</td><td>赵县区指导会</td><td>1935.2.14</td><td></td><td></td><td></td><td></td></tr>
<tr><td>双井村(宁晋)支会</td><td>1935</td><td>30</td><td></td><td></td><td></td></tr>
<tr><td>刘路(宁晋)支会</td><td>1935.6.23</td><td>36</td><td></td><td></td><td></td></tr>
<tr><td>正定</td><td>石家庄支会</td><td>1934.1.1</td><td>32</td><td></td><td></td><td></td></tr>
<tr><td>保定</td><td>东闾分会</td><td>1937.3.10</td><td>15</td><td></td><td></td><td></td></tr>
</table>

① 教中新闻:《全国公教进行会统计》,《圣教杂志》1937 年第 12 期。

续表

代牧区名称	男子部			女子部		
	公教进行会名称	成立时间	会员数（人）	公教进会名称	成立时间	会员数（人）
献县	献县指导会	1935.11.3	不详			
	献县分会	1935.12.25	15			
	任丘南区分会	1929.5	130			
	任丘北区分会	1930.11	92			
	南宫分会	1935.12.8	30			
	景县分会	1935.11.20	40			
	深县分会	1930.4.20	60			
	深县第二分会	1935.4.21	50			
	献县陵上寺支会	1929.4.21	15			
	吴桥分会	1935	112			
	召什（武强）支会	1935.12.25	43			
	阜城支会	1929.4.21	39			
	深北饶安支会	1935.1.22	40			
大名	濮阳分会	1937.2.7	29			
天津	老西开分会	不详	不详	天津指导会	1935.7.21	不详
	静海分会	1936.5.21	125			
永年	永年教区指导会	1934.10.16	不详	永年教区指导会	1935.4.17	不详
	威县赵庄分会	1935	28			
	永年分会	1935.3.18	61			
	临洺关支会	1932.11.1	182			
	魏县支会	1936	30	赵家庄（威县）分会	1935.4.25	33
	成安支会	1935.2.17	222			
	肥乡支会	1930.8.15	237			
	潘村（威县）支会	1935	60			
	曹家营（威县）支会	1935	66	永年支会	1935.4.21	57
	寺庄（威县）支会	不祥	30			
	东小城（威县）支会	1935	29			
	南里岳（曲周）支会	1929.11.25	115			

续表

代牧区名称	男子部			女子部		
	公教进行会名称	成立时间	会员数（人）	公教进行会名称	成立时间	会员数（人）
	王家庄（威县）支会	1935	34	南里岳（曲周）支会	1937.1.1	7
	西高庄（清河）支会	1935	62			
	大堤村（威县）支会	1935	46			
	邯郸支会	1935	130	成安支会	1936.4.19	68
	磁县孙庄第五支会	1933.12.2	不祥			
	小北旺（威县）支会	不祥	20			
	寺庄镇（威县）支会	不祥	30			
西湾子	西湾子指导会	1934.9.18	不详			
	西湾子分会	1936.4.13	14			
	南壕堑分会	1936.2.7	不祥			
宣化	宣化指导会	1934.6.3	不详			
	双树村分会	1934.3.30	20			
	上庄分会	1934.9.2	20			
	阳原东城支会	1934.5.20	不祥			
	下宫（尉县）支会	1929.10.20	26			
合计	59 个		2067 人	10 个		193 人

资料来源:《中华全国公教进行会统计册 1936—1937》,中华公教进行会总监督处 1937 年版,第 37—92、255—265 页。

这些公教进行会成立后,积极宣讲,努力工作,取得不小成绩。以永年教区为例,到 1935 年 6 月间,成立妇女区支会 2 处,筹备组织中 5 处。到同年 9 月,支会代洗外教小儿 150 名,向外教宣传 50 次,看顾病人 30 次,为教外念经 1400 次,为教外领圣体 1200 次,哀矜传教费 1 万元,哀矜修道费 140 元,哀矜修女会 100 元,施药费 10 元,赈济黄灾 450 元①。在宣化教区,"公教进行会使教友变成传教的使徒,八年之内增加了六千教友。"②

公教进行会作为信徒辅助主教、司铎传教的团体组织,其作用不可忽

① 《中华公教进行会全国教区代表大会实录 · 第二编会务报告》,中华公教进行会总监督处 1936 年版,第 39 页。

② 刘嘉祥编:《刚恒毅枢机回忆录》,台湾天主教主徒会 1992 年版,第 264 页。

视。它不仅弥补了司铎人员不足的状况，而且在传教方面还拥有某些优势。与司铎相比，公教进行会会员多为普通乡村民众，他们生于斯，长于斯，对本地情况熟悉，更易于接近外教乡民，加深他们对教会的认识。同时，公教进行会对会员入会有严格的限制，其最低限资格为“无坏表、守四规、志愿恪守公进章程”①，这些条件加强了他们的信德，提高了他们的素质。他们又以自己的善言、善行为其他教徒做出榜样，影响了一些有不良行为的教徒改过自新。这样一来，教徒就逐渐摆脱了昔日那种藉教欺人的形象，减少了民教纠纷，加速了与当地社会的适应与融合。正如刚恒毅所说：“公教进行会和本籍教会是破处‘外国教’成见的利器。”②

（三）注重文化传教

文化传教对天主教会而言并不陌生。早期耶稣会士采取的文化传教政策，使天主教在清朝初年一度得以发展。此后罗马教会对中国礼仪的严格规定使中国文人对皈依天主教望而却步。百年禁教时期，天主教会遗存的多数教徒为无知乡民，文化传教即被束之高阁。近代以降，天主教会的传教重点仍在农村，传教士多注重教徒数量，对其质量不够重视。此期天主教会虽然开办了一些学校，但多以小学为主，对西方科学知识的传播与介绍显然不够。在这一点上，基督教新教后来居上，他们广泛介绍西学、发展教育，获得了一些知识分子的赞赏与认同。

义和团运动后，天主教会逐渐认识到文化传教的重要性，开始注重兴办教育。1906 年 5 月 5—17 日，直隶、蒙古、河南、满洲等北方地区教会在北京召开北方第三届区会议，直隶各代牧区主教林懋德、包儒略、武致中、马泽轩及蒙古地区主教叶步司、方济众、闵玉清、河南梅主教、满洲苏主教等出席会议，会议的主要议题是天主教学校问题。传教士不愿在这传教的重要问题上再去迟延，会议倡议每个教区尽可能办一些基础学校，跟上国家教育水平。主要中心区应有 1 座高小学校，每教区应有 1 座中学，并同样敢于办 1 座教会大学③。宗座驻华代表刚恒毅同样认为：“福传最有效的方法有三：

① 《中华公教进行会全国教区代表大会实录 · 第四编决议案》，中华公教进行会总监督处 1936 年版，第 3 页。

② 刘嘉祥编：《刚恒毅枢机回忆录》，台湾天主教主徒会 1992 年版，第 264 页。

③ A.Morelli, C.M., *Notes D'Histoire Sur le Vicariat de Tcheng-Ting-Fou 1858 – 1933*, Imprimerie des Lazaristes, Pei-P'ing, 1934, pp.120 – 121.

学校、刊物和慈善事业。”[①]通过开设学校,造就公教人才,“一旦人才辈出,在社会上服务,能以言行为人表率,引人研究我教(天主教),岂不也是传教的一法;且我们开设学校,实事求是,热心办学,教外子弟也都喜来求学的,故一乡有公教学校,则一乡的学童得和吾教的学生一同求学,潜移默化,公教的思想也能灌输在儿童的脑海中,公教的精神也能影响于人心。”而那些在学校上学的儿童又能把这种影响推及于他们的父母以至家族,使外教人对天主教由了解到研究进而尊重。因此,这也是一种间接的传教方法[②]。基于上述认识,各教区、各修会积极兴办教育,耶稣会仍走在了其他修会前头。1903 年,在上海设立了中国第一所天主教会大学——震旦大学;1921 年,献县代牧区的耶稣会在天津创办了天津工商大学;1925 年,美国本笃会在北京创办辅仁大学。除创办大学外,各代牧区还加强初等教育和中等教育的建设。到 1929 年,河北各代牧区(不包括西湾子、热河)共兴办中学、小学、师范学校及蒙学校等各级各类学堂共 3484 所,学生共 68893 人[③]。

除兴办教育外,广泛出版报纸杂志也是文化传教的一个重要方面。1936 年 3 月,《中华公教教育联合会丛刊》对天主教在华的出版业状况作了详尽的调查,调查结果表明报纸杂志出版发展迅速。早在 1917 年进行的类似研究显示,当时全国共有 22 家报刊在 10 个不同地区公开出版。而截至 1935 年底,共有 115 份报刊杂志,分布在 43 个地方。这其中约有 53%的报刊带有强烈的宗教性质,其余的报刊则主要集中在科学、教育和大众文化领域。其中 1 份刊物专为女性出版[④]。在这 115 种报刊中,北平主办并发行的共 25 种、上海 23 种、天津 4 种。在河北乡村,主要有 5 种刊物:一是宣化代牧区 1935 年创办的《小军人月刊》;二是大名耶稣会士于 1922 年创办的《法中期刊》;三是永年代牧区国籍教区司铎于 1933 年创办的《校友会年刊》;后两种都是由献县代牧区耶稣会士创办,即 1925 年创办的《献县教区公教进行会季刊》和 1932 年创办的《海星》杂志[⑤]。这些报纸杂志扩大了对天主教的宣传,加深了教外人对天主教的认识与了解。

---

① 刘嘉祥编:《刚恒毅枢机回忆录》,台湾天主教主徒会 1992 年版,第 268 页。

② 徐宗泽:《广设学校以提高教友社会上的地位》,《圣教杂志》1933 年第 5 期。

③ 专号:《学校学生表》,《圣教杂志》1929 年第 7 期。

④ F.C.Dietz, M.M., *The Roman Catholic Church*, 1936,上海档案馆,档号 U101-0-217。

⑤ Frederic C.Dietz, M.M., *The Catholic Press of China*, 1935,上海档案馆,档号 U101-0-210。

1939年12月8日,罗马教廷解除了关于中国礼仪之争的禁令,为文化传教创造了良好的条件。教廷声明:“政府机关所举行或下令举行的敬孔典礼,实非向孔子施行宗教性的敬礼,乃是向这位伟人表示他应得的尊崇,并尊重本国文化的传统;祭祖也只是孝道慎终追远的一种表示;因此教会取消以前的禁令。”①此后,教徒可以自由参加敬孔、祭祖、祭拜亡者等仪式。这就获得了部分传统文人的认同,为他们入教打开了方便之门。

为了更好地进行文化传教,提高传教士自身素质非常必要。“在中国的传教士,尤其中国神职界,在文学、社会和科学知识方面应具有一般中国知识分子的水准才会被人尊重。这不亚于名利方面的吸引力。”②针对许多外国传教士不谙汉语,不懂中国文化的现实,一些有识之士提出传教士之急务有三个方面:首先,他们必须剔除汉语的障碍;其次,他们需要更多地理解他们所追求服务的人们的思想、周围环境及需求;另外,他们需要更好地了解他们自己的宗教贡献③。针对非基督教运动的批判,传教士应进行更好的培训,除熟练使用汉语外,传教士还必须学习中国的哲学、文学、社会、历史等方面的知识,增加学术修养,只有做到中西文化相结合,天主教会才能更好地融入到中国社会中。

(四)扩大社会慈善事业

通过兴办社会慈善事业传播福音,是天主教会一种传统的传教方式。针对中国社会存在的溺婴陋俗,教会开办孤儿院,收养弃婴,教育她们,把她们从小培养成虔诚的教徒。教会的这种做法在开始时受到中国社会的普遍怀疑,社会上流行着教会“剖腹剜眼”等谣言,加上其他一些社会原因,酿成不少教案。其中最著名的就是天津教案。随着社会文明的进步及教会的努力,这种慈善事业逐渐为社会所接受。为贫穷农民施药义诊,是乡村传道的另一个重要方式。这种方式易于为民众所接受。正如教宗比约十一世在对传教士的训词中所说:“让我来提醒你们我在另一个机会所讲过的话,那就是,凡是关怀居民身体健康的,救济贫病的,对婴孩和儿童慈爱的,都会获得

① 穆启蒙著,侯景文译:《中国天主教史》,台湾光启文化事业2004年版,第135页。

② 刘嘉祥编:《刚恒毅枢机回忆录》,台湾天主教主徒会1992年版,第195页。

③ *The Missionary Urgency*, Reprint of Editorial in the Chinese Recorder, 1933,上海档案馆,档号U101-0-216。

当地人士的好感和爱戴，因为仁爱和慈善是最易感动人心的。”①

在教宗的鼓励下，河北乡村各教会把扩大慈善事业作为传教的一个重要步骤。宣化代牧区主教程有猷“奉劝我国公教信友欲作良好国民，当竭力提此慈善事业，千万不可落在人后。”②1927—1928 年间，河北各代牧区（包括西湾子、热河）共有孤儿院 50 所，收养男女孤儿共 2682 人；圣婴会收养婴孩 4658 人；病院 11 所，病人 5703 人；养老院 16 所，收养老人 620 名；诊所 35 所，施医 963246 人次③。上述慈善事业无疑推动了教会教务的进展，它不仅扩大了教徒数目，更重要的是扩大了教会影响，树立了教会在民众中良好的形象，有助于教会被中国社会认同与接受，加速了其本地化的进程。

二、罗马教廷拟与中国建交

前文所述，天主教自明末在中国开教以后，葡萄牙即拥有对天主教会的保教权。此后，罗马教廷发现葡国保教权弊端百出，阻碍了东亚传教事业的发展，乃逐渐取消葡国特权。1857 年教廷与葡国订约，废除其在华的保教权④。近代以后，对天主教的保教权逐渐转移到法国手中。自 1844 年《中法黄埔条约》签订后，1846 年法使拉萼尼又迫使道光帝发布对天主教的驰禁上谕，1858 年中法签订《天津条约》，1860 年又签订了《北京条约》，法国根据条约对天主教权利保护的条款，宣布拥有在华保教权。法国的保教权得到罗马教廷的默认。法国政府之所以积极介入宗教事务中，一方面因为它是一个天主教国家，另一方面是借保教权名义，扩大对中国的影响，以弥补其在华商业贸易方面与英美国家的差距。法国保教权虽然促进了天主教向中国内地的强力推进，但它带来的负面影响亦是很大的。它使天主教与西方列强侵略联系在一起，伤害了中国人民的民族感情，激化了民教矛盾，致使教案层出不穷。义和团运动后，随着中国民众爱国情绪的高涨，摆脱法国保教权已成为教会明智的选择。而欲摆脱法国保教权，中梵建立直接外

---

① B.F.Meyer.M.M.著，杨洪奎译：《乡村传教的步骤》，《传教夜谭》，天主教教务协进委员会 1950 年版，第 1370 页。

② 玉予：《论推广慈善事业》，《圣教杂志》1929 年第 7 期。

③ 专号：《慈善事业表》，《圣教杂志》1929 年第 7 期。

④ 罗光：《教廷与中国使节史》，台湾传记文学出版社 1983 年版，第 176 页。

交关系就成为必要。

早在 1884—1886 年中法战争期间,中梵就建交问题进行了第一次接触。1884 年,中法战争爆发。教宗良十三世恐怕在中国的传教士遭受连累,乃于 1885 年 2 月致函光绪帝,感谢清帝保护教士,声明在华的各国传教士,无论原籍属于哪一国籍,俱系罗马教宗所遣派①。当时在中国的意大利等国传教士也多上书教廷,建议遣使驻北京,总理中国教务。如香港主教 Giovanni Timoleone Raimondi 于 1885 年 5 月向教廷送一详细情报,说明为保护中华传教事业,良法莫过于和中国直接通使②。在欧洲的教会中也出现检讨法国在华保教权的声音,认为教廷若派使节驻于北京,就比较容易将外籍传教士和法国分开③。恰在此时,直隶总督兼北洋大臣李鸿章在办理教案及与法国交涉过程中,深切感受到法国藉保教权挟持中国的弊端,在得知教宗致光绪帝的信函后,他接受海关英国人的建议,拟与罗马教廷建立直接外交关系,避免法国干涉。1885 年 11 月,李鸿章委派天津税局洋员爱尔兰人敦约翰前往罗马,交涉有关事宜。1886 年 1 月底,敦约翰抵达罗马,呈上李鸿章致国务卿和教宗的信件,李鸿章声明中国天主教教徒人数已多,中国和教廷应该建立长久的友谊关系,他因此以朝廷的名义,遣派敦约翰来梵蒂冈,接洽通使事件④。对于中国政府通使建议,罗马教廷积极响应,国务卿和多数枢机均表示赞同。为了避免法国反对,罗马教廷同时向法国政府声明无意改变法国在远东之保教权。对于教廷与中国通使问题,法国政府只建议"派一没有外交身份的宗座代表驻北京,不派驻华大使;假使教宗决定减轻法国已往固有权利,将来因这种变动所生的后果,应完全由教廷负责"⑤。遣派没有外交身份的宗座代表驻北京,显然与中国通使要求不相符合。教宗不顾法国反对,于 8 月初任命阿里雅底总主教为驻华大使,命其 9 月 15 日启程赴中国。法国政府于 9 月 12 日向教廷发出最后通牒,言明如教廷派使赴华,法国政府撤回驻教廷大使,法国与教廷所订的条约作废,停

---

① 罗光:《教廷与中国使节史》,台湾传记文学出版社 1983 年版,第 181 页。

② 罗光:《教廷与中国使节史》,台湾传记文学出版社 1983 年版,第 182 页。

③ A.Thomas, *Histoire de la Mission de Pékin*, pp.609 – 610.转引自陈方中、江国雄:《中梵外交关系史》,台湾商务印书馆 2003 年版,第 94 页。

④ 罗光:《教廷与中国使节史》,台湾传记文学出版社 1983 年版,第 186 页。

⑤ 罗光:《教廷与中国使节史》,台湾传记文学出版社 1983 年版,第 191 页。

止法国政府给予法国教会每年的津贴费①。在接到法国的最后通牒后,教廷乃决定驻华大使阿里雅底改期赴任。这次中梵建交因法国反对遂归于失败。

在此次中梵试图建立外交关系的过程中,河北地区法国传教士态度消极,并为法国政府提供消息。在李鸿章派遣敦约翰出使罗马前,其秘书伍廷芳与敦约翰曾经就通使等问题咨询过在天津的遣使会账房神父文和温和直隶北部宗座代牧区主教戴济世,两人均是法国人,出于其本国利益的考虑,他们不赞成中国与罗马教廷直接通使。文和温同时写信给法国公使,报告中国拟和教廷通使,于是法国在中国欲与教廷通使之初就已知道消息②,并在此问题上早有准备,致使通使问题归于失败。

民国初年,第一次世界大战爆发。1917 年 8 月 14 日,中国宣布参加协约国,对德奥宣战。时陆征祥③出任外长,他企望借中国参战之机发展外交关系,争取中国利益。作为一名天主教徒,他也迫切希望中国能与罗马建立直接的外交关系,以摆脱法国保教权的制约。1917 年,北京政府训令中国驻意大利使馆和教廷接洽,拟与教廷建立外交关系。为了避免法国发觉后干涉,中国公使不直接往教廷国务院交涉,而是通过摩纳哥代表处,经常由驻意使馆主事朱英至此,送交信件或接受讯息。摩纳哥亲王的代表卡彼罗伯爵,则将讯息传送教廷④。教廷对中国通使建议表示同意,两方遂在罗马举行谈判。但由于战事影响,谈判进程缓慢。到 1918 年 7 月,双方交涉才

---

① 罗光:《教廷与中国使节史》,台湾传记文学出版社 1983 年版,第 193 页。

② 陈方中、江国雄:《中梵外交关系史》,台湾商务印书馆 2003 年版,第 96 页。

③ 陆征祥(1871—1949),字子欣,亦作子兴,上海人。原为基督教新教教徒。1892 年毕业于北京同文馆。曾随许景澄等清廷外交官员出使俄、德、奥等国。1899 年与比利时籍培德女士结婚,培德为天主教徒,受其影响,陆征祥于 1911 年亦改宗天主教。1903 年任驻俄使馆参战。1906 年升驻荷兰公使。1911 年调驻俄公使。1912 年任袁世凯政府国务总理兼外交总长。1915 年受命与日本签订不平等《二十一条约》。1919 年以外交总长身份率中国代表团赴巴黎和会谈判,在民情压力下拒签对德和约。1920 年辞外长职务,后曾任驻瑞士公使。1926 年夫人病逝后,于 1927 年入比利时布鲁日的天主教本笃会圣安德会院为修士,以 60 岁高龄学习拉丁文及神学等,1935 年晋升为司铎,时年 64 岁。九一八事变后,屡撰文抨击日本侵略行径。1933 年发表的《在天主教道理下评判之"满洲国"》(原文为法文)一书最为著名。1946 年罗马教宗赐予根特城圣伯多禄会院院长衔。1949 年逝世于比利时。

④ 陈方中、江国雄:《中梵外交关系史》,台湾商务印书馆 2003 年版,第 103 页。

告完成。1918 年 7 月 11 日，罗马教廷机关报《罗马观察报》公布一正式消息称："中国政府曾经向圣座表示，愿意和圣座建立正式外交关系，圣父教宗欣然接受了中国政府的要求，并同意中国政府遣派前驻西班牙及葡萄牙公使戴陈霖先生为中国驻教廷公使。"①罗马教廷的消息一发布，立刻遭到法国的强烈反对。法国各报都登载攻击教廷的文字，法国政府也向中国政府抗议，认为中国与教廷通使有违 1858 年的《中法天津条约》之精神，又说教皇是与德奥有关系之人，其所派来华大使为著名的亲德论者，中国不应在欧战期间与教廷发生互使关系②。法国已于 1905 年与教廷绝交，此时无法向教廷直接交涉，乃于 7 月中旬由法国外交部副部长高山以国家学会会员的身份访问教廷，觐见教宗又拜见国务卿。他发表谈话称："我没有忘记请嘉斯巴力枢机注意，法国在中国久已取得权利，这种权利是我们法国传教士流血换来的。"③7 月 26 日，法国外交部长毕盛致函教廷，指出如教廷派使驻华，会使法国在华保教权难以维持，法国将中止与教廷恢复外交关系的会谈④。由于教廷已与法国绝交，法国的威胁对教廷并未起很大作用。教廷仍按既定计划拟与中国建立正式外交关系。在这种情形下，法国转而向中国施加压力。时中国北洋政府正处于内外交困时期：在政府内部，直、奉、皖等各派军阀争权夺利，互不统一；外部有孙中山组织的护法运动的压力；另外，全国人民一致声讨北洋政府的亲日卖国行径。在这样一种形势下，段祺瑞掌控的北京政府不敢再得罪法国，终于让步。8 月 24 日，中国政府通知教廷，中梵通使事延期⑤。这样，中国与教廷通使事宜因法国阻挡，再次功败垂成。

上述两次教廷与中国通使交涉，其失败原因固然归于法国反对，但亦有其他方面的原因。首先，在中国的外国传教士特别是法籍传教士对通使之事并不积极甚至反对，他们已习惯于强权保护下的传教模式，不愿放弃手中特权。尤其是一些法籍传教士，则站在本国政府立场，公开反对通使。如直

---

① 罗光：《教廷与中国使节史》，台湾传记文学出版社 1983 年版，第 207 页。

② 邵振青：《我国与教廷互换使节问题》，天津《益世报》1918 年 8 月 10 日第 2 版；竹轩：《教廷遣使停顿问题》，天津《益世报》1918 年 9 月 4 日第 2 版。

③ 罗光：《教廷与中国使节史》，台湾传记文学出版社 1983 年版，第 209 页。

④ 陈方中、江国雄：《中梵外交关系史》，台湾商务印书馆 2003 年版，第 104—105 页。

⑤ 陈方中、江国雄：《中梵外交关系史》，台湾商务印书馆 2003 年版，第 106 页。

隶北部代牧区的法文刊物《北京通讯》(Journal de pékin)就指责教廷拟派的驻华大使有亲德嫌疑①。其次,教廷拟与中国通使,目的在于摆脱法国保教权。但在宣传过程中,教廷一再申明教廷使节与法国保教权并不冲突。教廷使节的任务是以一切适当的方法推进教务,主要限于宗教范围。而保教权的对象,首属政治范围以内,两方任务范围甚为清楚,因此没有理由说教廷大使使节将取消法国在远东的保教权②。教廷这种宣传固然是为了安抚法国政府,但亦不免使中国爱国人士失望,减少了他们对通使问题的关注与热情。可以说,没有获得中国人民爱国舆论的大力支持也是通使问题不能获得成功的一个原因。

三、天主教会本地化

20世纪初年,中国民族主义思潮风起云涌,它在摧毁腐朽卖国的清王朝同时,西方列强的侵略也成为中国人民反对的目标。在这种形势下,教会内部出现分化,一批外籍教会领导人士仍然固守旧有思想,不愿失去强权保护;而另有一部分传教士与教徒则在中国人民爱国主义的感召下,同其他各界人民一道反对列强侵略。其中最著名的是天津"老西开事件"。

老西开是天津郊区毗邻法租界的一块荒地,为法国政府觊觎多年。天津代牧区成立后买下老西开洼地33亩,于1913年动工修建西开教堂。1915年法国领事以保教权名义视老西开为管地,通知住户向法国工部局纳房捐,引起国人抗议③。天津各界爱国人士成立保全国土国权会,决心反对法国对老西开的侵略。天津《益世报》1915年10月1日登载一篇致法国领事的公开信,要其放弃侵占老西开的野心,并表示:"吾人之头颅可断,而老西开尺寸之土不容或失也。"④面对中国人民的反法爱国运动,天津代牧主教杜保禄一味偏袒法国,并令属下神父中立,严禁参加天津人民的反法运动。但是以比利时籍神父雷鸣远为代表的传教士仍然冲破杜保禄的束缚,积极支持天津民众的爱国斗争。雷鸣远于1916年致信法国驻北京公使孔

---

① 陈方中、江国雄:《中梵外交关系史》,台湾商务印书馆2003年版,第105页。

② 罗光:《教廷与中国使节史》,台湾传记文学出版社1983年版,第211页。

③ 赵永生:《从教会档案看"老西开事件"》,《天津宗教资料选辑》第1辑,天津宗教志编辑室1986年版,第52页。

④ 竹轩:《为老西开交涉箴法国领事》,天津《益世报》1915年10月2日第2版。

蒂:"在天津公使先生希望扩展法国租界。此意见很好,但应循合法的途径去设法进行此事。……中国在无力抵抗下,只有接受这更坏的处境。……公使先生,您知道吗,为攫取老西开的这小小一块土地,对法国引起多大的仇恨吗?"①这些话使法国公使勃然大怒,他以武力恐吓,迫使雷鸣远离开天津去正定,不久又到定州。在这种情况下,中外神父群起反对法国的侵略行径,并联名致书罗马教廷,控告主教杜保禄等之行为。中国神父杨文亮、杨增益、刘品一、李辅庭、李尧然、韩文德、王国栋等以及外国神父汤作霖等还与社会人士联合在一起,反对法国领事馆的侵略活动②。1916 年 10 月,法国公使向中国政府发出严重警告,要求将天津老西开 30 余亩之地让于法国,同时法兵悍然侵占老西开。法国这一行动激起天津人民强烈反对,在"维持国权国土会"的领导下,法国租界各界人士联合起来进行罢工、罢市,抵制法货,使法租界秩序一片混乱,对法国造成极大压力。1917 年英国驻华公使出面调停,北洋政府外交总长伍廷芳与法国公使孔蒂谈判数次,未有结果。"老西开事件"是天津各界人民包括宗教界部分人士联合进行的一次爱国反帝行动。在天津人民的一致反对下,法国企图公开侵占老西开的野心没有得逞。

在教会方面,罗马教廷见"老西开事件"事态严重,遂于 1917 年 2 月派遣使会江南会长刘克明(法籍)来津调查。他召集全体会士,提醒他们所发的听命愿,因为教宗禁止传教士参与政治,请求他们等待长上决定。次日,雷鸣远召集教区神父开会,决定上诉罗马教廷。3 月 19 日,遣使会巴黎总会以电报调雷鸣远至宁波,汤作霖至南美厄瓜多尔基多城。雷鸣远立即服从,汤氏拒不接受,被杜保禄摘去神权,继续向教廷申诉。1918 年 7 月 16 日,教廷传信部部长王老松致函直隶东南代牧主教刘钦明(法籍),向他提出 10 个问题,要求他逐条汇报。主要有全国一般教务情况、外籍司铎传教情况、怎样训练本籍神职班、本籍司铎状况、外籍司铎与本地司铎关系、教育、教徒等问题,并让他附带说明一下天津"老西开事件"。从刘钦明给传信部部长的回复看,他对外籍传教士评价颇高,而对中国籍司铎明显存有偏

① 耀汉小兄弟会编译:《雷鸣远神父书信集》,台湾天主教耀汉小兄弟会 1990 年版,第 133—134 页。

② 吴子舟:《回忆"老西开事件"》,《天津宗教资料选辑》第 1 辑,天津宗教志编辑室 1986 年版,第 46 页。

见,认为外籍传教士具有热忱,除了个别的有些缺点外,其余在这教外地区都是基督的使徒,罗马公教真精神的唯一的不可少的捍卫者。而中国神职班的文化水平不如欧洲神职班,其中更有些非常愚蠢的。他们的传教热忱一般,他们需要领导,脱离了欧籍传教士的监督,他们就怯懦无能。由此他得出结论:中国神职班,虽然想摆脱外籍传教士的统治而独立,然而时机尚未成熟。他认为目前中国人没有领导的资格,外籍传教士若想得平安,就必须使中国人隶属于欧洲人。中国人既便当本堂,也要在欧籍传教士的监督之下。至于中国人当总本堂、当主教,也许在很多年之后才有实现的可能。对于天津"老西开事件",他认为在雷鸣远、汤作霖的煽动下,天津《益世报》大肆宣传,从而掀起了反法运动,在本籍神职班及教友中播下了不信任主教的种子。杜保禄采取的中立政策,是聪明和唯一可行的措施①。刘钦明对上述问题的看法代表了当时大部分欧洲传教士的意见,他们从优越的西方文化心理出发,贬低、歧视中国籍传教士,处处维护外籍传教士的利益,不愿放弃对中国教会的领导权。面对雷鸣远等人提倡的"中国归中国人,中国人归基督"②的教会本地化口号也极力反对,认为如果中国神职班不再隶属于外籍传教士,传教事业就有裂教的危险③。这种认识实质是保教权下殖民主义心态的一种反映,与中国当时形势不相符合。"老西开事件"中虽然以杜保禄等人为首的反对教会本地化的传教士占了上风,但部分爱国教士和教徒希冀建立本地化教会的呼声毕竟上达教廷,使其对中国教会问题开始注意。

1919 年的五四爱国运动,再度燃起了天津人民的反帝爱国热情。一些爱国天主教徒也纷纷起来,与列强的侵略展开斗争。1919 年 5 月 8 日,天津《益世报》发表《敬告全国的天主教》演说词,作者居常以中国巴黎和会的失败、中国处于危亡相号召,要求全国天主教徒本耶稣基利斯督爱人教训,积极爱国,因为"国是由人民积成了的,爱国即是爱人爱己"④。6 月 10 日,天津教徒组成第一个公教救国团,并发出爱国宣言。6 月 12 日,天主教徒

---

① 解成编:《河北省天主教历史编年(635—950)》打印稿下册,1994 年印行,第 286—294 页。
② 社论:《迎教廷公使北上——中国归中国人,中国人归基督》,天津《益世报》1947 年 7 月 29 日第 1 版。
③ 解成编:《河北省天主教历史编年(635—950)》打印稿下册,1994 年印行,第 291 页。
④ 居常:《敬告全国的天主教徒》,天津《益世报》1919 年 5 月 8 日第 10—11 版。

聂醒吾在《益世报》上发表《为外交泣告教中人书》，号召天主教徒行动起来，投身到反帝爱国运动中。到6月22日，天津已组织26个公教救国团，以杨增益司铎为会长。同时决定以10人为一团，成立公教救国十人团，以提倡国货、抵制日货为宗旨①。至9月，公教救国十人团已发展到农村，仅盐山县就成立24团②。这些公教救国团积极行动起来，上街头，下农村，到处演讲，并参加示威游行，在社会上造成一定影响。

中国天主教徒的反帝爱国行动引起教廷重视。是时传信部屡接天津代牧区神职班为西开事控诉主教杜保禄的报告，为了解事情真相，罗马教廷于1919年6月17日委派广州主教光若翰为“中国教务巡阅使”，来天津进行调查。10月下旬，光若翰到达天津，调查几天后，光若翰去了北京，于11月16—23日召集北方主教会议。18日，光若翰以巡阅使的身份发表了《致直隶司铎书》，他认为天主教会本地化是“有人痴心梦想，以为既已推倒中国旧政府之秩序，君主政体既改为共和政体，则以为圣教会之体制，亦宜受同似之改革，谬念妄想，莫此若也”。他还对中国教徒的爱国运动提出批评，认为“真正爱国在乎热心守全良好国民当尽之职分，不可于毫无智识、毫未研究之公权二字”，他命令司铎与教徒“不可有人为公共表示举动之首领，汝曹并不可容准天主公教之男女学生结队游行，参与其事”③。光若翰这种无视中国教徒爱国热情、拒绝中国教会变革的立场，无疑会遭到中国人民的强烈抨击与反对。

相对中国的外籍传教士来说，罗马教廷在处理中国问题时显然要理智得多。天津代牧区对立双方司铎的报告，为罗马教廷制定政策提供了依据。1919年11月30日，教宗本笃十五世发布《夫至大》牧函，对解决中国问题具有指导意义。牧函说：“凡管领一区传教者，其重要先务，当就所在民族、族人之充圣职神司者而陶养之，建设之。……因本地司铎与本地人民、世籍、天资、感觉与心思皆自相投合，则其能以信德渐摩本地人心，当何等惊奇耶？且较其他一切人等稔知何法可令输诚服教，加以地方上又可随便进出，往往为外国司铎欲置足而不能者矣。”④牧函对外籍传教士把母国利益置于

① 《公教救国团开会》，天津《益世报》1919年6月23日第2—3版。

② 顺直新闻：《盐山公教成立十人团》，天津《益世报》1919年9月17日第6版。

③ 专件：《光大巡阅使致直隶司铎书》，《圣教杂志》1920年第4期。

④ 本笃十五世：《教宗通牒》，上海档案馆，档号U101-0-194。

教会之上的做法提出批评:"假如见有传教士竟忘却本身位分,乃至思维天国不如世间之母国,母国之威权出乎中道之外而申张之,母国之光荣加于万有之上而扩充之,此实为宗徒功用极猛之疫诊。………设令传教士但有几分参用尘世谋为,并不全以宗徒之为人自处,且示人于本邦国事已亦宣勤,则其种种事功,立即招来万众之疑猜。疑猜本易引人到此理想,即以基利斯督之教为某外洋邦族之私教云。………夫传公教,而欲名实相符,讵可如此? 然常常自回思,万万不为本乡邦族,实乃为基利斯督效其使命,必如此立身行己,足使人人一无犹豫,即深信其为教会之有司也。"①

教宗牧函的发表,对中国各代牧区主教是一个震动。中国教务巡阅使光若翰和中国各区主教就牧函上所述各点进行了讨论。1920 年春,光若翰结束了巡视事宜,赴罗马报告结果,建议派遣宗座驻华代表②。1921 年 1 月,教宗本笃十五世去世,其继任者为比约十一世,他继承其前任派代表驻华的政策。1921 年 8 月,委任意大利人刚恒毅为第一任驻华宗座代表。刚恒毅总结了教宗和传信部的指示,对宗座代表的性质及其任务作了归纳:"(一)宗座代表是纯宗教性的,因此不当带有任何政治气味。(二)应当与一切的人表示友善,不论中国官员,不论外国使节;也绝对保持自主,绝不袒护列强的政治利益;只属于教宗,代表教宗。(三)圣座不务政治,不过有时政治进入宗教范围,那不过是偶然的或短暂的。(四)圣座在中国没有任何帝国主义的野心,列强的政治政策与圣座毫无瓜葛;教宗关怀中国,切愿中国强大起来,主张中国归中国人的。(五)传教事业只是服务,教会所以称至公的,普通来说,教会由本地人作主教为原则,但初创时期客籍传教士是不可以缺少的。可是一旦时机成熟,本地圣统建立了,客籍传教士晓得自己目的已达成,立即束装他往,开拓主的新园地。"③宗座驻华代表的设立,目的仍是摆脱法国保教权,切断教会与列强的关系,树立教会新形象。

1922 年 11 月,刚恒毅到达香港,经上海到北京,刚恒毅的到来,使酝酿已久的中国天主教会本地化开始付诸实施。如前所述,在中国的多数外籍传教士因为本国利益和自身领导权问题,一直不愿建立本地化的教会,轻视排斥中国籍神父。特别在某一修会管理的教区,更是把传教区看作自己的

① 本笃十五世:《教宗通牒》,上海档案馆,档号 U101-0-194。

② 罗光:《教廷与中国使节史》,台湾传记文学出版社 1983 年版,第 218 页。

③ 刚恒毅:《在中国耕耘》上,台湾天主教主徒会 1978 年版,第 5 页。

私产，不肯分割或转让。但是，中国民族主义的觉醒和爱国热情的高涨，已使带有洋教色彩的天主教受到很大冲击。中国的非基督教思潮，直接把教会看作列强侵略的工具。在这种形势下，中国教会的本地化成为教会的必然选择。在宗座驻华代表刚恒毅的推动下，中国天主教会开始进行一系列自上而下的改革。

刚恒毅的首要任务是设立本籍教区。在罗马教宗的批准下，他于 1923 年 12 月确立以湖北省的蒲圻为国籍宗座监牧区，这是中国第一个本籍教区，由成和德任宗座监牧。第二个本籍教区原拟由兖州或直隶东南代牧区划出，但由于两地主教反对没有成功。此后，保定代牧区主教富成功同意划出一个中国教区，这样中国第二个本籍教区蠡县国籍监牧区于 1924 年 4 月 15 日成立，由孙德祯①任宗座监牧，这亦是直隶第一个国籍教区。为了推动中国教会的本地化，刚恒毅根据教廷指示，于 1924 年 5 月 15 日—6 月 12 日在上海主持召开了第一次全国主教会议（罗马教廷批准的全名是第一届中国教务会议），到会的有 42 位主教，5 位监牧（其中 2 位是中国籍），苦修会院长及 13 位传教区代表，另有在中国传教的各修会代表及中国神职界代表，并准备建立由本籍神职所主持之教会②。会议明确强调“本地神职人员只要有资格，决不可拒绝他们担任任何职务，大会且有更远大的希望，并期望其尽可能早日实现，即由本国神父内选任主教。”③大会同时作出一些重要规定：教堂内不得悬挂外国国旗和国徽；教省的划分应依中国国内行政区划而定，并以主教公署所在城市命名；培植本地教会和神职班；尽快废除 19 世纪以来中国教会中流行的教徒向教长行的叩头礼，等等④。第一届中国教务会议为中国教会本地化拉开了序幕。它向社会表明了一种态度，中国

---

① 孙德祯，1869 年生于北京，13 岁进北京修院，1897 年 1 月 24 日晋铎。曾在天津、盐山等处传教。1899 年入遣使会，后任北平小修院拉丁文教授，1912 年任北京牛房村本堂。1924 年 4 月 15 日被罗马教廷任命为蠡县宗座监牧区监牧。1926 年 6 月 1 日被擢升为主教，10 月 28 日于罗马由教宗比约十一世亲自祝圣为主教。1936 年辞去主教职务，退隐于北京清河镇耀汉小兄弟会院内。

② 刚恒毅：《在中国耕耘》上，台湾天主教主徒会 1978 年版，第 162、169 页。另据顾卫民在《刚恒毅与 1924 年第一届中国教务会议》论文中载：出席第一届中国教务会议的有 42 位主教、4 位监牧（内两位中国籍）、1 位监理、36 位参议司铎（内一半为中国籍）。

③ 穆启蒙著，侯景文译：《中国天主教史》，台湾光启文化事业 2004 年版，第 131 页。

④ 顾卫民：《刚恒毅与 1924 年第一届中国教务会议》，《上海大学学报》2005 年第 3 期。

教会是中国人的教会,而不是某一国家的教会。这有利于洗刷教会的殖民主义色彩,是教会对中国爱国运动和非基督教思潮的积极回应。

第一届中国教务会议后,刚恒毅加快了中国教会本地化的步伐。1926年5月,由刚恒毅提议,罗马教廷由北京宗座代牧区划出宣化地区,成立宣化代牧区,由赵怀义任宗座代牧;同月在山西省成立汾阳代牧区,由陈国砥任宗座代牧;8月在浙江省成立台州代牧区,由胡若山为宗座代牧;同月在江苏省成立海门代牧区,由朱开敏为宗座代牧。为提升中国主教的地位,减少教会本地化的阻力,教宗决定在罗马亲自为6位中国主教祝圣。1926年10月17日,刚恒毅率领成和德、孙德祯、赵怀义、陈国砥、胡若山、朱开敏6位中国籍主教到达罗马,10月28日,教宗比约十一世为6位中国主教行祝圣大礼,礼节极为隆重。礼后,6位主教先后到意大利、法国、比利时、荷兰等地朝圣、游历,受到普遍欢迎。比利时《昂维斯商报》评论认为:“华主教来意、法、比及荷兰之游历,不特为中国传教史上之一段重要逸事,亦使吾欧洲之旧教会,以与中华新教会之灿烂,而顿转老返童也。……今远来之华主教,乃远东之精英者,为公教争光宠,为华族争幸福,其勇往也若斯,可不敬爱之哉。”①

在国内,6位中国籍主教到罗马接受教宗祝圣更成为教会内一件大事。10月28日,天津《益世报》报馆印赠《公教庆祝华籍主教特刊》,又名《圣教广扬》,特刊收录各区主教、司铎及信徒的庆祝贺函及教内稿件,中国司铎及信徒对于华籍主教赴罗马祝圣莫不欢欣鼓舞,额手相庆。直隶庆云县全体司铎教徒及绅商学各界电贺6位新主教云:“敬悉教宗电谕公等荣升主教,且赴罗玛(马)由教宗亲行祝圣,诚空前罕有之盛举也。大哉教会之荣,幸哉中华之福!”②正定代牧区文致和主教、长辛店信徒、宣化众位会长等亦致电赵怀义主教,对其升任主教表示祝贺。滦县教徒项来慧撰稿认为擢升中国籍主教,可以使“管理教务之权逐渐入于华人之手矣,‘外国教’三字固已不成问题。从今以后,或能异峰独起,一日千丈,以福音之光帚扫除暗冥乎?”③6位主教自欧回国后,受到公教及社会各界的热烈欢迎。孙德祯、赵怀义2位主教于1927年3月5日抵津,天津公教界为他们举行隆重欢迎仪

---

① 天灿、何燮:《殴陆报章对华主教之感想》,天津《益世报》1927年3月13日第6版。

② 《公教庆祝华籍主教特刊》,天津《益世报》1926年10月28日印,第4页。

③ 《公教庆祝华籍主教特刊》,天津《益世报》1926年10月28日印,第8页。

式。此后,北京各公教团体及教徒 2 万余人为他们召开盛大欢迎会,在保定、蠡县、长辛店、宣化等地都有盛大的欢迎活动。在蠡县,为筹备欢迎孙主教,“高家庄联合左近二十余村,尽力筹备。不分民教,各捐款项,虽极贫之家亦竭力输将,张村、小陈二村之教外人,各醵金赶造鞭炮。”①在宣化,为欢迎赵主教特开庆祝大会,军政绅商各界俱到会参与。口道尹史敬一、步兵第 160 团团长刘蓝坡、骑兵第 4 团团长张镜寰、宣化县知事李润田及警察所长等均参加庆祝大会②。这种民教共庆的局面说明,升任华籍主教不仅是中国司铎及教徒的光荣,也显示了中国人迫切摆脱外国强权政治控制的愿望,符合当时爱国主义的潮流。

河北继蠡县国籍宗座监牧区③和宣化国籍宗座代牧区成立后,又于 1929 年先后建立赵县和永年二个国籍宗座监牧区,张弼德任赵县宗座监牧区监牧,1932 年升为代牧;崔守恂任永年宗座监牧区监牧,1933 年升为代牧。1933 年 6 月 11 日,教宗比约十一世在罗马第二次亲自祝圣 3 位中国籍主教,其中之一便是直隶永年代牧区的主教崔守恂。1930 年,刚恒毅“决定把保定教区转移给中国神职班接管,因此,引起北平不快,尤以法国公使馆为甚”④。罗马教廷不顾法国反对,于 1931 年 3 月正式任命周济世(河北正定人)为保定宗座代牧。这样就打破了直隶的国籍教区都是新成立教区的局面,一些老的代牧区同样可以逐渐转移到中国人手中,有利于中国教会本地化的进展。1937 年 12 月,华籍司铎赵振声被任命为献县宗座代牧区代牧主教,第一次实现以母教区升华籍司铎为主教、教区内占大多数的外籍

---

① 顺自新闻:《蠡县高家庄欢迎孙主教志盛》,天津《益世报》1927 年 3 月 29 日第 10 版。

② 顺自新闻:《宣化天主堂各界联欢会之盛况》,天津《益世报》1927 年 4 月 26 日第 10 版。

③ 蠡县国籍宗座监牧区因主教府最初设在蠡县高家庄而得名,1927 年主教府迁往安国县城西关。1929 年,罗马教廷为方便计,决定将教区易名,并升监牧区为代牧区,此后,蠡县监牧区改称安国宗座代牧区。代牧区和监牧区都属于传教区体制,但监牧区是成立代牧区的准备与前驱,随着教务发展,监牧区便升格为代牧区。代牧区代牧通常是名衔主教,领受主教圣秩,其职权和正式主教一样;监牧区监牧通常没有领主教圣秩,也不是名衔主教,其行政职权犹如代牧主教。我国通常也将监牧称之为主教。自立(自治)区的成立晚于代牧区和监牧区,其或由教宗直接成立,或由母教区申请自行成立,自治区的首长是神父,享有某些特别职权,但并不绝对独立,应向母教区首长负责。1946 年中国成立“圣统制”后,自立(自治)区同其他代牧区一起升格为主教区。

④ 刘嘉祥编:《刚恒毅枢机回忆录》,台湾天主教主徒会 1992 年版,第 180 页。

司铎接受华籍主教领导的局面,“开中国国籍主教史之又一纪元。”①此后,华籍司铎陈启明于1939年被任命为正定代牧区宗座代牧。

至1934年,中国天主教会共划分为121个教区:81个宗座代牧区、28个宗座监牧区和12个独立传教区。在这121个教区中有21个教区完全由中国主教和神父管理。121个教区中共有89名主教,其中9名(包括1名中国主教)为副主教或助理主教。在担任教区领导者的80名主教中,有13名是中国人,包括待任命的南京教区主教;在担任宗座监牧区的领导者中,外籍主教和中国主教分占20名和8名②。1936年,在包括满洲里在内的共129个教区中,中国人领导的教区增加到23个,也就是说每6个教区中有1个的领导者是中国人。中国神职人员在教会中所占比例逐年加大:4452名司铎中中国人占2/5,1263名修士中一多半(55%)都是中国人,5746名修女中有近2/3(63%)是中国人③。

中国天主教会本地化是教会在中国人民爱国运动和民族自觉意识面前不得已的选择,是对非基督教运动挑战的回应。面对天主教徒的爱国热情,教会逐渐放弃了中国教务巡阅使光若翰此前压制直隶司铎及教徒爱国行动的作法。在“五卅运动”中,教会保证“绝不剥夺教友的公民权,也不会不摘(择)手段地阻止爱国的合法行动”④。宗座代表刚恒毅同时呼吁传教士要有所改变,要放弃特权,与列强划分界限,要毫无成见地承认中国人民的合理觉悟⑤。1928年8月1日,教宗比约十一世向全体中国主教及全体教徒发出通电,除进一步贯彻中国教会本地化的措施外,明确宣布:“教宗希望中华公教教众,对于中华之和平发达与进步,皆有所贡献。并重申一九二六年六月十五日通牒之言,即对于合法政府之恭敬与服从,向为吾公教所信仰主张及提倡,其传教士及信徒所要求者,惟国民共有权利之自由及其保障。”⑥教宗于此时发表承认中华民国政府的声明,无疑是想与西方列强拉大距离。正如北平代牧区主教林懋德所说:“这个文件(指通电)足以把教

---

① 教中新闻:《献县第一任国籍主教》,《圣教杂志》1938年第1期。

② F.C.Dietz, M.M., *The Catholic Church in China*, 1934,上海档案馆,档号U101-0-217。

③ F.C.Dietz, M.M., *The Roman Catholic Church*, 1936,上海档案馆,档号U101-0-217。

④ 刚恒毅:《在中国耕耘》上,台湾天主教主徒会1978年版,第230页。

⑤ 刚恒毅:《在中国耕耘》上,台湾天主教主徒会1978年版,第124—125页。

⑥ 《教廷八一通电译文》,天津《益世报》1948年8月1日第6版。

会和外国政府之间的关系切断。”①作为一名法籍传教士，林懋德不愿意看到上述情况，不想放弃法国的保教权。而与林懋德持有同样想法的传教士还有很多。在北平代牧区服务的法籍倪神父写了一本题为《基督在中国》的著作，强调成立国籍教区是谬论而不切实际的。作者认为中国革命使白种人的特权丧失，等于基督教会末日来临，中国教会将进入黑暗时期。他对中国主教颇有反感，认为中国主教不如外国主教能干。说穿了，作者的理念重心是反对成立中国教区——这样打破了白人藉武力福传的美梦。作者认为白种人应是统治者，而黄种人应受统治②。此后，北平法文版《北京日报》也攻击刚恒毅：企图消灭法国的保教权；讨好中国得势的政党；率领中国主教在欧洲到处招摇撞骗；把几个法国传教区转给中国主教——应归还法王建立教区所花的约 40 万美金；推广本地神职的观念根本就是谬论，等等③。永平代牧区第二任代牧主教刘士杰（荷兰籍，1928 年 11 月任副主教，1940—1948 年任主教）也不赞成中国人任主教。据唐山教区主教刘景和回忆，他在北京修院毕业后，拟定去辅仁大学读书。时《铎声》杂志登载提倡教会本地化的文章，外国传教士非常不满。主教刘士杰把刘景和叫去询问，得知其赞赏那篇文章，非常生气，把桌子一拍说：“你也说好，你也是革命派。”这样刘景和就失去了去辅仁上学的机会④。上述事例说明，河北地区乃至整个中国的多数外籍传教士对教会本地化有相当的抵触情绪。他们从本国利益和自身特权出发，不愿意把教会权力交到中国司铎手中。但中国人民的觉醒及其对天主教会殖民主义的抨击，使得他们又不得不接受中国教会本地化的现实。尽管本籍监牧（代牧）与华籍主教在河北地区教会中仍占少数，但它毕竟是一种进步，它使几百年来外籍传教士垄断中国教会的局面有所改变，受到中国社会的认可与欢迎。

总而言之，天主教作为一种外来宗教与文化，自传入河北乡村社会后，

---

① 刚恒毅：《在中国耕耘》下，台湾天主教主徒会 1978 年版，第 28 页。

② 刘嘉祥编：《刚恒毅枢机回忆录》，台湾天主教主徒会 1992 年版，第 163—165 页。

③ 刘嘉祥编：《刚恒毅枢机回忆录》，台湾天主教主徒会 1992 年版，第 181—182 页。

④ 刘景和，1920 年 12 月生，河北省唐山市丰润县人。1920—1931 年就读于黄花港教会小学。1931—1939 年就读于永平教区（卢龙）小修道院。1939—1945 年就读于北京文声学院神哲学系。1945 年晋铎，先后在卢龙、唐山等地任堂区副主任司铎。1981 年 12 月任唐山教区主教，2010 年 11 月退休。笔者于 2006 年 10 月 15 日晚在石家庄桃园宾馆对刘主教进行访问，上述资料根据此次访问整理而成。

即受到来自社会各方面的排斥与挑战。近代以降,由于天主教会所带有的殖民主义色彩,更加剧了民众对教会的反感与仇视,致使教案纷杂迭现,义和团运动则把民教矛盾推向顶峰。教会在义和团运动的沉重打击下,不得不进行一些理性的思考与反思,放弃令人诟病的诉讼传教方式,采取适合新形势的传教政策,摆脱法国保教权。面对民元以后的爱国主义思潮与非基督教运动,教会采取自上而下的一系列改革措施,实行中国天主教会本地化政策,划分国籍教区,任命中国人做主教等,一定程度上改变了教会的殖民形象,促进了教会与中国社会的融合,有利于河北乡村教会的发展。

第三章 发展与困境:河北乡村教会的艰难演进

河北乡村教会经过义和团运动的沉重打击,传教方式有了很大改变。同时,中华民国所倡导的宗教信仰自由政策也为教会的发展提供了良好的外部环境。尽管民国初年拟定国教风波与非基督教运动对教会产生了一定冲击,但这时的非基督教思潮主要停留在学理的层面。随着教会改革的实施,中国社会对天主教的看法逐渐改变。正是在教会内部改革与外部环境变化的基础上,河北乡村天主教会有了很大进展。民国初年前后直至全面抗战以前,是中国天主教会发展的"黄金时代",也是河北乡村教会繁荣发展的时期。随着日本对中国的入侵,河北乡村教会事业也遭到打击和破坏,一些教士、教徒被杀害,教堂被烧毁,乡村教会的发展陷入困境。抗战胜利以后,乡村教会事业有所恢复。伴随着大陆的相继解放,一些外国修会和传教士纷纷撤离中国,河北乡村教会进入了新的历史发展时期。

第一节 河北乡村教会的演变与进展

在华传教政策和方式的改变,使河北乡村教会进入大发展时期。随着各宗座代牧区教务的发展,教区进一步划分,出现了许多新的教区。经过一系列演革,逐渐形成了遍布全省的乡村教会网络体系。

一、直隶北部宗座代牧区

直隶北部宗座代牧区①是河北面积最大的教区。随着教务的进展与教

① 直隶北部宗座代牧区在1924年第一届中国教务会议后称北京宗座代牧区,1928年后称北平宗座代牧区,1946年中国教会成立"圣统制"后称北平总主教区。

会内外形势的变化,直隶北部代牧区进行了改革,先后划分出直隶中部宗座代牧区(保定宗座代牧区)、直隶海边宗座代牧区(天津宗座代牧区)、宣化宗座代牧区。保定宗座代牧区又划分出蠡县国籍宗座监牧区和易县宗座监牧区。经过一系列划分,直隶北部地区天主教乡村教会体系进一步完善。

(一)受人质疑的传教方法

直隶北部宗座代牧区是义和团运动时期遭受打击较为严重的地区之一,因而在其后清算损失时,得到的赔偿相应多于其他代牧区。

表 3.1　义和团运动后河北天主教会所获赔款统计表

代牧区	所辖范围	赔款钱数(银)	合计
直隶北部代牧区	京内(包括大兴、宛平 2 县)	2608000 两	6858539 两 9 钱
	顺天府属	1399600 两	
	保定府属	665711 两 9 钱	
	天津府属	665228 两	
	易州直隶州属	26000 两	
	宣化府属(附张家口)	1494000 两	
直隶东部代牧区	遵化直隶州属	60722 两 8 钱	248122 两 8 钱
	永平府属	187400 两	
直隶西南代牧区	正定府属	32320 两	252528 两 8 钱
	赵州直隶州属	43040 两	
	定州直隶州属	134400 两	
	顺德府属	42768 两 8 钱	
直隶东南代牧区	河间府属	979661 两	1725352 两 6 钱 5 分
	冀州直隶州属	201560 两	
	深州直隶州属	236600 两 1 钱 5 分	
	广平府属	201556 两	
	大名府属	105975 两 5 钱	

资料来源:《直隶全省教案赔款清单》,第 1—6 页,存南开大学图书馆善本书库。

表 3.1 表明,直隶北部代牧区所获赔款远远高于其他代牧区。这数目巨大的赔款除用于修建教堂、偿还教徒损失外,很大一部分用于发展教徒。时林懋德(1905 年任直隶北部代牧主教)还为樊国梁的辅理主教,他大力推

行其曾在保定成功用过的一种传教方式：在农闲时设立望教学校，免费供给望教者饮食，吸引外教人研究教理。这种方式简便、高效，对许多穷苦农民有很强吸引力，关键问题是要有充足的资金。而代牧区获得的大量赔款为这种方法的推广提供了保证。林懋德向传教士说："我们得到这批赔款，不是为造大堂，更不是作为基金，是赔偿我们物质上的损失。……你们去买麦，养活望教者，我将给你们款子。"①在林懋德的提倡下，代牧区很多神父都采取这种方法传教，一时望教者甚多。由于传教士忙于买粮、买炭、照顾望教者饮食，没有时间从事神职工作，在这种情况下，林懋德允许传教士给望教者钱，让他们自己解决饮食。中国教会要理问答共四份，望教者能背答一份者，给银洋一元。这种方法不久在代牧区到处风行，然而弊病丛生。很多人为贪图钱财而登记望教，但能达到领洗标准的很少。一些老传教士对这种方法非常担心，然林懋德却不以为然，他说："望教者既然到我们处来，就当收留他们：第一代可能不热心，恐怕还有背教者，这是没有疑惑的，第二代就会更好。"②对于这种传教方法，《遣使会在华传教史》的作者樊神父认为罗马方面没有直接或间接地指责过这种方法。教宗比约十一世还于1932年评价说"林主教办的对。"③但是宗座驻华代表刚恒毅在1933年林懋德去世后对上述方法提出批评，他说：林懋德"原对教会的传教方式有深刻认识，但却愿以法国及遣使会的利益居上。这三种爱混在一起不能相安无事。他很想救更多人灵，可惜方法用的不对。拳匪之乱后，他不肯把赔款用在办大学上——可抢在基督教之前，却用这笔钱吸收穷人受洗，后来这些'吃教'的人有不少人又背教了"④。尽管林懋德的传教方法有很多弊端，但当时收到的成效却非常显著。加之此时教会也力图改变了原来强权政治的一些做法，扩大宣传，加强教育，促进与中国社会融合等一系列措施，代牧区教务得以恢复与发展。1901—1909年代牧区拥有的教徒人数分别如下：1901年，38359人；1902年，39832人；1903年，45474人；1904年，59016人；1905年，73920人；1906年，90617人；1907年，105170人；1908年，138518

---

① Octave Ferreux著，吴宗文译：《遣使会在华传教史》，台湾华明书局1977年版，第472页。

② Octave Ferreux著，吴宗文译：《遣使会在华传教史》，台湾华明书局1977年版，第473页。

③ Octave Ferreux著，吴宗文译：《遣使会在华传教史》，台湾华明书局1977年版，第474页。

④ 刘嘉祥编：《刚恒毅枢机回忆录》，台湾天主教主徒会1992年版，第203页。

人；1909年，150582人。① 从这些数字看出，1901—1909年，代牧区教徒增长很快，仅8年时间，教徒从3万余人猛然增至15万余人，显示了义和团运动后教会快速发展的状况。在教徒增长的同时，教会的其他一些教务也同步发展。

表3.2　直隶北部代牧区1908—1909年教务统计表

项目名称	统计数目	项目名称	统计数目
教徒	150582人	仁爱会修女	51人
成人领洗	15000人	若瑟会修女	115人
教友儿童领洗者	5570人	大修士	29人
外教儿童领洗者	9866人	小修士	182人
外籍神父	41人	小学男教员	605人
华籍神父	12人	小学女教员	305人
辅理修士	6人	大堂	84座
苦修会士	75人	小堂	563座
圣母小昆仲会士	45人	教堂及公所	53座

资料来源：Octave Ferreux著，吴宗文译：《遣使会在华传教史》，台湾华明书局1977年版，第451—452页。

表3.2显示，至1909年，直隶北部代牧区已经达到了一定规模，在教徒发展的同时，教会神职人员和教堂、小堂及公所的数目也有不同程度的增加，教会每年领洗的人数也在增加。这些发展为划分新的代牧区打下了基础。

（二）划分直隶中部宗座代牧区及蠡县、易县宗座监牧区

直隶北部宗座代牧区鉴于教务发展迅速，于1910年2月将保定区划出，成立直隶中部宗座代牧区。经过多年的发展，直隶中部代牧区发展壮大，于1924年和1929年分别划分出蠡县和易县宗座监牧区。

1. 直隶中部宗座代牧区

在直隶北部代牧区中，保定区的教务最为发达。保定区位于北京西南部，管辖范围包括保定府、易州（今易县）、祁州（今安国县）及其所属州县，主要有清苑县、徐水县、完县、唐县、望都县、安新县、雄县、容城、新城县、定兴县、满城县、易县、涞水、涞源、安国、博野、高阳、蠡县、束鹿、深泽共20余

① *Les Missions de Chine 1917*, Imprimerie des Lazaristes, Pékin , 1917, p.48.

县。如前所述，保定区是天主教在河北传入的最早地区之一，安肃县（今徐水县）安家庄在明末利玛窦时期即有教徒出现。禁教期间，孟振生曾把主教座堂设在安家庄，使安家庄一度成为直隶全省的教务中心地区。1860年后，孟振生把主教府迁往北京后，安家庄成为直隶北部代牧区一个总铎区，管理整个保定地区教务。1872年，代牧区主教田嘉璧将总铎区中心由安家庄迁到保定，称保定总铎区。1874年初，田嘉璧撤销了祁州（安国）总铎区，并将这些地区的本堂区全部划归保定总铎区管辖。到1896年，保定总铎区下设五个本堂区，分别是安肃县安家庄、束鹿县刘家庄、蠡县高家庄（1877年建立）、清苑县东闾村（1889年建立）、安州新安镇（1896年建立）。1898年，保定总铎区教徒达10270人①。义和团运动后，保定区一些被毁的天主堂在旧有基础上重新建立起来。其他一些教徒村庄也纷纷利用庚子赔款建起教堂、公所或住房。保定区（不包括后来的易县和安国教区）1901—1910年建立教堂、公所或住房的堂口如表3.3所示：

表3.3 保定区1901—1910年建立教堂、公所或住房的堂口统计表

堂口名称	建堂、公所、住房时间	堂口名称	建堂、公所、住房时间	备注
沈家庄	1902	张登	1906	
师家庄	1902	牛庄	1907	
李家庄	1902	北河庄	1904	
马官营	1902	吕家屯	1904	
唐家庄	1905	王盘	1910	
田各庄	1902	小邓村	1910	
田各庄屯	1908	李家庄	1907	
谢庄	1901	西王力	1910	
蒋庄	1903	东闾	1901	
北马庄	1904	解家庄	1908	
温仁	1904	杨家桥	1908	
全昆	1910	新安	1902	

① 王英：《天主教保定教区简史》，《中华文史资料文库》第18卷，中国文史出版社1996年版，第719页。

续表

堂口名称	建堂、公所、住房时间	堂口名称	建堂、公所、住房时间	备注
北邓村	1910	庄头村	1902	据统计,建国前保定教区共有分堂、支堂 284 个,1901—1910 年建堂、公所或住房的计有 55 个,占总数的 19.4%
韦各村	1910	马务头	1902	
西王家庄	1910	南阳村	1905	
清凉城	1910	李郎	1903	
北河王庄	1910	大寨	1905	
李家庄	1910	马蹄湾	1905	
徐果庄	1904	邸家庄	1902	
蔡家桥	1904	龙子岭	1910	
庞家庄	1904	樊村	1902	
牤牛庄	1908	遂城镇	1901	
尚家柳	1906	户木	1904	
望都	1903	正村	1904	
胡渠	1901	躲水庄	1903	
梁家庄	1904	坟台	1907	
白塔埔	1904	西釜山	1901	
仓巨	1903	堂口合计	55 个	

资料来源:保定市天主教史料编辑委员会编:《保定天主教历史沿革》印刷稿,1963 年印刷,第 7—48 页。

此期传教士不仅建立了大量教堂、公所或住房,还劝告很多人皈依天主教。1902 年成年人领洗入教的数字打破历史最高纪录,达 1370 名,以后逐年增加。1903 年为 1402 名,1904 年为 4195 名,1905 年为 6610 名,1906 年为 9062 名,到 1908 年,成人领洗者竟达 19519 名。因此,教徒数目也显著提升。1874 年,教徒人数为 4858 人,1880 年为 5463 人,1890 年为 7970 人,1899 年为 12026 人,1902 年为 12700 人,1905 年为 26283 人,1910 年为 72531 人①。保定区在 1874—1899 年 25 年间,教徒人数增长不到 2 倍,而 1899—1910 年 11 年里,教徒人数增长了 5 倍,其增长速度相当可观。随着教徒的发展,不仅恢复了原有的本堂区,又成立了不少新本堂区。1901 年,

① *Les Missions de Chine 1921*, Imprimerie des Lazaristes, Pékin , 1921, p.47.

设立胡渠本堂区;1903 年,谢庄本堂区成立。1903—1905 年,新开教村庄 42 个。1907 年,保定总铎区新建四个本堂区,即定县邵家庄、高阳徐果庄、博野程六市、清苑三王力,是年有 86 个村新开了教;1908 年又建立二个本堂区,即清苑北河庄、田各庄,新开教村庄 110 个;1909 年又建了二个本堂区,即安国万安、清苑全昆。至此,保定总铎区拥本堂区 18 处,神父 38 名,其中外籍传教士 12 名,中国籍传教士 26 名,教徒总数为 61000 人①。

直隶北部宗座代牧区主教林懋德鉴于保定区教务发展状况,呈请罗马教廷于 1910 年 2 月 19 日正式将保定区由直隶北部代牧区划出,成立直隶中部宗座代牧区②,由遣使会管理。2 月 21 日,教宗任命原保定总铎区总本堂富成功为直隶中部代牧区第一任宗座代牧。

富成功上任后,着手建立修道院,为代牧区培养神职人员。新落成的修道院设在保定府铁路以西的西大园,首任院长是法籍神父顾英才,有学生 75 人。1915 年成立大修道院(神学院),大小修生共 162 名③。随着教徒的发展,原设的 18 座本堂区已不够用,自 1911—1922 年,代牧区先后成立 31 座新的本堂区,到 1924 年前,直隶中部代牧区教务发展到鼎盛时期。

表 3.4　直隶中部代牧区 1910—1923 年教务统计表

项目＼年份	1910	1916	1919	1921	1922	1923
总铎区		6 处	6 处	6 处	7 处	
本堂区	18 处				49 处	
支堂(村庄)					395 处	
大教堂		32 座	29 座	34 座		
小堂		300 座	318 座	326 座		
祈祷所		16 处	13 处	13 处		
外籍神父	12 人				24 人	16 人

① 王英:《天主教保定教区简史》,《中华文史资料文库》第 18 卷,中国文史出版社 1996 年版,第 722 页。另据《遣使会在华传教史》第 456 页记载,1909 年教徒人数为 69863 人。

② 直隶中部宗座代牧区在 1924 年第一届中国教务会议后称保定宗座代牧区,1946 年中国教会成立“圣统制”后称保定教区。

③ 王英:《天主教保定教区简史》,《中华文史资料文库》第 18 卷,中国文史出版社 1996 年版,第 723 页。

续表

项目 \ 年份	1910	1916	1919	1921	1922	1923
华籍神父	26 人				78 人	48 人
教徒	65000 人	85836 人	85753 人	86674 人	102100 人	100209 人

资料来源:王英:《天主教保定教区简史》,《中华文史资料文库》第 18 卷,第 722—723 页。*Les Missions de Chine 1917*, pp.61－64; *Les Missions de Chine 1921*, pp.42－46; *Les Missions de Chine 1923*, Imprimerie des Lazaristes, Pékin, 1923, pp.43－47;《中华民国最近教务一览表》,《圣教杂志》1924 年第 2 期。另《中华文史资料文库》第 18 卷第 723 页载 1922 年教徒总数为 10. 21 人有误,应为 10. 21 万人;同时其记载的 1922 年外籍神父、华籍神父及教徒数目与 1923 年数目有较大差距,需进一步核实。据《遣使会在华传教史》第 459 页,*Les Missions de Chine 1921*, p.47 载,1910 年教徒人数为 72531 人,这个数字较为准确。

从表 3. 4 看,直隶中部代牧区自成立后,教务发展顺利。不仅神职人员和教徒数目逐步增加,传教区域也不断扩大,建立了一些新的本堂区、教堂和祈祷所等。随着代牧区区域和规模的不断扩大,划分新的教区已势在必行。

2. 蠡县国籍宗座监牧区

直隶中部代牧区地域广阔,教务发展较快,不便进行管理。时宗座驻华代表刚恒毅正在寻找建立中国国籍教区的合适地区。他得知保定代牧区的情况后,即向富成功提出划分国籍教区的建议,在获得富成功的同意后,罗马教廷于 1924 年 4 月 15 日正式批准,将保定代牧区的祁州(安国)、博野、蠡县、高阳(一部)、束鹿和深泽(原属正定代牧区)6 县划出,成立蠡县国籍宗座监牧区,主教府设在蠡县高家庄,全部教务由中国教士负责,首任监牧孙德祯。他是教宗比约十一世于 1926 年在罗马亲自祝圣的 6 位中国主教之一。由于交通不便及蠡县教徒很少,主教府于 1927 年迁至安国县城西关,但教区名称仍为蠡县宗座监牧区。1929 年,"宗座近鉴其五年以来奋勉之工作与惊人之成绩,乃于七月八日颁谕升为宗座代牧区。并因所辖六县中以安国位居中央,交通便利,将成为事业之中心,故同时改名安国代牧区。"①"教区之范围仍为六县,……因孙主教办理该区教务成绩甚佳,特由

① 教中新闻:《河北蠡县教区改为安国宗座代牧区》,《圣教杂志》1929 年第 9 期。另据《遣使会在华传教史》第 513 页载,1926 年 6 月 24 日,监牧区成立为代牧区,孙监牧被任为第一任代牧,时间不确,应为 1929 年 7 月;该书第 514 页认为 1929 年主教座堂迁至安国,时间也不正确,应为 1927 年。

监牧升为代牧。”[①]此后，教区即称为安国国籍宗座代牧区。

蠡县监牧区刚成立时，拥有教徒26179人，华籍神父18人，管理蠡县13座本堂[②]。孙德祯任主教时，建立了一所修道院。1928年，孙德祯委托雷鸣远[③]在蠡县监牧区成立耀汉小兄弟会，“会士皆以兄弟相称，会首称家长，亦称公仆，入会者均废本有姓名，公自号‘万桑兄弟’。悬九字为祈向，曰‘全牺牲，真爱人，常喜乐’。……更揭橥其终则曰‘打倒我’。”[④]修会专收华籍会士，实为一种苦修会性质。1929年，雷鸣远又主持成立德莱修女会，会规与耀汉小兄弟会相同。由于两会入会者不限资格，兼容并包，从者如归，先后多至600余人，无贫富，无老幼，农、工、商、军、政、学各界以及僧、道、丐、匪咸来[⑤]。1933年，雷鸣远呈请会长批准，退出遣使会，1934年1月，加入耀汉小兄弟会，发圣愿。1936年，孙德祯因年老辞职[⑥]，职务由小修院院长王增义（清苑县人）接任，1937年7月，王增义被罗马教廷正式任命为安国宗座代牧。

德来会修女除担负教会事务外，还通过开设诊所、育婴堂等慈善事业辅助传教，所开诊所计有8处，主要有安国西关育婴堂诊所、蠡县高家庄诊所、高阳城内诊所等。这些诊所，一方面解决了民众看病难的问题，一方面也吸引不少人加入天主教。据天主教会统计，到1936年，安国代牧区有主教1人、神父30人（其中外籍神父3名，中国籍神父27名）、修女81名（其中外籍修女1名，中国籍修女80名），人口130万人，其中教徒36181人[⑦]。日

---

① 本省新闻：《新教区移设安国，孙主教由监牧升代牧》，天津《益世报》1929年7月23日第7版。

② Octave Ferreux 著，吴宗文译：《遣使会在华传教史》，台湾华明书局1977年版，第513页。

③ 雷鸣远（1877—1940），字振生，比利时遣使会士。1901年来华，1902年晋铎，在直隶北部代牧区传教。1912年移铎天津，因天津老西开事件影响，1917年被调至浙江，1920年回欧。因其倡导“中国归中国人，中国人归基督”，被外籍传教士所非议。1927年，应中国籍主教孙德祯邀请回到中国，在蠡县国籍监牧区服务。1927年加入中国籍。

④ 方豪：《雷故司铎鸣远事略》，载《雷鸣远司铎追悼会纪念册》，1940年，第5页。

⑤ 方豪：《雷故司铎鸣远事略》，载《雷鸣远司铎追悼会纪念册》，1940年，第5页。

⑥ 关于孙德祯辞职的原因，《遣使会在华传教史》的作者樊神父认为是因为雷鸣远的缘故，教务混乱。该书译者吴宗文不同意此看法，倾向孙德祯是年老辞职。吴宗文认为樊神父对雷鸣远评价不够公正。笔者以为樊神父之所以如此，可能因为他是法国传教士。出于维护本国利益考虑，他在该书中曾为法国保教权作过辩护。

⑦ 《中华全国教务统计1937》，徐家汇光启社1937年版，第24页。

本发动全面侵华战争后,代牧区教务遭到严重打击,教徒数目有所下降,一些教堂被损毁。1941 年,教徒数目降至 34328 人,小教堂和祈祷所降至 138 所。① 至新中国成立前,安国教区有大教堂 11 座、中小教堂 143 座;全教区有神父 19 名(其中外国籍神父 2 名、中国籍神父 17 名)、修士 116 名、修女 114 名(其中外籍修女 2 名、中国籍修女 112 名)、修生 38 名;有小修道院 1 所、修女院 2 所,若翰(耀汉)小兄弟会 1 所(会士 115 人)、诊疗所 1 处,教徒 34328 人②。安国教区的教务发展状况从表 3.5 可窥见一斑。

表 3.5　1924—1949 年安国教区教务统计表

项目＼年份		1925	1927	1929	1931	1935	1936	1941	1948	1949
神父(人)	外籍				2	2	3	2	2	2
	华籍	15	18	21	24	28	27	24	23	23
修士(人)	外籍									
	华籍					135	145	116		12
修女(人)	外籍					1	1	2	2	2
	华籍					90	80	114	111	11
修生(人)	大修生	8	9	12	7	8	3	5	5	
	小修生	27	33	57	47	59	35	38		
人口(人)	居民	75 万	131 万	131 万		130 万		127 万	120 万	
	教徒	26179	27141	28576	29650	35893	36181	34328	33200	33000
领洗(人)	成人	369	681	847	665	1632	435	155		
	教内儿童	483	439	468	562	734	562	151		
	教外儿童	1221	1431	1622	1661	1168	871	146		
望教者(人)		1014	1673	2039	2039	2752	1295	528		

① *Les Missions de Chine 1940 - 1941*, En Vente à la Procure des Lazaristes, Shanghai, 1942, pp. 56 - 57.

② 河北省地方志编纂委员会编:《河北省志 · 宗教志》第 68 卷,中国书籍出版社 1995 年版,第 235 页。此处记载的 1949 年教徒数目为 34328 人,与该书第 262 页统计表显示的教徒 33000 人不符,教徒 34328 人可能有误,需进一步考证。

续表

项目 \ 年份	1925	1927	1929	1931	1935	1936	1941	1948	1949
大堂(座)	5	6	8	8	9		11		
小堂及公所(座)	142	147	149	158	171		138		

资料来源:*Les Missions de Chine 1927*, Imprimerie des Lazaristes, Pékin , 1927, pp.59 – 60; *Les Missions de Chine 1929*, Imprimerie des Lazaristes, Pékin, 1929, pp.60 – 61; *Les Missions de Chine 1931*, Imprimerie des Lazaristes, Pékin , 1931, p.59; *Les Missions de Chine 1933*, Imprimerie des Lazaristes, Pékin , 1933, p.60; *Les Missions de Chine 1934 – 1935*, En Vente à la Procure du Peit'ang, Peiping, 1936, pp.65 – 66; *Les Missions de Chine 1940 – 1941*, pp.56 – 57;《中华全国教务统计 1937》,第 24、34、38 页;《中华全国教务统计 1949》,第 12、22 页;《河北省志·宗教志》第 68 卷,第 262 页。

3. 易县宗座监牧区

1923 年,富成功调到北京,任直隶北部代牧区辅理主教,有继任权,保定代牧区由满德贻代为署理。1924 年 12 月,满德贻被罗马教廷正式任命为保定代牧区宗座代牧。为了更好地管理保定代牧区,发展保定西北区教务,满德贻于 1929 年从保定代牧区划出第二个教区——易县宗座独立传教区。1936 年,罗马教廷立为易县宗座监牧区,由意大利耶稣圣五伤会管理,主教府设在易县县城,主要管理易县、涞水、涞源 3 县和北京的三坡地区,首任监牧马迪儒(意籍)。

马迪儒上任后,即在易县梁各庄买房产 1 所,建立梁各庄天主堂。1931 年,梁各庄天主堂改为修道院,曾德良(意籍)任院长。1933 年在主教公署后院开 1 所明道学校,校长袁希孟(中国人)。1939 年购建涞水县城内、西高士庄、西山南、涞源等处天主堂。抗日战争时期,西山南教堂被毁,学校停办,修院解散。1946 年,易县监牧区正式改称易县教区,马迪儒休养辞职,由德玛锡(意籍)代理。1948 年德玛锡去世,由高化黎代理。与此同时,易县的教徒神父人数也有一定增加。1928 年,易县、涞水、涞源 3 县共有居民 514478 人,教徒只有 1192 人(其中男教徒 701 人,女教徒 491 人)。① 1929 年,易县独立传教区划分以后,拥有教徒 2890 人,神父 8 名(其中意籍传教

① 河北省政府秘书处第四科统计股编:《河北省政统计概要·民政类》,京华印书局 1928 年版,第 9—12、54—55 页。

士 6 名,中国籍神父 2 名)。到 1936 年成立易县监牧区时,教徒人数增至 5071 人,神父 12 位(其中 9 位意籍神父,3 位中国神父)。① 1941 年,易县监牧区有教徒 6490 人,神父 17 人(其中外籍神父 10 人,华籍神父 7 人),修士 1 人,修女 31 人(其中外籍修女 3 人,国籍修女 28 人),初小男生 292 人,女生 185 人②。1948 年,易县教区有神父 16 人(其中华籍神父 6 人,外籍神父 10 人),教徒 6300 人,占总居民人口(50 万)约 1.26%③。截至新中国成立前夕,易县教区有大教堂 1 座、小教堂和祈祷所 20 余所④,仅易县,涞水、涞源三县即有教堂 19 处⑤。表 3.6 基本反映了易县教区的教务发展状况。

表 3.6　1931—1949 年易县教区教务统计表

项目＼年代		1931	1935	1936	1941	1942	1948	1949
神父(人)	外籍	8	8	9	10	10	10	11
	华籍		2	3	7	6	6	9
修士(人)	外籍	1	1	1	1	1		
	华籍							
修女(人)	外籍		2	2	3	3		
	华籍		5	5	28	36		27
修生(人)	大修生	2	4	4	8		2	
	小修生	40	70	67	44		1	

① 《中华全国教务统计 1937》,徐家汇光启社 1937 年版,第 24 页。另据王英:《天主教保定教区简史》统计,易县教区从保定代牧区划分时有教徒 500 人,1937 年发展到了 3560 人。这个数字(教徒 500 人)与河北省政府 1928 年统计(教徒 1192 人)数字比,应该有误。同时樊神父在《遣使会在华传教史》中统计 1929 年教徒数字为 2890 人,较之 1928 年河北省政府统计约 1192 人多 1 倍多。1 年之内教徒数字不可能增长这么快。主要原因在于教会与政府在统计教徒数字时有出入,一般政府统计时不把儿童列在其中,而教会统计时则包括婴幼儿,故教会统计数字一般都大于政府之统计。

② *Les Missions de Chine 1940 - 1941*, En Vente à la Procure des Lazaristes, Shanghai, 1942, p.103.

③ 《中华全国教务统计 1949》,徐家汇光启社 1949 年版,第 12 页。

④ 河北省地方志编纂委员会编:《河北省志·宗教志》第 68 卷,中国书籍出版社 1995 年版,第 246 页。

⑤ 河北省人民委员会民政厅:《保定公安处兹各处天主堂登记表》,河北省档案馆,全宗号 935,目录号 5,案卷号 40。

续表

项目 \ 年代		1931	1935	1936	1941	1942	1948	1949
领洗(人)	成人	161	232	428	380			
	教内儿童	77	168	200	197			
	教外儿童	30	328	141				
人口(人)	居民	800000	900000	800000	800000		500000	
	教徒	3267	4650	5071	6490	6358	6300	6655
望教者(人)			450	900	160			
大堂(座)		17	22		1			
小堂及公所(座)					20			

资料来源:*Les Missions de Chine 1933*, pp.67 - 68; *Les Missions de Chine 1934 - 1935*, pp.122 - 123; *Les Missions de Chine 1940 - 1941*, p.103;《中华全国教务统计 1937》,第 24、34、38 页;《中华全国教务统计 1949》,第 12、22 页;《河北省志 · 宗教志》第 68 卷,第 262 页。

4. 直隶中部宗座代牧区划分后教务发展状况

保定代牧区自划分出安国、易县两处监牧区后,教务亦有所进展。1931 年,保定代牧区由罗马教廷批准,改为国籍教区,委任周济世为主教。根据教会体制规定,改为中国教区以后,外国传教士和遣使会士则必须离开保定,但周济士仍把东间总铎区和修道院留给外籍传教士和法籍遣使会管理,引起了中国传教士与教徒的反对。这种做法,一定程度上反映了某些中国传教士由于受外籍传教士长期统治而形成的奴化、自卑心理,是中华民族的悲哀。周济世任主教时,正是日本帝国主义开始侵略中国时期,时局动荡,战乱频仍,不能不影响教区教务发展。1946 年,周济世调任南昌总主教,由赵县教区主教张弼德代理保定教区主教。

表 3.7　保定教区 1931—1949 年教务统计表

项目 \ 年份		1931	1933	1935	1936	1941	1942	1948	1949
神父(人)	外国籍	10	10	8	8	7	7	7	7
	中国籍	49	49	58	58	62	67	47	47

续表

项目		1931	1933	1935	1936	1941	1942	1948	1949
修士(人)	外国籍		17				13		1
	中国籍	2	2	2	2	2	2	2	2
修生(人)		178		149		100		9	
修女(人)	外国籍	68	8	12	8	8	7	7	7
	中国籍		60	84	88	81	78	78	78
人口(人)	居民	2100000				2100000		2000000	
	教徒	77796	77796	79999	79625	79369	79483	79400	79000
当年增加教徒(人)			575						
望教者(人)				3989	3218	850			
大堂(座)		25		97		92			
小堂及公所(座)		50		233		220			

资料来源:*Les Missions de Chine 1933*, pp.42－46; *Les Missions de Chine 1934－1935*, p.80; *Les Missions de Chine 1940－1941*, pp.70－71;《中华全国教务统计 1937》,第 24 页;《中华全国教务统计 1949》,第 12、22 页;《河北省志·宗教志》第 68 卷,第 262 页。

到新中国成立以前,保定教区共设 6 座总本堂区,35 处本堂区,249 处支堂。详情见表 3.8:

表 3.8　保定教区总堂、分堂一览表

总、分堂名称		创办时间	创办人	教徒数(人)	支堂数(处)
城内总堂(保定总本堂)	城内分堂	1910	李文铎	2000	5
	南关分堂	1910	李文铎	1000	14
	小望亭分堂	1915	李文铎	3400	13
	东显阳分堂	1921	陈树声	2000	12
	邵家庄分堂	1914	刘若石	1000	9
	田各庄分堂	1903	唐高达(埃及籍)	2000	7
	黄陀分堂	1916	安神父(西班牙籍)	1000	6

续表

总、分堂名称		创办时间	创办人	教徒数(人)	支堂数(处)
谢庄总堂	谢庄分堂	1901	王宾	3000	4
	温仁分堂	1904	任隆(法籍)	1300	无
	张登分堂	1906	王宾	1700	2
	北河庄分堂	1904	徐德辉	3200	5
	段家庄分堂	1915	高尔谦	1800	5
	北王力分堂	1913	宦神父(法籍)	2400	7
	西王力分堂	1901	夏若汗	2100	6
	姜家庄分堂	1924	刘若汗	2000	10
东闾总堂	东闾分堂	1889	林懋德(法籍)	11000	6
	全昆分堂	1910	范洛楞	2600	6
	南宋村分堂	1915	李若石	1100	3
	徐果庄分堂	1904	魏亚雷(法籍)	960	4
	赵口分堂	1918	李伯多	1580	7
望都总堂	望都分堂	1903	王宾	2760	14
	白沙分堂	1920	侯景华购址，首任本堂骆伯宾	1000	3
	中山阳分堂	1924	侯景华购址，首任本堂李维九	790	5
	东阳庄分堂	1920	侯景华购址，首任本堂谢庆林	970	6
峦头总堂	峦头分堂	1915	师谓滨	2000	6
	史家佐分堂	1923	蔡醒民	3600	10
	娘子神分堂	1923	袁乐山	3130	13
	套里分堂	1920	首任本堂郭树楠	2180	8
	寨子分堂	1918	陈振声	1400	4
胡渠总堂	胡渠分堂	1901	顾英才(法籍)	2500	3
	吴家庄分堂	1927	首任本堂贝子珍(法籍)	1930	10
	东马营分堂	1911	张方济	2400	9
	新安分堂	1896	张保罗	2200	13
	安家庄分堂	1846	孟振生	3500	10
	仓巨分堂	1936	首任本堂师如	1000	4
总计	35个分堂			76500	249个支堂

续表

总、分堂名称		创办时间	创办人	教徒数(人)	支堂数(处)
备注	此表中所有分堂、支堂皆创立于新中国成立以前,但由于资料来源于1963年编纂统计,教徒人数应为1963年时数目				

资料来源:保定市天主教史料编辑委员会编:《保定天主教历史沿革》印刷稿,1963年印刷,第7—48页。另东闾、新安等分堂成立时间参考王英的《天主教保定教区简史》,其他郜家庄、全昆、田各庄等分堂成立时间与《天主教保定教简史》所载时间亦不相符合。

保定教区分堂绝大部分都成立于1900—1930年。这样,保定教区就形成了以6个总堂为中心,以35个分支堂为次中心,包括249个支堂在内的三级领导体系,天主教在保定地区自上而下的传教网络基本形成。

(三)划分直隶海边宗座代牧区

天津位于渤海之滨,原为直隶北部代牧区教务发展较为缓慢的地区之一。特别是1870年的天津教案,对本地区影响很大。至1900年义和团运动爆发时,天津地区仅有教徒2000名①。义和团运动后,教会注意对天津地区教务的发展。外国传教士包士杰等利用庚子赔款,兴建一些教堂,吸引不少民众入教。1906年,雷鸣远任天津总铎区总本堂,积极倡导"宗教救国",一定程度上获得天津士绅的欢迎与支持,一时入教者甚多。

表3.9　1903—1911年天津地区教务统计表

年度	教徒人数(人)	成年人领先人数(人)
1903	3490	447
1904	5490	2014
1905	7081	1455
1906	8382	1529
1907	10369	1892
1908	16712	6580
1909	18641	2415
1910	25668	7582
1911	31398	6228

资料来源:曹森林:《天津教区成立前后的概况》,《天津宗教资料选辑》第1辑,天津宗教志编辑室1986年版,第38页。

① 曹森林:《天津教区成立前后的概况》,《天津宗教资料选辑》第1辑,天津宗教志编辑室1986年版,第37页。

随着天津地区教徒人数的增多，代牧区所派遣的传教神父亦随之增多，并不断开辟新堂口，成立新的本堂区。1904 年，天津地区即有本堂区 7 处，即望海楼、紫竹林、静海县、沧县、盐山县、庆云县纪王桥和任家庄。1907—1908 年新开辟了唐官屯本堂区，1909—1910 年成立咸水沽本堂区，1910—1911 年连续成立 3 个新本堂区：即庆云县的何家庄、静海县的管辅头和青县的兴济。其下属的公所和经堂也逐年增多。

表 3.10 1904—1911 年天津地区传教士及堂区数目统计表

年份	传教士(人)	堂口(处)	公所(处)	经堂(所)
1904—1905	10	7	49	4
1907—1908	12	8	77	11
1909—1910	16	9	116	10
1910—1911	18	12	128	27

资料来源：曹森林：《天津教区成立前后的概况》，《天津宗教资料选辑》第 1 辑，天津宗教志编辑室 1986 年版，第 39 页。另赵永生在《天主教传入天津始末》(《天津文史资料选辑》第 2 辑，第 155 页)载，1910—1911 年堂口有 10 处。

由于天津地区教务的迅速发展，直隶北部代牧区主教林懋德即上书罗马教廷，建议划分新的代牧区。1912 年 4 月 27 日，罗马教廷正式颁发诏书，划出天津府及其所属天津、静海、青县、沧县、南皮、盐山、庆云 7 县为直隶海边宗座代牧区①，委任杜保禄为第一任宗座代牧。杜保禄任主教后，即擢升雷鸣远为直隶海边代牧区副主教，兼望海楼总铎，设主教府于望海楼。不久，在望海楼成立了大修道院，有大修道生 15 人，由孟禄怡为院长。一年以后(1913 年)，小修道院从北京迁回天津，有小修道生共 30 余名，由中国神父杨增益为院长②。从而为培养本地神职班做好准备。

直隶海边宗座代牧区成立后，即积极发展教务。杜保禄在 1912 年 9 月 21 日给遣使会会长罗德芳的信中说："在天津归化的动向正不停地发展，每

① 直隶海边宗座代牧区在 1924 年第一届中国教务会议后称天津宗座代牧区，1946 年中国教会成立"圣统制"后称天津教区。

② 赵永生、谢纪恩：《天主教传入天津始末》，《天津文史资料选辑》第 2 辑，天津人民出版社 1979 年版，第 156 页。

星期约有10名成年人受洗……"①为了更多地皈依外教人,开展宣传至关重要。在雷鸣远的领导下,直隶海边代牧区的宣传工作走在其他直隶代牧区的前头。1911年7月18日,盐山教徒王耀华在盐山创办了《教理通告》,每月3期,共出版19期。1912年迁至天津,改名《广益录》,《广益录》"为专门宗教之报,以研究真理,正人心,厚风俗而终于爱群强国为宗旨"②,颇受教内外人士欢迎,故销路广,影响大。1915年,雷鸣远又在天津创办《益世报》,集政治、经济、社会、宗教于一身,发行全国,销量很大。此外,直隶海边代牧区还是发起成立公教进行会最早的地区之一。公教进行会在天津代牧区的前身为"传教研究会",由盐山本堂神父谢文彬创立,目的是组织教徒协助神父传教,并规定会员每年至少规劝3家奉教③。后来,此组织迁到天津,并于1911年在天津召开第一次成立大会。1912年传教研究会改名为公教进行会,由雷鸣远为该会的监督司铎,刘俊卿为会长。公教进行会积极帮助传教,促进了教务发展。同时,雷鸣远自1911年起还成立了宣讲研究所和宣讲传习所,专为向社会宣传宗教,扩大天主教影响,一时入教者甚众。据雷鸣远当时报道:"凡听道者大部分领洗奉了教,7月份就有71名保守者,23名领了洗的成年人。"④

1915年,天津"老西开事件"的爆发,影响了代牧区教务的发展。以主教杜保禄为首的一些外国传教士处处压制中国籍神父及教徒的爱国行动,遂使教会内部矛盾激化。杜保禄把雷鸣远及中国神父杨文亮、杨增益等调离天津。尽管"老西开事件"一度使直隶海边代牧区教务受阻,却促使了罗马教廷对中国教会自上而下的改革,有利于中国教会本地化的发展。

---

① 曹森林:《天津教区成立前后的概况》,《天津宗教资料选辑》第1辑,天津宗教志编辑室1986年版,第41页。

② 曹森林:《天津教区成立前后的概况》,《天津宗教资料选辑》第1辑,天津宗教志编辑室1986年版,第42页。

③ 曹森林:《天津教区成立前后的概况》,《天津宗教资料选辑》第1辑,天津宗教志编辑室1986年版,第42页。另据王思贤:《我所知道的雷鸣远》(载《天津宗教资料选辑》第1辑,第75页)记述,公教进行会在天津代牧区的前身为神父王志远及教徒成捷三、刘俊卿等筹组的"中华教友联合会"。

④ 曹森林:《天津教区成立前后的概况》,《天津宗教资料选辑》第1辑,天津宗教志编辑室1986年版,第43页。

“老西开事件”后，为了缓和教会与教徒之间的矛盾，罗马教廷于1920年7月免去杜保禄直隶海边代牧的职务，调任他为江西赣州代牧区主教，同时委任林懋德的辅理主教文贵宾代为署理直隶海边代牧区。1923年6月23日，罗马教廷正式任命文贵宾为直隶海边宗座代牧。文贵宾在天津代牧区任职30余年，至1951年5月离开中国。在此期间，天津教务有一定进展。至新中国成立时，天津教区计有总堂6处，分堂17处，支堂442处①。仅以沧县为例，1933年沧县县属有1处总堂，1处分堂，26处分会（支堂）。

表3.11　1933年沧县天主教会情况调查表

堂区名称		成立时间	管辖范围	任职司铎	教徒数（人）	附属学校
县治总堂		1898	沧县、盐山、南皮3县分堂、分会，直辖分会12处	贾国安（意籍）、王思普（沧县人）	直辖城关教徒150人	男小学1处 初高两级女小学1处
总堂所辖12处分会	马落坡	1899			120	初级男女小学各1处
	殷家桥				30	初级男女小学各1处
	陈庄				15	初级男女小学各1处
	贾家九拔	1908			120	初级男小学1处
	萧家四拔				80	初级男女小学各1处
	大七拔				50	初级男女小学各1处
	罗张家庄				20	初级男女小学各1处
	从家庄				30	初级男女小学各1处
	小李庄	1930			70	初级男女小学各1处
	萧官屯	1896			160	
	萧家九拔	1906			100	初级男女小学各1处
	倪官屯				30	初级男小学1处

① 河北省地方志编纂委员会编：《河北省志·宗教志》第68卷，中国书籍出版社1995年版，第507页。

续表

堂区名称		成立时间	管辖范围	任职司铎	教徒数（人）	附属学校
大高河庄分堂		1910	所辖分会13处	王近思（宣化人）	直辖大小高河教徒200人	高初两级男小学1处；初级女小学1处
大高河庄分堂所辖13处分会	小集镇	1921			45	初级男女小学各1处
	董家庄				60	初级男小学1处
	大涨沙	1920			50	初级男小学1处
	宣家庄				30	初级男小学1处
	罗疃				60	初级男女小学各1处
	赵家南良				30	初级男女小学各1处
	张家窑厂				50	初级男小学1处
	赵家宅	1909			40	初级男女小学各1处
	虎皮马家				35	初级男女小学各1处
	圣佛寺	1908			120	初级男小学1处
	丁家吉科				60	初级男女小学各1处
	火燎高				160	初级男女小学各1处
	东宋村				40	初级男小学1处
盐山旧城分会所属	马连庄				30	初级男小学1处
总计	26处分会				1985	45处学校

资料来源:张坪等纂修:《沧县志》(三),中国方志丛书华北地方第143号,台湾成文出版社1968年版,第1634—1637页。

总的来说,天津代牧区乡村教会在庚子后采取了一系列政策,改变了教会形象,特别是雷鸣远在天津提倡的宗教爱国口号,一定程度上受到人们的普遍欢迎,皈依天主教的人数大为增多。

表 3.12　1912—1949 年天津教区教务统计表

项目 \ 年度		1912	1923	1925	1928	1931	1935	1936	1941	1942	1948	1949
神父（人）	外籍	20	10	10	25	10	37	37	23	35	32	32
	华籍	9	19	23	25	28	5	30	34	38	48	45
修士（人）	外籍	15		15	27		21	22	9	23	14	11
	华籍						4	6	17	14	15	12
修女（人）	外籍			57	31		41	41	68	54	73	33
	华籍				35		66	65	57	59	100	88
教徒数（人）		34000	42071	43225	46404	49242	55111	56015	55647	54210	50000	50000
当年增加教徒（人）			2050		980			904				
望教者（人）							2709		1000			
大堂（座）				19		24	21		22			
小堂及公所（座）				236		257	280		250			

资料来源：*Les Missions de Chine 1927*, p.56; *Les Missions de Chine 1933*, pp.52－53; *Les Missions de Chine 1934－1935*, p.119; *Les Missions de Chine 1940－1941*, p.100;《中华全国教务统计 1937》，第 24 页；《中华全国教务统计 1949》，第 12 页；《河北省志·宗教志》第 68 卷，第 263 页；Octave Ferreux：《遣使会在华传教史》，第 466 页；《天津宗教资料选辑》第 1 辑，第 40 页；《中华民国最近教务一览表》，《圣教杂志》1924 年第 2 期；《中华教士暨信友表》，《圣教杂志》1929 年第 7 期；《二十四年份中国教务一览表》，《圣教杂志》1936 年第 3 期。另据《天津宗教资料选辑》第 1 辑，第 40 页载，天津教区刚成立时有神父 19 名，圣母会修士 11 名，教徒 34517 人，与本表所采取的数字有出入；*Les Missions de Chine 1934－1935*, p.119 载，1935 年教务统计数字与《二十四年份中国教务一览表》（载《圣教杂志》1936 年第 3 期）有很大不同，笔者采用 *Les Missions de Chine 1934－1935* 的统计数字。

天津教区自成立到全面抗日战争以前，教务发展较快。抗战以后，教会发展相对缓慢，并且教务呈下降趋势，这在一定程度上反映了当时整个中国教会的发展状况，是中国教会发展史上的一个缩影。

（四）划分宣化国籍宗座代牧区

宣化地区位于北京市西北部，是直隶天主教传入较早的地区之一。据史料记载，1688 年耶稣会士张诚来到宣化，是有记载的第一位来宣化的传教士①。

---

① 史胜：《天主教及其传入简介》，《张家口文史资料》第 16 辑，政协张家口市文史资料研究会 1989 年版，第 100 页。另据费赖之：《明清间在华耶稣会士列传 1552—1773》，第 518—520 页记载，张诚于 1688 年 5 月至 1699 年间去西伯利亚协助中国与俄国谈判，签订《中俄尼布楚条约》，其间他是否可能到宣化传教，笔者认为还有待考证。

此后,长城以外一带教务则由巴多明管理。1840年孟振生任北京教区主教以后,委派司铎林懋德等去宣化传教,成立了宣化本堂区。1848年,孟振生委任薛玛窦为宣化第一任本堂神父,住在孟家坟村。由于教务发展,宣化由本堂升为总堂,管理涿鹿、阳原地区教务。1868年樊国梁被委任为宣化总堂神父。此后德明远、都士良、武致中等曾先后担任过宣化本堂神父,宣化教务继续进展。1896年建立了纸房口本堂和西小庄子本堂。义和团运动后,教会利用庚子赔款于1902年新建和修建了南屯教堂、滹沱店教堂、屈家庄教堂,1904年扩建了宣化天主堂,1906年在蔚县东城新建绫罗教堂,1911年新建泥河湾教堂,1918年恢复了西小庄大堂,在双树子建筑了新大堂①。至于宣化地区教徒,以“老教徒居多,均甚热心,领受神品者,颇不乏人,就人文就地势,在北方教区中,可称首屈一指”。至1925年,宣化地区统计有教徒27624名②。为划分教区准备了条件。

1923年10月,宗座驻华代表刚恒毅在巡视宣化地区时,曾对其教务赞不绝口,他认为“宣化教会机构令人惊异,教友老练而虔诚,圣堂也宏伟。我认为可以成为代牧区了。……宣化是北京教区之花园,却只有三位法国神父,自然不能成立法国教区。若给中国人又舍不得”③。为了进一步推进中国教会本地化的实施,罗马教廷决定采纳刚恒毅的建议,划出宣化为国籍宗座代牧区。1926年3月13日,传信部长王老松在给刚恒毅的信中说:“我曾考虑很久,假如宣化成立宗座代牧区而到罗马接受祝圣的话,将对教会在中国的发展很有利;教宗不但同意,而且竟然要亲自祝圣,这是破天荒的大事。不妨再甄选几位主教,同时,蒲圻、蠡县两位监牧也可升格为主教。”④1926年5月10日,罗马教廷正式从北京代牧区划出宣化地区,成立国籍宗座代牧区,任命赵怀义为第一任宗座代牧。1926年6月1日,蠡县监牧孙德祯被擢升为主教⑤,6月6日,北京宗座驻华代表公署接罗马电称,

---

① 王明生、王维民:《宣化县天主教发展简史》,《张家口文史资料》第16辑,政协张家口市文史资料研究会1989年版,第136页。

② 要闻:《宣化主教赵斐理伯公——第一位中国主教》,天津《益世报》1926年6月16日第6版。

③ 刘嘉祥编:《刚恒毅枢机回忆录》,台湾天主教主徒会1992年版,第112页。

④ 刘嘉祥编:《刚恒毅枢机回忆录》,台湾天主教主徒会1992年版,第137页。

⑤ 专号:《全国主教暨监牧履历》,《圣教杂志》1929年第7期。

"教宗任命保定属之蠡县教区孙监牧及湖北蒲圻教区成监牧，同晋升各教区代牧。"①成和德和孙德祯虽于1923、1924年任命为监牧区监牧，但没有主教名义，直至1926年6月，罗马教廷才授予2人名义主教衔。因此，宣化代牧区的赵怀义是罗马教廷在20世纪任命的第一位中国主教。

赵怀义，字景芳，圣名斐理伯，生于1880年10月4日，京兆宛平县人。兄弟5人，赵怀义居次，长兄怀仁入苦修会，五弟怀信已登铎品。赵怀义于1904年2月晋铎后，曾在修道院教拉丁文4年，后为宣化副本堂，再升任信安镇本堂司铎，在任10年，其后充任北京毓英中学校长4年。1923年1月8日，升任宗座代表公署秘书，学识渊博，精通法文。1926年5月10日，被教宗任命为瓦嘉府名义主教，宣化代牧。10月28日，在罗马由教宗亲自祝圣。1927年4月4日，赵怀义依法就职，同月10日到宣化本任，积极开展教区教务。

宣化宗座代牧区主要管辖宣化、万全、龙门、赤城、怀来、阳原、怀安、蔚县、延庆、涿鹿10个县及张家口市。宣化宗教代牧区从北京代牧区划分出来以后，有4位外国神父调回北京，从北京调来4位中国神父，这样，宣化代牧区完全由中国主教、神父办理教会。赵怀义上任后不久，即于1927年9月建立小修院一所。此后，赵怀义函请雷鸣远来宣化为全区修生、司铎、修女、信徒等讲避静道理，并在宣化总堂成立口北公教进行会总支部。与此同时，赵怀义还与刚恒毅酝酿在教区成立中国人自己的修会——主徒会。赵怀义不幸于10月14日去世，宣化代牧区教务由程有猷（1881—1935，宣化人）暂为代理。1928年4月，程有猷被教宗委任为宣化宗座代牧。7月，由宗座驻华代表刚恒毅祝圣为主教。程有猷遵照赵主教遗愿，继续创办主徒会。主徒会房屋建筑等都为中国样式，专收中国人员入会，以发扬基督使徒传教事业为宗旨，"希望主徒会在这个善良而生来就是基督徒的中国民族间，成为福传的有效工具。"②建会之初，由

① 要闻：《教宗任命两中华代牧》，天津《益世报》1926年6月8日第6版。另据樊神父在《遣使会在华传教史》第513页载：1926年6月24日，（蠡县）监牧区成为代牧区，孙监牧被选为第一任代牧，时间不确，应为6月1日。此时虽然孙监牧成为名义主教，但监牧区并没有升为代牧区，孙德桢仍为监牧。直到1929年监牧区才改为代牧区，孙德桢才由监牧升为代牧。

② 刘嘉祥编：《刚恒毅枢机回忆录》，台湾天主教主徒会1992年版，第146—147页。

于中国人缺乏经验,特聘与其性质相近之修会——救主会帮助立会。1928年4月10日,救主会3位司铎到达北京,先在辅仁大学学习中文,后即赴宣化[①]。在中国神父对会务熟悉后,即由吴耀翰为会长[②]。程有猷在位几年,教务有了一定发展,仅1927—1928年,全教区即领洗成年人274人,临终领洗21人,教内婴孩领洗751人,教外婴孩领洗1642人,施坚振859人,听告解57472次,领圣体126990次,施终傅358次,婚配降福196次[③]。1935年8月,程有猷去世。1936年7月7日,罗马教廷任命原传信部大学中文教授张润波担任宣化代牧区宗座代牧。1943年,张润波因身体欠佳辞职,1946年,由宣化人王木铎继任主教。自教区成立到新中国成立前,宣化教区教务有了一定进展。

表3.13　1926—1949年宣化教区教务统计表

项目＼年度		1926	1928	1931	1935	1936	1941	1942	1948	1949
神父(人)	外籍		17	11	14	2	3	2	2	4
	华籍	19	31	36	41	41	43	52	52	52
修士(人)	外籍				73					
	华籍	66	74	88		9		18		2
修女(人)	外籍			1						
	华籍	7	31	31	25	34	34	43	43	43
人口(人)	总数		1662486				1700000		1700000	
	教徒	27644	27431	28649	33056	34199	36027	36902	36900	36000
当年增加教徒(人)			-213			645		170		
望教者(人)					2012	1641	1951			
大堂(座)		21			29		34			

① 顺直新闻:《中国教区之新建设——专为华人创设之主徒会》,天津《益世报》1928年4月3日第11版。

② 温怀仁:《天主教宣化教区简史》,《张家口文史资料》第16辑,政协张家口市文史资料研究会1989年版,第122—123页。

③ 专号:《教务成绩表》,《圣教杂志》1929年第7期。

续表

年度 项目	1926	1928	1931	1935	1936	1941	1942	1948	1949
小堂及公所(座)	176			202		224			

资料来源:*Les Missions de Chine 1934 – 1935*, pp.109 – 110; *Les Missions de Chine 1940 – 1941*, p.92;《中华全国教务统计 1937》,第 24 页;《中华全国教务统计 1949 年》,第 12 页;Octave Ferreux:《遣使会在华传教史》,第 574 页;《河北省志 · 宗教志》第 68 卷,第 262 页;《中华天主教教务总表》,《圣教杂志》1929 年第 7 期。另 1936 年当年教徒增加人数与 1935、1936 年教徒人数数字差有出入,有待进一步考察;*Les Missions de Chine 1934 – 1935*, pp.109—110 载,1935 年教务统计数字与《二十四年份中国教务一览表》(载《圣教杂志》1936 年第 3 期)有很大不同,笔者采用 *Les Missions de Chine 1934 – 1935* 的统计数字。

宣化代牧区自成立以后,教务有了一定进展。至新中国成立前夕,教徒增长 1 万多人,拥有 5 处总本堂,多处本堂与支堂,中国人领导的乡村教会逐步发展成熟。

(五)直隶北部宗座代牧区划分后教务进展

直隶北部代牧区先后划分出保定、天津、宣化代牧区及蠡县、易县监牧区后,其面积大为缩小,但与其他代牧区比,北平代牧区仍是较大的教区,管辖大兴、宛平、通县、三河、武清、宝坻、蓟县、香河、霸县、固安、永清、安次、涿县、良乡、房山、昌平、顺义、密云、怀柔、平谷、文安、大城、新镇、宁河 24 个县。多次的划分与演变对北平代牧区教务影响不大,其教务在河北乃至全国仍遥遥领先。

表 3.14　1927—1928 年度河北各代牧区教务对比表

代牧区 项目		正定	蠡县	保定	北平	献县	宣化	天津	永平	西湾子	热河
神父(人)	外籍	23		20	36	40	17	25	15	43	50
	华籍	61	18	41	114	46	31	25	11	30	22
修士(人)	外籍	4		1	26	6		27	4		1
	华籍	63		2	38	27	74				28
修女(人)	外籍	10		9	42	22		31	3	19	10
	华籍	155	18	56	114	68	31	35	38	13	
大修院修士(人)		22	9	25	14	26	8	10	6	21	13

续表

项目	代牧区	正定	蠡县	保定	北平	献县	宣化	天津	永平	西湾子	热河
人口(人)	总数	6000000	1280000	2600000	4938925	8076000	1662786	1500000	4000000	1900000	6000000
	教徒	88241	27839	79087	285941	136487	27431	46404	21605	49328	43413
当年增加数(人)		1073	698	745		2581	-213	980	1375	198	728
保守人数(人)		6018	2130	2154	6017	10886	647		2523	7566	6978
领洗(人)	成人洗	918	833	755	5589	2311	274	1178	1214	990	797
	临终洗	189	45	115	272	638	21	277	127	94	82
	教内婴孩洗	3158	593	1629	3074	3313	751	767	552	2526	2148
	教外婴孩洗	20002	1791	2425	2468	28677	1642	1277	411	2002	1527
	总数	24267	3262	4924	11403	34939	2688	2499	2304	5612	4554
告解人次	规工	57833	13092	38382	112123	83095	14605	21810	11811	32998	25101
	恩工	152997	51382	106098	244031	408169	42867	110033	44425	364626	198130
圣体人次	规体	50335	8726	21353	57513	82067	11607	18335	10852	32417	24716
	恩体	550868	160540	259228	588047	1258790	115383	211903	121886	1089486	571177
坚振(人)		2376	775	2513	1794	3812	859	524	1272	2154	942
终傅(人)		1242	267	604	1438	1331	358	377	201	1006	474
婚配降福(人)		599	123	354	1144	830	196	193	113	531	338

资料来源:《中华天主教教务总表 1927—1928》、《教务成绩表》、《中华教士暨信友表》,载《圣教杂志》1929 年第 7 期。

截至 1928 年,北平代牧是整个河北拥有教徒最多的教区,教徒人数占人口总数的 5.8%;天津次之,教徒人数占人口总数的 3.1%;永平最少,仅占 0.5%。在 1927—1928 年的教务中,北平代牧区领洗成人最多,为 5589 人;听告解次数最多,为 356154 人次,施终傅和婚配降福亦最多,分别为 1148、1144 次。北平代牧区还是全省拥有神职人员最多的教区,共有中外司铎 150 人,其中中国籍司铎人数最多,共有 114 人。北平代牧区不仅是河北教务比较发达的地区,即使在全国各教区中也是名列前茅。据 1932 年统计,北平代牧区是全国教徒最多的地区,拥有教徒 265631 人,南京区次之,有教徒149586人，河北献县再次之，有教徒106887人①。

1933年1月，北平代牧区主教林懋德去世，由其辅理主教满德贻接任其职务。满德贻任主教期间，正是中国抗日战争期间，北平代牧区教务受到很大影响，进展缓慢。下面是北平代牧区划分后的教务情况表，从中我们可以发现北平代牧区的发展变化轨迹。

表3.15　1928—1949年北平教区教务统计表

<table>
<tr><th colspan="2">年度
项目</th><th>1928</th><th>1931</th><th>1935</th><th>1936</th><th>1941</th><th>1942</th><th>1948</th><th>1949</th></tr>
<tr><td rowspan="2">神父（人）</td><td>外籍</td><td>36</td><td>30</td><td>59</td><td>51</td><td>31</td><td>55</td><td>78</td><td>78</td></tr>
<tr><td>华籍</td><td>114</td><td>95</td><td>110</td><td>112</td><td>111</td><td>111</td><td>130</td><td>130</td></tr>
<tr><td rowspan="2">修士（人）</td><td>外籍</td><td>26</td><td rowspan="2">87</td><td>25</td><td>24</td><td>19</td><td>22</td><td>22</td><td>22</td></tr>
<tr><td>华籍</td><td>38</td><td>46</td><td>49</td><td>41</td><td>41</td><td>41</td><td>41</td></tr>
<tr><td rowspan="2">修女（人）</td><td>外籍</td><td>42</td><td></td><td>60</td><td>65</td><td>51</td><td>84</td><td>84</td><td>84</td></tr>
<tr><td>华籍</td><td>114</td><td>162</td><td>181</td><td>184</td><td>185</td><td>182</td><td>203</td><td>203</td></tr>
<tr><td rowspan="2">人口（人）</td><td>居民</td><td></td><td></td><td>4000000</td><td></td><td>4000000</td><td></td><td>5000000</td><td></td></tr>
<tr><td>教徒</td><td>285941</td><td>270534</td><td>264723</td><td>267859</td><td>245793</td><td>245643</td><td>215918</td><td>215000</td></tr>
<tr><td colspan="2">当年增加教徒（人）</td><td></td><td></td><td></td><td>3136</td><td></td><td></td><td>1756</td><td></td></tr>
<tr><td colspan="2">望教者（人）</td><td></td><td>3555</td><td>5121</td><td></td><td>1212</td><td></td><td></td><td></td></tr>
<tr><td colspan="2">大堂（座）</td><td></td><td>52</td><td>56</td><td></td><td>57</td><td></td><td></td><td></td></tr>
<tr><td colspan="2">小堂及公所（座）</td><td></td><td>652</td><td>205</td><td></td><td>501</td><td></td><td></td><td></td></tr>
</table>

资料来源：*Les Missions de Chine 1933*, pp.20－21; *Les Missions de Chine 1934－1935*, p.95; *Les Missions de Chine 1940－1941*, p.82;《中华全国教务统计1937》，第24页；《中华全国教务统计1949年》，第12页；《河北省志·宗教志》第68卷，第262页。另*Les Missions de Chine 1934－1935*，p.95载，1935年教务统计数字与《二十四年份中国教务一览表》（载《圣教杂志》1936年第3期）所载出入很大，*Les Missions de Chine 1940－1941*，p.82载，1941年教务统计数字与《遣使会在华传教史》第704页载出入很大，本文采取*Les Missions de Chine*的统计数字。

北平代牧区自20世纪30年代中期以后，其教徒人数增长缓慢，抗战后期还呈下跌趋势。这种现象并不代表没有领洗新教徒，而是由于战乱、盗匪和灾荒等原因，有些教徒颠沛流离，甚至很大一部分死亡，致使教徒总数减

---

① ［德］德礼贤：《中国天主教传教史》，商务印书馆1934年版，第116页。

少。当然由于受战争等影响，新领洗进教的人大为减少。以1947—1948年度为例，本年度领洗成人975人，成人临终领洗2237人，教内婴孩领洗2439人，教外婴孩领洗857人，总计6508人①。这与1927—1928年度总计领洗11403人相比，数目大为减少。其他如告解、圣体、婚配、终傅等圣事施行也相对减少。截止到1951年新中国成立初期，北京教区共设立总堂5处，分堂81处，支堂2032处②。

毋庸置疑，北京教区无论在新中国成立前夕还是民国初年前后，都是河北最主要教区之一，其重要性并不在于它拥有众多教徒和神父，更主要的是由它划分出的保定、天津、宣化以及安国、易县等教区，这些教区在划分后逐渐发展，成为河北乡村天主教会的基础。

二、直隶西南宗座代牧区

直隶西南代牧区③在义和团运动后，除跟随社会大形势，进行一系列教会改革外，还针对自身特点，制定一些措施，发展教务。在教务发展的基础上，代牧区于1929年和1933年先后划出赵县和顺德2个监牧区。在分区集中管理下，直隶西南地区乡村教会体系进一步趋于完善。

（一）行之有效的传教方式

前文所述，直隶西南代牧区第一任宗座代牧董若翰是一位喜欢管理诉讼的人，他开创了诉讼传教方式。这种方式所显露的弊端使其继任者有了一定认识。主教包儒略在义和团运动后，拒绝要求从大赔款中获得赔偿，而愿意与地方官员直接谈判，同时尽量压低教徒故意夸大的估算，以缓和外教人对教会的仇恨。对于在直隶北部代牧区广泛实行的供给望教者食物或银元的传教方式，包儒略的继任者顾其衡（法籍，1907年任主教）曾在教区试行，“主教嘱托几个神父应为望教者备些食物，为能更快地学习，并早些领洗。……经过几年的试行，可领洗几千个成年人。概括地说，效果是好的，因为很多望教者说自己是教友。但是他们没有时间，没办法屡次进校，学不

① 《中华全国教务统计1949》，徐家汇光启社1949年版，第26页。

② 河北省地方志编纂委员会编：《河北省志·宗教志》第68卷，中国书籍出版社1995年版，第507页。

③ 直隶西南代牧区在1924年第一届中国教务会议后称正定代牧区，1946年中国教会成立“圣统制”后称正定教区。

了道理,有些地方的望教者,没有真诚的心接受信仰,因为领洗太快,不供给食物,就停止作教友。教区没有那么多钱,不能长久供给食物,没法子又回到以前的办法上。"①这种办法在代牧区行不通的主要原因有二:一是因为领洗太快,教徒信德不坚固;二是教区资金紧张。与直隶北部代牧区相比,西南代牧区由于在义和团运动中遭受损失较小,因而其获得的赔偿相应较少。这样一来,通过供给望教者食物或银钱的方式不适合西南代牧区。

早在包儒略任职时期,针对代牧区特点,教会也在探索适合当地情况的传教方式。其中最重要的是创建了保禄会。由于直隶西南代牧区教徒多为贫穷乡民,没有钱供给要理老师或学校老师薪金,致使代牧区极端缺乏传教人才。另外在新教徒的区域非常需要本地人员的协助,传教神父只靠学校老师的帮助是不够的,因为他们都有家眷,是为个人利益而作。在这种情况下,神父孟爱理于 1895 年向主教包儒略提议,主张建立一个男人团体,目的是协助传教事业,给外教人讲道理,栽培新教徒。主教听收了这个意见,并命名为圣保禄修会。1932 年,修会有发愿者 32 名,其中多数人 30 岁左右,有初学生 11 名,保守生 33 名②。据石家庄教区神父李保存介绍,保禄会下面还成立牧导班,不信教的愿意听听、讲讲都行③。因此,保禄会的创建,一定程度上解决了传教人才不足的问题,为乡村教会传教事业提供了积极帮助。

与此同时,直隶西南代牧区教会领导开始重视文化传教,关注教育问题。1913 年,主教顾其衡召开教区全体神父会议,会议主要讨论学校问题。教会为学校决定进行一个特殊的预算,每个重要住所要有一个第一级学校(初级小学),可能的话,建成一个一二级的学校(即高级小学),在教区中央住所,直接建立一个二级学校,等待建立中学,准备走向大学。艾类斯专门负责学校,同时他也是全代牧区学校的指导司铎。通过严格的纪律和管理,教会学校展现出它们良好的形象,甚至超过正规的学校。除贾庄和深泽外,

---

① A.Morelli, C.M., *Notes D'Histoire Sur le Vicariat de Tcheng-Ting-Fou 1858 – 1933*, Imprimerie des Lazaristes, Pei-P'ing, 1934, p.130.

② A.Morelli, C.M., *Notes D'Histoire Sur le Vicariat de Tcheng-Ting-Fou 1858 – 1933*, Imprimerie des Lazaristes, Pei-P'ing, 1934, pp.168 – 169.

③ 据笔者 2005 年 7 月 26 日在石家庄对李保存神父的调查访问资料整理。

其他学校也得到官方的称赞,在县级考试中差不多常占第一名①。此外,教会认为“慈善事业为传教事业有很大的帮助,这是间接的讲道,能触动教外人心”②。因而代牧区在慈善事业方面成绩突出,兴办孤儿院、施诊所等,获得了教外的好评。

直隶西南代牧区正是采取了上述一系列行之有效的传教方法与措施,促进了教务发展。包儒略在 1902 年 1 月 17 日写道:“新教徒成百上千地涌来。我们没有办法关照他们。”谢儒略说得更离奇:“暴风雨之后是一片晴朗,我们的代牧区正处于最伟大的和平时期。我们从来没有享受过如此的舒畅和自由……几个月以来,整个代牧区都掀起了非信徒皈依天主教的大运动。异教徒们不用叫便自动找上门来。我不久前又在本教区(赵州)的异教徒村中新建了 5 个教民基层团体。”1903 年,代牧区的成年受洗礼者首次超过了 1000 人③。到 1906 年包儒略去世时,代牧区教徒发展到 41880 人,神父 38 位(其中 17 位外国籍神父);共设 12 处本堂区,大堂 49 个,小堂和祈祷所 363 个;教区有大修士 9 名,小修士 74 名,当年领洗的成年人达 1525 名;设立男子望教所 210 处,共有学员 3000 名,女子望教所 130 处,学员 1600 名,男孩学校 71 所,学生 900 名,女孩学校 40 所,学生 590 名④。

包儒略于 1906 年 10 月去世后,由顾其衡接替他任直隶西南代牧区主教。顾其衡上任后,即在孟爱理神父的陪伴下视察了整个代牧区。看到顺德府区远远落后于赵州区,顾其衡大失所望,认为顺德府是一个死气沉沉的地区。孟爱理回答说:“顺德不是死气沉沉,而是刚刚诞生。别的区域是老教友区,很舒适地受教育,但顺德府是新教友区,地方又穷,离教区中心点甚远,未免被人忽视。”顾其衡说:“好,我亦是顺德区的主教,我任你为总本堂,给你需要的一切。”这样,顺德区分为三个传教中心:顺德、巨鹿和沙河北掌村,每区有 1 位神父,在 80 个村中设立了学校,于是皈依运动开始了。

---

① A.Morelli, C.M., *Notes D'Histoire Sur le Vicariat de Tcheng-Ting-Fou 1858 - 1933*, Imprimerie des Lazaristes, Pei-P'ing, 1934, pp.130 - 131.

② A.Morelli, C.M., *Notes D'Histoire Sur le Vicariat de Tcheng-Ting-Fou 1858 - 1933*, Imprimerie des Lazaristes, Pei-P'ing, 1934, p.160.

③ [法]巴斯蒂:《义和团运动期间直隶省的天主教民》,《历史研究》2001 年第 1 期。

④ A.Morelli, C.M., *Notes D'Histoire Sur le Vicariat de Tcheng-Ting-Fou 1858 - 1933*, Imprimerie des Lazaristes, Pei-P'ing, 1934, p.120.

1900年,顺德区只有教徒2000人,1908年已发展到5000人,1930年近15000人,至1933年顺德区计有200个教徒区,7个传教站,9位神父①。

1917年,顾其衡因病去世,直隶西南宗座代牧由其助理主教文贵宾担任。1919年文贵宾被罗马教廷任命为林懋德的助理主教,西南代牧区教务由副主教巴国范代为管理。此时,代牧区教务已有进一步发展。

表3.16 1919年直隶西南代牧区教务统计表

项目名称	统计数目	项目名称	统计数目
教徒	70875人	中学或小学	22处
外籍神父	20人	学生	700人
华籍神父	40人	男孩祈祷学校	271处
教徒区	855处	学生	2238人
传教士住所	19处	女孩祈祷学校	176处
大堂	86座	学生	4094人
小堂	461座	男子望教所	170处
祈祷所	89处	学员	4127人
大修士	17人	女子望教所	144处
小修士	112人	学员	2759人
学校男教师	285人	成人领洗者	1753人
学校女教师	276人		

资料来源:A.Morelli, C.M., *Notes D'Histoire Sur le Vicariat de Tcheng-Ting-Fou 1858-1933*, Imprimerie des Lazaristes, Pei-P'ing, 1934, pp.133-134.另《遣使会在华传教史》第478页载,1919年正定代牧区有中学22所,学生700人。笔者以为该书的作者把"Collège ou écoles"直接翻译成"中学"不适当,此处译为"中学或小学"较为合适。据笔者在本书第五章对教会中等教育分析认为,1922年教会教育体系没有明确划分和归类之前,教会所办的公学(实际为高等小学)多被作为中学统计。1926年《全国天主教中等学校总数表》(载《圣教杂志》1926年第6期)显示,正定代牧区只有1所男子中学,学生70人。由此推断,1919年正定代牧区有22所中学是不可能的,有些很可能是小学或专门学校。

1920年,罗马教廷任命文致和为直隶西南代牧区宗座代牧。1921年4月,文致和在正定由其表兄武致中祝圣为主教。文致和上任后,正是中国非基督教思潮蓬勃发展的时期,为了回应中国非基督教运动的挑战,罗马教廷

---

① A.Morelli, C.M., *Notes D'Histoire Sur le Vicariat de Tcheng-Ting-Fou 1858-1933*, Imprimerie des Lazaristes, Pei-P'ing, 1934, pp.128-129.另因该书最晚断限为1933年,故书中"maintenant"现今、目前一词应指1933年。

开始进行教会本地化的改革,这样划分国籍教区就成为西南代牧区发展的必然。与此同时,代牧区教务进展很快。1923 年,直隶西南宗座代牧区共有神父 61 人(其中外籍 20 人,华籍 41 人),教徒 82306 人,本年内即增加教徒 3017 人,另有望教者 15247 人①。1925 年,代牧区神父增至 69 人(其中外籍 23 人,华籍 46 人),教徒 82881 人②;至 1928 年,代牧区神父增加为 84 人(其中外籍 23 人,华籍 61 人),教徒 88241 人③。1923—1928 年 5 年间,共增加神父 23 人,教徒 5935 人。直隶西南乡村教会的发展为教区划分打下了基础。

(二)划分赵县国籍宗座监牧区

赵州区是直隶西南代牧区中教务发展最好的一个地区,主教都士良在 1888—1889 年巡视该地区时,曾对其给予高度评价,他认为:"赵州区域全是老教友组成,信德当然很深。……宁晋区域毫无疑问是最好的区域,神父们从那里得到很多安慰。……守主日、瞻礼是普遍现象,此地区比别处受过更多教育,有文化的人喜欢读教会的书,很少坏表样,一句话:宁晋是全代牧区的珍珠。"④1929 年,文致和响应罗马教廷的号召,决定把赵州地区从代牧区中划分出来,让于中国人管理。4 月 9 日,罗马教廷颁布诏书,正式把宁晋、柏乡、隆平、赵县、高邑、临城 6 个县划分出来,成立赵县宗座监牧区,任张弼德⑤为监牧,监牧府设在宁晋边村。1931 年 12 月,罗马教廷将赵县监牧区升为代牧区,1932 年 1 月,张弼德被委任为赵县第一任宗座代牧,授安底治名义主教衔。

---

① 《中华民国最近教务一览表》,《圣教杂志》1924 年第 2 期。

② *Les Missions de Chine 1927*, Imprimerie des Lazaristes, Pékin , 1927, pp.38 - 39.

③ 《中华教士暨信友表》,《圣教杂志》1929 年第 7 期。

④ A. Morelli, C.M., *Notes D'Histoire Sur le Vicariat de Tcheng-Ting-Fou 1858 - 1933*, Imprimerie des Lazaristes, Pei-P'ing, 1934, p.100.

⑤ 张弼德,字弼法,1893 年生于宁晋县小营里村,家中世奉天主教。13 岁入正定柏棠修院,1919 年 12 月 22 日晋铎。晋铎后遂赴柏棠修院教书。1923 年传教于栾城、元氏、获鹿等县。1927 年,升授柏乡、隆平、临城总铎。1929 年 4 月 9 日被罗马教廷任命为赵县宗座监牧区监牧。1932 年 1 月,被任命为赵县宗座代牧区代牧,授名义主教衔。关于张德弼被罗马教廷任命为监牧的时间,笔者见到 3 种记载:一是《遣使会在华传教史》第 570 页、《河北省志・宗教志》第 68 卷第 24 页记载的时间是 1929 年 4 月 9 日;二是 A. MorelliC 在 *Notes D'Histoire Sur le Vicariat de Tcheng-Ting-Fou 1858 - 1933* 一书第 140 页载,1929 年 3 月 18 日分教区的上谕来到,张德弼被任命为新教区的监牧;三是《圣教杂志》1929 年第 8 期刊登的《河北赵县教区张若望大司铎荣升监牧志盛》载,1929 年 2 月 6 日,正定总堂宣布教宗电,特任本区主任司铎张若望为本区主教。笔者采用的是第一种说法。

赵县宗座监牧区刚成立时,计有本地司铎20人,教徒31507人,大堂36座,小堂198座,祈祷所40处,在北京栅栏大修院有9位大修士,在正定小修院有60位小修士①。具体分布情况如下:

表3.17 赵县监牧区刚成立时堂口、教徒分布表

县份	堂口(处)	教徒(人)	县份	堂口(处)	教徒(人)
宁晋	108	13455	赵县	56	6856
柏乡	43	4070	高邑	33	3242
隆平	36	2819	临城	24	1065
总计	堂口300处,教徒31507人				

资料来源:A. Morelli, C.M., *Notes D'Histoire Sur le Vicariat de Tcheng-Ting-Fou 1858–1933*, Imprimerie des Lazaristes, Pei-P'ing, 1934, p.142.另《遣使会在华传教史》第570页载,此时赵县监牧区有教徒30198人,303个堂区,98座小堂。

赵县监牧区自划给中国司铎管理后,传教成绩比较突出。中华公教教育联合会秘书兼宠光社社长、玛利诺会会长迪茨认为,衡量一个教区的传教成绩"最好方法是看平均皈依人数,用某一特定传教团或地区的皈依总人数除以在其中工作的神父总人数,就得到平均皈依人数"。据他统计,1934年全国各教区平均皈依人数是每个神父(皈依)21人。平均皈依人数最高的地区如下:山西平均每个神父皈依40人,陕西38人,河北30.5人。平均皈依最多的传教区如下:山西太原府145人,河北赵县113人,河南洛阳90人,陕西西安府83.5人,陕西周至80.7人,湖北汉阳73.5人,齐齐哈尔71.8人,山西榆次68.5人,湖南衡阳56人,河南郑州54.5人,河北安国52.4人,河北永年50.2人。同时,河北易县、天津、顺德府等10个教区平均皈依人数在40—50人之间,另有10个教区在30—40人之间,有60个教区在10—30人之间,有26个教区平均皈依人数低于10人。当时全国共有中国神父管理的教区21个,平均每个神父皈依27.66人,明显高于全国教区平均皈依21人的数目。在这21个国籍教区中,有10个低于总平均值,11个高于总平均值,其中5个明显高于总平均值②。这5个明显高于总平

① A. Morelli, C.M., *Notes D'Histoire Sur le Vicariat de Tcheng-Ting-Fou 1858–1933*, Imprimerie des Lazaristes, Pei-P'ing, 1934, p.140.

② F.C.Dietz, M.M., *The Catholic Church in China*, 1934,上海档案馆,档号U101-0-217。

均值的国籍教区河北省占 3 个,即赵县、安国和永年,而以赵县代牧区最为突出。赵县代牧区每个神父平均皈依 113 人,仅次于山西太原府,居全国第二位,这充分说明赵县代牧区在中国神父的管理下教务成绩十分突出。迪茨也从其分析中得出结论:“客观地从他们(中国籍神父)的成就看,我们发现这些教区的成就比由外国人掌管的教区工作要做得好。”①下表反映了赵县教区成立后的教务情况。

表 3.18　1929—1949 年赵县教区教务统计表

项目＼年度		1929	1935	1936	1941	1942	1948	1949
神父(人)	外籍							
	华籍	20	27	31	39	39	39	39
修士(人)	外籍							
	华籍							
修女(人)	外籍							
	华籍		19	37	63	68	68	68
修生(人)	大修生	9	17	15	13		9	
	小修生	65	128	96	87			
人口(人)	总数		1000000		930000		900000	
	教徒	30918	38461	40199	45635	45635	45000	45000
当年增加教徒数(人)			2608	1284				
望教者(人)			4009	4451	2041			
大堂(座)		38	17		18			
小堂及公所(座)			189		234			

资料来源:*Les Missions de Chine 1931*, p.61; *Les Missions de Chine 1934 - 1935*, pp.68 - 69; *Les Missions de Chine 1940 - 1941*, p.59;《中华全国教务统计 1937》,第 24、34 页;《中华全国教务统计 1949》,第 12、22 页;《河北省志 · 宗教志》第 68 卷,第 262 页;《二十四年份中国教务一览表》,《圣教杂志》1936 年第 3 期。另 *Les Missions de Chine 1940 - 1941*, p.59 载,1941 年教务统计数字与 Octave Ferreux:《遣使会在华传教史》第 709 页载有所不同,笔者认为 *Les Missions de Chine 1940 - 1941* 所载可信,故采用之;《河北省志 · 宗教志》第 68 卷第 262 页载 1936 年修女人数为 27 人有误,应为 37 人。

1929—1936 年 7 年间,是赵县教区发展最快的时期,教徒增长近 10000

① F.C.Dietz, M.M., *The Catholic Church in China*, 1934,上海档案馆,档号 U101-0-217。

人,年平均增长1428.7人,这个速度与全国其他教区比,应是比较快的。以1936年为例,截止到6月30日,在过去的12个月中,中国(包括满洲里)皈依天主教的人数创造了新的纪录,达到106316人,当时全国有129个教区,平均每个教区增长824.2人①。赵县教区1936年教徒增加1284人,要远远高于全国教区年度平均增长数。随着教徒的增多,赵县教区神父人数亦随之增加,7年中增加了11人。与河北其他地区一样,进入抗日战争以后,教区教务一直停滞不前。至1941—1949年间,神父、修女没有增加1人,教徒数字略有下降,这充分反映了教区饱受战争之苦的状况。

(三)划分顺德宗座监牧区

顺德府区位于直隶西南代牧区最南部,离主教府中心较远,地方较穷,教务不如赵县区发达。但自主教顾其衡对顺德府区采取新的措施后,教务有所发展。1929年,遣使会波兰省的省会长派遣葛乐才与高思基来正定传教,并希望波兰省能有传教区。1931年,又遣来秦报吉、宣蔚仁、司方济、赵文泉四位波兰遣使会士,林荫民于1932年来到正定代牧区。随着波兰遣使会士的增多,主教文致和于1931年委任葛乐才为顺德府区总本堂,以使顺德区成为遣使会波兰省的独立传教区。

波兰籍遣使会神父自进入顺德区传教后,即利用自身优势发展教务。神父宣蔚仁是医生和眼科专家,针对乡村民众看病难的问题,他在邢台设立诊疗所,专门医治眼病,受到乡民欢迎,有利于传教事业的开展。同时,他们还请波兰仁爱会修女来到顺德府区,帮助开展医疗、社会等慈善事业,对传教大有裨益。至1932年,正定代牧区的教务有了明显进步。

表3.19　1932年正定代牧区教务统计表

项目名称	统计数目	项目名称	统计数目
外籍神父	22人	师范学校	2所
华籍神父	41人	男学生	20人
教徒区	728个	女学生	42人
神父住所	26处	男子小学	19所
大堂	27座	学生	660人

① F.C.Dietz, M.M., *The Roman Catholic Church*, 1936,上海档案馆,档号U101-0-217。

续表

项目名称	统计数目	项目名称	统计数目
小堂	465 座	女子小学	12 所
祈祷所	110 处	学生	370 人
大修士	9 人	男子望教所	35 处
小修士	72 人	学员	1479 人
教徒	59153 人	女子望教所	67 处
成人领洗者	645 人	学员	1221 人
望教者	1350 人	年办神功	38607 人次
年领圣体	32667 人次		

资料来源:A.Morelli, C.M., *Notes D'Histoire Sur le Vicariat de Tcheng-Ting-Fou 1858－1933*, Imprimerie des Lazaristes, Pei-P'ing, 1934, p.148.

在上述 59153 名教徒中,顺德府区占 14738 名,正定府区占 38361 名,定州区占 6054 人。详情见表 3. 20:

表 3. 20　1932 年正定代牧区教徒分布表

区域	县份	教徒(人)	县份	教徒(人)
顺德府区	邢台	2186	巨鹿	2461
	沙河	3449	任县	2109
	南和	562	唐山	1115
	平乡	342	内丘	931
	广宗	1583	合计	14738
正定府区	正定	3707	灵寿	1262
	晋州(晋县)	2902	平山	4444
	藁城	7603	井陉	1446
	无极	1873	获鹿	1949
	新乐	2644	栾城	2378
	阜平	302	元氏	5104
	行唐	575	赞皇	2172
	合计	38361		
定州区	定县	5448	曲阳	606
	合计	6054		

续表

区域	县份	教徒(人)	县份	教徒(人)
合计	59153			

资料来源：A.Morelli, C.M., *Notes D'Histoire Sur le Vicariat de Tcheng-Ting-Fou 1858 - 1933*, Imprimerie des Lazaristes, Pei-P'ing, 1934, pp.148 - 149.

顺德府区每县平均拥有教徒1637.6人，正定府区为2740.1人，定州区为3027人。尽管顺德区与其他2个地区比仍有差距，但作为一个新教徒区，其发展速度应令人满意。至1932年，顺德区已有7位波兰籍遣使会神父，为成立新的教区准备了条件。

1933年，罗马教廷正式从正定代牧区中划出顺德府所辖邢台、沙河、平乡、广宗、巨鹿、任县、唐山、内邱、南和9县，成立一个新监牧区——顺德宗座监牧区，由波兰遣使会管理，委任葛乐才为第一任监牧，监牧府设在顺德府。顺德宗座监牧区成立时，已有教徒15240人，神父16位，其中外籍神父12位，华籍神父4位①。经过几年的发展，至1936年，顺德宗座监牧区教徒发展到16784人，神父19位，其中外籍神父14位，华籍神父5位②。七七事变后，顺德监牧区天主教乡村教会在原来的基础上缓慢发展。1938年开办义德中学，1940年扩建公教医院。1940—1941年，顺德监牧区拥有教徒21605人，神父22位，其中外籍神父15位，华籍神父7位。③抗战期间，由波兰籍神父朗本仁主持邢台(顺德)总堂并负责监牧区的对外事务。1944年，罗马教廷升顺德监牧区为代牧区，葛乐才亦升任代牧。华籍司铎德英谦(北京人)任副主教(助理司铎)。此时代牧区有波兰籍神父16名，华籍神父7名④。到抗战结束时，顺德代牧区计有中外神父21名，修女29名，修士2名，教徒20686人。仅邢台(顺德)城内建有耶稣圣心堂、若瑟堂、圣母堂等3所教堂，乡村建有心张、后东峪、河下、张尔庄、孔桥5座教堂和7处

① Octave Ferreux著，吴宗文译：《遣使会在华传教史》，台湾华明书局1977年版，第573页。

② 《中华全国教务统计1937》，徐家汇光启社1937年版，第24页。

③ *Les Missions de Chine 1940 - 1941*, En Vente à la Procure des Lazaristes, Shanghai, 1942, p.84.

④ Octave Ferreux著，吴宗文译：《遣使会在华传教史》，台湾华明书局1977年版，第666页。另据解成《河北省天主教历史编年》下册，第345页载，有外籍神父21人，华籍8人，修士2人，中外修女23人。

祈祷所。全县(邢台县)计有教徒 2788 人①。1946 年,罗马教廷在中国成立教会“圣统制”后,顺德宗座代牧区改称为顺德教区。此时,顺德教区拥有巨鹿、邢台、沙河北掌 3 座总堂。巨鹿总堂下辖任县留垒、任县大北张、广宗县张国寨分堂;邢台总堂下辖尧山县南关、内邱县大辛庄、邢台县心张分堂;沙河北掌总堂下辖邢台县河下、沙河县南高分堂。至新中国成立前,顺德教区有大堂 9 座,小教堂 200 座,教徒 20000 人②。顺德教区成立后,发展变化规律可从表 3.21 窥见一斑。

表 3.21　1933—1949 年顺德教区教务统计表

项目 \ 年度		1933	1935	1936	1941	1942	1948	1949
神父(人)	外籍	12	13	14	15	15	18	18
	华籍	4	4	5	7	8	7	7
修士(人)	外籍		2	2	1			
	华籍					1	1	1
修女(人)	外籍		6	6	8	8	9	9
	华籍		10	4	21	23	19	19
修生(人)	大修生		1		2			
	小修生		7	7	20			
人口(人)	居民		1100000		1100000		2000000	
	教徒	15240	16045	16784	21605	21988	20500	20000
当年增长教徒(人)				739		383		
望教者(人)			1546	2991	2646			
大堂(座)			6		9			
小堂及公所(座)			156		200			

资料来源:*Les Missions de Chine 1934 – 1935*, p.98; *Les Missions de Chine 1940 – 1941*, p.84;《中华全国教务统计 1937》,第 24、34 页;《中华全国教务统计 1949》,第 12、22 页;《河北省志·宗教志》第 68 卷,第 262 页;Octave Ferreux:《遣使会在华传教史》,第 573 页。

---

① 秋涛:《天主教在邢台的发展概述》,《邢台文史资料》第 6 辑,中国民间文艺出版社 1989 年版,第 146 页。

② 河北省地方志编纂委员会编:《河北省志·宗教志》第 68 卷,中国书籍出版社 1995 年版,第 247、262 页。

（四）直隶西南宗座代牧区划分后教会之发展

正定宗座代牧区自划出赵县、顺德2个监牧区后，仍然管辖正定、晋县、藁城、无极、新乐、阜平、行唐、灵寿、平山、井陉、获鹿、栾城、元氏、赞皇、定县、曲阳16个县（深泽县于1924年划给蠡县监牧区）。此时代牧区主教仍为文致和，文致和上任以来，鉴于遣使会总会往正定代牧区派遣的外籍神父越来越少，就大量祝圣本地神父。1923年被祝圣的神父有闵德孝、尉文质、董雅风、张义；1924年有阎凤鸣、闵兰坪、牛亦末、萧崇岭；1926年有孙翰仲、王本笃、萧惠民、闵斯定、牛艺林、李伯伦、王爱民、徐福霖、王明伦；1927年有马玉山、陈敬信；1928年有张金口、孙景堂、尉宝山；1931年有刘允文、张端臣、史少伯；1932年有杨鸿恩、吴静山、顾德霖。这些本地神父的祝圣为建立本地化教会和教区划分创造了条件。正因为有这些本地神父的支撑，赵县宗座国籍代牧区才得以创立并有所发展。在正定代牧区先后划出赵县、顺德2个监牧区后，本地神父成为正定代牧区发展的中坚。1936年，正定代牧区有外籍神父16人，华籍神父44人，外籍修士2人，华籍修士59人，外籍修女7人，华籍修女136人，教徒49318人，当年增加教徒881人①。就全国教区来说，截止到1936年6月，全国4452名神父中华籍神父占2/5（40%），1263名修士中华籍修士占55%，5746名修女中华籍修女占2/3（63%）②。正定代牧区华籍神父、修士、修女的比例要远远高于上述全国平均数，分别为73.3%、92.8%、95.1%。

进入抗日战争以后，正定代牧区遭受了重大损失。1937年10月，正定代牧区主教文致和及其他外籍神父、修士等共9人惨遭日军杀害，正定代牧区教务暂由文贵宾署理。1939年1月26日，罗马教廷正式任命藁城总堂神父陈启明③为正定宗座代牧，授贝大城名义主教衔。陈启明任正定代牧时期，还是中国抗日战争进行时期，正定代牧区广大地区都为日军占领，时局动荡，人民流离，天主教会事业受损。1939年，正定代牧区

---

① 《中华全国教务统计1937》，徐家汇光启社1937年版，第24页。

② F.C.Dietz, M.M., *The Roman Catholic Church*, 1936，上海档案馆，档号U101-0-217。

③ 陈启明，1891年生于王家庄，1912年9月于栅栏入遣使会，1916年6月圣神父，在教区及小修院任过各种职务，1932年为藁城总铎。1939年1月被罗马教廷任命为正定代牧区宗座代牧，授贝大城名义主教衔。1939年5月21日于天津由文贵宾祝圣为主教（见《遣使会在华传教史》，第601页）。

共有外籍神父 15 人,华籍神父 48 人,教徒 51106 人①。与 1936 年比,3 年内仅增教徒 1788 人。1940—1941 年,代牧区教徒增至 51985 人,外籍神父仍为 15 人,华籍神父 47 人②。抗日战争胜利以后,由于很快爆发了国共两党之间的战争,正定等地乡村教会在内战炮火中发展缓慢。至 1949 年,正定教区共有教徒 52530 人③,大教堂 6 座,中小教堂 396 座④。为了更好地说明正定代牧区划分出赵县、顺德监牧区后的教务发展情况,兹列表如下:

表 3.22　1935—1949 年正定教区教务统计表

项目＼年度		1935	1936	1939	1941	1942	1948	1949
神父(人)	外籍	14	16	15	15	16	16	12
	华籍	45	44	48	47	53	53	58
修士(人)	外籍	2	2		1	1	1	
	华籍	39	59		50	35	35	45
修女(人)	外籍	7	7		7	7	7	1
	华籍	130	136		118	121	121	35
修生(人)	大修生	19	16		15		8	
	小修生	68	72		70			
人口(人)	居民	4000000			4000000		4000000	
	教徒	48437	49318	51106	51985	52076	52000	52530
当年增长教徒(人)		1525	881			96		
望教者(人)		3458	3810		2743			
大堂(座)		27			57			

① Octave Ferreux 著,吴宗文译:《遣使会在华传教史》,台湾华明书局 1977 年版,第 601—602 页。

② *Les Missions de Chine 1940 - 1941*, En Vente à la Procure des Lazaristes, Shanghai, 1942, p.64.

③ 河北省地方志编纂委员会编:《河北省志・宗教志》第 68 卷,中国书籍出版社 1995 年版,第 261 页。另据本书第 220 页统计,1949 年有教徒 81985 人,出入很大。笔者对比徐家汇光启社出版的《中华全国教务统计 1949》,第 12 页载:1948 年有教徒 52000 人,认为 1949 年为 52530 人比较可靠。

④ 河北省地方志编纂委员会编:《河北省志・宗教志》第 68 卷,中国书籍出版社 1995 年版,第 220 页。

续表

项目 \ 年度	1935	1936	1939	1941	1942	1948	1949
小堂及公所(座)	340			273			

资料来源:*Les Missions de Chine 1934 - 1935*, p.74; *Les Missions de Chine 1940 - 1941*, p.64;《中华全国教务统计 1937》,第 24、34 页;《中华全国教务统计 1949》,第 12、22 页;《河北省志·宗教志》第 68 卷,第 261 页;Octave Ferreux:《遣使会在华传教史》,第 601—602 页;《二十四年份中国教务一览表》,《圣教杂志》1936 年第 3 期。另 *Les Missions de Chine 1940 - 1941*, p.64 载,1941 年教务统计与《遣使会在华传教史》第 705 页载有出入,笔者采用 *Les Missions de Chine 1940 - 1941* 的记载。

义和团运动后,由于直隶西南乡村教会采取适应当地情况的传教政策和措施,使教务有了一定发展。在此基础上,正定代牧区先后划出赵县、顺德 2 个监牧区。此后,教会继续发展,到 1936 年,天主教会事业发展到顶峰。进入抗日战争时期以后,由于受战争破坏,正定代牧区教会事业受到严重破坏,乡村教会缓慢向前进展。

三、直隶东南宗座代牧区

1900 年后,直隶东南代牧区①逐渐从义和团运动的打击中恢复过来,教务有了一定进展。代牧区于 1929 年、1935 年和 1939 年先后划分出永年、大名及景县 3 个监牧区。教区的划分,使乡村教会管理体系进一步完善,促进了教会事业的发展。

(一)传教方法与教务进展

直隶东南代牧区隶属于耶稣会管理。耶稣会最大的特点就是注重文化传教。明末清初耶稣会士在中国成功传教的实践,为其后来的传教提供了经验。在直隶东南代牧区,耶稣会士非常注重兴办教育。为了集中财力物力办好各类教会学校,多年担任代牧区耶稣会会长的鄂尔璧主张禁止建造大型教堂,他呼吁说:“让我们也建设精神的圣堂吧……我们的教友穷困,建堂必须绝对需要才建,教士们的住房也是一样,为念经只要有一个公共地

① 直隶东南宗座代牧区自 1924 年第一届中国教务会议后称献县宗座代牧区,1946 年中国教会成立“圣统制”后称为献县教区。

方就行了。中国奉了教，教友要按自己的意愿，以自己的献仪，盖自己的天主堂。”①自耶稣会于 1902 年在上海建立震旦大学后，直隶东南代牧区耶稣会士也有了开办大学的设想。由于本代牧区没有适合办高等学校的大城市，此计划被迫拖延。在罗马教廷的支持下，直隶东南代牧区教会终于在 1921 年于天津建立了一所大学——天津工商大学，扩大了直隶东南代牧区乡村教会的影响，造就了一批天主教人才，有利于文化传教的开展。

除兴办教育外，直隶东南代牧区教会还运用自身拥有印书馆（1874 年建立）的优势，大量印刷经文、课本、图书等。据 1951 年统计，印书馆存有 1941 年前出版的各种图书共 211223 册②。这些经文、图书等一方面满足了教徒、教士等学习、研究的需要；另一方面也扩大了天主教的宣传，增加了外教人研究的兴趣。同时，一些传教士还通过开“谈道所”、为政界、军界、教育界及商界作演讲等方式，进行宗教宣传，加深外教人对天主教的了解，取得了较好效果。

直隶东南代牧区教会在采取上述传教方略的基础上，还使用一些简便、高效的传教手段。其中之一即利用赈灾机会吸引灾民入教。这种方式在其他代牧区也得到广泛运用，只是没有此地区典型。早在直隶东南宗座代牧区成立之初，教会就利用各方式赈济灾民，吸引他们研究教理，确实皈依了不少人。但这种传教方式也存在很大弊端。由于灾荒年时领洗太快，许多人在灾荒过后便不承认自己是教徒。据教区档案记录：1865 年 13164 名教徒中有 301 人不愿意承认是教徒，1866 年 14162 名教徒中有 297 人，1879 年 26125 名教徒中有 1601 人，1880 年 29105 名教徒中有 1879 人，1901—1902 年在 47132 名教徒中有 6036 人不愿意承认为教徒③。同时也有一些人在领到救济后便不肯领洗进教。鉴于这种情况，直隶东南代牧区于 1910 年 10 月规定：接受教会赈济者须表示接受信仰并交出财产抵押卷，开始读

① 刘献堂：《献县教区简史——庆祝教区成立 150 周年》打印稿，台湾 2006 年印行，第 151 页。

② 献县民族宗教事务局：《献县宗教志》打印稿，1990 年印行，第 112 页。另据刘献堂：《献县教区简史——庆祝教区成立 150 周年》第 93 页及《赵主教振生哀思录》第 175 页载，印书馆成立于 1875 年。

③ 刘献堂：《献县教区简史——庆祝教区成立 150 周年》打印稿，台湾 2006 年印行，第 102 页。

教理时可领钱3吊，领洗时再领钱2吊，中途不肯入教者须交还赈济款并领回财产抵押卷①。尽管教会对灾民入教有上述严格规定，但在生存压力面前，灾民放弃原来信仰而加入天主教者仍源源不断。在1919年8月至1920年9月近13个月大旱中，直隶东南代牧区教会开放男女学校收容孩童，使2万多个儿童免于饿死，也挽救了整个家庭的安危，因此望教者很多②。上述传教方法的实施及教会改革的推行，促进了直隶东南乡村教会的进展。据主教马泽轩（法籍，任职时间为1901—1919年）统计，1903年代牧区领洗11138人，其中成年人2583人，教徒子女1726人，教外儿童临终领洗6826人，望教者8000人。这年新建20座大堂，84座小堂，90间祈祷所，共194个处所③。至1904年，全代牧区计有教徒52257人，望教者10269人，成年人领洗3396人④。这样教徒数目已超过义和团运动之前教徒总数（50575人）。其后，直隶东南乡村教会教务发展很快，开州经过15年传教，已成为附近村庄教徒的中心，教区的北部教会也是日渐繁荣。1907年，直隶东南代牧区成立50周年，其教务成绩如表3.23所示：

表3.23　1907年直隶东南代牧区教务统计表

项目名称	统计数目	项目名称	统计数目
总堂	2处	主教	1人
会口	752处	外籍神父	48人
附属会所	1500处	华籍神父	20人
教徒	62000人	外籍辅理修士	13人
望教者	10000人	华籍辅理修士	5人
大修院修生	36人	传道员	740人（324人教书）
小修院修生	37人	贞女传道员	451人（294人教书）

---

① 刘献堂：《献县教区简史——庆祝教区成立150周年》打印稿，台湾2006年印行，第155页。

② 刘献堂：《献县教区简史——庆祝教区成立150周年》打印稿，台湾2006年印行，第183页。

③ 刘献堂：《献县教区简史——庆祝教区成立150周年》打印稿，台湾2006年印行，第143页。

④ 刘献堂：《献县教区简史——庆祝教区成立150周年》打印稿，台湾2006年印行，第145页。

续表

项目名称	统计数目	项目名称	统计数目
公学	5 所	孤儿院	5 所
学生	618 名	孤儿	446 人
贞女初学院	6 所	药房	1 座
学生	160 名	施诊所	18 处

资料来源:《赵主教振生哀思录》,第 186 页;刘献堂:《献县教区简史——庆祝教区成立 150 周年》,第 151—152 页。

直隶东南代牧区上述教务统计,远远超过教会以前的事业。单以教徒人数比较,代牧区刚成立时(1857 年)有教徒 9505 人,50 年后(即 1906 年)教徒已过 59646 人,教务发展相当迅速。①

民国成立以后,实行宗教信仰自由政策,乡村闭塞风气稍为开通,有利于教会发展。同时,任丘、河间和献县等地都成立了公教进行会组织,由教徒帮助传教。1913 年,代牧区教徒发展到 85618 人,望教者 10430 人,学生 10568 人,四规领圣体 50936 人次,平日领圣体 908508 人次②。1914 年 8 月,第一次世界大战爆发,直隶东南代牧区十数位神父应召返回法国服兵役,代牧区神职人员明显不足。为此,祝圣中国本地神父十分必要。马泽轩任直隶东南代牧期间,共祝圣 3 批中国神父:1904 年第一次祝圣李友梅、杨德馨、张镜明、崔守恂 5 位神父;1910 年第二次祝圣徐鸣凤、刘希圣、杨延珍、贾春延、李元凯、冯仪珍 6 位神父;1914 年第三次祝圣韩穆然、范桂华、田凤庭、何道隆、王秉均 5 位神父。其中第一次祝圣的崔守恂成为日后永年监牧区监牧。大批中国神父的祝圣,为划分国籍教区准备了条件。1917 年,马泽轩因身体原因辞职,教廷任命刘钦明为其助理主教,有继任权。1919 年 12 月,马泽轩去世,刘钦明正式为直隶东南代牧区宗座代牧。

刘钦明任职期间,代牧区教务继续向前发展。1917—1918 年直隶发生严重水灾,直隶东南乡村教会藉此救灾机会,使领洗者甚众。1914 年,代牧区有教徒 89046 人,1918 年发展到 99462 人,4 年时间增长 1 万人。至 1919

① 张奉箴:《献县教区简史》,《赵主教振生哀思录》打印稿,台湾 1976 年印行,第 186 页。

② 刘献堂:《献县教区简史——庆祝教区成立 150 周年》打印稿,台湾 2006 年印行,第 159 页。

年7月，直隶东南代牧区教徒已超过10万人，在中国仅次于北京和上海，成为教徒数目居全国第三的教区①。1921年6月3日，教廷批准将黄河南岸的东明和长垣县的一部，划归圣言会的山东兖州教区，划出教徒2123人②，同年，拯亡会修女来到献县成立会院，开办诊所和学校。大名府地区，由于雍居敬采取一连串退省、为政要和军界及教育界开办演讲等新的传教方式，使教务进展很快。1913年大名府城内仅66人领洗，1919年146人，1920年288人，1921年357人，1922年仅大名府一区计有2027人领洗，教徒共12557人③。其他地区教务亦有很大发展。仅以献县为例，至1925年，全县共有堂口65个，教堂67座，拥有教徒14167人。详情见表3.24：

表3.24 1925年献县各村教堂及教徒人数统计表

村庄名称	教堂样式	教堂数目(座)	教徒人数(人)
城北周家庄	西式	1	137
田家庄	华式	1	54
七里冢	华式	1	45
下店	西式	1	312
南紫塔	西式	1	327
柏家庄	半西式	2	97
留路	西式	1	358
皇亲庄	半西式	1	126
八里庄	半西式	1	138
马家庄	半西式	1	215
齐家庄	西式	1	463
大梅庄	半西式	1	75
西韦家庄	西式	1	574
傅家庄	半西式	1	56
梅家庄	华式	1	150

① 刘献堂:《献县教区简史——庆祝教区成立150周年》打印稿，台湾2006年印行，第169、178页。

② 刘献堂:《献县教区简史——庆祝教区成立150周年》打印稿，台湾2006年印行，第221页。

③ 刘献堂:《献县教区简史——庆祝教区成立150周年》打印稿，台湾2006年印行，第189页。

续表

村庄名称	教堂样式	教堂数目（座）	教徒人数（人）
孙台庄	西式	1	130
东郭庄		2	300
大郭庄		1	30
大双坦		1	250
小双坦		1	350
陵上寺		1	200
尚尔庄		1	273
西乡大郭家庄	大堂	1	700
西大过	大堂	1	650
东大过	大堂	1	600
南立车	大堂	1	540
北立车	大堂	1	500
黄铁房	中堂	1	400
鲁家庄	中堂	1	350
周家庄	小堂	1	200
李家口	小堂	1	200
于家庄	小堂	1	140
河西齐庄	小堂	1	130
单桥	西式	1	200
万村	华式	1	90
河城街	半西式	1	80
小屯	华式	1	100
李家庄	华式	1	150
尹屯	华式	1	230
孔杨家庄	华式	1	54
野马	华式	1	94
抛庄	华式	1	147
孝李村	西式	1	150
李家洼	西式	1	214
百姓庄	半西式	1	103
淮镇后庄	华式	1	105

续表

村庄名称	教堂样式	教堂数目(座)	教徒人数(人)
徐村	华式	1	152
南村	华式	1	57
史家楼	半西式	1	223
东皮箱屯	西式	1	357
赵尔庄	西式	1	325
杜生镇	华式	1	52
田村	半西式	1	97
东流村	西式	1	325
北宫	华式	1	107
八房	西式	1	115
孙尔庄	半西式	1	158
梭庄	华式	1	174
小万村	华式	1	265
寨子	华式	1	127
倪家村	华式	1	147
张方村	华式	1	157
杨吕家庄	华式	1	109
尹召	华式	1	276
双陵	半西式	1	157
合计	村庄 65 个,教堂 67 座,教徒 14167 人		

资料来源:薛凤鸣修,张鼎彝纂:民国《献县志》卷十五,1925 年版,第 8—12 页。另《献县宗教志》第 161 页统计,1925 年献县境内共有 55 个堂口,11833 名教徒,统计有误。

表 3.24 显示,献县天主教徒分布相当广泛,人数较多。据河北省 1928 年统计,全县共有村庄 347 个,人口 360916 人①。这样,1925 年有教徒分布的村庄占全县总村庄的 18.7%,教徒人数占全县居民总人口的 3.9%。为了方便教徒举行宗教仪式,凡有教徒分布的村庄多有教堂,或西式,或华式,或半西式半华式。根据教徒人数的多寡,教堂的规模也有大小之分。在教

① 河北省政府秘书处第四科统计股:《河北省政统计概要 · 民政类》,京华印书局 1930 年版,第 22、76 页。另据该书第 51 页统计,1928 年献县有天主教徒 7553 人,这个数字与 1925 年县志统计有很大出入,笔者估计政府统计可能没有把儿童教徒计算在内。

徒人数占多数的教徒村如大郭家庄、东大过、西大过等村,一般都建有大教堂,其他村庄则建有中堂或小堂。天主教信仰已经成为这些教徒村庄的主要信仰,天主教的宗教仪式与风俗潜移默化地影响到教徒生活的各个方面,从婚丧嫁娶到人生观价值,他们都有一套迥异于非教徒的标准。这些教徒村逐渐成为河北乡村一个个特殊的信仰群体。

随着代牧区教徒、堂口数目增多,教会的神职人员相应增多。除耶稣总会派来的外籍传教士外,华籍传教士的培养亦非常重要。刘钦明任主教时,多次祝圣中国神父。1919 年 12 月,刘钦明祝圣 8 位中国神父,其中张哲清之父为威县潘村士绅,为祝贺其子晋铎,特邀主教、司铎及蔡县长、张营长等 30 余人赴宴。1920 年 1 月 10 日,威县军、政、警、农、商各界特开大会,欢迎主教刘钦明一行,威县知事蔡济襄所撰欢迎稿云:"中西一贯,四海大同,溯原天道,自西徂东,主教远来,张君晋铎。……万有真宰,为世之光,明星宝筏,饼酒粢粮,繄维主教,岸然道貌,筦领东南,容光必照,洛阳士庶,瞻仰令名,雍容协和,毋任欢迎。"①其寥寥数语,可以看出当时威县官方与士绅对天主教会评价颇高,尽管这个评价带有客气成分,但也说明乡村教会已逐渐为社会所理解与接受的现实。1928 年 5 月,刘钦明又祝圣 10 位中国神父,这是献县代牧区第一次一起祝圣 10 位神父,在近 10 年内有 23 位中国人接受铎品②。总的来说,自 1900 年后至 1928 年,是直隶东南乡村教会繁荣发展的时期,经过 20 多年的发展,乡村教会各项事业均有较大进展。

表 3.25　1901—1928 年献县代牧区教务统计表

<table>
<tr><th colspan="2">年度
项目</th><th>1901</th><th>1914</th><th>1915</th><th>1918</th><th>1919</th><th>1924</th><th>1926</th><th>1927</th><th>1928</th></tr>
<tr><td colspan="2">主教(人)</td><td>1</td><td>1</td><td>1</td><td>2</td><td>1</td><td>1</td><td>1</td><td>1</td><td>1</td></tr>
<tr><td rowspan="2">神父(人)</td><td>外籍</td><td>25</td><td>57</td><td></td><td>48</td><td>44</td><td>41</td><td>43</td><td></td><td>40</td></tr>
<tr><td>华籍</td><td>15</td><td>24</td><td></td><td>35</td><td>34</td><td>39</td><td>39</td><td></td><td>46</td></tr>
<tr><td rowspan="2">修士(人)</td><td>外籍</td><td></td><td></td><td></td><td></td><td rowspan="2">14</td><td rowspan="2">29</td><td rowspan="2">35</td><td rowspan="2"></td><td>6</td></tr>
<tr><td>华籍</td><td></td><td></td><td></td><td></td><td>27</td></tr>
</table>

① 近事:《刘主教赴威县祝圣司铎》,《圣教杂志》1920 年第 2 期。

② 刘献堂:《献县教区简史——庆祝教区成立 150 周年》打印稿,台湾 2006 年印行,第 209 页。

续表

项目＼年度		1901	1914	1915	1918	1919	1924	1926	1927	1928
修女（人）	外籍						46			22
	华籍		43		37	38				68
传教员（人）			764		653	659				
贞女传教员（人）			679		598	696				
领洗（人）	成人		3653	2575	2930	3911			3214	2311
	儿童		19766	21854	25230	26270			33370	31990
终傅（人）			1022	1001	845	1537			1183	1331
婚配（人）			525	501	475	490			902	830
退省（人）	次数		32	37	53	82				
	人次		1802	1802	2900	3324				
人口（人）	居民			1100 万		1100 万		830 万		807 万
	教徒	45422	89046	91032	99462	100837	122418	130039	133706	136487
望教者（人）			9898	7007	9023	9535	12417		11870	10886
教徒团体（个）			1010	1042	1055	1081			1141	
大小教堂（座）			421	443	484	482			550	

资料来源：*Les Missions de Chine 1917*, p.53; *Les Missions de Chine 1921*, pp.39 - 40; *Les Missions de Chine 1929*, pp.22 - 29；刘献堂：《献县教区简史——庆祝教区成立150周年》，第168—169、201页；《中华全国教务统计》，《圣教杂志》1926年第1期；《教务成绩表》、《中国教士暨信友表》，《圣教杂志》1929年第7期。

自1901年开始，献县代牧区乡村教会事业逐年增长。1901—1928年27年间，教徒增长了二倍，占人口总数约1.7%，即59人中有1人是天主教徒。同时，神父数目亦相应增长，特别是中国籍神父增长更快，27年间增加二倍，达46人，从而为划分国籍教区准备了条件。

（二）划分永年宗座监牧区

1919年刘钦明正式接任直隶东南代牧区宗座代牧时，正是中国民族主义运动风起云涌之时，教会部分人士酝酿进行教会本地化改革。如前所述，作为一名法籍传教士，刘钦明看不起乃至歧视中国神职班，认为成立本地化教会为时尚早。基于这种认识，刘钦明于1923年拒绝了宗座驻华代表刚恒毅拟在直隶东南代牧区划分国籍教区的建议，他认为在直隶东南代牧区划分国籍教区“时机还不成熟”①。随着天主教会本地化改革的深入，成立国籍教区已是大势所趋。在这种形势下，刘钦明只好顺应历史潮流，同意从直隶东南代牧区中划出一块地方作为国籍宗座监牧区。

1929年5月13日，罗马教廷正式公文到直隶东南代牧区，划出永年、威县、清河、曲周、鸡泽、成安、邯郸、肥乡、广平、磁县共10个县，成立永年宗座监牧区，任命崔守恂②为第一任宗座监牧，监牧府设在威县赵家庄。1933年3月罗马教廷升永年宗座监牧区为永年宗座代牧区，崔守恂为第一任宗座代牧，6月11日在罗马由教宗亲自祝圣为主教。1946年中国教会成立“圣统制”后，永年宗座代牧区正式改称永年教区。

永年宗座监牧区作为国籍宗座监牧区，“司牧司铎皆华人，一切传教事业概由华人自主预计。此后传教事业当另有一翻新气象也。”③崔守恂不负众望，采取一系列措施，积极发展教务。他首先把监牧区划分为永年、成安北南二个总堂区，各管辖5个县，每县设正本堂神父一人，其他为副本堂，分别安排在较大的堂口。这样就建立了教会自上而下的领导体系，有利于教会统一管理。其次，普遍成立公教进行会，组织教徒帮助传教。截至1937年6月，永年代牧区共成立公教进行会分、支会23处，在全国119个教区中（东4省8教区除外）居第2位，仅次于太原教区（24处）④。这

① 刘嘉祥编：《刚恒毅枢机回忆录》，台湾天主教主徒会1992年版，第107页。

② 崔守恂，号久安，圣名若瑟，1877年生于河间县小店村（《河北省志·宗教志》第68卷第243页载河间县肖先村，应为不确，许多资料都载崔守恂为小店村人）。自幼与弟崔步云在献县公学读书，矢志修道。旋入献县大修院。1904年晋铎，在小修院教书2年。1906年奉命为景县副本堂。1908年，由副本堂升为正本堂。在景县、东光两处传教10余年。1921年，升任景县、东光、吴桥等8县总本堂职衔，为献县代牧区华籍司铎任总铎第一先导。1928年，调任河北威县赵家庄总本堂。1929年5月20日，奉到（接到）北平宗座驻华代表刚恒毅转罗马来电，简派为永年教区监牧（见《圣教杂志》1929年第8期刊登的《河北永年新区新监牧志略》。另《河北省志·宗教志》第68卷第243页、《景县（衡水）教区史资料汇编》第112页载，崔守恂于1929年5月24日被任命为宗座监牧）。1933年3月9日被任命为代牧，3月16日领塔乃沓努主教衔。1933年6月11日于罗马由教宗比约十一世亲自祝圣为主教。1950年去世。

③ 张应麟修，张永和纂：《成安县志》（二），中国方志丛书华北地方第199号，台湾成文出版社1969年版，第401页。

④ 教中新闻：《全国公教进行会统计》，《圣教杂志》1937年第12期。

些公教进行会的会员组成下乡流动小组，有的以宣讲道理为主，有的负责为教徒介绍婚姻，有的帮助调解纠纷，此外还按教会神形十四哀矜项目，去救济穷人，看望病者，探狱慰囚，帮助殡葬等，这种方式确实帮了教会的忙。增添了不少信友①。再次，注重文化、慈善传教方式。崔守恂在永年、肥乡、成安县城分别成立了天永完小、幼林完小、志成完小 3 所备案学校，此外在永年临洺关、磁县彭成镇也都成立了备案学校，培养了教会人才，增强了传教能力。

上述传教方法与措施的施行，促进了永年代牧区教务的发展。永年监牧区刚成立时，共有教区司铎 17 位，2 位耶稣会司铎，22 位大修院修士，教徒 38602 名②。到 1936 年，永年代牧区拥有神父 20 人，教徒增长至 46169 人③。在 1934 年全国各教区平均每个神父皈依 21 人时，永年代牧区每位神父平均皈依 50.2 人，在全国 121 个教区中居第 12 位④，显示了国籍教区中国神父的工作能力。随着教徒人数的增长，教堂和公所亦有所增加。威县作为老教徒区，“城内草市口街及赵家庄、魏村、张家庄等处，均有清宣统年间建筑者（教堂）已二十二所。……清宣统间教民已二千八百户。”⑤在成安县，计有大小教堂 11 座，分布在“艾束村、城内西街、东野庄、东辛集、南乡义、东乡义、大寨、林里堡、西彭留、中郎堡、杨家庄”，艾束、大寨、城内西街是大教堂，其中城内西街大堂建于 1931 年⑥。在磁县计有教堂 2 座、公所 18 处。磁县城内、彭城镇分别有一座大教堂，郝村、索井村、南涧村、孙庄、佐良村、赵拔庄、义井村、驸马村、城基村、花官营、羌村、李家岗、淘泉村、南神岗、上寨砚瓦沟、申家庄、苗家庄、黄龙村 18 村分别建有公所 1 处⑦。至 1935—1936 年，永年代牧区拥有教徒聚会处 501 处，其中包括教堂 36

① 肖守身：《天主教永年教区史话》，《邯郸文史资料》第 5 辑，政协邯郸市文史资料研究委员会 1988 年版，第 137 页。

② 张奉箴：《献县教区简史》，《赵主教振生哀思录》打印稿，台湾 1976 年印行，第 191 页。

③ 《中华全国教务统计 1937》，徐家汇光启社 1937 年版，第 24 页。

④ F.C.Dietz, M.M., *The Catholic Church in China*, 1934，上海档案馆，档号 U101-0-217。

⑤ 崔正春修，尚希宾纂：《威县志》（四），中国方志丛书华北地方第 517 号，台湾成文出版社 1976 年版，第 1133 页。

⑥ 张应麟修，张永和纂：《成安县志》（二），中国方志丛书华北地方第 199 号，台湾成文出版社 1969 年版，第 402 页。

⑦ 黄希文等纂辑：《磁县县志》，中国方志丛书华北地方第 167 号，台湾成文出版社 1968 年版，第 145 页。

座,小堂和祈祷所 287 处①。

抗日战争爆发以后,日军占领了华北,永年代牧区沦为日军统治之下。日军在进攻成安县时,屠杀教徒 300 余人,制造了"成安县大屠杀案"②,教会事业受到很大打击。兹把永年教区成立后教务情况列表于下,通过对比,可以发现其发展的规律。

表 3.26　1929—1949 年永年教区教务统计表

项目＼年度	1929	1931	1935	1936	1939	1942	1948	1949
中国籍神父(人)	19	19	18	20	22	22	55	55
中国籍修士(人)	22	1						
中国籍修女(人)		12	12	23	31	31	68	68
大修生(人)		9	14	26	26		15	
小修生(人)		40	163	161	63			
教徒(人)	38602	39685	44680	46169	50031	50005	50000	50000
人口总数(人)	150 万		230 万		311 万		200 万	
当年增加教徒(人)			2040	1489				
望教者(人)			3084	4686	2737			
大堂(座)		36	37	26	9			
小堂及公所(座)		135	137	161	159			

资料来源:*Les Missions de Chine 1933*, pp.65 - 66; *Les Missions de Chine 1934 - 1935*, pp.125 - 126; *Les Missions de Chine 1940 - 1941*, p.105;《中华全国教务统计 1937》,第 24、34 页;《中华全国教务统计 1949》,第 12、22 页;《河北省志·宗教志》第 68 卷,第 262 页;刘献堂:《献县教区简史——庆祝教区成立 150 周年》,第 211 页;另 *Les Missions de Chine 1934 - 1935*, pp. 125 - 126 载,1935 年教务统计与《二十四年份中国教务一览表》(载《圣教杂志》1936 年第 3 期)有出入,笔者采用 *Les Missions de Chine 1934 - 1935* 统计。

永年监牧区刚成立的前几年,是教区发展最快的时期,特别是 1931—1936 年 5 年间,教徒发展近 1 万人,远远超过了全国各教区年平均增长速度。进入全面抗日战争时期后,教会事业损失甚重,教务进展缓慢。1936—

① 范文兴、耿永顺编:《景县(衡水)教区史资料汇编 1939—2002》,台湾辅仁大学出版社 2005 年版,第 113 页。

② 肖守身:《天主教永年教区史话》,《邯郸文史资料》第 5 辑,政协邯郸市文史资料研究会 1988 年版,第 138—139 页。

1942年6年间，教徒只增长3836人。抗日战争后期至新中国成立前，永年代牧区教务一直徘徊不前，有时反而有所下降。这种发展变化趋势与河北其他教区发展规律正相吻合。反映了整个中国教会的共性。

众所周知，日本刚刚发动全面侵华战争时，对占领区的人民进行残酷的屠杀，一些教士、教徒死于日军屠刀之下，教会事业严重受损。与此同时，许多乡民为了躲避日军残害，在日军侵袭时纷纷跑到教堂避难，为了达到长期受教会庇护的目的，一些人于此时皈依进教。因此，尽管全面抗战开始时教会遭到沉重打击，但由于教会具有特殊的避难功能，一些乡民为躲灾避难而入教，使教会教务缓慢进展。及至抗战中期，日军对占领区的统治基本稳固，故而对占领区乡民的屠杀行为较前期有所减少，乡民寻求教会庇护的情况也随之减少，其入教的人数自然不如抗战初期那样多。加之太平洋战争后，日军把美、英、比、荷等与之交战各国的外籍传教士及其他外籍人士统统关进集中营，使得教会藉外国势力保护教徒的功能削弱，这也是此时乡民较少寻求教会庇护的一个原因。在新入教人数减少的情况下，教会教务在抗战中后期一直徘徊不前。抗战结束后，教会教务虽略有回升，可不久爆发的解放战争，又使河北乡村许多地区重新陷于战争的境地，不利于教会教务的恢复和发展。随着河北乡村大部分解放，多数教区成为中国共产党领导下的解放区。由于社会与历史原因，许多传教士对于中国共产党的宗教信仰自由政策存在误解，他们纷纷逃离被解放了的教区，致使教务受到很大影响。与此同时，广大农民在中国共产党的领导下获得了土地和其他基本生活资料，思想发生很大变化。他们怀着对党的感激和爱戴之情，自然而然地接受了党的无神论思想的宣传与教育。天主教在乡民中的影响力与吸引力大为减弱，皈依天主教的乡民亦随之减少。故在抗战中后期至新中国成立前，河北乡村天主教会的教务基本停滞不前，有时甚至会有所下降。新中国成立以后，教会进入新的历史发展时期。

（三）划分大名宗座监牧区

大名位于直隶南端，距京都千里之遥，地处偏僻，交通不便，天主教传入较晚。至清同治年间，始有个别外籍传教士来此传教，教务发展很慢，至1881年，大名府城内仅有四五个教徒，全县也不过600人①。1900年以后，

① 刘献堂：《献县教区简史——庆祝教区成立150周年》打印稿，台湾2006年印行，第99页。

由于传教士采取一系列有效的传教方式,使大名地区教务发展很快。至1913年,大名府地区教徒发展到15000人,望教者约3000人,有17位神父,其中3位是中国人①。1918年大名县城内天主堂开始修建,至1921年9月始告竣工。大堂占地1220.39平方米,高达42米,与上海徐家汇大堂相同,呈十字形,气势宏伟,建筑庞大②。随着教务的发展,法籍耶稣会士已不敷分配,为了有足够的传教士管理教区,直隶东南代区于1924年和1926年分别邀请耶稣会匈牙利与奥地利神父来代牧区服务③。1931年3月3日,耶稣会匈牙利神父查宗夏被任命为大名和开州两区的副会长,管理大名区教务。

1932年,匈牙利耶稣会省打算去土耳其成立传教区,由于匈牙利神父人数有限,拟抽掉在直隶的匈牙利传教士。鉴于这种情况,刘钦明决定在献县代牧区南部成立一个新的传教区,以归属匈牙利耶稣会士管辖。至1935年,在献县代牧区服务的匈牙利耶稣会士已有21人,其中神父11人,哲学修士5人,辅理修士5人④。这就为成立新的传教区准备了条件。1935年3月11日,罗马教廷正式批准成立大名宗座监牧区,交由匈牙利耶稣会士管理,委任查宗夏为第一任宗座监牧,监牧府设在大名县城天主堂内。

大名宗座监牧区初管辖大名、南乐、清丰、开州、魏县、长垣6县,从献县代牧区分出教徒37000人。刘钦明由献县代牧区提供10位教区神父和7位耶稣会士为新监牧区服务⑤。加上原来21位匈牙利传教士,大名监牧区成立时拥有传教士38人。大名地区因成为独立传教区,必须建立小修道院,培养传教士的接班人。招收学员只限教徒青年,信仰坚定,文化程度较高。首届修道生10余人,专以神学为主⑥。

---

① 刘献堂:《献县教区简史——庆祝教区成立150周年》打印稿,台湾2006年印行,第158页。

② 刘献堂:《献县教区简史——庆祝教区成立150周年》打印稿,台湾2006年印行,第185页。另据《大名文史资料》第2辑第174页载,大名天主堂于1920年竣工。

③ 刘献堂:《献县教区简史——庆祝教区成立150周年》打印稿,台湾2006年印行,第221页。另据该书第190页载,1922年10月22日,查宗夏来到献县代牧区的大名府传教,他是第一位来献县代牧区传教的匈牙利耶稣会士。这样看来,献县代牧区应是在1922年邀请匈牙利耶稣会士来代牧区传教的。

④ 刘献堂:《献县教区简史——庆祝教区成立150周年》打印稿,台湾2006年印行,第233页。

⑤ 刘献堂:《献县教区简史——庆祝教区成立150周年》打印稿,台湾2006年印行,第233—235页。

⑥ 柴继昌:《大名天主教小史》,《大名文史资料》第2辑,河北省大名县文史资料研究委员会1990年版,第175页。

大名宗座监牧区成立后，教务有所发展。1935—1936 年，监牧区有教徒聚会处 925 处，其中包括教堂 19 座，小堂和祈祷所 214 处；神父 31 名，其中外籍神父 18 名，国籍神父 13 名；国籍修女 36 名；在全区 200 万居民中，教徒为 38730 人，望教者 2680 人①。1937 年抗日战争爆发以后，大名被日军占领，教会事业受到打击。此后，教会利用民众到教堂避难及救济灾民之机，发展教徒，大名教徒增加万余人之多，大名天主教也达到鼎盛时期②。1941 年，大名监牧区教徒达 43327 人，望教者 3391 人③。抗日战争结束以后，天主教会于 1946 年成立"圣统制"，大名监牧区正式改称大名教区。至新中国成立前，大名教区有大教堂 7 座，中小教堂 31 座，全教区有神父 36 名，修士 22 名，修女 31 名，中学 2 所，小学 31 所，孤儿院 2 处，养老院 2 处，诊疗所 6 处，教徒 43700 人④。

表 3.27　1935—1949 年大名教区教务统计表

项目	年度	1935	1936	1941	1942	1948	1949
神父（人）	外籍		14	19	19	25	24
	华籍		14	9	8	10	11
修士（人）	外籍		12	19	17	11	11
	华籍		2	3	4	8	8
修女（人）	外籍		18	20	23	19	20
	华籍		11	11	11	13	14
修生	大修生		4	9		8	
	小修生		31	23			
人口（人）	总数		2000000	2000000		2000000	
	教徒	37000	37903	43327	44062	42000	42000

① 范文兴、耿永顺：《景县（衡水）教区史资料汇编 1939—2002》，台湾辅仁大学出版社 2005 年版，第 113 页。

② 柴继昌：《大名天主教小史》，《大名文史资料》第 2 辑，河北省大名县文史资料研究委员会 1990 年版，第 176 页。

③ *Les Missions de Chine 1940 - 1941*, En Vente à la Procure des Lazaristes, Shanghai, 1942, p.95.

④ 河北省地方志编纂委员会编：《河北省志・宗教志》第 68 卷，中国书籍出版社 1995 年版，第 250—251 页。另据该书 262 页统计，1949 年大名教区有修士 19 人，修女 34 人，教徒 42000 人。

续表

项目＼年度	1935	1936	1941	1942	1948	1949
当年增加教徒(人)		784		735		
望教者(人)		3896	3391			
大堂(座)			33			
小堂及公所(座)			256			

资料来源:*Les Missions de Chine 1940－1941*, pp.95－96;《中华全国教务统计 1937》,第 24、34 页;《中华全国教务统计 1949》,第 12、22 页;《河北省志·宗教志》第 68 卷,第 262 页;刘献堂:《献县教区简史——庆祝教区成立 150 周年》,第 233—235 页。

(四)划分景县宗座监牧区

献县宗座代牧区划分出永年、大名两个宗座监牧区后,面积和教徒人数等都大大减少。但相对其他传教区来说,献县代牧区仍是一个大的传教区。仅以教徒人数为例,1936 年献县代牧区有教徒 78258 人,正定代牧区有 49318 人,保定代牧区有 79625 人,安国代牧区有 36181 人,宣化代牧区有 34199 人,赵县代牧区有 40199 人,永年代牧区有 46169 人,大名监牧区有 37903 人,北京代牧区有 267859 人,天津代牧区有 56015 人,顺德监牧区有 16784 人,易县监牧区有 5071 人,永平代牧区有 32854 人,西湾子代牧区有 39285 人①。对比以上 14 个传教区,献县代牧区教徒人数仅次于北京和保定,居全省第 3 位。与此同时,献县代牧区乡村教会事业在原来的基础上向前发展。

表 3.28　1936—1937 年献县代牧区教务统计表

项目＼年度		1935—1936	1937
神父(人)	外籍	62	59
	华籍	39	39
修士(人)	外籍	17	20
	华籍	52	52
修女(人)	外籍	19	19
	华籍	43	69

① 《中华全国教务统计 1937》,徐家汇光启社 1937 年版,第 24 页。

续表

项目 \ 年度		1935—1936	1937
教徒聚会处（处）	教堂	101	108
	小堂和祈祷所	566	公所 568
	其他	884	
教徒团体（个）			693
传教员（人）			472（455 人在校任教）
传教贞女（人）			486
人口（人）	居民	5000000	5000000
	教徒	78258	79997
当年增加教徒（人）		1888	1739
望教者（人）		4117	
领洗（人）	成人	2080	1667
	病危儿童	24052	21258
	教徒儿童	1901	1985
听告解（人次）		354960	424605
领圣体（人次）		939174	1101651
宣讲福音（次）			18476

资料来源：《中华全国教务统计 1937》，第 24、38、39 页。范文兴、耿永顺：《景县（衡水）教区史资料汇编 1939—2002》，第 112—113 页；刘献堂：《献县教区教史》，第 243—244 页；《赵主教振声哀思录》，第 193 页；《献县第一任国籍主教》，载《圣教杂志》1938 年第 1 期。另这些材料有记述不一者，本表基本采用《中华全国教务统计 1937》、《圣教杂志》较为客观的记载。

尽管献县代牧区已连续划出二个监牧区，教务依然向前发展，教堂数目、教徒人数都有所增加，领洗、听告解及领圣体的数量也非常多。这也为划分新的传教区准备了条件。

1937 年，刘钦明因病退休，罗马教廷于 12 月 5 日以电报形式颁布诏书，任命华籍司铎赵振生为献县代牧区宗座代牧。对于赵振生的任命，许多法籍耶稣会士很不满意，他们曾把教廷的信件扣压多日，最后不得不公布。赵振生于 12 月 14 日到达献县总堂时，法国教士和修女们也是态度冷淡，场面冷清，毫无欢迎的表示。在他们的法文传教杂志《Chine（中国）· Ceylen（锡兰）· Madagscar（马达加斯加）》上仅仅登载几行字说："耶稣会士赵振生司铎接了法籍主教刘钦明的位,为献县教区主教,特此致贺。”①在赵振生升主教后,一位在深州传教的法籍耶稣会士说:“中国出了一位大骄傲人。”言外之意是说,中国神父不配升任主教②。客观地讲,赵振生是一位非常优秀的司铎,于1894年生于景州黄古庄,1908年进献县小修院,1913年入耶稣会。1917年赴法国留学,攻读哲学。1920年转比利时攻读神学,1923年晋铎。1925年归国,回献县代牧区工作,历任代牧区总务、总本堂、工商学院校长、河间大修院教授和院长③。外国传教士之所以不愿让赵振生担任主教,其主要原因还是看不起中国人,是殖民主义心理的反映。

1938年3月,赵振生由永年代牧区主教崔守恂祝圣为主教,领比西加主教衔。赵振生任献县代牧区主教时,正是抗日战争全面爆发时期,献县代牧区受到重大损失。从道理上讲,值此战乱之际划分新传教区不合时宜。但由于此前刘钦明已上呈罗马划分教区,故而罗马教廷于1939年4月27日公布成立景县宗座监牧区,委托奥地利耶稣会士管理。5月4日传信部任命凌安澜为景县监牧区监牧,监牧府设在景县天主教总堂内。

凌安澜,1893年生于奥地利,1913年入耶稣会,1923年晋铎。1926年在比利时遇到刘钦明,受刘钦明邀请来献县代牧区传教,曾任天津工商学院院监、深州和南宫本堂、上海徐家汇神学院院长等职务。至1937年,先后有17位奥地利耶稣士来献县代牧区传教,④为管理新教区打下了基础。

景县监牧区管辖景县、阜城、故城、吴桥、东光、宁津、冀县、武邑、衡水、枣强、南宫和新河12个县市。为了有效方便地管理监牧区,凌安澜把监牧区分为4个总本堂区,下辖12个本堂区,分别委任神父进行管理。

---

① 赵振生:《一个主教的回忆》,《中华文史资料文库》第18卷,中国文史出版社1996年版,第673页。

② 范文兴、耿永顺编:《景县(衡水)教区史资料汇编1939—2002》,台湾辅仁大学出版社2005年版,第113页。

③ 范文兴、耿永顺编:《景县(衡水)教区史资料汇编1939—2002》,台湾辅仁大学出版社2005年版,第114页。

④ 刘献堂:《献县教区简史——庆祝教区成立150周年》打印稿,台湾2006年印行,第356—401页。

表 3.29 1941 年景县监牧区教务统计表

总本堂区	本堂区	传教神父、修士	教徒人数
景县	黄古庄、青草河、河渠、故城、阜城	蔡同仁、王伯多禄、万天宝、胡辅理修士、郎辅理修士、刘兴富、董若翰辅理修士、卜神父、戴传贤、黎敦厚、石棣贞、卫如多、赖鸿锡、费伯多禄、何达尼老、刘神父	12672 人
南宫	范家寨、新河	龚自珍、周盛奎、艾树望、刘依纳爵、石棣贞、苏达尼老	6334 人
冀县	枣强、衡水、武邑	王达三、薛清任、孟照民、王类思	7826 人
吴桥	东光、宁津	马怀仁、吴恩波、鲍神父	6752 人
合计	4 个总本堂区、12 个本堂区，29 位神父修士，33584 名教徒		

资料来源：*Les Missions de Chine 1940 - 1941*, pp.65 - 66；范文兴、耿永顺编：《景县（衡水）教区史资料汇编 1939—2002》，第 3—6、118—120 页。

上述划分有利于天教会对分散教徒进行集中统一管理。在监牧区，监牧府为最高行政机构，其次为总本堂、本堂、支堂。监牧权力通过三级领导体系下达全监牧区，便于教务开展。

景县监牧区刚划分时，拥有 25 位神父（其中 10 位是中国籍），332 个教徒团体，30038 名教徒①。时值抗日战争时期，景县监牧区又遭水灾，不少居民无家可归。教会在救助难民同时，利用这个有利时机传教。所以在 1939—1940 年间，景县监牧区不少神父都有 40—60 位望教者。为此凌安澜培养教徒传道员，并利用公教进行会会员传教。仅在 1939 年秋天，南宫的神父龚自珍为 167 人付洗②。至 1941 年，监牧区教徒发展到 33584 人，望教者 2656 人，1941 年共为 8025 人付洗，其中成人 1241 人，教徒子女 480 人，临终领洗 6304 人③。抗战中后期，监牧区教务一度萎缩，至 1946 年抗战结束时教徒数目降至 32534 人④。由于长期战争危害，致使教徒死亡率

① 范文兴、耿永顺编：《景县（衡水）教区史资料汇编 1939—2002》，台湾辅仁大学出版社 2005 年版，第 115—116 页。

② 范文兴、耿永顺编：《景县（衡水）教区史资料汇编 1939—2002》，台湾辅仁大学出版社 2005 年版，第 117 页。

③ *Les Missions de Chine 1940 - 1941*, En Vente à la Procure des Lazaristes, Shanghai, 1942, pp. 66.

④ 范文兴、耿永顺编：《景县（衡水）教区史资料汇编 1939—2002》，台湾辅仁大学出版社 2005 年版，第 121 页。

高，新增教徒数目减少，故而教徒数目下降。

1947 年 1 月 9 日，景县监牧区升格为景县教区，凌安澜被任命为教区主教。4 月 20 日，赵振生主教在北京主教座堂（西什库大堂）为凌安澜举行祝圣礼。兹将景县教区成立后的教务进展情况列表 3.30 于下：

表 3.30　1939—1949 年景县教区教务统计表

项目＼年度		1939	1941	1942	1946	1948	1949
神父（人）	外籍	15	20	23	27	28	28
	华籍	10	12	9	18	18	22
修士（人）	外籍		10	8	2	2	2
	华籍		11	10	8	10	7
修女（人）	外籍		3	3	2	2	2
	华籍		2	2	9	9	12
修生	大修生		7		5	7	
	小修生		52		47		
人口（人）	居民		2500000			2500000	
	教徒	30038	33584	33924	32534	32632	32641
望教者（人）			2656		407		
当年增加教徒（人）				540		161	9
教徒团体（个）		332					
大教堂（座）			27			315	
小堂和祈祷所（座）			314				

资料来源：*Les Missions de Chine 1940 - 1941*, p.66；范文兴、耿永顺编：《景县（衡水）教区史资料汇编 1939—2002》，第 115—122 页；《河北省志・宗教志》第 68 卷，第 263 页；《中华全国教务统计 1949》，第 12、22 页。另《景县（衡水）教区史资料汇编 1939—2002》第 118 页载，1941 年修士和小堂及祈祷所数目与 *Les Missions de Chine 1940 - 1941*, p.66 载不符，笔者采用 *Les Missions de Chine 1940 - 1941* 的记载。

由于景县教区成立较晚，又恰逢日本侵略中国，教区自成立后便陷入困境，尽管此期教务有一定进展，但毕竟相当缓慢，10 年间教徒只增长 2000 多人，实在不能与抗战前教会发展的黄金时代相比拟。景县教区短短 10 年的发展历程充分证明了日本侵华战争不仅给中华民族带来了严难灾难，也给天主教会造成巨大危害，它阻碍了教会事业的顺利发展。

(五)献县宗座代牧区划分后的概况

献县宗座代牧区自1939年划分出景县宗座监牧区后,其管辖范围仅剩献县、河间、任丘、肃宁、交河、深县、饶阳、武强、安平9个县,教徒53000人①。此时,献县代牧区正处于内外交困的危难境地中。在外部,日军占领献县代牧区后,先后制造了河间惨案和云台山事件,杀死神父、修士等多人,主教赵振生亦被捕关押。在内部,由于赵振生升任主教使法籍传教士非常不满,他们在以后工作中不但不积极配合赵振生,反而处处排挤、钳制他,故意与他作对,使赵振生工作受到极大影响。这种内外交困的局面当然不利于乡村教会事业发展。

在重重困境中,赵振生力图寻找教会发展的出路。首先,改善修院教育。赵振生任主教后,希望把大修院办成符合中国国情、培育出有爱国心的神职人员,使中国神职班有自己独立的思考能力与工作方法。但由于献县大修院由耶稣会领导,法籍耶稣会士不合作,赵振生的思想不能得以贯彻。为此,他于1939年1月毅然把大修院迁往河间,以摆脱耶稣会的控制。7月,日军制造了河间惨案,使大修院遭到破坏。赵振生又于1940年把大修院迁到景县,与永年、大名、景县等4个传教区联合成立景县总修院,为教会培养人才;其次,关注农业生产,关心农民生活,以此作为辅助传教的手段。赵振生在献县代牧区乡村传教时,以帮助农民教徒种地、收割作传教的辅助。他认为种地要深耕、翻土,农作物才能长得好,他与农民教徒约定,谁翻土地1亩,主教补助大洋1元②,刺激了农民生产积极性。在赵振生的努力维持下,献县代牧区教务有了缓慢发展。

表3.31　1939—1949年献县教区教务统计表

项目＼年度		1939	1941	1942	1946	1948	1949
神父(人)	外籍		54	51		5	4
	华籍		37	40		46	46

① 范文兴、耿永顺编:《景县(衡水)教区史资料汇编1939—2002》,台湾辅仁大学出版社2005年版,第115页。

② 李博嵐:《我心目中的赵主教》,《赵主教赵振生哀思录》打印稿,台湾1976年印行,第146页。

续表

项目 \ 年度		1939	1941	1942	1946	1948	1949
修士(人)	外籍		5	13		4	1
	华籍		20	50		12	12
修女(人)	外籍		21	17	12	11	
	华籍		100	103	114	109	105
修生(人)	大修生		17		18	18	
	小修生		347		63		
人口(人)	居民		2209000			2000000	
	教徒	53000	61464	63003	61674	60000	60000
当年增加教徒(人)				137			
望教者(人)			13551				
大教堂(座)			20				
小堂和公所(座)			250				

资料来源:*Les Missions de Chine 1940－1941*, pp.88－89;范文兴、耿永顺编:《景县(衡水)教区史资料汇编 1939—2002》,第 115 页;刘献堂:《献县教区简史——庆祝教区成立 150 周年》,第 265 页;《河北省志·宗教志》第 68 卷,第 261 页;《中华全国教务统计 1949》,第 12、22 页。

献县代牧区尽管在抗日战争中遭受重大损失,但在主教、神父的努力下,乡村教会亦有缓慢进展。当然这种进展与代牧区 20 世纪二三十年代发展速度相比微不足道,可它毕竟是在内忧外患困境中的一种进步,应值得肯定。献县代牧区最大的成绩不仅在于教徒、神职人员的增长上,更在于由它所孕育划分出的 3 个新传教区上。这些新的传教区在原来的基础上发展壮大,其组织结构进一步完备,乡村教会网络体系也更加成熟。

四、直隶东部宗座代牧区

直隶东部宗座代牧区①自 1899 年 12 月由直隶北部代牧区划分出来后,由武致中任第一任宗座代牧。武致中于 1900 年 2 月在荷兰被祝圣为主教后,由于中国义和团运动方兴正艾,不能立刻赴任,教务暂由直隶北部代

① 直隶东部宗座代牧区在 1924 年第一届中国教务会议后称永平宗座代牧区,1946 年中国教会成立“圣统制”后正式称永平教区。

牧区传教士高若翰和富成功及一位华籍遣使会士管理。1901 年 3 月,武致中偕 3 位荷兰籍遣使会士赴永平府(今卢龙县)就职,开始署理直隶东部代牧区教务,上述两位遣使会士不久又回到直隶北部代牧区①。

武致中刚赴任时,直隶东部代牧区教徒只有 3000 人,神父 3 位②,教务极不发达。针对这种情况,武致中采取一切措施,尽力发展教务。他"采取了北京的传教方法一部分,即望教者学习教理时,供给他们膳宿。他说:'我以为这方法最实用,因为中国望教者学习教理时,当抛开一切职业,圣宠就合每个民族及每人的性质。圣保禄在片刻中皈依了,这是稀少的。在中国人心灵中,圣宠当逐渐工作,同时使不忧愁物质生活。'武主教不采用哀矜方法,因为他没有需要的款子"③。在上述传教方法的指导下,直隶东部代牧区乡村教会事业在困难中起步。1903 年,有六七位会士在 50 个地方传教,已给数百名望教者领洗,建造了一座小堂及 10 座公所,开设了 1 座传教学校,有年龄 16—50 岁的学生 10 名④。在丰润县,荷兰籍司铎文华于 1902 年开始筹建黄花港天主堂;武致中于 1905 年在小稻地村建起了教堂 1 座和房屋 21 间。西欢坨、八户村、张秀庄也都建起了教堂和教徒活动公所⑤。至 1910 年,直隶东部代牧区教徒已近 10000 人,建造了 30 座小堂及公所⑥。

民国元年以后,随着宗教信仰自由政策的推行,荷兰籍传教士来华传教人数增多。仅丰润县即有魏德成、文化馨、董善韶、安治平、杨鸿恩等人传教。他们以黄花港、小稻地村为传教中心,向周围村庄扩展教徒。两个中心据点,各有分工,分南北线。黄花港中心点为北线,除在本村发展 1200 名教徒外,还在冯各庄、毛家坨、新庄子、三女河、高庄子、梁庄子、东邵庄子、南台、赵庄、魏庄子、杨家营、何庄子、黑山沟、东高庄、罗文口、大令公庄、丰润城关、太子沟、燕子河等 28 个村发展教徒 563 名。其中杨家营、南台、大令

① Octave Ferreux 著,吴宗文译:《遣使会在华传教史》,台湾华明书局 1977 年版,第 379 页。

② Octave Ferreux 著,吴宗文译:《遣使会在华传教史》,台湾华明书局 1977 年版,第 607 页。该书作者樊神父统计 1901 年代牧区只有 3 位神父,笔者以为可能不确,这 3 位神父可能系指武致中上任时带来的 3 位荷兰籍神父,估计当时教区还有中国籍神父。

③ Octave Ferreux 著,吴宗文译:《遣使会在华传教史》,台湾华明书局 1977 年版,第 507 页。

④ Octave Ferreux 著,吴宗文译:《遣使会在华传教史》,台湾华明书局 1977 年版,第 507 页。

⑤ 王光枢:《丰润县天主教的沿革和宗教生活》,《丰润文史资料选辑》第 2 辑,政协河北省丰润县委员会文史资料研究会 1987 年版,第 106—107 页。

⑥ Octave Ferreux 著,吴宗文译:《遣使会在华传教史》,台湾华明书局 1977 年版,第 508 页。

公庄等村发展教徒较多。在南线,除小稻地村发展教徒365名外,还在西欢坨、东欢坨、八户、张秀庄、张各庄、高陀、中门庄、河浃溜、南青坨等15个村发展教徒1635人。至新中国成立前,全县发展教徒3763人①。其中西欢坨是开教较早村庄之一,至1937年,"已有二百六七十年之历史,信友数目将及四百,除数人从事教育及铁路事业外,概皆务农。民性诚朴,荣主心切。现有六人已铎司铎之品,……修士修女尚大有人在。本庄有一壮丽之圣堂,堂系中式,乃本区中最老之圣堂也,建筑于一八八三年间。"②上述统计,可见丰润县在直隶东部代牧区中属于开教较早、教徒较多的县份。

直隶东部代牧区主教府所在地永平府,自清道光年间天主教传入后,教务亦有相当进展,特别是在作为主教府所在地以后,武致中即在"城内(卢龙县城)大新坡地建设今之教堂为永遵十属天主教总堂,主教及中外司铎驻居于此……教民人数初仅数家九十一名口,今(1931年)则数百家计一千六百二十三名口,概居于城内北街及城外雷家店子、黄官营、乔各庄等村。近年滦河以西亦日渐兴盛,较十年前不可同日语也"③。由于代牧区面积较大,各地情况发展亦不平衡。相对丰润、卢龙等县来说,迁安县乡村教会发展缓慢。据1931年统计,迁安县"仅建昌营一带最多,设有教堂一座,司铎一人。余如建昌营之东杨庄及邑北之潘家营、西北之北港均有教堂,不过为教友礼拜之所及司铎春秋下会之用。其教近年不甚发达,信教人数虽有增加,不过教徒子弟而已,人数约在三百以内"④。这种教务进展缓慢的地区只是个别现象,就整个代牧区来说,义和团运动后直至抗战爆发以前,是代牧区乡村教会大发展的时期。

1940年,武致中去世,由刘士杰(荷兰籍,1928年被祝圣为武致中的辅理主教,有继任权)任永平代牧区宗座代牧。时值日本全面侵略中国时期,永平地区乡村教会遭受很大破坏。1943年,日军将永平代牧区各堂口的外

---

① 王光枢:《丰润县天主教的沿革和宗教生活》,《丰润文史资料选辑》第2辑,政协河北省丰润县委员会文史资料研究会1987年版,第106页。另据该书作者王光枢统计,新中国成立前全县发展教徒1763人,笔者认为此数字有误,根据上文教徒人数统计,应为3763人。

② 教中新闻:《河北丰润县西欢坨复活瞻礼志盛》,《圣教杂志》1937年第5期。

③ 童天华等修,李茂林等纂:《卢龙县志》,中国方志丛书华北地方第145号,台湾成文出版社1968年版,第207页。

④ 滕绍周修,王维贤纂:《迁安县志》(二),中国方志丛书华北地方第501号,台湾成文出版社1976年版,第533—534页。

籍神父共30多人同时拘禁[①]，其中包括主教刘士杰在内。永平代牧区教务暂由中国遣使会士许世魁代为署理，1944年改由中国籍遣使会士蓝廷雨代理[②]。1946年抗日战争结束以后，永平教区教务重新为荷兰籍遣使会士陆世元、和毓华代理，直到其1953年离华。

直隶东部代牧区自1899年成立后，经过几十年的发展，教务有了很大进步。至1949年，永平教区有大教堂9座，中小教堂或祈祷所200余处[③]。据1951年统计。全教区设有总堂3处，分堂20处，支堂361处[④]。这个统计基本代表了新中国成立前夕教区总堂、分堂、支堂状况。永平教区教务进展状况从表3.32对比中可以一目了然。

表3.32　1901—1949年永平教区教务统计表

项目＼年度		1901	1910	1916	1925	1928	1931	1936	1941	1942	1948	1949
主教人数		1	1	1	1	2	2	2	1	1		
神父（人）	外籍	3			15	15	17	21	25	24	18	18
	华籍				9	11	11	13	16	17	19	19
修士（人）	外籍					4		5	8	8	10	10
	华籍							1	1	2	2	2
修女（人）	外籍					3		6	7	5	8	8
	华籍					38		46	46	47	47	47
修生（人）	大修生				5		6		10		2	
	小修生			14	18		44		25		1	
人口（人）	总数			400万		400万			458万		400万	
	教徒	3000	10000	13267	18100	21605	27090	32854	35965	36295	35839	35800
当年增加教徒（人）						1375		1926			330	434

① 陆春林、新宇：《薛家营村的天主教》，《昌黎文史资料选辑》第2辑，中国人民政治协商会议昌黎县委员会文史资料委员会1989年版，第149页。

② 河北省地方志编纂委员会编：《河北省志·宗教志》第68卷，中国书籍出版社1995年版，第226页。

③ 河北省地方志编纂委员会编：《河北省志·宗教志》第68卷，中国书籍出版社1995年版，第225页。

④ 河北省地方志编纂委员会编：《河北省志·宗教志》第68卷，中国书籍出版社1995年版，第506页。

续表

<table>
<tr><th>年度
项目</th><th>1901</th><th>1910</th><th>1916</th><th>1925</th><th>1928</th><th>1931</th><th>1936</th><th>1941</th><th>1942</th><th>1948</th><th>1949</th></tr>
<tr><td>望教者(人)</td><td></td><td></td><td></td><td></td><td>2523</td><td></td><td></td><td></td><td>588</td><td></td><td></td></tr>
<tr><td>大堂(座)</td><td></td><td></td><td>4</td><td rowspan="2">50</td><td></td><td rowspan="2">49</td><td></td><td></td><td>8</td><td></td><td></td></tr>
<tr><td>小堂及祈祷所(座)</td><td></td><td></td><td>36</td><td></td><td></td><td></td><td>64</td><td></td><td></td></tr>
</table>

资料来源：*Les Missions de Chine 1917*, p.59; *Les Missions de Chine 1927*, p.43; *Les Missions de Chine 1933*, pp.40－41; *Les Missions de Chine 1940－1941*, pp.107－108；《中华全国教务统计1937》，第24、34页；《中华全国教务统计1949》，第12、22页；Octave Ferreux：《遣使会在华传教史》，第508、607、706页；《教务成绩表》、《中国教士暨信友表》，《圣教杂志》1929年第7期；《河北省志·宗教志》第68卷，第261页。

永平教区在成立前，本地区教务进展相当缓慢，10个县份教徒不足3000人。永平教区成立后，乡村教会事业逐步发展。1901—1910年10年间，教徒增长近7000人，平均每年增加700人。此后15年间，教徒增长速度稍慢，平均每年增长470人。1925—1936年间，是教区教务发展最快的时期，平均每年增加教徒1475.4人。这个发展规律与其他教区略有不同。在献县、正定等老教区，教务发展最快时期一般为民国初年前后至20世纪20年代初期，20年代中后期，随着全国爱国思潮的兴起及非基督教运动的高涨，乡村教会发展速度受到一定影响。永平教区之所以出现上述规律，是与教区自身状况分不开的。永平教区成立之初，乡村教会基础薄弱，许多事业尚在初创阶段，故而影响了其发展速度。至1925年，教区经过20多年的创建与发展，乡村教会组织结构等基本完备，主教府总堂、分堂、支堂等各级领导体系逐步成熟，从而打下了教会大发展的基础。因此，在永平教区乡村教会发展最快的时期是20世纪20年代中后期至全面抗日战争爆发前。随着日本侵华，教区教务一度呈下降趋势。这一发展规律与其他教区基本相同，充分反映了战争对乡村教会事业的危害。

五、中蒙古宗座代牧区

中蒙古宗座代牧区①自1883年由蒙古宗座代牧区划分出来后，教务有

① 中蒙古宗座代牧区在1924年第一届中国教务会议后称西湾子宗座代牧区，1946年中国教会实行"圣统制"后正式称西湾子教区。本教区主教府设在河北崇礼县西湾子村，教区大部分区域位于原直隶境内，故笔者把它作为河北一个教区考察。

了显著进展。义和团运动时期中蒙古乡村教会受到沉重打击，损失传教士、教徒总计近2000人，被毁坏教堂多处。义和团运动以后，代牧区首先利用庚子赔款，开始进行乡村教会的恢复与重建工作。为了便于管理，代牧区划分3个行政区：西湾子地区有14位欧洲传教士及5位国籍司铎；南壕堑地区分别有17位及6位；岱海地区则分别有10位及6位。各区设有区会长，于各区举办月退省①。民国初年，代牧区下设3个区堂（总堂）：西湾子区堂、平定堡区堂、公会镇区堂，1940年又设了大苏计区堂。西湾子区堂除直属5个小堂外，在崇礼全县下设4个分堂：高家营、白桦沟、五号、西榆树坪分堂，各分堂又根据不同情况设置小堂（或公所）22个②。代牧区为了增加教徒，仍然沿用原来一些传教办法。其中主要的是购买大量荒地、吸引农民承种。这一办法，首先由巴耆贤提倡，后来在蒙古宗座代牧区广泛运用，获得了很好效果，由此成立了不少教民村。“黑土洼（今沽源镇）便是传教士们移民垦殖的标准例子。逊清光绪元年，黑土洼还是一个蒙民的牧场，后来才有教友迁去开垦。光绪十八年，教士们到该村组织了农村平定堡。”③南壕堑（成立于1870年）作为察哈尔的重镇，也是这样形成的。义和团运动后，尽管“举凡建筑以及一切设施的恢复，在在（件件）都需要庞大的款项，但教会仍然预备了好些钱购买土地，分给农户承种，且资助开垦”④。在教会的推动下，一些教徒村相继建立。在黑土洼（沽源）牧场上，千金村（1904年建立）、高山庄（1908年建立）、狐狸峪沟（1917年建立）、饷马沟（1934年建立）、头号（1943年建立）等等教徒村一一出现⑤。这种购地供给农民耕种的传教方式，吸引了大批无地、少地的农民移居教徒村，促进了教徒数量的增加。

---

① Daniël Verhelst：《向中国传教的比利时》，古伟瀛编：《塞外传教史》，台湾光启文化事业2002年版，第188页。

② 崇礼县民族宗教局：《崇礼县天主教历史沿革概况》，《张家口文史资料选辑》第16辑，政协张家口市文史资料研究会1989年版，第115页。

③ 王守礼著，傅明渊译：《边疆公教社会事业》，上智编译馆1947年版，第34页。王守礼（1898—1980），比利时圣母圣心会士，1922年晋铎，1923年来到宁夏代牧区，1946年升任宁夏教区主教，1953年回欧。抗战期间，王守礼与其他一些外籍教士被日军拘禁北平，曾访问各地传教事业，遂将天主教在边疆的社会事业以法文撰写成书。后嘱傅明渊译成中文，于1947年由上智编译馆出版。

④ 王守礼著，傅明渊译：《边疆公教社会事业》，上智编译馆1947年版，第16页。

⑤ 王守礼著，傅明渊译：《边疆公教社会事业》，上智编译馆1947年版，第34页。

代牧区作为一个传教比较早的地区，较为注重文化传教。1900年5月，在主教府所在地西湾子村创设了1座印书馆，初始为教会印行经本书籍之类。随着时间的推移，教会内一些有识之士认为应向教外人赠送书籍，通过文字向他们宣传教理。这个方式被代牧区神父张雅各伯（名维祺，圣名雅各伯）广为推行。张雅各伯1856年生于烂营子（今内蒙古丰镇市沙钵儿附近），1887年晋铎，长期在教区服务。1907年，他用方言写成的《邪正理考》一书第一次出版，主要目的是向平民百姓宣讲天主教道理。至1939年，该书在上海土山湾印书馆再版8次，印制7万本。此外，张雅各伯还出版了其他专著、译著10余部。针对有些穷人买不起书、教外人不愿意买教会书的现象，张雅各伯极力提倡“送书善功”，即希望教徒捐钱以印刷传教书籍，免费赠阅给外教人，会收到事半功倍的效果。他将送书善功与直接传教两者的益处加以比较说：“用十吊钱帮助人奉教，或用十吊钱送书，哪一样益处大？十吊钱能传几个人，十吊钱的书能传几个人？钱一用就完了，书能传多少代，多少地方，能有多少人看？”主教方济众也很赞成这种方式，劝勉神父多加赞助，并亲自拟定襄助办法。“送书善功”文字传教方式取得了一定效果，仅1918年6月7日耶稣圣心瞻礼节，即送出好几千本书，[①]扩大了对天主教的宣传。

在上述传教方法的指导下，代牧区教务有了明显进步。1905年，方济众在向罗马的报告中强调：自1895年教徒数字已由14000人增至21156人；望教者数字已由2500人增至5459人；传教士人数由4人增至41人，国籍司铎人数由11人增至21人；公堂与小堂数目由70座增至122座；小学由55处增至122处；基督徒村由250个增至500个[②]。到1915年，圣母圣心会来华传教50周年时，中蒙古代牧区教徒发展到36540人，而50年前教徒人数还不到4000人。就整个蒙古代牧区来说，1915年有134位外籍神父，44位中国神父，教徒90000人。50年前整个蒙古代牧区只有4位外籍神父，教徒共有6000人[③]。从上述对比中可以看出，50年来蒙古代牧区教

① 隆德理：《张雅各伯神父传》，古伟瀛编：《塞外传教史》，台湾光启文化事业2002年版，第244—245页。

② Daniël Verhelst：《向中国传教的比利时》，古伟瀛编：《塞外传教史》，台湾光启文化事业2002年版，第188页。

③ 隆德理：《西湾子圣教源流》，古伟瀛编：《塞外传教史》，台湾光启文化事业2002年版，第70页。

务发展很快。

与此同时，蒙古代牧区名称及区划有一定变动。民国初年，民国中央政府对地方政区制度实行改革，废除府厅、州制，只存省、道、县3级。同时于1914年新建了四个特别行政区：热河特别行政区、察哈尔特别行政区、绥远特别行政区、川边特别行政区。1928年，国民政府废除道一级的地方政府，实行省县二级制，上述四个特别行政区即改为省：热河省、察哈尔省、绥远省、西康省。省级行政区划及名称的改变，给代牧区带来一定不便。1922年，罗马教廷在教务发展的基础上，对蒙古代牧区进行划分。西南蒙古代牧区被划分为二个代牧区：一个是南部的宁夏；另一个是北部的绥远。中蒙古代牧区西部也有一部分同时并入绥远①。东蒙古代牧区此后又称热河代牧区，中蒙古代牧区也被称为察哈尔代牧区。1924年第一届中国教务会议后，中蒙古宗座代牧区改称西湾子宗座代牧区。1924年1月，方济众去世，由副主教蓝玉田（荷兰籍，又名克复，1914年被委任为副主教）继任西湾代牧区宗座代牧。蓝玉田任主教时期，还是中国非基督教运动兴盛之时，中国民族主义的高涨促使天主教会本地化。全国各地陆续建立了一些国籍宗座教区。针对这种情况，西湾子代牧区亦准备成立国籍教区。1926年，大多数国籍神父（21位）被派遣到西区，圣母圣心会的神父到东区。1927年，西湾子本堂神父刘明德，被选为西区代权者。1929年2月2日，罗马教廷正式发表文告，成立集宁国籍宗座代牧区，委任张智良为宗座代牧。集宁代牧区划分时，有25个传教站，教徒20000人②。

西湾子代牧区划分后，其管辖范围包括察哈尔省北部各地及绥远省的1县，主要有崇礼、沽源、张北、尚义、康保、商都、德化（今化德）、多伦、兴和、宝昌（今太仆寺旗）和张家口市桥西③。1931年5月，主教蓝玉田去世，罗马教廷于12月委任石德懋为西湾子代牧主教。1932年，西湾子大堂正式建成。这座大堂是方济众于1922年奠基开工兴建，经过12年时间才告竣

---

① 贝文典：《圣母圣心会在华简史》，古伟瀛编：《塞外传教史》，台湾光启文化事业2002年版，第304页。另据《河北省志·宗教志》载，1923年罗马教廷将内蒙古区划分为热河、察哈尔、绥远、宁夏、集宁、赤峰、大同7个代牧区，时间有误，说法也不准确。

② 贝文典：《圣母圣心会在华简史》，古伟瀛编：《塞外传教史》，台湾光启文化事业2002年版，第300页。

③ 史胜：《天主教及其传入简介》，《张家口文史资料选辑》第16辑，政协张家口市文史资料研究会1989年版，第102页。

工。大堂为罗马式建筑,长 21 丈,堂中间部分宽 6 丈,长廊约 9 丈,中间跪凳可容 1200 人,过大瞻礼时,堂内可容纳 2000 人①。西湾子村教徒数目也逐年增长。1899 年,西湾子村有教徒 1842 人,1908 年增至 2395 人,1936 年增至 3028 人②。

随着日本侵华,日军很快占领了该地区,对本地教会造成很大破坏。1943 年,石懋德等外国传教士被日军拘留,代牧区陷于困境。中国司铎独当一面,由靳江(兴和县人)代理主教,接管了传教区的领导权。抗战胜利后,多数外籍传教士又回到本教区,面对已经成熟的中国神职班,再夺回领导权实属不易,由此引发一些冲突。"理财权便成为冲突的焦点所在"③。这种现象充分反映了中国神职班的成熟与民族主义意识的增强。中国神职班并不像外籍传教士所贬低得那样"怯懦无能"④,而是以前没有锻炼的机会,一旦他们处于领导之位,可以像外籍传教士一样出色。一些国籍教区如永年、赵县等代牧区的成功发展即是最好的明证。随着新中国的成立,外籍传教士大多返回本国,教会领导权才真正回到中国司铎手中。至新中国成立前,西湾子教区共有教堂 152 座,神职人员 89 人(其中外籍 27 人),修女 70 人(其中外籍 7 人),⑤信教群众 36801 人。⑥

---

① 隆德理:《西湾子圣教源流》,古伟瀛编:《塞外传教史》,台湾光启文化事业 2002 年版,第 70 页。另据《张家口文史资料》第 16 辑,第 108 页载:西湾子大堂于 1926 年正式建成,时间有误。

② 隆德理:《西湾子圣教源流》,古伟瀛编:《塞外传教史》,台湾光启文化事业 2002 年版,第 78—79 页。

③ 奥班:《十九及二十世纪圣母圣心会传教区中国神父的一些回响》,古伟瀛编:《塞外传教史》,台湾光启文化事业 2002 年版,第 350 页。

④ 解成编:《河北省天主教历史编年》打印稿下册,1994 年印行,第 290 页。

⑤ 史胜:《天主教及其传入简介》,《张家口文史资料选辑》第 16 辑,政协张家口市文史资料研究会 1989 年版,第 102 页。据《中华全国教务统计 1949》第 12 页及《河北省志·宗教志》第 68 卷第 261 页统计,教区 1948、1949 年教徒人数仅为 36801 人。由此证明 61800 余人统计应该有误。

⑥ 河北省地方志编纂委员会编:《河北省志·宗教志》第 68 卷,中国书籍出版社 1995 年版,第 261 页。另据《张家口文史资料选辑》第 16 辑,第 102 页载信教群众 61800 人,应为不确。

表 3.33 1905—1946 年西湾子教区教务统计表

<table>
<tr><th colspan="2">年度
项目</th><th>1905</th><th>1916</th><th>1921</th><th>1925</th><th>1928</th><th>1931</th><th>1936</th><th>1941</th><th>1948</th><th>1949</th></tr>
<tr><td colspan="2">主教(人)</td><td>1</td><td>2</td><td>2</td><td>1</td><td>1</td><td>1</td><td>1</td><td>1</td><td>1</td><td>1</td></tr>
<tr><td rowspan="2">神父(人)</td><td>外籍</td><td>41</td><td></td><td>43</td><td>37</td><td>43</td><td>43</td><td>54</td><td>56</td><td>33</td><td>33</td></tr>
<tr><td>华籍</td><td>21</td><td></td><td>23</td><td>24</td><td>30</td><td>8</td><td>14</td><td>22</td><td>44</td><td>44</td></tr>
<tr><td rowspan="2">修士(人)</td><td>外籍</td><td></td><td></td><td></td><td></td><td></td><td>9</td><td></td><td></td><td></td><td></td></tr>
<tr><td>华籍</td><td></td><td></td><td></td><td></td><td></td><td>8</td><td></td><td></td><td></td><td></td></tr>
<tr><td rowspan="2">修女(人)</td><td>外籍</td><td></td><td></td><td>20</td><td rowspan="2">31</td><td>19</td><td></td><td>14</td><td>14</td><td>9</td><td>9</td></tr>
<tr><td>华籍</td><td></td><td></td><td>9</td><td>13</td><td></td><td>22</td><td>48</td><td>73</td><td>73</td></tr>
<tr><td rowspan="2">修生(人)</td><td>大修生</td><td></td><td>1</td><td></td><td></td><td></td><td>8</td><td>16</td><td>24</td><td>14</td><td></td></tr>
<tr><td>小修生</td><td></td><td>33</td><td></td><td></td><td></td><td>36</td><td>94</td><td>98</td><td>64</td><td></td></tr>
<tr><td rowspan="2">人口(人)</td><td>居民</td><td></td><td>300 万</td><td></td><td></td><td>190 万</td><td>100 万</td><td></td><td>70 万</td><td>80 万</td><td></td></tr>
<tr><td>教徒</td><td>21156</td><td>40289</td><td>46867</td><td>46815</td><td>49328</td><td>30821</td><td>39285</td><td>43029</td><td>36801</td><td>36801</td></tr>
<tr><td colspan="2">当年增加教徒(人)</td><td></td><td></td><td></td><td></td><td>198</td><td></td><td>1670</td><td></td><td></td><td></td></tr>
<tr><td colspan="2">望教者(人)</td><td></td><td></td><td></td><td></td><td>7566</td><td></td><td>3224</td><td>2956</td><td>407</td><td></td></tr>
<tr><td colspan="2">大堂(座)</td><td></td><td rowspan="2">190</td><td rowspan="2">181</td><td rowspan="2">141</td><td></td><td>35</td><td></td><td>35</td><td></td><td></td></tr>
<tr><td colspan="2">小堂及祈祷所(座)</td><td></td><td></td><td>86</td><td></td><td>91</td><td></td><td></td></tr>
</table>

资料来源:*Les Missions de Chine 1917*, p.85; *Les Missions de Chine 1923*, pp.71 - 72; *Les Missions de Chine 1927*, pp.82 - 83; *Les Missions de Chine 1933*, p.114; *Les Missions de Chine 1940 - 1941*, p.11;《中华全国教务统计 1937》,第 24、34 页;《中华全国教务统计 1949》,第 12、22 页;《河北省志 · 宗教志》第 68 卷,第 261 页;古伟瀛:《塞外传教史》,第 188 页;《中华教士暨信友表》、《中华天主教教务总表 1927—1928》,《圣教杂志》1929 年第 7 期。

从表 3.33 看出,1905—1921 年 16 年间,是西湾子教区教务发展最快时期,年平均增加教徒 1606.9 人。其后 7 年(1927—1928 年)教务发展速度有所下降,年平均增长教徒 351.6 人。从一个侧面反映了教会受非基督教运动影响的状况。自 1929 年划出集宁国籍宗座代牧区后,西湾子代牧区的居民人数和教徒数目减少了很大一部分,不过在教会人员的努力下,教会事业有所发展,仅 1936 年内即增加教徒 1670 人。至 1937 年,西湾子代牧区有教徒 40589 人(约占全区人口 1/17),神父常驻会口、公所 32 座,大小教堂 33 座①。

① 教中新闻:《察哈尔西湾子教区之教务成绩》,《圣教杂志》1938 年第 1 期。

西湾子村内已有教徒3074人,不信教者只有10余户。西湾子附近设立50多个小堂口,所辖教徒2155人①。日军侵占西湾子代牧区后,教会事业发展缓慢,1942年内仅增教徒181人。自1943年外籍传教士被日军拘捕后,教区神职人员极度缺乏,加之长期战乱等因素的影响,教区教务大幅度下降。西湾子教区在义和团运动以后的发展规律与其他教区基本相同,大体经历了大发展—调整—发展—下降的趋势,反映了中国教会发展的特点。

六、东蒙古宗座代牧区

东蒙古宗座代牧区②面积广大,人民穷困。针对这种特点,传教士所采取的主要传教方式与中蒙古代牧区基本相同,即购买或租赁大量土地,移民耕种定居,既而保守进教,成立教徒村。如1875年,教会在哈拉户烧(今朝阳县)有地15顷;1890年,在山湾子有地40顷③。当然,农民耕种这些土地并不是无偿的,除了交纳少量地租外,主要条件是要研究教理,进而入教。正如传教士自己承认的:"教士的目的是为宣传教义,他们本着宗教家的精神,服务社会,造福人群,他们在从事社会事业的时候,当然寻求传教的机会。"④这种传教方法在蒙古代牧区收效显著,因而备受传教士重视。义和团运动后,庚子赔款为这个方法的实施提供了更加有利条件。顾颉刚先生曾说:"庚子赔款,拨给河套罗马教会者,大部分用作挖渠经费,因此水利大兴,荒原开垦,教堂因而林立"。⑤ 在东蒙古地区,庚子赔款也多用于垦荒移民,发展教徒。"计50年内,热河传教士迁移过剩人口,组成的新农村有十几处之多,如西南营子(哈拉户烧今称朝阳县)、老虎沟(滦平县)、沙拖子(平泉县)、铁匠营子(朝阳县)、山湾子(凌源县)、那拉必流(宁城县)、建昌(建昌县)、大营子(林西县)、西山(凌源县)、锥子山(围场县)、王子庙(赤

① 崇礼县民族宗教局:《崇礼县天主教历史沿革概况》,《张家口文史资料》第16辑,政协张家口市文史资料研究会1989年版,第109页。

② 东蒙古宗座代牧区在1922年后称热河宗座代牧区,1946年中国教会成立"圣统制"后称热河教区。本教区主教府虽设于今辽宁省朝阳县松树嘴子村,但教区部分区域属于原直隶省区,故笔者亦把此教区作为河北一个教区考察。

③ 王守礼著,傅明渊译:《边疆公教社会事业》,上智编译馆1947年版,第14页。

④ 王守礼著,傅明渊译:《边疆公教社会事业》,上智编译馆1947年版,第18页。

⑤ 王守礼著,傅明渊译:《边疆公教社会事业》,上智编译馆1947年版,第24页。

峰县)等便是。”①通过这种方式,发展了大批教徒,正如葛崇德司铎所写:“若和平愿意留住,代牧区似锦前程就会展露眼前。的确,现在教友比迫害前更多。”②

1907年,代牧区有41位传教士以及9位国籍司铎③。针对国籍司铎较少的局面,主教叶步司把训练传教者作为工作重点,他的培育工作增加了中国神职班的数目,为建立中国修士团体奠定了基础。1920年,大力培育传教者的元克允神父又支持从S-Hertogenbosch引荐玛利亚若瑟孝女会的修女,在一般妇女及年轻女孩中工作,促进了乡村教会的发展。

1922年,罗马教廷鉴于热河特别行政区的设立,决定将东蒙古宗座代牧区改名为热河宗座代牧区。热河特别行政区所辖朝阳、凌源、隆化、平泉、承德、滦平、丰宁、绥东、开鲁、阜新、建平、赤峰、林西、围场、经棚15县教务统归热河代牧区管理。热河代牧区除管辖热河全境外,兼管辽河西域辽源、康平、通辽、彰武等县。同年,叶步司因年龄、身体原因,请求教宗任命赤峰本堂神父南化远(又名阜民)为热河代牧区副主教。正式任命书于11月7日罗马教廷颁发。在2位主教领导下,热河地区乡村教会事业进展迅速。热河代牧区成绩从表3.34可窥见一斑。

表3.34 1923—1928年热河代牧区教务统计表

<table>
<tr><th colspan="2">年度
项目</th><th>1916</th><th>1924</th><th>1925</th><th>1928</th><th>1931</th><th>1935</th><th>1941</th><th>1948</th></tr>
<tr><td colspan="2">主教(人)</td><td>1</td><td>2</td><td>2</td><td>2</td><td>2</td><td>2</td><td></td><td>2</td></tr>
<tr><td rowspan="2">神父(人)</td><td>外籍</td><td>43</td><td>44</td><td>48</td><td>50</td><td>50</td><td>45</td><td>55</td><td>42</td></tr>
<tr><td>华籍</td><td>13</td><td>18</td><td>18</td><td>22</td><td>26</td><td>8</td><td>17</td><td>23</td></tr>
<tr><td rowspan="2">修士(人)</td><td>外籍</td><td></td><td rowspan="2">26</td><td></td><td>1</td><td></td><td>1</td><td></td><td></td></tr>
<tr><td>华籍</td><td></td><td></td><td>28</td><td>22</td><td>25</td><td>38</td><td>42</td></tr>
<tr><td rowspan="2">修女(人)</td><td>外籍</td><td></td><td rowspan="2">130</td><td></td><td>10</td><td>15</td><td>19</td><td>17</td><td>17</td></tr>
<tr><td>华籍</td><td></td><td></td><td></td><td></td><td></td><td>25</td><td>28</td></tr>
</table>

① 王守礼著,傅明渊译:《边疆公教社会事业》,上智编译馆1947年版,第38页。

② Daniël Verhelst:《向中国传教的比利时》,古伟瀛编:《塞外传教史》,台湾光启文化事业2002年版,第196页。

③ Daniël Verhelst:《向中国传教的比利时》,古伟瀛编:《塞外传教史》,台湾光启文化事业2002年版,第196页。

续表

项目 \ 年度		1916	1924	1925	1928	1931	1935	1941	1948
修生（人）	大修生	9	13	52	13	58	13	11	11
	小修生	14	40				33	31	33
人口（人）	居民	500 万		700 万	600 万	700 万	350 万	505 万	500 万
	教徒	28952	38724	40222	43413	45225	24883	32246	32000
当年增加教徒数（人）			1183		728				
望教者（人）			7271		6978		12721	3267	
教堂（座）		63		95		105	18	17	
小堂及公所（座）							49	80	

资料来源:*Les Missions de Chine 1917*, p.89; *Les Missions de Chine 1927*, pp.93 - 94; *Les Missions de Chine 1933*, p.105; *Les Missions de Chine 1934 - 1935*, pp.16 - 17; *Les Missions de Chine 1940 - 1941*, p.30;《中华全国教务统计 1949》,第 12、22 页;《中华全国教务统计》,《圣教杂志》1926 年第 1 期;《中国教士暨信友表》、《教务成绩表》、《中华天主教教务总表 1927—1928》,《圣教杂志》1929 年第 7 期。

热河代牧区不仅传教士、教徒数目大为增加,教堂及祈祷所也逐年增多。在教务增长的基础上,热河代牧区于 1932 年划出热河北部 7 县,成立赤峰国籍宗座监牧区,归中国神职班管理,主教座堂设在赤峰。

自 1933 年始,日本侵占了蒙古广大地区,热河代牧区处于日寇的控制之下。尽管东蒙古代牧区与伪满洲国政权采取合作的态度,传教工作还是出现很大困难。当全面抗战爆发后,教会面临的形势更加严峻。随着太平洋战争的爆发,日军把所有隶属于日本宣战国的外籍人士包括传教士一概拘禁关押。热河代牧区许多传教士被拘禁在沈阳的俘虏营内,直到 1945 年才被解放出来①。在这样一种形势下,热河教区教务基本处于停滞状态。1940 年热河教区拥有教徒 32000 人②,至 1948 年,教徒人数仍为 32000 人。同时,1948 年教区有神父 65 人(外籍 42 人,华籍 23 人),华籍修士 42 人、修女 45 人(外籍 17 人,华籍 28 人)③。新中国成立后,这些外国传教士陆

① 贝文典:《圣母圣心会在华简史》,古伟瀛编:《塞外传教史》,台湾光启文化事业 2002 年版,第 302 页。

② 王守礼著,傅明渊译:《边疆公教社会事业》,上智编译馆 1947 年版,第 5 页。

③ 《中华全国教务统计 1949》,徐家汇光启社 1949 年版,第 12 页。

续撤离中国，热河教会进入新的历史发展阶段。

罗马教廷与中国教会采取的适应中国情况的传教策略与教会改革措施，使直隶乡村教会有显著进展。其表现不只在教堂、教徒、传教士等数量增加上，更在于新成立了一批教区。至新中国成立前，在原直隶区域内共成立 16 个教区，即北平总教区、永平教区、天津教区、保定教区、安国教区、易县教区、宣化教区、正定教区、赵县教区、顺德教区、献县教区、永年教区、大名教区、景县教区、西湾子教区及热河教区。其中安国、永年、宣化为新成立的国籍教区，保定教区自 1931 年后也改为国籍教区，由中国传教士管理。在成立新教区的基础上，河北乡村教会事业亦有了较大发展。与全国其他省份相比，河北在教堂、教徒、传教士等数量方面均在全国遥遥领先。据 1942 年统计，全国有教堂 15914 座，河北占 3491 座，居全国之首；山东次之，有 2719 座；其后为广东（1145 座）、山西（1046 座）、江苏（1006 座）、湖北（724 座）、河南（656 座）、浙江（617 座）、东北（600 座）、安徽（528 座）、陕西（464 座）等省。1942 年全国教徒总数约 390 万人，河北占 24.8%，山东占 10%，江苏占 9.3%，湖北占 6.4%，四川占 5.4%，广东占 5%，蒙古占 4.9%，山西占 4.3%，安徽占 4%，等等。在传教士数量方面，河北亦居首位，拥有传教士 600 多人，山东次之，有 400 多人①。正因为如此，河北乡村教会的发展规律一定程度上反映了中国天主教会的进展历程。就整个河北乡村教会而言，义和团运动后至 20 世纪 20 年代初期，是教会发展较快时期；20 世纪中后期，由于受非基督教运动等因素的影响，教会发展略为缓慢。此后，随着天主教会本地化力度的加大，教会发展速度亦明显加快。至 1936 年，教会发展达到最高峰。1937 年全面抗日战争爆发后，河北乡村教会普遍陷入困境，教务发展极度缓慢，有些甚至显下降的趋势。当然，由于各地情况不同，一些乡村教会的发展也呈现出迥异于其他教会的特点。尽管河北各乡村教会在传教方式、演进道路等方面各有差异，但殊途同归，目的都是为了发展教会。在这一目的下，各教区相互配合，共同发展，形成纵横交错、密布全省的乡村教会网络体系，促进了教会的进展。

---

① 刘洪恺：《中国教会体制成立后教省教区分布图》，上智编译馆 1947 年版。

第二节　抗日战争时期的乡村教会

1937年日本发动的全面侵华战争，不仅给中华民族带来了严重的灾难，也给乡村教会的发展设置了障碍。在日军的破坏打击下，河北乡村教会事业遭受前所未有的损失。面对日本的侵略，罗马教廷与教会一些高级领导人标榜中立，实则限制了天主教徒的抗日爱国行动。在日益严重的民族危机下，一些天主教爱国人士冲破了教会领导的限制，积极投身到抗日洪流中，为抗日战争的胜利做出自己应有的贡献。

一、乡村教会的遭遇

日本发动全面侵华战争后，华北各地相继沦陷，河北乡村很快处于日军控制之下。他们以打击中国抗日力量为借口，对河北乡村烧杀抢掠，一直标榜中立的天主教教会也难逃劫难。日军焚毁教堂、滥杀教徒，造成一系列惨无人道的事件。

（一）正定惨案

正定惨案是1937年日军对河北乡村教会制造的一起严重惨案。正定代牧区主教文致和及其他7位外籍传教士及1位外籍俗人，共9人被日军屠杀，震惊整个天主教会。

日军占领平津后很快南下，于10月7日开始进攻正定县城。很多来不及逃走的难民避居到正定天主教堂内。“天主教堂的避难者在前一星期统计就打破了二万大关，随着炮声蜂拥而来的，又将突破了前者的数倍……东院全部为男人，西院大都为妇女，（内为养病院、养老院和婴孩院，而以修女主理之）。”①防守正定县城之国民党部队由于人少势寡，在与日军激战2天后，于9日晨撤离正定县城。9日早晨8点，日军从北门进入城内，挨户检查，大肆屠杀，“事后调查，足有二千多人作了牺牲。”②不久，日军冲入天主教堂，抢掠一些东西。日本军官也到堂里参观，“当场许下善加保护。”③但当日军听说堂内藏有良家妇女，于午后径向天主堂索要，被文致和主教严词

① 笠原：《正定天主堂文主教及其司铎殉难经过》，天津《益世报》1946年5月10日第3版。
② 笠原：《正定天主堂文主教及其司铎殉难经过》，天津《益世报》1946年5月11日第3版。
③ 笠原：《正定天主堂文主教及其司铎殉难经过》，天津《益世报》1946年5月12日第3版。

拒绝。下午6点钟，有四五个武装日军上天主堂西院去敲大门，借口搜查军火，实欲强拉妇女。时西院除三四十名修女、二三千名小女婴孩外，住有避难妇女二三千人。仁爱会修女亚纳玛利姆姆坚决不给开门，这几个日军只好他往。不久，一群更野蛮的日军来到天主堂大门口，又有数位日军赶往若瑟会女修院①。文致和闻之，立刻派夏露贤（会长，法籍，55岁）和贝德良（账房，法人，32岁）2位神父出去与日军交涉，无奈2人刚至大门口，即被日军锁押于门房小屋内。时值晚7点后，正是传教士用晚餐的时候，文致和主教及20余位神父、修士齐集餐厅，正吃晚饭，日军忽然闯入，用枪口对准大家，先绑了艾德偲（荷兰籍，艺术家，62岁）辅理修士，又绑了主教文致和（荷兰籍，65岁）。有位毕先生是捷克斯拉夫人，自北平来正定修管风琴，因战争未能回北平。见主教被绑，上前阻拦，也被绑缚。接着被绑的还有柴慎诚（副会长，奥籍，65岁）司铎，卫之纲（小修院教授，荷兰籍，28岁）司铎、霍尼玛（苦修会士，法籍，60岁）司铎、泊林芝（顺德教区修士，波兰籍，28岁）修士。日军把主教、神父等押出门外，连同门房锁押的2位神父共9人押上汽车，扬长而去。

文致和等人被押走后，音讯全无，教堂多方派人打探，仍没有下落。12日，柏棠修院院长马鸣歧（荷兰籍）进城，听说主教等遇难之事，忧闷恐惧，不知所措。他请日军颁发一许可证，以便去定州会见定州本堂及总铎神父艾类斯商量对策。但日军怕其恶行暴露，拒绝发放许可证。马鸣岐只好暗中派一个胆大教徒前去定州，向艾类斯报告此事。艾类斯于17日接到报告，非常震惊，急欲驾车赴北平报告，但日军不发放通行证。适有一阎姓教徒任中华邮政视察职务，艾类斯利用他向北平满德贻主教传报此事，并派他亲自赴平。艾类斯自己则骑车南下，到正定调查此事。艾类斯胆大细心、沉着冷静，早就因善办军事外交而闻名，于10月22日来到正定，即与日军交涉，仍得不到主教、神父们的消息。在北平，宗座驻华代表蔡宁得知正定惨案后，不愿意正定代牧区没有领导，乃任命文贵宾暂时署理正定教务。北平代牧主教满德贻则把此事件报告使馆，由使馆与日本交涉。日本在压力下，遂派遣日军司令官横山颜和日本司铎田口芳五郎来华，亲赴正定调查。

---

① 笠原：《正定天主堂文主教及其司铎殉难经过》，天津《益世报》1946年5月12日第3版。另据 Octave Ferreux：《遣使会在华传教史》第596页载，有10名日军至教堂大门。

至 11 月 10 日,艾类斯等人已渐渐知道,就在文致和等人被掳之夜,即在离主教府 300 公尺的木塔上被全体烧死。并在木塔底下拾到神父、修士们遗留的帽子、鞋子、小刀和圣牌等物品。在确凿的证据面前,日本当局只得承认杀害主教等人的事实。艾类斯代表教会向日方提出 5 项最低要求:一是惩治罪犯,并保证不再发生同样事件;二是向罗马教皇道歉谢罪;三是向各本国政府领事道歉谢罪;四是赔偿教区内之各种损失;五是在大堂前立纪念牌,并由日本画押签字。由于此时尚处于日本全面侵华战争初期,日本不想与西方国家破裂关系,在西方领事的压力下,日方接受了上述条件。11 月 22 日,正定天主教堂为被难的主教、神父举行追悼弥撒大礼,主祭者为文贵宾,辅祭者为日本司铎田口芳五郎,参加典礼者有正定日军全体军官及石家庄日本军官 30 余人,并有正定各机关要人、本城士绅,大佛寺的老方丈也在其中[①]。日军同意并允许在主教座堂旁边立一纪念碑。数日后,碑已建立,是一块大理石碑,放在基座上,有 2 石柱支着,上有石盖,高 2 公尺,宽 1 公尺,碑上刻着"为纪念 1937 年 10 月 9 日的牺牲者",下面是 9 位被害者的姓名[②]。日军承认犯罪、表示忏悔的话在碑上只字未提。

正定惨案中,杀死主教、神父等共 9 位外籍人士,这 9 人分别隶属于法、荷、奥、波、捷克五个欧洲国家。日军为什么只捕杀外籍传教士?难道他们不怕开罪于这些西方国家吗?对于这个问题,负责调查正定事件的日本军方代表横山彦的解释是:当时负责进攻正定县城的是日军将领香月的部队,香月秉承父职,手下一批士兵在日本时是江洋大盗,被国家逮捕,日本侵华后,这批人被从狱中放出加入行伍,戴罪立功。同时日军中也有一批朝鲜浪人,中国话极为流利。这些土匪原已野蛮成性,今移置前线,更野蛮数倍,香月也管辖不了[③],故有正定惨案的发生。樊神父在《遣使会在华传教史》一书中则认为,正定惨案直接罪魁不是日本人,而是日军所用的满洲人或朝鲜人。上述说法,实则都是为日本推脱责任。不论制造正定惨案的日军士兵究竟为何人,都属于日本军部领导,日本军部即使没有直接下达屠杀主教、神父的命令,但也以战争为幌子,公然默许士兵杀戮平民百姓。且不说南京大屠杀,只在正定县城被攻破后即杀害 2000 多平民。如果说进攻正定的日

---

① 笠原:《正定天主堂文主教及其司铎殉难经过》,天津《益世报》1946 年 5 月 18 日第 3 版。

② Octave Ferreux 著,吴宗文译:《遣使会在华传教史》,台湾华明书局 1977 年版,第 600 页。

③ 笠原:《正定天主堂文主教及其司铎殉难经过》,天津《益世报》1946 年 5 月 19 日第 3 版。

军士兵是江洋大盗,那侵略中国的整个日本更是江洋大盗。正定惨案中日军之所以抓走的全是外籍教士,主要原因可能在于日军士兵知道天主堂是外籍神父说了算,他们提出寻找良家妇女的要求遭到拒绝,怀恨在心,就以抓走外籍教士相威胁,以达到他们的目的。据说当主教、神父被押走时,日军士兵曾勒令用300名青年妇女来赎,不然,便没有命。文致和大声应道:我是主教,就是死也决不能答应你们①。日军恼羞成怒,便对主教、神父下了毒手。

正定惨案发生在日军全面侵华战争初期,一下子涉及五个欧洲国家,引起日本军方重视,为了平息国际愤怒,他们不得不派代表前来调查,口头道歉等。此后直至太平洋战争爆发前,日军再不敢像正定惨案时大批屠杀在华外籍人士。如果说日军在侵华初期对外籍人士还有所顾忌的话,那么对中国人则都是无情杀戮。随后发生的河间惨案即是如此。

(二)河间惨案

河间惨案发生于献县宗座代牧区,日军杀死中国籍神父、修士、修生等共24人②。

1937年日军侵占平津等地后,大举南犯。时河间县城还未被日军占领,由于时局动荡,河间天主堂原先成立的男女学校停办,教堂南北两院楼房空闲。献县代牧区主教赵振生欲使大修院摆脱外籍耶稣会士的控制,遂于1939年1月把大修院和炼灵主母会由献县迁往河间。不料,日军在1月底占领了河间县城,并也想占用教堂那些楼房,所以屡屡向教堂寻衅刁难,大修院院长崔步云见势不妙,决定于5月间提前放暑假③。由于日军严格限制中国人出入县城,他费了许多周折才从日军司令部领到了离城回家度暑假的许可证,于是外教区的修道生们都回了家。崔步云同大部分修女也回到献县张庄总堂④。

---

① 笠原:《正定天主堂文主教及其司铎殉难经过》,天津《益世报》1946年5月13日第3版。

② 赵振生:《一个主教的回忆》,《中华文史资料文库》第18卷,中国文史出版社1996年版,第674页。另据《献县宗教志》第198页、刘献堂:《献县教区简史——庆祝教区成立150周年》第249页载,共杀死22人;张奉箴在《献县教区简史》(载《赵主教振声哀思录》第194页)统计,共杀死26人。本书采用赵主教的说法。

③ 赵振生:《一个主教的回忆》,《中华文史资料文库》第18卷,中国文史出版社1996年版,第673—674页。

④ 献县民族宗教事务局:《献县宗教志》打印稿,1990年印行,第197页。

1939年7月中旬某日早晨，日军突然闯入河间教堂，将留在堂内的神父3人、修道生9人、修士2人、先生4人、工友6人共24人一同逮捕。罪名是暗通八路。不久又从西关逮去1名姓杨的老年教徒[①]。与此同时，日军四处追捕河间总本堂神父徐志远，还将河间城外属河间本堂区的路德庄、杨店、卧佛堂等6座教堂全部烧毁[②]。

7月25日夜间，日本人用酷刑治死了薛清修神父，他是修道院的哲学教授。修道生们有的受打，有的被灌凉水，没有一个当场死的。7月31日，70岁的李思永神父因病危获准出狱。日军命李永凯修士伴他回教堂，李思永当晚死去，李永凯侥幸保全性命。9月22日，日军将其余23人于河间西关活埋[③]。制造了骇人听闻的河间惨案。

河间惨案中，被杀害的神父、修士等全是中国人，自然没有引起类似正定惨案的国际反响，更没有日军赔礼道歉之说。在日军眼里，中国是被他们征服的国家，他们有权处置任何人，包括天主教徒。一旦不合他们的意愿，他们随意捏个理由，可以逮捕、关押甚至屠杀占领区的任何中国人。在这种形势下，反抗是最好的武器，逆来顺受只会招致更大的灾难。

（三）云台山事件

云台山位于献县城东10余华里，是献县代牧区天主教传教士的墓地，也是一个菜园子。1941年9月8日上午，八路军游击队暗藏在菜园子的围墙上，开枪打死了正在围子旁督促民夫修公路的伪军汉奸。日军进行报复，把云台山上的吴培禄神父和10余名修生及一二十名工人全部逮捕，从此开始大规模迫害教会人士。

原来日军觊觎云台山已久，云台山地势较高，正是日军修筑岗楼的理想之地，要想攫取该山，必须扩大事态。因此，他们先给修生栽赃，说修生暗通游击队，随后又逐个审问是否参加过抗日组织，必须揭露告发教会里的反日行为，接着一批一批的人被抓去，先封闭云台山，又封闭教堂，禁止人们出入，抓去学生40多名。

---

① 赵振生：《一个主教的回忆》，《中华文史资料文库》第18卷，中国文史出版社1996年版，第674页。

② 献县民族宗教事务局：《献县宗教志》打印稿，1990年印行，第198页。

③ 赵振生：《一个主教的回忆》，《中华文史资料文库》第18卷，中国文史出版社1996年版，第674页。

9月14日,日军又把张庄总堂的全部中国人共60余名集中到云台山上监禁,由日军日夜看管,许多人受审讯。10月2日,日军将他们放回张庄总堂。10月3日,主教赵振生和神父田凤庭、徐志远、何道隆又被日军押到县城分别囚禁。赵振生与被日军扫荡抓来的所谓30多名八路军(大多数是农民)关押在一起,但饮食上受到优待。8月15(阴历)夜,赵振生特意向饭铺为每位狱友要了一斤馒头、一碗肉菜,大家很高兴。

在赵振生被关押期间,有人向日军告发张庄总堂内私藏大量武器,日军于是对被抓的一些人严刑拷打,逼令总堂交出武器。留在总堂的法国负责神父一方面交出武器(义和团运动时留存下来的),一方面派人到狱中探望主教赵振生。蚌埠教区的意大利籍主教赵信义特来献县,希望利用意大利和日本是同盟国的身份保释赵振生,未得成功。在此期间,日本人把何松月神父、李万仓先生一同押解沧州,后在那里惨遭杀害。

1941年11月22日,天主堂140余名在押人员被释放,但还有17人仍留在监里。1941年11月27日,罗马教廷驻华宗座代表蔡宁致函赵振声,对赵振声主教被(日军)释放安然出狱恢复自由表示慰问,并慰问献县全体受难的教士,对至今仍被监禁的教士和教徒深表关切①。对于日军悍然逮捕、关押中国主教及传教士的暴行,宗座代表蔡宁显然亦无可奈何,只能于事后对受难教士加以抚慰。罗马教廷对日军侵略所持的中立政策和软弱态度,无疑鼓励了日军对中国教会人员的迫害。

1942年1月24日,日军用汽车把监禁的17名总堂人员押往城东50华里的淮镇据点,将他们全部刺杀。这些人是:封金铎修士,韩、周2位贞女,韩天民(小说作家)、葛守礼(校长)、李志刚、李志达等8名教师,何松池等6名工友。他们的尸体被埋在岗楼附近的壕沟里②。

云台山事件,被逮捕、关押、屠杀的神父、修士、修女等全是中国人,外国传教士无一人被捕,这充分说明日本此时仍对西方各国有所顾疑。随着太平洋战争的爆发,西方各国先后对日本宣战。此后,在中国的外籍传教士先后被送往集中营,教会传教事业陷于困境。

---

① 《1941年11月27日罗马教廷驻华宗座代表蔡宁总主教致函献县赵主教》(拉丁文),存河北省博物馆。

② 陈义:《献县教区简史》,天主教沧州(献县)教区2000年版,第98页。

(四)集中营

太平洋战争爆发后,英、美对日宣战,接着荷兰、比利时、加拿大等国也先后对日宣战。法国由于投降德国,没有对日宣战。

自 1942 年起,日军开始对在华的英、美、比、荷、加拿大等与之宣战国家的西方人士逮捕拘押,外籍传教士亦包括在内。首先被关押的是英、美传教士,接着荷兰、比利时、加拿大等国的传教士也被集中起来,全部送往山东潍县集中营。潍县集中营是昔日美人的房屋,离城 80 公里。被监禁的 1700 人中,有 320 位神父,160 位修女①。

在河北地区,天主教乡村教会中被拘押的外籍神父、修女不少。早在 1941 年底,日军对热河代牧区 52 名比、荷兰籍传教士尽数拘于四平街。在四平街的拘留所里,他们饱受了精神与肉体的迫害。到 1942 年 8 月,50 岁以下的教士又被押解到沈阳,其他年老的,则分别拘禁于凌源、松树嘴子、承德 3 处②。在察哈尔代牧区(指西湾子代牧区),自比、荷两国对日宣战后,日军先对传教士的行动给予限制,规定教士出门不能越出 5 里至 10 里,并禁止讲道和接见外人。1943 年 3 月 21 日,察哈尔、绥远、集宁、大同各教区的荷、比籍教士总计 163 人、修女 32 人,全数被日军强迫离开了他们的教区,解往山东潍县所谓“敌国人集团生活所”③。永平代牧区各堂口的荷兰籍神父共 30 多人也于 1943 年春同时被拘禁④,其中包括主教刘士杰。在献县代牧区,英、美、加拿大籍的宝血会修女虽没有押往山东潍县集中营,但是被日军囚禁在她们的隐修院内,作了日本人的俘虏。法国由于未对日宣战,法籍神父暂避此劫。另外,奥地利、匈牙利由于与德国同盟关系,其国神父也未被拘禁。

1944 年 8 月,经宗座驻华代表蔡宁与日本占领当局谈判,被关押在山东淮县集中营的外籍传教士除少数留下外,均迁往北平各修会会院中。耶稣会在北平的德胜院、比国圣母圣心会会院及方济堂均成为外籍传教士的临时集中营。

---

① Octave Ferreux 著,吴宗文译:《遣使会在华传教史》,台湾华明书局 1977 年版,第 650 页。另据王守礼:《边疆公教社会事业》第 148 页载,山东潍县集中营拘禁人数共 1750 人,其中教士 318 人,修女 158 人。

② 王守礼著,傅明渊译:《边疆公教社会事业》,上智编译馆 1947 年版,133—134 页。

③ 王守礼著,傅明渊译:《边疆公教社会事业》,上智编译馆 1947 年版,146—147 页。

④ 陆春林、新宇:《薛家营村的天主教》,《昌黎文史资料选辑》第 2 辑,中国人民政治协商会议昌黎县委员会文史资料会 1989 年版,第 149 页。

遣使会约40名教士住在昔日北堂的传教学校中，永平宗座代牧区主教刘士杰亦在内①。直到抗战结束，这些外籍传教士才得以回到各自教区。

日本对外籍传教士的拘禁，极大地破坏了天主教会的传教事业。对河北各乡村教会来说，由于第二次世界大战的影响，外国各修会已很少向中国派遣传教士。在这种情况下，日军拘禁大批外籍传教士，更减少了各教区的神职人员数目。在永平、西湾子等代牧区，主教同时被拘禁，教务萎缩，乡村教会遭遇前所未有的困难。

（五）日军对教会产业的破坏与霸占

日军侵占直隶乡村地区后，除屠杀教士、教民，制造上述一系列惨案外，还对教会的教堂、房产进行霸占与毁坏，给乡村教会带来很大损失。

在保定代牧区，教会遭受损失较为严重。自1938年起，保定代牧区6个总铎区的50多位神父陆续撤回保定总堂，许多分堂、支堂教务无人主持，所设的男女学校几乎全部停办。1941年，日伪军在太行山完县峦头村一带扫荡，遭到八路军区小队重创。日军气急败坏，肆意烧杀掠夺，用刺刀挑死峦头总铎陈奥定（陈树声）和神父李模儿，制造了峦头惨案。同时，日军为了修筑炮楼，拆毁很多教堂、学校的房屋，东闾教堂即是其一。东闾教堂建于1901—1903年，为哥特式建筑。该堂长55米、宽16.5米、高50米，占地面积1000平方米。是一座非常宏伟的建筑②。日军占领期间，大堂和全部房屋（分6所共180多间）被拆毁③。不久，东闾地区教务全部停顿，驰名中外的东闾朝圣地从此消失。除东闾教堂外，保定代牧区被毁教堂还有20余座。

表3.35 日军侵华期间毁坏保定代牧区教堂房屋统计表

分堂、支堂	被毁时间	被毁状况
东显阳分堂	1940	全部房屋为日军拆毁，该村传教业务遂告停止
温仁分堂	日军侵华期间	大部分房屋均被拆毁
张登分堂	日军侵华期间	全部房屋大部被日军拆毁

① Octave Ferreux 著，吴宗文译：《遣使会在华传教史》，台湾华明书局1977年版，第650页。

② 河北省地方志编纂委员会编：《河北省志·宗教志》第68卷，中国书籍出版社1995年版，第358页。

③ 保定市天主教史料编辑委员会编：《保定天主教历史沿革》打印稿，1963年印行，第25页。

续表

分堂、支堂	被毁时间	被毁状况
牛庄支堂	日军侵华期间	大部房屋被拆毁
南辛店支堂	日军侵华期间	全部房屋被毁
北河庄分堂	日军侵华期间	除教堂及神父客厅外，其他大部被日军毁坏
王盘支堂	日军侵华期间	全部房屋被烧毁
小邓村支堂	日军侵华期间	全部被拆毁
段家庄分堂	日军侵华期间	大部房屋被拆毁，只存平房 3 间
李家庄支堂	日军侵华期间	所有房屋全被拆毁
罗家营支堂	日军侵华期间	全部房屋拆毁，只留大门 1 座
姜家庄分堂	日军侵华期间	一切房屋皆被烧毁
东闾分堂	日军侵华期间	大堂和全部房屋被拆毁
全昆分堂	日军侵华期间	教堂和房屋全部被拆毁
望都分堂	日军侵华期间	全部房屋被拆毁
小辛庄支堂	1940	全部房屋被毁
于合营支堂	日军侵华期间	全部房屋被日军拆毁
白沙分堂	日军侵华期间	全部房屋被毁
中山阳分堂	日军侵华期间	一切房屋皆被烧毁
东阳庄分堂	日军侵华期间	全部房屋被毁
新安分堂	1945	房屋被烧毁，仅有教堂
合计	分堂、支堂共 21 处	

资料来源：保定市天主教史料编辑委员会编：《保定天主教历史沿革》打印稿，1963 年印行，第 12—48 页。

在献县代牧区，日军除制造河间惨案、云台山事件，肆意屠杀教士、教徒外，还霸占教会大量教产。云台山事件后，日军强行租用教堂大片土地、房屋。从日军 1942 年提供给教会的协议草案看，日军“剥夺了教会超过 1/3 的土地和场所。”由于大片山岳是当地居民安身立命养家糊口的依靠，被日军租用后，居民长时间失去这份依靠，因此给人民带来严重后果不堪设想①。1942 年，日军强占了张庄总堂西大院，修女们便转移到当地修道院，

① 《1942 年 4 月 20 日献县天主教会代表神父给日方代表木村（Honsienr ki mura）的信函》（法文），存河北省博物馆。

很不方便。据代牧区1943年统计,日军撤走后给献县天主堂电站所造成的损失清单如下:23个灯座,56个灯泡,23个灯罩,1个开关(断路器)。还有很多灯座被折断,大部分灯泡和灯罩被打碎。代牧区没有什么器材能代替损失的那些东西①。日军占领期间,献县代牧区被杀43人:计有4位神父,1位哲学修士,9位大修士,1位辅理修士和几位教师、职员和工友,代牧区内半数教堂被日军拆毁②。

除保定、献县代牧区教堂、房屋被日军大肆破坏、占据外,其他代牧区亦然。灵寿县西城南杨家庄教堂于1942年被日军付之一炬,拆除殆尽,砖石运走修建炮楼③。永年、曲周、广平等县的教会,无一幸免。由于宗教活动场所大部被日军占领,教徒不敢到教堂聚会了,有的只是在自己家里念经,还有相当一部分不再念经了。原来在农村各堂口的神父为避日军迫害,有的回到总堂(如保定代牧区),有的逃到北京等地。如永年代牧区老神父王守谦、王寒松等人逃亡北京,年轻的神父张实甫、牛洪智、朱化育、郑立仁等南渡黄河流亡逃命④。

二、教会人士与抗战

面对日本的侵略,全国各界人士联合起来,共同抵御外敌侵略。作为拥有300万教徒的中国天主教会高层领导,从自身安全及宗教超然性等狭隘立场出发,标榜中立,一定程度上影响了教徒的态度。但是,也有许多中国天主教爱国人士为挽救中华民族的危亡,不顾教会限制,积极投身到抗日洪流中。

(一)教会高层的立场

在日军侵华过程中,宗座驻华代表刚恒毅明确支持中国。1932年4月,国联派李顿调查团来华调查,在4月14日意国驻华公使招待意籍调查

---

① 《1943年1月7日日军撤走后给献县天主堂电站造成的损失清单》(法文),存河北省博物馆。

② 刘献堂:《献县教区教史——庆祝教区成立150周年》打印稿,台湾2006年印行,第265页。

③ 杨文忠:《西城南杨家庄教堂》,《灵寿县文史资料》第4辑,中国人民政治协商会议河北省灵寿县委员会1992年版,第12页。

④ 肖守身:《天主教永年教区史话》,《邯郸文史资料》第5辑,中国人民政治协商会议邯郸市委员会文史资料研究会1988年版,第139页。

团代表的欢迎会中,张学良嘱托刚恒毅在意籍代表前为中国说话,刚恒毅答复说:“我们对世界纷争不加干涉,对中国的内政和外交同样不便过问。但是如果调查团问我,我将以维护真理、正义与和平的立场发言。”他认为,中国是攻不破的,消极抵抗将会成功。到时候,侵略者会自动放下武器①。与此同时,中国主教发表上国联调查团书,对日本的各种侵略借口,予以辩驳和澄清:“日本的侵略行为不仅为国际公法所不容,也为永恒定律所不许。希望调查委员先生们作一公正无私的调查。它关系着五亿人民的幸福。”②1933 年 2 月,刚恒毅因病回欧,11 月,呈请教宗辞去宗座驻华代表职务。12 月 28 日,传信部任命蔡宁为宗座驻华代表,他于 1934 年 3 月抵达香港,5 月 8 日来上海,并至南京拜会国民政府主席林森等,呈递教廷国书。

蔡宁至中国时,正是日本加紧扩大侵华战争时期。1932 年 3 月 9 日,溥仪在日本支持下于东北任摄政王。1934 年 3 月 1 日,溥仪加冕为伪满洲国皇帝。对于日本炮制的伪满洲国,天主教会态度暧昧。由于时间久远及文献缺乏,在罗马教廷是否承认伪满洲国的问题上,学术界一直存有争议。以顾裕禄、顾卫民等为首的一批国内学者多认为罗马教廷承认了伪满洲国,主要证据是罗马教廷任命吉林教区法籍主教高德惠为驻伪满洲国宗座代表。1934 年 2 月,伪《满洲公教月刊》杂志把教廷的委任书发表如下:“罗马教宗将满洲帝国领土内之天主教会,所有各教区长代表名义,委托于吉林及新京之教宗代理高主教奥斯定阁下,以办理关于在帝国天主教教会之关系事项,得与满洲国政府交涉。”③顾卫民教授认为,罗马教廷是继日本以后,首先承认伪满洲国的国家。此后,东北各教区另编印《“满洲国”天主公教教务年鉴》,而上海教区编印的《中华全国教务统计》从此也不包括东北各区④。1938 年 9 月 10 日,教宗比约十一世在罗马接见伪满洲国外交部长韩云阶率领的特使团,并于 10 月份函复溥仪:“借此良机,对信仰天主教的信友和教会机构于满洲帝国内享有合法自由,向陛下表示我人诚挚的感谢。由此,陛下亦可深信——在其他方面亦很清楚地显示出——关于爱国和尊

---

① 刘嘉祥编:《刚恒毅枢机回忆录》,台湾天主教主徒会 1992 年版,第 196—197 页。

② 刘嘉祥编:《刚恒毅枢机回忆录》,台湾天主教主徒会 1992 年版,第 197 页。

③ 顾裕禄编:《梵蒂冈对华政策资料百则(1922—1982)》,转引自顾卫民:《中国天主教编年史》,上海书店出版社 2003 年版,第 496—497 页。

④ 顾卫民:《中国天主教编年史》,上海书店出版社 2003 年版,第 495 页。

敬服从国家权力，天主教友是不甘落在人后的。”①这些史实成为支撑罗马教廷承认伪满洲国的有力证据。针对上述观点，一些学者提出质疑。台湾学者陈方中和江国雄不赞同顾卫民等人的观点，认为教廷从未发表外交文书承认伪满洲国，也未派遣任何正式的使节驻长春，甚至没有派正式的宗座代表，只是一个当地的主教，被赋予与当地政府交涉的权力而已。教廷在伪满洲国问题上，采取的是一种模糊的立场，目的是为当地天主教的利益考虑②。近日，年轻学者刘国鹏对这一问题作了较为深入的研究，他查阅了大量的《教廷年鉴》，没有找到任何教廷派驻伪满洲国的人员记录，从而“证实了梵蒂冈方面和伪满洲国之间没有任何外交关系”③。笔者以为，不管罗马教廷是否与伪满洲国正式建交，其对伪满洲国的态度大大伤害了中国人的感情。伪满洲国作为日本侵华的产物，受到国内、国际舆论的普遍谴责。罗马教廷此时与伪满洲国接触往来，自然为国人所不容。

蔡宁作为宗座驻华代表，他与刚恒毅的态度明显不同，一改刚恒毅明确支持中国政府的立场，对罗马教廷的对日政策均表服从。面对日本发动的全面侵华战争，蔡宁一向持中立态度。在正定惨案后，日本军部邀请日本司铎数位，派往中国各地，负责与中国华北教会当局联络。北平代表公署参赞高弥肃蒙席，训示日本司铎返回日本，免招是非④。日军占领武汉后，蔡宁返回北平公署。1939 年 3 月 14 日，蔡宁发表一封致全国主教的信，“请各位可敬的主教郑重告诫属下司铎，常以明智和忍耐，埋头于神圣职务，不偏右，不偏左，即表面上的行动也当避免。……事关传教区生命，不要因个别人的不明智而贻害整个团体！只有一视同仁的爱德，才能获生获救！”⑤蔡宁这种不左不右、保守超然态度的立场，被中国政府认为与中国精神总动员相抵触，外交部训令驻法大使顾维钧，婉向教廷表示不满。蔡宁乃藉巡视教务之名绕道重庆，在于斌的陪同下往见政府要人，加以解释，然后由西北回

---

① 顾裕禄：《梵蒂冈对华政策资料百则》，转引自顾卫民：《中国天主教编年史》，上海书店出版社 2003 年版，第 504 页。

② 陈方中、江国雄：《中梵外交关系史》，台湾商务印书馆 2003 年版，第 146—147 页。

③ 刘国鹏：《刚恒毅与中国天主教的本地化》，社会科学文献出版社 2011 年版，第 307 页。

④ 罗光：《教廷与中国使节史》，台湾传记文学出版社 1983 年版，第 228 页。

⑤ 顾卫民：《中国天主教编年史》，上海书店出版社 2003 年版，第 506—507 页。

北平①。汪精卫在南京成立伪国民政府后，屡要求蔡宁驻节南京，但蔡宁决意留居北平，隐居代表公署中，不参加北平任何政界典礼。

蔡宁采取的中立政策，引起国人与国民政府的不满，致使蔡宁不得不向国民政府作出解释。对于这个问题，陈方中、江国雄两位学者认为中立政策是教廷对中国采取的一贯立场，并论证说刚恒毅在中国1927年的内战中也是持同样立场②。同为中立政策，在针对中国内部纷争时不会令人责备，反而是一种良策。但在中华民族面临日本入侵、民族危机日益深重时，教会宣布中立，无疑会遭到谴责与批评。因为教会是中国人的教会，教会中许多司铎与教徒都是中国人，他们是中华民族的一分子，有自己的民族感情。国将不国，教会焉存！这种感情，是外籍传教士无法理解的。正是在这种民族感情驱使下，一些天主教爱国人士行动起来，积极加入到民族抗战行列中。

（二）天主教徒的爱国行动

在日本侵略面前，全国天主教爱国人士纷纷抨击日军的罪行，涌现出许多著名爱国教士与教徒。马相伯③、雷鸣远及于斌等，是其中著名的代表。

九一八事变时，马相伯已92岁高龄。他不顾自身安危，号召全国人民抵抗日本侵略。1932—1933年，他连续12次广播演说，强烈谴责日本对中国的侵略，号召全国人民联合起来，“为公道而战，为人道而战。”④并成立“不忍人会”、“中国国难救济会”等组织，主张人民自治，抵制日货，举行义

---

① 罗光：《教廷与中国使节史》，台湾传记文学出版社1983年版，第228页。

② 陈方中、江国雄：《中梵外交关系史》，台湾商务印书馆2003年版，第159—160页。

③ 马相伯（1840—1939），原名志德，字斯藏，又名钦善，亦名建常，后改名良，字相伯，亦作湘伯、芗伯，别署求在我者，晚号华封老人。江苏丹阳人。马氏久奉天主教，自幼受洗，教名若瑟。12岁入上海徐汇公学肄业。后学习国学、科学、拉丁、法文等，并开始著书。1862年入耶稣会初学院，1870年（一说1969年）晋升司铎。1872年任徐汇公学校长。1876年退出耶稣会，登仕途。1881年任驻日使馆参赞。1882年赴朝鲜任职。1886年（一说1885年）任台湾巡抚幕僚。1892年任驻日长崎领事，旋改使馆参赞。1898年退隐青浦佘山。1903年于上海创办震旦学院。1905年与严复等另创复旦公学（复旦大学前身），任校长。1912年任总统府高级顾问，并代理北京大学校长。又与天主教学者英敛之在北京共办辅仁学社（辅仁大学前身）。热心教育，反对军阀内战。1931年九一八事变后，呼吁停止内战，团结抗日，发起民治促成会、不忍人会等。1935年，响应中国共产党的号召，与沈钧儒、邹韬奋等联名发表《上海文化界救国运动宣言》。1936年与宋庆龄、何香凝等当选为全国各界救国联合会执行委员。1939年病逝。著有《致知浅说》，后人编有《马相伯先生文集》、《马相伯国难言论集》等。

④ 徐景贤：《华封老人言善录》，天津《益世报》1932年11月5日第7版。

卖、捐款等,支持东北义勇军。前外交总长陆征祥自1927年在比利时入本笃会圣安德会院为修士后,潜心苦修,于1935年升为神父。虽远在比利时,亦关心中华民族的命运,对日本侵略行径给予抨击。他于1933年撰写了一本题为《在天主教道理下评判之"满洲国"》(原文为法文)的小册子,从日本对中国侵略的历史考察日本炮制的伪满洲国,向国际舆论揭示日本侵略中国的事实,并从天主教教义出发,号召教徒爱国抗日。指出:"国民爱国,是国家统一和有秩序的基本要素。……基利斯督的宗教,把爱国著为律令,没有一个纯精的基多信友,不是纯精的爱国志士。"①1936年被教廷任命为南京教区主教的于斌,对于抗战也是积极宣传,奔走呼号。

在河北乡村教会中,积极参与抗战的传教士当属雷鸣远。雷鸣远作为一位比利时人,对中国抗战的贡献不亚于其他中国天主教徒。他自来到中国后,就对列强侵略中国的行径表示愤慨。在天津老西开事件中,与中国司铎、教徒一起,与法国强权主义进行了针锋相对的斗争。1927年他重新回到中国后,即加入中国国籍。日军侵华后,雷鸣远以自己实际行动,参加了中国的抗日战争。1932年11日,马相伯倡立"不忍人会",援助抗日将士,"捐资捐物者颇不乏人,而实行捐身者惟公与所率二百余义士而已。"②1933年,长城抗战爆发,雷鸣远于4月20日成立"不忍人会"分会,率领子弟600余人组成救护队,于喜峰口等处战地服务半年之久。1934年3月应宋哲元将军所请,于北平清河镇于庄设残废军人教养院,收养残废军人。1935年绥远抗战,傅作义聘请雷鸣远为前线救护队队长,组织担架队400人,在玫瑰营子服务3月之久。在他的感召下,红格尔图、大脑包、三眼井之教士与教徒,积极抗战,教徒以89人,合骑马2连,与万余敌人作战,在司铎易世芳指挥下,以少胜多,取得了红格尔图战役的胜利。此后百灵庙与大庙之克复,亦受教徒退敌之激励③。

七七事变后,雷鸣远立即从天津回到安国真福院,召开全体大会,颁下总动员令,他宣布说:"现在抗战开始了,我们要停止一切与救国无直接关系的日常工作,一心来从事抗战。不把鬼子们驱逐出去,誓不生还!"修士

---

① 陆征祥著,沈公布译:《在天主教道理下评判之"满洲国"》,上海徐家汇《圣教杂志》社1934年版,第18—19页。

② 方豪:《雷故司铎鸣远事略》,《雷鸣远司铎追悼会纪念册》,1940年,第5页。

③ 方豪:《中国天主教史人物传》下册,中华书局1988年版,第318页。

们在他的鼓励下,爱国热情极为高涨。同时雷鸣远等还出版了《后方日报》,鼓励抗战。他写道:“血可流,头可断,卖祖国,决不干。”①8 月中旬,国民党军第 12 师 68 团开到安国县城,雷鸣远立即与杨团长接洽成立救护队事宜。8 月 24 日,公教救护队在安国天主堂正式成立,大队分 3 个中队,每队百余人,在雷鸣远带领下开往前线。先后转战易县、保定、石家庄等地。在日军步步紧追下,于 10 月底随国民党军退守娘子关。新关战役激战 15 日,国民党军伤亡甚大。突围后经阳泉、榆次、太谷,大小数十战,至沁县,将士疲惫已极。雷鸣远发表演说,以天堂大休息,医院小休息为勉励,士气大振。“时公年已六十有二,军中念其老迈,予以马,公以马负弥撒祭具,仍肩行囊步行,囊储一日课、一日记、一衣、一裤、一袜、一履、一巾、一笔,合共体重不逾六十公斤,常以此自豪。”②

1938 年春,雷鸣远随军至晋东,5 月抵侯马、新绛,7 月转入中条山。9 月,任华北战地督导民众服务团主任。10 月,服务团正式成立。1939 年 2 月 7 日,再入中条山,驻夏县大寺坪村,确定督导团宗旨,为以公教教友为基础,发动华北民众,参加抗战。旋敌对中条山猛烈进犯,团员多慷慨就义。又组织流动宣传队,深入中条山各村镇。创绷带所,为前线之换药工作。1940 年 1 月,成立晋阳区政治工作队,代行服务团工作,晋城、阳城、高平、陵川、沁水县等皆属其服务范围,并入洪洞、赵城、霍县、浮山、安泽等县。时雷鸣远已患胆疾,5 月,转黄胆症。6 月 14 日,由专机接往重庆,医治无效,于 6 月 24 日逝世于歌乐山③。7 月 18 日,国民政府频发褒扬令:“雷鸣远,原籍比国,早岁呈准归化,历在平津等处创办慈善事业,并设立报社,久为社会所推重。此次抗日军兴,组织救护团队在各地竭力救护,收效颇宏,为国宣劳,始终不懈,遽闻溘逝,悼惜良深,应予明令褒扬,以彰劳勋。此令。”④综观雷鸣远的抗战历程,其对抗战贡献值得肯定,同时也应赞扬其领导下的救护队员。他们多为河北地区修士和教徒,在抗战前线与转战途中,不畏牺牲,救护伤员,充分表现了天主教徒的爱国精神,为抗战胜利作出积极贡献。

在河北地区,除了雷鸣远领导的救护队外,其他教区亦有不少积极支持

---

① 立珊:《抗战老人雷鸣远》,天津《益世报》1947 年 1 月 19 日第 3 版。

② 方豪:《雷故司铎鸣远事略》,《雷鸣远司铎追悼会纪念册》,1940 年,第 6 页。

③ 方豪:《中国天主教史人物传》下册,中华书局 1988 年版,第 320—321 页。

④ 《雷鸣远司铎追悼会纪念册》,1940 年,第 1 页。

抗战的教士与教徒。在献县代牧区,河间总堂神父徐志远即是一例。1938年初,河间县建立了抗日政府。1939年1月,日军占领河间县城后,抗日政府全体人员迁入徐志远所设的小学校内。他们信任徐志远,把财政科的钱和账目交其代为保管,一位姓苏的八路军政委还托他去买枪。徐志远还带领学生们动员附近人民群众献铜钱给八路军。数日后,日军出城讨伐,徐志远得到消息后,立即向抗日政府报告①。在永平代牧区,赵各庄教堂的许士魁神父也曾冒着生命危险掩护过抗日英雄节振国和他们的同志们②。在景县监牧区,黄古庄本堂神父赖洪锡冒着枪林弹雨抢救伤员,受到国民党军和八路军的好评。正因为如此,在八路军解放县城时,上级指示,不得进入天主堂骚扰,一定要保护好赖神父。1947年,当外籍神父被遣送走时,只有赖洪锡能留在景县③。

在传教士帮助抗战的同时,还有一些乡村教徒直接参加抗战,吴飞在《麦芒上的圣言——一个乡村天主教群体中的信仰和生活》一书中,曾列举过这方面的例子。在他采访的武垣县段庄村(化名)中,教徒段廷杰在抗战爆发后加入了中国共产党,起初作地下工作,后来到南边的一个村武庄当抗日学校的校长。段庄解放后,廷杰任第四区区长,后来又在县政府工作。解放战争时期,他又随军出征,参加了天津战役。另一个教徒赵品贞先在本县参加义勇军,后来参加了八路军。教徒段保甲还是三五九旅的老排长④。仅段庄一村即有多名教徒参加到抗日救亡运动中,其他村庄这样的事例也应不少。据1941年太行区六地委对邢西党内教徒调查统计,邢西党内计有天主教徒15人,耶稣教徒9人。他们大多担任一定职务,如农会主席、村支书、村长、武委会主任、民兵指导员及公安干事等⑤。这些直接参军参战的天主教徒,不怕牺牲,英勇作战,为抗日战争胜利贡献出自己一份力量。

---

① 献县民族宗教事务局:《献县宗教志》打印稿,1990年印行,第197页。

② 李耘:《东矿区天主教史拾遗》,《唐山市东矿区文史资料》第2辑,中国人民政治协商会议唐山市东矿区委员会文史资料研究会1988年版,第120页。

③ 范文兴、耿永顺编:《景县(衡水)教区史资料汇编1939—2002》,台湾辅仁大学出版社2005年版,第8页。

④ 吴飞:《麦芒上的圣言——一个乡村天主教群体中的信仰和生活》,香港道风书社2001年版,第270—272页。

⑤ 太行区党委:《邢西党内教民调查登记表》,河北省档案馆,全宗号90,目录号1,案卷号56。

日本侵华战争期间，尽管教会高层领导对日本侵略采取中立态度，也未能阻止日军对教会的打击与破坏。在河北乡村，许多教堂被毁坏，教士、教徒被屠杀，正常宗教活动与宗教秩序无法维持，基层教会多陷于瘫痪。日军的侵略与暴行，激起了一批天主教爱国人士的反抗，他们纷纷行动起来，投入到抗日救亡运动中，为中华民族抗日战争的胜利作出应有的贡献。

综上所述，全面抗战爆发前，河北乡村各天主教会一直稳步发展，特别是20世纪20年代中前期，是乡村教会发展的黄金时代。但是，日军全面侵华战争打断了乡村教会持续发展的历程。由于乡村教会惨遭破坏，各代牧区教务发展缓慢，甚至有些呈下降趋势。抗日战争胜利以后，罗马教廷采取一系列措施，旨在恢复教会昔日的繁荣，促进教会的发展。首先，1945年12月24日，罗马教廷任命田耕莘为枢机主教（红衣主教）。1946年2月18日，田耕莘在罗马行加冠礼，不久被任命为北平总主教。田耕莘是天主教在华历史上第一位中国枢机主教，他的任命，是天主教会本地化政策的继续与发展，是使天主教会“更加本地化”的一个标志。其次，1946年4月11日，罗马教廷宣布在中国建立“圣统制”（即正式教统），将全国划为20个教省，每省设立一总主教。各教省内的代牧区、监牧区等先后升为教区，代牧和监牧升为主教。河北被划分为第三教省，拥有14个教区，即北平总主教区、永平教区、天津教区、保定教区、安国教区、易县教区、宣化教区、正定教区、赵县教区、顺德教区、献县教区、永年教区、大名教区、景县教区，西湾子教区被划分在第一教省蒙古省区内，热河教区被划分在第二教省东北省区内。此时，河北省共有居民28644000人，教徒785823人，望教者48441人①。第三，1946年7月6日，罗马教廷设立教廷驻华公使馆，任命黎培里为第一任驻华公使。黎培里于1946年底抵华，12月28日向南京国民政府呈递国书，并于南京设立使馆。罗马教廷上述旨在恢复天主教会发展的措施在河北各教区并没有得到实际运用。随着内战的爆发，河北大部分乡村相继解放，献县、顺德等教区多数成为解放区，外籍主教和传教士先后撤离，乡村教会逐渐与外国教会断绝关系。

---

① Octave Ferreux著，吴宗文泽：《遣使会在华传教史》，台湾华明书局1977年版，第716页。

第四章　世俗与神圣:河北乡村教徒的皈依动机

在河北乡村天主教会建立与发展的过程中,乡村教徒不容忽视,他们是乡村教会建立与发展的基石。乡村教徒人数的多寡成为衡量教会教务发展与否的一个重要标志。有鉴于此,研究乡村教徒的皈依动机对于揭示河北乡村天主教会的发展颇为重要。在宗教心理学上,皈依通常是指从不信仰宗教转到信仰宗教,或者是从一种信仰传统转到另一种信仰传统①。简单地说,皈依可以被定义为加入一个宗教团体,并且认同自己作为其成员②。由于个人条件的限制及社会环境的不同,人们加入宗教团体的动机各不相同。笔者根据宗教心理学皈依动机的分类,结合近代河北乡民入教的特点和实际,对近代河北乡村天主教教徒的皈依动机作一类型学的分析和诠释。

第一节　理智型和实验型动机

所谓理智型皈依,乃是"通过书籍、电视、文章、讲座和其他对社会影响不太重大的媒体来寻求关于宗教或属灵问题的知识。皈依者主动探索分析以决定是否皈依。一般来讲,其信仰产生于参加宗教礼仪或加入相关组织之前"③。理智动机的特征为接触宗教文本或宗教话语,继而发生身份的转

---

① [美]玛丽·乔·梅多、理查德·德·卡霍著,陈麟书等译:《宗教心理学——个人生活中的宗教》,四川人民出版社 1990 年版,第 137 页。

② [英]凯特·洛文塔尔著,罗跃译:《宗教心理学简论》,北京大学出版社 2002 年版,第 52 页。

③ Lewis R. Rambo, *Understanding Religious Conversion*, Yale University Press, New Haven and London, 1993, pp.14 – 15.

换。实验型动机,指人们先对宗教进行考验,然后才作出承诺①。这两种皈依动机的共同点是都经历了一个相当长的时间过程,是一种渐近的皈依方式。

一、研究教义,追寻教理

在天主教早期传入中国的过程中,耶稣会士比较注重文字传教。利玛窦等传教士撰写了一批宣扬天主教教理的书籍,吸引士大夫等知识分子阅读,从而皈依了一批有文化、有学识的教徒,徐光启即是其中典型的一位。孙尚杨、钟鸣旦在《1840 年前的中国基督教》一书中,即把徐光启的皈依归为理智型一类。明清之际多数知识分子的皈依,或多或少均带有理智型皈依动机的特征。从理智型皈依动机的特征看,此类皈依是一种真正意义上的宗教皈依,具有神圣的宗教目的与体验,是对宗教教理的真正理解与认同。

近代以来,在直隶乡村一些略有文化的乡村民众中,也存在一些理智型皈依的例子。他们主要通过阅读宗教书籍,研究天主教教理,在理解与认同的基础上,进而加入天主教会。河间县温家洼东村教徒温树林即是典型例子。温树林(1900 年时 60 岁)自幼读书,长而弃儒习画,专赖卖字画养家糊口,后搬北京谋生。某日到西什库天主堂听道理,并借书看,认为天主教有研究价值,就一心研究教理,或在家中独自浏览天主教书籍,或往教堂向教士质疑问难,一连六年的工夫,始终不懈。六年以后,教中道理规诫全融会贯通了,就决意进教。全家人也随后进教。1897 年返回故里劝化多人入教②。从温树林皈依过程看,他属于典型的理智型皈依类型。他阅读书籍、听讲教理前后达六年之久,终于对教理有了深刻理解与认识,从而皈依入教。

文安县西码头陈景杨的皈依同样属于理智型皈依。陈景杨(1900 年时 63 岁)祖父在康熙年间曾做过刑部尚书,陈景杨弃官从农,人称之三少爷,全村举他为"香头",每年迎神赛会等事均由陈景杨操持。时有友人杨梅枝

---

① [英]凯特·洛文塔尔著,罗跃译:《宗教心理学简论》,北京大学出版社 2002 年版,第 52—53 页。

② 《献县教区义勇列传》第 1 册,献县天主堂 1935 年版,第 329—330 页。

(高家庄老教徒)因事来陈景杨家,言谈之际给景杨讲解天主教理,又送给他几本天主教书籍。"景杨尝至静处昼夜细心披阅,始知圣教真理。遂辞去香头之职,奋然保守三年,"①后领洗进教。

除上述两个典型事例外,延庆县米粮屯的孙耀宗和宝坻县种佃营的崔连功亦属理智型皈依。孙耀宗偶然去赤城县白塔村天主教会会长吕先达家,"见桌上有本要理问答及各种圣书,就披阅之,见天主十诫、圣教四规理真教正,甚是信服,情愿进教,侍奉天主。从此去永宁(属延庆县)堂中保守教规,研究道理半年,领洗入教。"②崔连功则常进该村保守学房,"翻阅圣书,听先生讲解圣教道理,立意保守进教,"③不久领洗。

综观《拳时北京教友致命》和《献县教区义勇列传》两套资料,统计教徒近5000人,其中通过研读宗教书籍渐近皈依天主教的乡村民众甚少,典型事例不逾十例。这种状况,充分说明晚清同光年间知识分子很少皈依天主教的事实。笔者对《拳时北京教友致命》(以下简称《致命》)一书中教徒职业作了大体统计,从教徒职业分布可对当时教徒的知识文化水平窥见一斑。

表4.1 《致命》一书中教徒职业统计表 (单位:人)

卷册	务农	仆人佣工	手工匠人	行医	教书	商人			杂役	官差	洋差
						小商贩	开铺商人	不详			
卷1		7	12	2	1	1	5	1	8	5	1
卷2	1	1	6	1		1	4		5	2	3
卷3	7	3	6	1		3	2		4	7	1
卷4	8	1	1								
卷5	27		1			1					
卷6	21	1	1	2		1			2		
卷7	32	5	1	1		1	1		2		
卷8	21		1			2					
卷9	21	1	1	2		1	1		3		

① 包士杰:《拳时北京教友致命》卷8,北京救世堂1922年版,第64页。
② 包士杰:《拳时北京教友致命》卷18,北京救世堂1931年版,第26页。
③ 包士杰:《拳时北京教友致命》卷10,北京救世堂1923年版,第98页。

续表

卷册	务农	仆人佣工	手工匠人	行医	教书	商人			杂役	官差	洋差
						小商贩	开铺商人	不详			
卷 10	47	5	9			8	3		2	1	
卷 11	4								2		
卷 12	11	4			1		1	1			
卷 13	15	9	8		2	2	4		5		1
卷 14	14	7	10	1		5		2	5		
卷 15	2		1	1		1					
卷 16	3	4	1	1					2		
卷 17	13	1	3	2		2			5		
卷 18	7	3		4			1		1		
合计	254	52	62	18	4	29	22	4	46	15	6
所占比例%	49.61	10.16	12.11	3.25	0.78	5.66	4.30	0.78	8.98	2.93	1.17

资料来源:包士杰:《拳时北京教友致命》第 1—18 卷。

《致命》一书总计有明确职业记载的教徒共 512 人,以务农者居多,占 49.61%,其次为手工匠人、佣工及杂役。四者合计 414 人,占总人数的 80.86%。这些普通农民、佣工仆人、手工匠人及杂役多处于社会下层,很少有受教育的机会,基本处于文盲及半文盲状态,缺乏阅读教理书籍的能力。其他教书、行医等职业者虽拥有一定的文化知识能力,但人数较少,两者加起来不过 20 余人。而以商贩、官差、洋差等谋生的教徒,也多处于社会下层,其受教育水平有限,文化知识水平亦不高。从上述教徒职业分类统计看,直隶晚清教徒多以下层平民百姓为主体,乡村知识分子与士绅基本淡出教徒群体之外。主要原因在于近代以来,天主教会在条约制度的保护下强力向直隶内地推进,触动了乡村士绅的利益,遭到他们的排斥与反对。同时,近代天主教会所带有的殖民主义色彩亦伤害了中国民众,特别是知识分子的民族感情,他们不愿意加入被视为外国教的天主教会。相反,那些处于社会下层的乡村民众,因面临动乱、灾荒、生存压力等方面的威胁,往往易于被劝化,从而皈依天主教。他们受文化水平的限制,根本没有能力阅读宗教书籍,不可能有理智型的皈依动机。故晚清时期乡村民众通过阅读宗教书籍加入天主教的理智型教徒在当时并不占主流。

民国成立以后，风气开通，教育发展，加之天主教会采取一系列适合中国情况的改革，使上述情况有所改变。天主教会逐渐得到部分知识分子的理解与认同，其皈依天主教的人数有所增加。台湾女作家张秀亚，原系河北沧县人，后全家迁居天津。全面抗战爆发后，张秀亚考入辅仁大学，期间一位外国修女给张秀亚《我们的领袖》、《尊主圣范》、《我的信仰》等天主教书籍，供张秀亚研读，在研究天主教道理三年之后，张秀亚终于领洗进教①，完成了理智性皈依。

理智性皈依在某种意义上说是纯宗教式的皈依，是对宗教教义的真正理解和相信，是一种渐近的皈依。尽管这种渐近皈依过程相对较长，教徒一旦决心皈依，则信仰坚定，轻易不会改变。理智性皈依因受民众个人文化水平的制约，一般发生在略有文化、粗识文字的民众身上，对于文盲民众则不适用。近代河北乡村，理智性皈依的教徒并不占多数。

二、宗教对比，他教改宗

在近代河北乡村教徒皈依天主教的过程中，有一种现象值得注意，那就是民间秘密教门及其他宗教教徒转奉天主教的现象。笔者经过研究发现，这部分人的皈依并不像周锡瑞对山东秘密教门研究的那样，“教派组织成员改信基督教的最普通动机是为了逃避政府的迫害。”②在河北乡村，一些民间秘密教门及其他宗教教徒改信天主教的主要原因在于“好道”（特指喜欢追寻与研究各宗教及教门教义）。他们往往有多年崇奉民间秘密教门及其他宗教的经历，由于某些原因接触了天主教。针对两种宗教教义的不同甚至对立，这些教徒没有盲目排斥或信奉，而是经过考验、对比、研究，然后才作出承诺，改奉天主教。从他们改奉天主教的过程看，符合实验性皈依动机的特征。

笔者前文对《拳时北京教友致命》一书中所记载的教徒作了大体统计，总计致命平信徒（不包括神职人员）3709 人，其中男教徒 1826 人，女教徒

---

① 张秀亚：《我的皈依》，张泽编：《中国天主教历代文选》打印稿，2003 年印行，第 225—227 页。

② ［美］周锡瑞著，张俊义、王栋译：《义和团运动的起源》，江苏人民出版社 1995 年版，第 83 页。

1827 人,性别不明者 56 人。在上述教徒中,自幼奉教者(包括自幼领洗、自幼热心事主守规、自幼受好教育、老教友、婴孩、守贞姑娘等)490 人,非自幼奉教者(包括中途奉教、新教友、他教转奉、婚后领洗者等)363 人,其中男性 185 人,女性 178 人。在非自幼奉教者中,他教转奉者总计 20 人,占非自幼奉教者的 5.5%。笔者把他教转奉者列表于下:

表 4.2　《致命》一书中他教转奉天主教者统计表

姓名	性别	年龄	籍贯	原所属宗教	所在卷册
金三	男	49	北京市油房胡同	好道者	卷 1 第 25 页
白本笃	男	67	北京沙锅门外白鹿寺人	一炷香教	卷 2 第 62 页
谭安氏	女	40	宛平县八亩堰村	佛教	卷 6 第 72 页
杨振朝	男	49	大兴县李各章村	佛教	卷 7 第 91 页
张楷	男	29	霸州鱼津窝村	密密还乡道（白莲教）	卷 8 第 52 页
宋环	男	65	涿州西皋庄	佛教	卷 9 第 1 页
李庆和	男	26	涿州杨家楼村	耶稣教	卷 9 第 15 页
周邦教	男	73	永清县信安镇	耶稣教	卷 9 第 48 页
段福	男	59	永清县吴家场	算卦先生	卷 9 第 56 页
李桂荣	男	42	宝坻县大薄甸庄	在理教	卷 10 第 19 页
刘保印	男	47	宝坻县种佃营	佛教	卷 10 第 96 页
阎大海	男	63	武清县牛镇村	佛教	卷 11 第 37 页
贾元荣	男	47	通州塘坨村	佛教	卷 13 第 29 页
马克宽	男	56	三河县贾庄子村	耶稣教	卷 13 第 63 页
高永和	男	50	三河县董庄子村	耶稣教	卷 13 第 63 页
王进臣	男	75	三河县董庄子村	耶稣教	卷 13 第 65 页
王荣	男	58	三河县董庄子村	耶稣教	卷 13 第 66 页
赵崇礼	男	56	阳原县马圈堡	佛教	卷 16 第 83 页
张福	男	80	阳原县吐泉	儒教	卷 16 第 97 页
徐明焕	男	56	阳原县侯家庄	佛教	卷 16 第 104 页
合计共 20 人:一炷香教 1 人,白莲教 1 人,在理教 1 人,儒教 1 人,佛教 8 人,耶稣教 6 人,算卦先生 1 人,好道者 1 人					

资料来源:包士杰:《拳时北京教友致命》第 1—18 卷。另表中人员年龄为 1900 年时年龄。

他教转奉天主教者除上述 20 人外,该书在述及一些地方开教过程中也提起其他一些例子，由于这些人或早逝于庚子年前，或在庚子年没有致命，故笔者没有把他们列于表4.2之内。上述教徒转奉天主教的一个共同点在于对天主教的考察与验证。他们之所以从原来教门转奉天主教，并不在于其他宗教与天主教教义的相似或相通，而在于两者教义的相异或对立。在对天主教教理思索研究后，他们认为天主教教理优于其他宗教，故而皈依天主教。以白本笃为例，他自幼好道，研究各教的根本来历及规矩道理，经过十余年考察，至30岁时入一炷香教。白本笃自入该教门之后，即认为是真教，恪守教规，坐功运气，经过20年，竟将两腿外拐骨坐平。1880年，其族兄皈依天主教后，欲劝白本笃改奉天主教，白本笃不服，遂于族兄及传教李先生辩论道理。经过三年辩论与考察，白本笃逐渐为天主教一些道理所折服，“进教之心稍有转意，”①后终于领洗进教。同样，其他信奉在理教、白莲教等秘密教门的教徒在接触天主教教义后，经过对比，也有人皈依天主教。表4.2所列张楷、李桂荣即是其列。李桂荣系宝坻县大薄甸人，原是在理教门。在宝坻县大口屯教堂作木匠活时，金神父时常向他宣讲天主教道理，劝其奉教。天长地久，李桂荣逐渐接受了天主教教义，遂保守进教②。张楷由秘密还乡道教门（白莲教）转奉天主教后，常同还乡道教门人辩驳道理，使“该教门人辞穷理屈，无言可对”③。众所周知，中国民间秘密教门种类繁多，教义纷杂。与天主教相比，其教义缺乏相应的哲学深度与理论根基，在解释世界起源及人类生死等重要问题上不如天主教教义完整、深刻。民间秘密教门一些教徒正是认识到两者之间的上述差异，在宗教对比过程中逐渐接受天主教理，完成了对天主教的实验性皈依。

如果说民间秘密教门较之天主教存在教义上的劣势，那么，与天主教教义基本类似的耶稣教教徒为什么转奉天主教呢？这一问题可以从下述事例中找到答案。李庆和系涿州杨家楼村人，原为耶稣教，由于与天主教教徒李恒相识，李恒乘机对他说：“耶稣教是路德马丁所立，谓之裂教，万不能救灵魂。”李庆和“始知迷途误入，急思弃假归真。”④三河县董庄子村的王进臣，“先是耶稣教人，后闻耶稣教为裂教，始知迷途误入，”开始研究天主教道

---

① 包士杰：《拳时北京教友致命》卷2，北京救世堂1920年版，第62—63页。

② 包士杰：《拳时北京教友致命》卷10，北京救世堂1923年版，第19页。

③ 包士杰：《拳时北京教友致命》卷8，北京救世堂1922年版，第52页。

④ 包士杰：《拳时北京教友致命》卷9，北京救世堂1922年版，第15页。

理,进而领洗入教。其长子王荣,原也为耶稣教,后与其父同时皈依天主教①。前清秀才周邦教在信奉耶稣教多年后,也于1896年转奉天主教,并常看天主教书籍,劝人认识天主教②。除表4.2提到的耶稣教改归天主教的例子外,《献县教区义勇列传》也提供了这方面的例子。如故城县小月庄村民韩坤平,禀性正直,寻找真理,为此"舍离了祖传的外教进了誓反教(耶稣教),到后来见誓反教论说纷歧不相统一,遂又舍弃了誓反教进了天主教"③。上述耶稣教教徒改归天主教的原因有二:一是认为耶稣教为裂教,天主教为正统教;二是耶稣教派门林立,论说纷歧,天主教则有一个自上而下的统一组织,完整严密的教义。正如一位天主教神父在劝其所遇车夫皈依天主教时说:"誓反教自天主教分出,其分出之原因,由于誓反教人之傲性,不遵照原本圣经,过于偏重自由,常在天主前犯罪作恶,彼等之道理不全,我教则良心所欲之善,完全无缺。"④上述天主教神父对耶稣教的认识难免偏颇,但这种解释对普通乡村民众却有很大的吸引力。他们由于自身文化知识水平限制,不可能对耶稣教、天主教的教义进行充分的研究与理解,只能把两教的一些基本教义作对比,由此得出一些不利于耶稣教的结论,导致部分耶稣教徒转奉天主教。京西蓝靛厂秀文的母亲某氏即是其中一例。其母年已50余岁,信奉誓反教多年甚笃。忽于1916年7月染重病,医药无效,其母向家人曰:"誓反教万不能救人灵魂,牧师又无赦人罪过之神权,快请天主教神父来,为我付洗解罪,自今以后我决意皈依耶稣真教矣。"⑤遂领洗皈依天主教。

在表4.2他教转奉天主教的统计中,佛教教徒占相当大比例,20人中有8人原是佛教教徒,占总人数40%。佛教作为一种外来宗教,由于传入中国时间较早,已与中国传统文化相融合,成为一种中国化的佛教。其六道轮回说、因果报应说及西方极乐世界,无疑吸引了大量善男信女顶礼膜拜,佛门弟子亦为数众多。随着天主教在中国的传入,天主教所代表的外来文化在冲击中国传统文化的同时,也与佛教文化产生激烈对抗与碰

① 包士杰:《拳时北京教友致命》卷13,北京救世堂1926年版,第65—66页。
② 包士杰:《拳时北京教友致命》卷9,北京救世堂1922年版,第48页。
③ 《献县教区义勇列传》第2册,献县天主堂1935年版,第145—146页。
④ 《近事·本国之部·车夫之奉教》,《圣教杂志》1921年第1期。
⑤ 《近事·本国之部》,《圣教杂志》1916年第10期。

撞，结果造成部分佛教教徒改归天主教。这些佛教教徒在接触到天主教后，多被天主教不同于佛教的新鲜教义所吸引，进而验证考察，直至最终领洗进教。以阎大海为例，阎大海原为佛教徒，其邻居王某在京皈依天主教后归家，大海前去探望，王某向其讲解天主教死后救灵魂、升天堂享永福的道理，大海听了，“句句入耳动心，情愿保守奉教。”其后他常常披阅天主教书籍，研究教理，渐渐劝导全家保守奉教①。河间县前屯村村民刘天爵(1900年时55岁)，自幼崇奉佛教，50余岁时经奉教人劝导，领洗进教。奉教后深悔自己奉教太晚，天天看天主教书籍，研究教会道理，一年后对于天主教道理融会贯通。常向外教人谈论佛门道家之荒谬、天主教教理之真正，久之一家人领洗进教②。佛教信徒除受天主教教义吸引外，对佛教的怀疑也是导致一些人放弃原来宗教的一个重要原因。宛平县八亩堰村村民谭兴鸿，幼奉佛教，家中供有铜佛11个，每日三次焚香礼拜，凡30年之久。后因与天主教教徒相识，渐知天主教一些道理。又见天主教徒“表样端方，家道和平，有所感动”。于是对原来信奉的佛教产生了怀疑，他对天主教徒说：“我恭敬的那个铜佛不见有何效验，什么事也不管，我如今非弃假归真不可。”随后将家中所供偶像一概捣毁抛弃，保守奉教③。上述佛教教徒皈依天主教的事实说明，天主教在解释生从何来、死归何所等人生诸重要问题方面确实存在一些独到见解，其迥异于佛教的一些教义、教理让长期浸润在佛教文化中的一些佛教徒耳目一新，吸引了他们的研究兴趣，这些教义爱好者本着对宗教的考验与追寻，逐渐接受了天主教，为实验性皈依创造了条件。

除上述民间秘密教门、耶稣教、佛教教徒改奉天主教外，道教、回教中也有一些教徒转奉天主教。据献县教区史料记载，1909年教区开始回教奉天主教运动，二名16岁到21岁的回教青年被送到故城天主教中学读书，二个回教家庭望教，一个拥有7口人的回教家庭成为望教者。在赵村，一个回教缙绅成了传道员④。尽管史料没有记载他们皈依天主教的

① 包士杰：《拳时北京教友致命》卷11，北京救世堂1925年版，第36—37页。

② 《献县教区义勇列传》第1册，献县天主堂1935年版，第307—308页。

③ 包士杰：《拳时北京教友致命》卷6，北京救世堂1920年版，第72页。

④ 刘献堂：《献县教区简史——庆祝教区成立150周年》打印稿，台湾2006年印行，第154页。

动机,但依据笔者上述研究观察,这部分回教徒改奉天主教应属于理智性与实验性皈依动机的范畴。首先从人员看,他们中有青年学生、回教缙绅,都是具有一定文化知识的人,有阅读宗教书籍、研究天主教道理的能力。其次,他们原来都有一定宗教信仰,如果要改归其他宗教,势必为他教教理所折服,中间应该经历一个考察、验证阶段,在此基础上,才有可能皈依新的宗教。

实验性皈依动机亦是一种宗教性质的皈依。皈依者出于对新宗教的兴趣与爱好,开始对新宗教进行研究、考验,进而作出判断与结论,或皈依新宗教,或坚持原来信仰。笔者上述列举的他教改归天主教的例子属于前者。当然,在天主教传播的过程中,由民间秘密教门、佛教、耶稣教等宗教改归天主教的教徒毕竟是少数,绝大部分他教教徒出于维护自身宗教正统性考虑,对天主教多持排斥态度,由此引发了一些矛盾。不论他教转奉天主教的人数多寡,都是天主教教徒的一个重要组成部分。同时,这部分具有实验性皈依动机的教徒因本着神圣的宗教目的加入天主教,一般都比较热心、虔诚、守规矩,成为其他教徒的榜样。

第二节　神秘型和感情型动机

神秘型皈依通常是指由幻象、幻音或其他离奇的体验引起的突发的、精神创伤性的顿悟①。感情型动机是指个人在遭受生理、心理或经济等方面的“丧失”时,出于感情需要而皈依宗教的现象。“在感情型皈依中,人际关系是皈依过程中的重要因素。被一个团体及其领袖人物所关爱、扶陪、养育这些直接的亲身的经历是这种人际关系的核心。”②从上述两种皈依动机的特征看,两者都是一种突然发生的、非理智的皈依。

一、神秘体验,一朝皈依

“宗教经验是宗教的核心要素之一,没有它就不会有宗教。它是有关

① Lewis R. Rambo, *Understanding Religious Conversion*, Yale University Press, New Haven and London, 1993, p.15.

② Lewis R. Rambo, *Understanding Religious Conversion*, Yale University Press, New Haven and London, 1993, p.15.

上帝存在的一个最传统的和最令人信服的论据。”①宗教心理学家认为，宗教经验多种多样，神秘体验是其中较为重要的一种。在神秘体验中，所有事物都是一个内在的统一的整体，具有超越时空性、真实性、难以表达性和神圣性等特征。这种神秘体验的存在，既是对宗教的证实，也是导致部分人皈依宗教的重要原因。

在近代河北乡村地区，天主教徒自述因异象、异音和其他超自然的神秘体验而皈依天主教的不乏其人，其中最典型的当属直隶西南宗座代牧区一个秘密教门成员皈依天主教的事例。在获鹿县西里村（今属石家庄市），大约有20户人家属于秘密教门白莲教的一个分支，热衷于自己的宗教。可是，其中有几个人相信自己听见一个神秘的声音，命令其“寻找十字架”。为了找到这种“十字架”的宗教，他们到河南和山西的各地寻找。其实自己也不清楚在寻找什么，结果一无所获。后来，其中有二个人到邻村帮工，偶然在一个老教徒家中看到一本祈祷书，该书以“Per Siqnum Crucis”（通往十字架）一词开始。他们忽然意识到这就是一直在寻找的宗教。在要求给他们解释其意义并读了此书后，与同村人协商，恳请此家领到正定府拜见了董主教，主教派了一位好的要理老师，别的邻近村如东焦村等都愿信奉天主教。从此他们成了最热诚的天主教徒，西里村出了许多若瑟会修女，还出了一位姚西满神父②。从这个事例看出，神秘声音是引导西里村这批秘密教门教徒放弃原来信仰而皈依天主教的主要原因，是典型的神秘型皈依。

除上述显现的神秘声音外，有些教徒自称在皈依前曾遇到一些神秘现象，这些神秘现象或神秘体验促使他们皈依天主教。如前文所述一炷香教徒白本笃，在与其族兄及天主教传教先生辩论道理三年后，已有进教之心。一日在田中锄地，力乏歇息，于似睡未睡之际，忽然见一美丽妇人，怀抱婴儿，站于面前，十分喜悦，转眼之时，忽然不见，如此三次。本笃认为是圣母警醒，遂决心进教③。白本笃自述的这一异象，似梦境，抑或是其长期思考宗教问题而出现的幻觉，不论其真实与否，在本笃看来是一种神秘现象。因

---

① ［英］麦克·阿盖尔著，陈彪译：《宗教心理学导论》，中国人民大学出版社2005年版，第50页。

② A.Morelli, C.M., *Notes D'Histoire Sur le Vicariat de Tcheng-Ting-Fou 1858 - 1933*, Imprimerie des Lazaristes, Pei-P'ing, 1934, pp.45 - 46.

③ 包士杰：《拳时北京教友致命》卷2，北京救世堂1920年版，第62—63页。

白本笃此前已接触天主教理三年,笔者把他的皈依主要归为实验型皈依动机一类。下述白本笃妻子的皈依则属于神秘型皈依动机。白本笃自皈依天主教后,奉劝其妻入教,其妻不从,本笃则把子女五人送到堂中领洗。不久,领洗后的子女中有四人相继而亡。同时由于一炷香教门怨恨白本笃改奉天主教,故意与之打官司,使其家业耗尽,家败人亡。其妻更加怨恨白本笃奉教,常在已亡子女墓前哭诉。一次正哭泣之时,忽觉昏天黑地,旋风狂作,将她围住,来回盘旋多时,吓得她胆战心惊。回家后她对白本笃诉说此事,本笃劝其妻云:"此乃天主儆醒,尔当急速进教,认识天主,不必抱怨,诸事听天主安排。"其妻勉强领洗①。从白本笃妻子皈依动机看,她纯粹出于天主示警这种神秘现象考虑,就其本心来说,她并不想进教,故而勉强领洗。

神秘型皈依教徒除自述遇到天主、圣母示警等一些神秘现象外,亦有人自述曾梦见已故亲人、乡邻"显灵",从而导致他们入教。河间县蔡间村乡民王端林,原是虔诚的秘密教教徒,视天主教为仇敌。其哥王端升皈依天主教后,屡劝胞弟改奉天主教,遭到拒绝。义和团运动时,哥哥王端升被义和团员杀害。之后,笃信秘密教的王端林突然改奉天主教。亲戚、朋友惊讶不已,问其缘故,他说:"是因为端升哥发显给了我,重重斥责了我,迷于异端,不归正教,我一见他的光景,又一受他的斥责,立时心情变化,觉得不得不进教,恭敬天地真主了。"②在宗教徒看来,哥哥、弟弟关系紧密,亲人"托梦"、"显灵"等尚属人之常情,不足为奇。下述发生在深县高士庄的事例,则被天主教徒看作是一个灵迹,有着浓厚的神秘色彩。此村有一个名叫刘本原的新奉教者,在义和团运动时被杀害。七八年之后(1909 年),本村村董、大香头刘洛三临死时,忽然向旁人说:"刘本原作着音乐来迎接我了,我愿意奉教,跟他去升天堂。你们快去请奉教人来给我付洗。"刘洛三代洗后,非常满意,嘱咐一家人全学经奉教,不久去世。以后他一家人果然全奉了教③。与上面事例比较,此例中的刘洛三与刘本原无亲近的血缘关系,且时间久远,刘洛三又为大香头,平时跪香拜佛,迷信最深。照常理讲刘洛三与刘本原应无任何关系,不可能有"托梦"、"显灵"的机会。正是在这样一种情况下,刘洛三自述的异象被天主教徒看作是刘本原死后已升天堂的证据,

---

① 包士杰:《拳时北京教友致命》卷 2,北京救世堂 1920 年版,第 63—64 页。

② 《献县教区义勇列传》第 1 册,献县天主堂 1935 年版,第 324—325 页。

③ 《献县教区义勇列传》第 2 册,献县天主堂 1935 年版,第 359—360 页。

刘洛三的皈依理所当然属于神秘型皈依动机之类。

据宗教心理学家调查研究得知，许多宗教信徒都自述拥有一些神秘体验，遇到一些无法解释的神秘现象。这些异象、异音等也是促使一些冷淡教徒回头改过的原因。如蓟州（今蓟县）杨津庄天主教徒王全，圣名伯多禄，因在唐山煤窑做工，同外教人接交往来甚多，渐渐冷淡，不守规矩，如同外教人一样。一日身倦力乏，在窑中睡眠，梦中有一老人警告曰："伯多禄，你快醒醒，别在这里睡了。"王全惊醒，到窑上看看，天还不明，仍下窑睡去。此白发老人又把他唤醒。王全始悟，在该处睡觉有危险，急离开该处，窑顶立时塌下。王全知是天主警醒，自此回头改过①。同村另一教徒赵连德在保守教规一年后，渐渐疏忽懈怠，不往前进。一日晚间回家途中，由西北忽来一股狂风，立时浓云密布，雷电交加，围着连德雷霆大作，电光闪闪，几乎被雷震死。连德想起画十字，念天主经、圣母经，倚靠天主圣母，雷声始息，连德受天主警醒，即痛改前非，学习经言要理，又保守一年，始领洗入教②。上述两人皆认为自己所遇神秘现象是天主示警，故而害怕，从此回头改过，成为虔诚热心的天主教徒。一些冷淡教徒在谈及天主示警等神秘现象的同时，还自述曾经受到魔鬼引诱。在天主教教义中，魔鬼是罪恶的化身，它具有超人的力量，专门引诱人犯罪，背离上帝。基于这种理解，那些不守教规、信仰冷淡的教徒正是被魔鬼引诱的最好对象。正定代牧区主教戴济世于1874年在正定府进行了第一次避静③，不少冷淡教徒因为好奇被招来。有个教徒刚开始练习，听见有人很清楚地叫他名字，遂问："谁叫我呢？这里无人认识我。"为守规矩他即不说话了。后觉得有人拉他，又听见声音说："你在这里作什么？出去。"他恐怖害怕，立刻呼唤耶稣玛利亚圣名，以后恢复正常。还有一人，好像有人请他出去，但看不见人。他说："我没钱回家去。"那声音回答说："看这里有五六挂子钱"。他想触摸那些钱，却什么也摸不着④。在天主教教义中，魔鬼引诱其实也是天主警示的一种方式之一。

---

① 包士杰：《拳时北京教友致命》卷12，北京救世堂1925年版，第38页。

② 包士杰：《拳时北京教友致命》卷12，北京救世堂1925年版，第39页。

③ 避静是天主教的一种灵修仪式，指避开日常事务，到一个清静的地方沉思祈祷，反省自己，专务灵修。避静也称退省或静修。小避静一般三四天时间，大避静一般七八天时间。

④ A.Morelli, C.M., *Note D'Histoire Sur le Vicariat de Tcheng-Ting-Fon 1858 – 1933*, Imprimerie des Lazaristes, Pei-P'ing, 1934, p.81.

魔鬼的存在即代表天主的临在,如果教徒抵制不住魔鬼诱惑,死后就不能进入天堂。一旦教徒遇到上述异音、异象,则非常恐惧,多数人认为这是天主对他们不守规矩的惩戒,所以会真诚悔过,坚定信仰。

神秘型皈依作为典型的皈依现象,在河北乡村下层民众中发生较多。美国学者 N.J.德梅莱恩指出,中产阶级的社会角色对宗教持有认知的、反省的、自为的态度,下层则持有生理的、情绪的、行动的、自发的态度①。由于两者对宗教态度的不同,下层民众更喜欢谈到宗教的神秘体验。这些神秘体验多由教徒自述得来,或是梦境,或是幻象,抑或是偶发事件,无法验证其真实性,加之教会极力烘托渲染,更增加了它的神秘色彩。对于下层乡民来说,这些让他们无法理解的神秘异音、异象等,无疑激起了其对天主的崇敬与恐惧,促使他们下决心皈依天主教,或使冷淡教徒回头改过,从而完成了向天主教的神秘皈依。

二、感情需求,皈依进教

在宗教心理学中,多数学者把心理冲突与感情需求作为皈依宗教的一个重要因素。为此,美国学者查尔斯·Y.格洛克引入了"短缺"这个概念。"短缺"的英文原文为"deprivation",含有被剥夺、丧失等意,社会学家用它来表示人们需要有或应该有的东西却由于某种原因而没得到。格洛克区分了五种类型的"短缺":第一,经济的短缺。它由有限的收入和对物质必需品的有限获得所组成,它可以客观地界定和衡量,也可以主观地体验和察知。这即是说,虽然一个人也许没有被机械地归入贫困线上的哪一类,但他或她也许会感到自己是穷人。这种感觉可以比他或她存在的客观事实更多地影响他或她的行为或态度。第二,社会的短缺。指特权、权力、社会地位,参加各种活动与组织的机会这些社会报偿相对缺乏。它常常是经济的短缺的伴随物,但并不必然地与经济的短缺紧密相联。第三,机体的短缺。这是社会中某些人在肉体和精神健康以及生物机能方面的短缺。第四,伦理上的短缺。当人们感到社会上占统治地位的价值与规范不再向他们提供组织成有意义的方式时,这种短缺就存在了。伦理的短缺使人们在寻找其生活

① 陈鸣:《当代美国宗教心理学研究一览——评〈宗教经验〉一书》,《世界宗教资料》1986 年第 3 期。

意义中产生困惑，而且不能决定走向哪里，不知道如何寻找出路。第五，心理的短缺。指的是那些并不感到满意或感到自己真正为社会所接受的人们，他们虽享受着社会的物质报偿和赞成社会规范，然而却缺乏充分的心理报偿①。上述五种"短缺"，导致人们心理冲突与感情失衡。在这种情况下，为了寻求感情的放松和理性的解释，皈依带有彼岸世界性质的宗教群体成为逃避经济、社会、机体、伦理和心理短缺的艰难现实的自觉与不自觉的手段。而宗教团体及其宗教领袖和成员对"短缺"人员的照顾、关爱与抚育，慰藉了他们的心灵，促成了他们对宗教的皈依。这种皈依在宗教心理学上被称为感情型皈依动机。

在近代河北乡村社会中，部分天主教教徒的皈依属于感情型皈依。以任丘县石家营刘王氏为例，刘王氏与丈夫刘桂林原来均为非教徒。刘王氏嫁于刘桂林为妻后，备受丈夫虐待。后来，丈夫刘桂林抛妻弃子，独自去天津谋生，刘王氏与幼子只好靠乞讨度日。一日，母子二人来到段家坞连姓教徒家乞讨，连姓教徒见他们可怜，遂将自己的闲房一所借给他们母子居住，又将若干银钱交给刘王氏，教她作小买卖糊口。此后，刘王氏以贩卖烧饼果子维持母子二人生活，比要饭乞讨强多了。连姓教徒在刘王氏母子生活安定后，又逐步开导劝说她皈依天主教。连家主妇说："你们母子二人陇田皆无，但仗着你一个妇道人，东奔西跑的作个小生意养家糊口，真算是穷苦至极了。又因为你未入真教，不敬真神，白受一辈子苦，死后也到不了好地方，更是可悲可怜的。所以我劝你听我的话，弃绝各样异端，奉教恭敬真天主，这样你在世虽受穷，到底你若安心顺命，受穷能立功劳，死后得升天堂，享福无穷，不比白受苦更好么。"在连姓教徒劝化下，天长日久，刘王氏与幼子都领洗进教②。刘王氏皈依应属于典型的感情型皈依。就其所处的经济与社会地位看，她是属于经济与社会短缺人群，处于社会最下层，又受丈夫虐待与抛弃，心理受到严重伤害。在这样一种状况下，连姓教徒的关爱与帮助对她无疑是最好的感情支持，怀着对连姓教徒的感念之情，她所介绍的天主教道理也容易为刘王氏所接受和认同。天主教所宣示的"穷人安身顺命，死后可以升天堂"的道理，引起了刘王氏的共鸣，为她贫穷、受苦的境遇提供

---

① [美]罗纳德·L.约翰斯通著，尹今黎、张蕾译：《社会中的宗教》，四川人民出版社 1991 年版，第 128—129 页。

② 《献县教区义勇列传》第 1 册，献县天主堂 1935 年版，第 40—42 页。

了很好的心理慰藉。正是出于对连姓教徒的感激与对天主教的感情需要,刘王氏终于皈依天主教。

宛平县东斋堂村宋恩普的皈依亦属于感情型皈依的类型。宋恩普在完全小学毕业后,曾在乡间充过两年小学教员。其后几年,他贩运核桃、杏仁等山货往返天津货卖,无一次得利,精神因此大受打击,觉得前途无望,想要自杀。在他烦闷至极时,恰好遇到天主教教徒赵德政,听其讲解天主教道理,获得极大解脱。此后,宋恩普多次到后桑谷(峪)村天主堂聆听神父讲解更深层的道理,“心灵上、精神上都获得相当的安慰,素所认为一切苦的,都消失在九霄云外了,好似吃了人参果一般的愉快”,遂于1935年7月25日领洗皈依天主教①。宋恩普的皈依纯粹出于感情的需求。其在精神生活陷入低谷、濒临自杀危险时,是宗教的慰藉作用缓解了他心理的压力,令其找到生活的勇气。正是感受到宗教的心灵慰藉与感情支持的作用,宋恩普才“不顾亲朋的责难,乡里的非笑,而毅然决然地”皈依天主教②。

在感情型皈依的教徒中,有一类特殊的人群比较引人注目,那就是狱囚。狱囚作为社会中的一个特殊群体,不仅经济短缺,而且社会和心理更加短缺,他们身陷囹圄,丧失了最起码的人格和自由,有些死刑犯甚至被剥夺了生命的权利。作为这个群体中的一员,多数狱囚感情麻木,心灵扭曲,精神萎靡,完全丧失了生活的意义与目的。这些为社会所不齿的狱囚,自民国以后逐渐为天主教人士所关注,成为他们劝化皈依的对象。天主教人士认为,在人们处于人生得意之际,“若与之阐明天道,引申教理,期其感化悔悟,是直北辙南辕,决无达到目的之望也。然一旦天道好还,人事变化,由得意一变而为失意,由失意一变而为失败,由失败一变而为罪囚,由罪囚一变而为死刑之宣告,由死刑之宣告一变而为灵魂之永久堕落,其间之阶段,一步紧似一步,而当事者之心理,乃亦逐步变化,一层深似一层。始而畏,继而疑,终而悔,最后乃澈(彻)然大悟,然已无及矣。虽然,及其一息尚存之时,如有苦口婆心,与之讲造物之原理,人生之由来,良心上一念之忏悔,生者可以自新,死者可以得救,天堂地狱之路,只在方寸内定其趋向,无假外求。如此相感相召,相切相劘,自然如针磁之相引,胶漆之相投,其收效之宏,真有

① 宋恩普:《我皈依圣教的自述》,《圣教杂志》1935年第12期。

② 宋恩普:《我皈依圣教的自述》,《圣教杂志》1935年第12期。

不可以道里（理）计者。”①有鉴于此，河北各地都开展了皈依狱囚的活动。

较早开展狱囚皈依的是北平公教进行会。自1929年秋开始，北平公教进行会宣讲团在各监狱宣讲，成效卓著，曾在第一监狱及第二监狱领洗数人。1930年10月，又在德胜门外第二监狱为33名狱囚领洗②。在北平公教进行会开展的归化狱囚工作略有成效后，于1930年7月又赴天津提倡，与天津公教进行会成员孙子寿等人接洽，先到西头旧习艺所监狱抚慰众犯，受到监犯与监管人员的欢迎。此后天津公教进行会宣讲团偕同北平代表于7月20日至河北第二监狱宣讲，听讲人犯千余名③。至1930年12月，天津公教宣讲团赴第三监狱宣讲22次，在该监狱毛巾科，除该科犯人李寿山恳求记名保守外，尚有判刑12年之杀人罪犯李铭，自听天主教道理以来，回头改过，决意保守进教。他在忏悔请求书中说：“为请求信奉贵教，诚心悔过，冀入慈善社会，愿求救主，晓谕我们有罪的人。罪民李铭，年二十九岁，北平人，受司法判刑十二年杀人罪，我望光明道走，如婴儿望父，荒田得雨，盲目见光，如闻黑幕见青天，拜救世真主，晓谕罪囚。”④从李铭的忏悔词看，他虽然对天主教教义理解不深，但天主教对他的心灵慰藉作用已显现出来。作为一个被判12年徒刑的杀人犯，其心理矛盾，遭人鄙弃。而天主教所宣讲的救灵与赎罪理论，触及了他麻木的灵魂，安慰了他罪恶的心灵，他决心“望光明道走”，改过自新，皈依天主教。经过天津公教宣讲团8个月的努力，第三监狱狱囚宋嘉福、郭维骥、王树元、王立坤、马从□、周新安、贺春发、高德修、刘金榜9人于1931年4月11日领洗进教⑤。此后，皈依狱囚成为天主教会一项全国性的工作。上海、澳门、山东等地都先后开展了此项工作。在平、津等地，皈依狱囚工作颇有成效。1935年12月16日，河北第三监狱又有65名犯人领洗入教⑥。1936年12月7日，由于天津公教进行会成员对监狱持续不断的访问和努力，有108名本地监狱的囚犯团体接受了

① 社论：《狱囚之福音》，天津《益世报》1930年7月17日第2版。

② 赵秉哲：《北平第二监狱内举行弥撒圣祭》，《圣教杂志》1930年第12期。

③ 《平津公教团体在第三监狱内讲演》，天津《益世报》1930年7月24日第10版。

④ 《犯人悔过洗心入教》，天津《益世报》1930年12月15日第6版。

⑤ 《天国收获》，天津《益世报》1931年4月19日第6版。

⑥ 本市新闻：《河北省第三监狱监犯65人领洗入教》，天津《益世报》1935年12月19日第5版。

领洗。北京 1944 年有关天主教开展的监狱工作表明,天主教传教团成员在大部分监狱开展了 242 场讲道,一年中共有听众 5984 名①。

除平、津地区外,河北其他地区也纷纷开展狱囚皈依工作。保定监狱宣讲工作首先由平津公教宣讲员开展起来。1931 年 3 月初,由天津监狱拨往保定囚犯 300 名,其中数十名已经开始诵经要理,移保后如不继续听讲,则将前功尽弃。为此,天津宣讲团副理事聂醒吾会同北平讲员周铭初等共 5 人于 1931 年 3 月 20 日赴保定,次日,与典狱长接洽后在监狱分班宣讲②,保定监狱宣讲工作就此展开。在安国,狱囚归化工作进展顺利。1931 年,雷鸣远与河北省政府接洽,得到了在安国、博野、蠡县、高阳、深泽、束鹿 6 县监狱传教的准许,经过 5 年的努力,仅安国一县领洗者多人。除授洗已出狱者不计外,"现今八十余苦民中已有三十余位领受圣洗,二十余位保守望教者。"③在天主教宣讲员的规劝下,狱囚的道德水平有了明显提高。"因了严惩不法行为的规定(譬如骂人或斗殴一次,罚铜元二大枚,赌博者银元赌具概行没收),斗殴骂人、赌博种种不道德行为,居然消除尽(殆)尽了,反到(倒)和睦互助空气日益浓厚起来了。"④在献县代牧区,狱囚皈依工作也很出色。1932 年秋,献县天主教会在征得县政府及监狱署长同意后,派何松月、徐栋梁二位修生每星期去监狱宣讲,仅 2 月时间,除代洗病亡犯人董连城外,求洗入教者已达 10 余人⑤。1936 年,神学修士的监狱牧灵很有成效,不少死囚刑前领洗;在深县,叶慕华神父每周到监狱讲道,经过一段时间,100 多人愿意成为望教者,几乎是囚犯的一半⑥。在河北宣化府,1936 年出席公教进行会成员举办的演讲会的犯人数目众多,权威部门只好批准用篱笆围起的场地做讲演所去容纳他们⑦。

---

① James E.Walsh, M.M., *Catholic Action in China (Holy Year)*,上海档案馆,档号 U101-0-206。

② 赵秉哲:《保定监狱开始宣讲》,《圣教杂志》1931 年第 5 期。

③ 教中新闻:《安国监狱庆祝双十节》,《圣教杂志》1937 年第 3 期。

④ 教中新闻:《安国监狱庆祝双十节》,《圣教杂志》1937 年第 3 期。

⑤ 教中新闻:《献县监狱宣讲记略》,《圣教杂志》1933 年第 1 期。

⑥ 刘献堂:《献县教区简史——庆祝教区成立 150 周年》打印稿,台湾 2006 年印行,第 236、240 页。

⑦ James E.Walsh, M.M., *Catholic Action in China (Holy Year)*,上海档案馆,档号 U101-0-206。

上述资料表明，民国时期特别是20世纪30年代以后，河北各代牧区乃至全国天主教界都非常注重对狱囚的皈依，取得了显著的效果，皈依狱囚多人。天主教人员之所以把狱囚作为归化对象，是因为深知狱囚作为一个特殊人群，处于一生的最低谷，感情受到严重打击，缺乏人们的关爱与同情。这时天主教人员伸出友爱之手，可以赢得他们的信任与感激，且易于接受天主教道理。如在献县，修士每周一次到城里为囚犯讲要理，使之非常感动，冬季前送给他们草垫以改善他们的寝具，修女还送一只山羊给囚犯们吃①。所有这些，都给囚犯们带来温暖，使他们对天主教人士有较深的感念之情。同时，天主教救灵、赎罪及天堂、地狱等教理，又给狱囚们深怀罪恶感的心灵带来了安慰。据天主教人士记载，囚犯在没有听天主教道理之前，"率皆疾首蹙额，厌世悲观，今(指听天主教道理后)则眉开眼笑，神苦已减大半。"②正出于精神支持与心灵慰藉的需要，一些囚犯皈依天主教，甚至一些死刑犯出于死后救灵考虑，也在刑前领洗进教。因此，把狱囚皈依归为感情型动机应是成立的。

第三节 社会型和婚姻家族型动机

社会型动机，就是最初是朋友或其他社会联系使这个人参与宗教活动③，从而皈依宗教的现象。婚姻家庭型动机是社会型动机的一种变异形式，在婚姻家族型动机中，影响个人皈依宗教的是有姻亲或血缘关系的家庭和家族成员。由于社会联系的复杂和婚姻家庭关系的特殊，近代河北乡村教徒社会型和婚姻家庭型动机的表现也不尽相同，笔者分几种情况阐述于下。

一、宗教教育，学生入教

兴办学校，发展教育是天主教会文化传教的主要方式之一。开设教会学校一方面可以造就天主教人才，提高天主教徒在社会上的地位；另一方

---

① 刘献堂:《献县教区简史——庆祝教区成立150周年》打印稿，台湾2006年印行，第224页。

② 教中新闻:《献县监狱宣讲记略》，《圣教杂志》1933年第1期。

③ [英]凯特·洛文塔尔著，罗跃译:《宗教心理学简论》，北京大学出版社2002年版，第52页。

面,天主教学校也可以吸引部分教外学生入学。这些教外学生在教会学校学习过程中,接触的老师、同学很多都是天主教教徒,有些老师还是天主教司铎,在他们的宣传和教育下,教外学生会潜移默化受天主教思想的影响。加之教会学校经常进行的宗教仪式所营造的宗教氛围,不能不对教外学生有所触动。在这样一种宗教教育环境中,有些教外学生开始学习研究天主教道理,进而皈依天主教。

在近代河北乡村,因在教会学校读书而皈依天主教的学生为数不少。在永年教区140个分堂、支堂中,有6个堂口的开教与在教会学校皈依的学生有关。

表4.3　永年教区因教会学校影响开教的堂口统计表

堂口名称	开教缘由
西南温堂口	1904年本村人申维成在教会学校读书,研究教理,心悦进教,在本村积多年之讲劝,略形开展
吕庄堂口	1913年吕九和创办。时前吕九和于大名教会学校读书,抽暇学习教理,日久心入,领洗入教。后吕九和在村中破除迷信,进教者日众
南盐池堂口	约在1910年间,本村徐国兴和杨文焕在大名天主堂公校读书入教,归后又劝其家人一同领洗
杜村堂口	1917年间,本村高升堂在大名天主堂公校读书奉教,毕业后在该校教书。此时全家老幼皆已领洗入教
索井堂口	约于1917年村民王日良闻永年城天主堂已设公校多年,成绩很好,即赴彭城天主堂请求介绍入永年公校,事果如愿。王日良入校奉教,归后又劝同姓里人多名
成子堂口	1920年左右,村民赵永利去大名天主堂公校读书,课余学经奉教。放假后归家苦劝家人一同领洗

资料来源:《接受外国津贴及外资经营之文化教育机关及宗教团体登记表(永年教区)摘要》,解成编:《基督教在华传播系年》河北卷,天津古籍出版社2008年版,第492—513页。

上述6个堂口的开教人皆赴教会学校学习,由于受教会学校宗教教育及宗教环境的影响,逐渐对天主教有所认识,进而领洗进教。除永年教区之外,其他教区也存在教会学校学生皈依天主教的现象。如在大名府,1926年圣诞节,大名法文学校有3名学生领洗进教①。在献县,1938年有60名

① 刘献堂:《献县教区简史——庆祝教区成立150周年》打印稿,台湾2006年印行,第203页。

中学生要求领洗①。

河北乡村教会设立的教会学校中，最著名的当属天津工商大学(1933年在教育部立案时改名天津工商学院，1948年改建大学，在教育部立案时名为私立津沽大学)。它由直隶东南代牧区的耶稣会士于1921年在天津筹建设立，1923年9月正式开学。初设大学和大学预科，1930年8月改预科为附属高级中学，1931年秋高中开始报名。同时设立初中部。天津工商学院大学部、高中部及初中部均向全社会招生，且不奉教学生占绝大多数。这些学生进入天津工商学院后，除接受普通的大学和中学教育外，也从以下几个方面受到宗教教育的影响：其一，授课神父、修士及修女的宗教教育和宣传。由于天津工商学院为耶稣会士所创办，他们在管理学校的同时，一部分传教士也亲自参与授课。在与学生接触过程中，传教士的职责使他们免不了进行宗教宣传，从而对学生造成了潜移默化的影响。其二，学校成立了圣母会和公教青年会等宗教组织，这些组织的成员为奉教学生中的积极分子，他们以帮助传教为己任，在教外学生中积极宣讲天主教道理，增强了部分教外学生研究天主教的兴趣。其三，学校频繁的宗教仪式(如弥撒、避静等)营造了浓厚的宗教氛围，部分教外学生在这种耳濡目染的环境中尝试参加一些宗教仪式。在1946年9月9日工商学院开学时，"院长神甫做了弥撒，很多学生望了弥撒，连不奉教的学生也有来望弥撒的。"②这些宗教仪式，加深了教外学生对宗教的体验，他们由此对天主教产生了好感。台湾女作家张秀亚记述其在天津天主教贞淑小学上学时的感受即是如此。她描述说："学校的隔壁便是教堂，歌诗诵经之声，常随了白河③上款来的桨声、咿哑的渔歌，送入我的耳畔。课余之暇，我常常以好奇的眼光，打量着教堂那五彩的玻璃窗，朝霞夕晖临照其上，放射出绚极丽极的光彩，启发了我小心灵的一些幻想。有时，我也随着信教的同学去那巍峨的教堂中'听大风琴'，那

---

① 刘献堂：《献县教区简史——庆祝教区成立150周年》打印稿，台湾2006年印行，第250页。

② 佚名著，赵振生译：《天津工商学院简史(1923—1950年)》手抄稿，河北省宗教志编辑室藏，第173页。此为献县教区赵振生主教1964年由拉丁文翻译的手稿，著者不明，当系曾主持工商学院的耶稣会士。

③ 白河，天津海河和北运河的统称(见《天津宗教资料选辑》第1辑，第13页)。

时我虽未走上信仰之路,但'天主教'在我的脑海中已留下了深刻的印象。"①张秀亚的这种感受,相信在天津工商学院上学的许多学生都会产生。由于老师的宣传、同学的劝导以及宗教氛围的熏陶,部分学生逐渐皈依了天主教。

天津工商学院第一名领洗入教的学生是山东人张成璞,他于1924年10月5日领受洗礼。第二名领洗的学生名叫李宗礼,正定教区人,于1926年12月24日领洗。随后几年,由于受非基督教运动的影响,天津工商学院学生皈依天主教人数较少。自1930年以后,学生皈依天主教的人数日渐增多。

表4.4　天津工商学院历年学生总数与奉教和领洗学生总数统计表

(单位:人)

年度＼项目	大学生	奉教者	中学生	奉教者	领洗学生	备　注
1923—1924			51(预科)	8		
1924—1925			80(预科)	20	1	
1925—1926	16		79(预科)	33		
1926—1927	40		80(预科)		1	
1927—1928	45		65(预科)			
1928—1929	76		56(预科)		1	
1929—1930	67		53(预科)	15		
1930—1931	63		60(预科)	12	1	《简史》统计表大学生奉教12名有误,据文中知只有预科生奉教12名
1931—1932	57		207		32	
1932—1933	63	13	324	80	47	
1933—1934	95	24	445	106	41	《简史》统计表领洗学生61人有误,应为41人
1934—1935	123	37	490	111	31	
1935—1936	139	34	414	112	13	
1936—1937	141	33	314	65	10	
1937—1938	160	40	544	85	42	

① 张秀亚:《我的皈依》,张泽编:《中国天主教历代文选》打印稿,2003年印行,第224页。

续表

年度＼项目	大学生	奉教者	中学生	奉教者	领洗学生	备　注
1938—1939	290	55	698	114	64	
1939—1940	377	56	695	90	27	《简史》统计表中学生697人、奉教者30人有误,应分别为695人和90人
1940—1941	429	62	739	103	34	《简史》统计表中学生奉教83人有误,应为103人
1941—1942	485	61	878	94	11	
1942—1943	493	37	933	85	16	《简史》统计表领洗15人有误,应为16人
1943—1944	578	44	1174	78	32	《简史》统计表大学生493人、领洗学生34人有误,应为大学生578人,领洗学生32人
1944—1945	626	29	1240	134	42	《简史》统计表中学生为1242人有误,应为1240人。领洗42人中,大学生9人,中学生26人,走读生7人
1945—1946	650	20	1331	133	23	领洗23人中,中学生10人,走读生13人
1946—1947	721	41	1140	178	27	《简史》统计表领洗60人,据文中知领洗学生27人,笔者以为60人中包含其他人
1947—1948	761	62	1207	143	66	《简史》统计表大学生751人有误,应为761人;领洗人数根据文中传教成绩付洗66人得来,笔者以为这66人中可能包括其他人,因文中没有学生领洗确数,故采用之。下面两年度亦如此
1948—1949	879	86	1295	124	77	《简史》统计表中学生1289人有误,应为1295人
1949—1950	925	70	1216	85	33	

续表

年度＼项目	大学生	奉教者	中学生	奉教者	领洗学生	备　注
合计	8299	804	15808	2008	672	

资料来源:佚名著,赵振生译:《天津工商学院简史(1923—1950年)》手抄稿,第227页。另此为著者所列统计表,表中有些错误,笔者对照文中记载予以订正,并在备注中详加说明。

表4.4显示,天津工商学院1923—1950年共有672名学生领洗入教,这在奉教学生和大中学生中占一定的比例。以1934—1935年为例,本学年领洗学生31人,占大中学生总数(613人)的5%,占所有奉教学生(179人)的17%。1935年1月6日,宗座驻华代表蔡宁在工商学院为25名学生领洗后,工商学院院长尚建勋向蔡宁介绍说,在178位学生教徒中,有106位是在学校领洗的①。同时,在校领洗的学生年龄结构和社会层次分布广泛,既有年龄较大的大学生,也有年龄稍小的高中生和初中生;既有集体住校的学生,也有经常接触社会的走读生。这种现象表明,天津工商学院的宗教教育对于学生的影响极为广大,它不仅使相当数量的学生领洗进教,而且波及面较宽,从中学到大学,从学校到社会,历年如此,影响日渐深远。

教会学校学生的皈依属于社会型皈依。同时由于这些学生是具有一定文化水平的知识分子,他们接触天主教后,往往阅读一些宗教书籍,研究天主教理,最后才皈依天主教。所以,他们的皈依也带有理智型皈依成分。不过从他们的皈依过程看,教会学校的影响是他们皈依天主教的先决条件,故笔者把这些学生的皈依归为社会型动机。

二、朋邻佣工,劝化入教

在近代河北乡村社会中,乡村民众由于受自给自足自然经济的制约,社会关系较为简单。除了因血缘关系形成一个个不同的宗族、家庭外,因地缘关系形成的街坊、邻里、朋友关系也是乡村民众很重要的社会联系方式。同时,一些乡村民众由于家庭贫困,不得不到一些较为富裕的人家帮佣度日,

① 刘献堂:《献县教区简史——庆祝教区成立150周年》打印稿,台湾2006年印行,第232页。

从而与主家形成了雇佣关系。直隶乡村一些民众在与信仰天主教的街坊、邻里、朋友及雇主等日常社会联系中，由于他们的宣传与介绍，开始接触天主教，经过一段时间的学习与研究，一些人最终皈依进教。这种皈依，是典型的社会型皈依。

社会型皈依是乡村教徒皈依的一种主要方式。以顺天府武清县（今属天津市）小韩村开教为例，乾隆年间，先有蔡姓奉教者移至该村，被村人排斥，李姓李文龙、李文彪兄弟尤甚。在接触过程中，李姓兄弟被蔡姓劝化，情愿奉教。此后，该村阎姓被李、蔡两姓劝化奉教，董姓、刘姓也相继进教①。从小韩村开教过程看，李姓、阎姓、董姓、刘姓等的皈依，皆因街坊、邻里劝化所致，属社会型皈依动机。与此类似，宝坻县田泗庄的开教也属社会型皈依。田泗庄最早奉教者为赵万生，于1892年在黑狼口鞋铺当学徒时保守奉教。领洗后即行归家，先劝父母兄弟全家保守奉教，又劝化本族及高、张、朱、魏姓等10余家保守奉教，至庚子年（1900年），男女教徒共60余名②。另外，香河县牛牧屯及大兴县白鹿寺村开教均属社会型皈依动机。在此类开教村庄中，先是由开教者劝化本家人入教，此后，凭着地缘关系劝化同村其他姓氏的街坊、邻居入教，从而使信教者日众。除上述村庄开教例子外，《拳时北京教友致命》一书中亦提到不少个人因邻里、朋友关系劝化进教的例子，兹将主要人物到列表于下：

表4.5 《致命》一书中因邻里、朋友关系皈依教徒统计表

姓名	性别	年龄	籍贯	奉教缘由	所在卷册
陈老太太	女	不详	不详	7岁时常在一教徒家玩耍，此家有一女孩向其讲天主教道理，自小有印象。16岁时与教徒住在一处，常向教徒打听道理。26岁出嫁后，又与教徒为邻，跟教徒学教理	卷3第16页
谭兴鸿	男	不详	宛平县八亩堰村	因与本县大桥山（张家铺）教徒往来，渐知天主教道理	卷6第72页

① 包士杰：《拳时北京教友致命》卷11，北京救世堂1925年版，第12—13页。

② 包士杰：《拳时北京教友致命》卷10，北京救世堂1923年版，第61页。

续表

姓名	性别	年龄	籍贯	奉教缘由	所在卷册
郑晁氏	女	63	霸州高家庄	因与本处女教徒常常来往,感情甚好,女教徒常讲道理劝她奉教,日久动心	卷8第39页
张启英	男	30	涿州北张村	年20岁时,被本村教徒李恒劝化	卷9第12页
许凤侣	男	不详	房山县孤山口村	因与武清县教徒赵文彩相处,被其劝化	卷9第35页
周邦教	男	73	永清县信安镇(今属霸州市)	1896年被本村张保禄及老洞村安凤山劝化	卷9第48页
乔福助	男	62	永清县乔靳各庄	1886年被信安镇张保禄劝化	卷9第62页
高李氏	女	38	宝坻县田泗庄	1893年被同村赵万生劝化	卷10第63页
阎大海	男	63	武清县牛镇村	年29岁时被近邻王某劝化	卷11第36—37页
李大瞻头	男	22	蓟州跑马场	移至跑马场南沟开荒种地,与教徒为邻,从此被教徒劝化	卷12第23页
贾明林	男	65	阳原县东小庄	1896年被西小庄周世湖劝勉入教	卷16第70页
王选	男	60	阳原县马圈堡	1889年被本村徐蕊劝化奉教	卷16第80页
赵崇礼	男	56	阳原县马圈堡	1886年听教徒张同之劝奉教	卷16第83页
徐明焕	男	56	阳原县侯家庄	因常与本村教徒张同往来,听闻天主教道理,于1886年领洗	卷16第104页
王福盛	男	35	蔚州城(今蔚县)	1899年,有周家庄老信友王老春上王福盛家言谈,讲解天主教道理,劝王福盛全家3口奉教,1900年3月领洗	卷17第38页
合计15人					

资料来源:包士杰:《拳时北京教友致命》第1—18卷。另表中人员年龄为1900年时年龄。

表4.5所列为直隶北部宗座代牧区部分教徒因邻里、朋友劝化皈依天主教的情况。同样,在永年教区140个堂口中,亦有6个堂口的开创人是受朋友、乡邻劝化而入教。

表 4.6 永年教区因邻里、朋友劝化开教堂口统计表

堂口名称	开教时间	开教缘由
康庄堂口(永年县)	1840	首先康姓因与友人言谈,闻道进教。始只三四家,后增至数十家
南寺头堂口(广平县)	1915	本村人孙殿祯因与张洞村张司祯(奉教者)交好,不断谈听天主教道理,后心悦,遂领洗入教,并劝其家人全都领洗
杨庄堂口(成安县)	1924	李绅会长因多与教徒接触,习闻道理,因而奉教
北下堡堂口(广平县)	1885	村民党姓某人,与张洞村张书林交往甚厚,因而奉教。后又规劝同姓多人,一同领洗
常尔寨堂口(馆陶县)	1901	郭耀先之家,与张洞村教徒交往,因而奉教,后街李白营、王修业弟兄亦归奉天主教
柳林堂口(成安县)	1902	勤行人李富因在上宗接触信教人开始奉教,再劝张大福等人奉教,以教徒家为公所

资料来源:《接受外国津贴及外资经营之文化教育机关及宗教团体登记表(永年教区)摘要》,解成编:《基督教在华传播系年》河北卷,第 492—513 页。

表 4.5 和表 4.6 所列男女教徒皈依天主教的关键因素在于所处的社会关系。由于他们与信仰天主教的一些邻居、街坊或朋友结交往来,有机会得以认识天主教。在这些邻居、街坊或朋友的宣传、劝化下,最终领洗进教,从而完成了社会型皈依。

在河北乡村教徒社会型皈依中,佣工皈依的现象较为普遍。那些在教徒家做佣工或当仆人的乡村民众受主家宗教氛围的感染,开始接触天主教。主家一些热诚的教徒也积极向佣工或仆人宣讲天主教教理,劝导他们保守奉教。在主家天长日久、潜移默化的熏陶与影响下,多数佣工和仆人皈依进教。笔者在前文中对《拳时北京教友致命》一书教徒职业作了统计,计有佣工、仆人 52 人,其中 16 人是被主家劝化入教,加之一些在教徒家作工的杂役等,共有 20 名佣工、仆人及杂役皈依天主教。

表 4.7 《致命》一书中佣工、仆人及杂役皈依教徒统计表

姓名	性别	年龄	籍贯	奉教缘由	所在卷册
张大奎	男	不详	宛平县白口河	在宛平县王家村焦玉家中佣工,知道天主教好,始行保守,尚未领洗	卷 4 第 7 页

续表

姓名	性别	年龄	籍贯	奉教缘由	所在卷册
种允泰	男	62	衡水县	年20岁时来到宛平县西斋堂,在聂庆两会长家作木活数年之久,因常听会长讲解,知天主教好,始行保守,2年后领洗	卷6第39页
尤保禄	男	不详	衡水县	因在宛平县西斋堂聂会长家作活,始保守奉教	卷6第41页
杨福顺	男	28	涿州桑园涧	年幼丧母,随父至宛平县大桥山(张家铺)教徒张成江家牧羊,始学经言要理,年12岁领洗奉教	卷6第64页
杨春林	男	46	宛平县前桑峪	幼时在后桑峪高福永会长家牧羊,因知天主教正道,始保守奉教	卷6第68页
孙保禄	男	40	交河县(今泊头市)	1883年全家移至永清县老虎洞村寄居,给安凤山会长家佣工,凤山常劝孙保禄夫妇奉教,日久闻道理之真,保禄夫妇先后进教	卷9第45页
康永起	男	49	宝坻县小薄甸	年20岁时在同族康文焕教徒家佣工,文焕常讲道理劝他,从此保守奉教	卷10第30页
李玉	男	39	蓟州石人庄	先在教徒家佣工,因常听道理,保守教规,学经言要理1年之久领洗	卷12第13页
侯君四	男	72	蓟州跑马场	年29岁时在侯姓教徒家佣工,常听道理,从此保守教规,数年后领洗	卷12第22页
李德峰	男	37	河间府	因年岁荒歉逃荒到蓟县少林口落户,给教徒当佣工,被劝保守奉教	卷12第27页
张玛利亚	女	50	通州城	在北京金丝套胡同魏宅当仆人,被魏家劝化入教	卷13第55页
王玛利亚	女	40	通州城	在北京金丝套胡同魏宅当仆人,被魏家劝化入教	卷13第55页
刘海	男	45	宣化城	年20余岁时给教徒家当佣工,被劝保守教规,1年后领洗	卷14第57页

续表

姓名	性别	年龄	籍贯	奉教缘由	所在卷册
马厨子	男	36	阳原县	因家中贫寒于1893年迁至宣化城给董神父家做饭,董神父之父董荣劝他一家奉教,日久马厨子感动,遂全家奉教	卷14第68页
陶万富	男	50	榆林	原榆林外教人,自幼在宣化城教徒赵英家佣工,保守数年领洗入教	卷14第72页
杨院山	男	40	宣化矾山堡	在宣化上庄子教徒家佣工,因听道理,保守奉教	卷14第79页
冀五子	男	15	阳原县七马房	幼失父母,佣工于姑母家,即周敏家,1900年领洗	卷16第65页
赵文奎	男	52	阳原县草厂沟	年30岁时在赵国恩教徒家佣工,被劝奉教	卷16第113页
卓老七	男	20	延庆县上百泉	1897年在葫芦头村吕姓教徒家佣工时保守奉教,1899年领洗	卷18第23页
鲁四乐子	男	28	延庄县鲁家园	因家贫给孔化营卫先恩教徒家当长工,卫先恩常给工人讲解天主教道理,四乐耳闻道理真实,有心奉教,尚未保守	卷18第60页
合计	共20人,占中途奉教者(共363人)的5.5%				

资料来源:包士杰:《拳时北京教友致命》第1—18卷。另表中人员年龄为1900年时年龄。

上述男女教徒均因长年在教徒家佣工或做活,潜移默化地受到雇主家宗教环境的影响,对天主教有了一种感性认识。而主家教徒对天主教教理的宣扬与介绍,增加了他们对天主教的理性认识,加之与主家多年的关系与感情,更易于接受主家所推崇的天主教。可以说,主家的宣传与劝导对佣工、仆人等的皈依无疑起了决定作用。倘若这些佣工、仆人的主家不是天主教徒,他们很难有机会接触天主教。相反,一些在外教人家佣工的天主教徒,由于长期处于外教环境中,天长日久反而冷淡了教规。因此,与奉教雇主的社会关系是佣工、仆人皈依天主教的关键,他们的皈依属于典型的社会型皈依类型。

三、家族血缘,信仰传承

家庭是中国人社会生活的基本单位。这里所指的家庭不同于西方意义上的家庭。在西方人类学上,家庭是指由亲子所构成的生育社群,其家庭成员主要包括父母和子女。在中国乡土社会中,家的范围可以根据需要依父系血缘向外延伸,不仅包括父母子女,还可以包括兄弟伯叔,这种家庭被费孝通称之为"小家族"①。有着同样父系血缘关系的一个个小家族又可以形成大家族,也称之为宗族。在乡村社会,家族血缘关系是乡村民众最主要的社会关系。对于生活在同一家庭或家族中的家庭成员来说,家庭成员的相互影响对于宗教皈依相当重要。特别是当家庭主要成员(一般指男性家长)皈依宗教后,他往往带动整个家庭或家族集体入教。同时,在父母已成为天主教徒的家庭中,其子女刚一出生就要接受天主教的洗礼,以获得宗教身份的认同。以后,经过父母教育与家庭宗教环境的熏陶,子女自觉或不自觉地接受了父母的宗教信仰。父母的宗教信仰由子女一代代传承下去,逐渐演变成家族信仰。这种家族信仰一经确立,即受到全体家族成员的共同维护,一旦有人放弃或改变信仰,则被视为离经叛道,遭到其他家族成员的孤立与唾弃。因此,接受和继承家族信仰是每个家族成员的明智选择。当然,在拥有共同信仰的家族中,家族成员对祖先宗教的皈依已成为自然而然应该完成的一种程序。这种皈依在宗教心理学上被称为不知不觉的皈依。在这种皈依过程中,家族血缘关系是造成皈依的重要因素,笔者将这种皈依称之为家族血缘型皈依动机。

中国乡村民众历来比较重视血缘关系,关注家庭伦常和家族至上,家族血缘型皈依成为乡村教徒皈依的一种主要形式。近代河北乡村教徒因家庭或家族成员影响劝化而皈依天主教的例子屡见不鲜。宛平县八亩堰村的谭兴鸿领洗后,其妻安氏及女儿通道亦相继领洗入教②。涿州西皋庄宋环领洗后,家中老幼亦全奉教③。宝坻县种佃营崔连功领洗归家后,即劝母亲妻子全家奉教④。武清县牛镇村阎大海被邻居王某劝化保守后,渐渐劝导全家保守奉教。其母马氏初疑为白莲教,怕被查拿,不肯奉教。阎大海屡次给

① 费孝通:《乡土中国　生育制度》,北京大学出版社1998年版,第38—40页。

② 包士杰:《拳时北京教友致命》卷6,北京救世堂1920年版,第72页。

③ 包士杰:《拳时北京教友致命》卷9,北京救世堂1922年版,第1页。

④ 包士杰:《拳时北京教友致命》卷10,北京救世堂1923年版,第98页。

母亲讲解天主教道理，方认明是天主教，始保守奉教。保守三年，全家洗领。阎大海之弟阎大德是年从北京回家，亦被劝化，从此全家奉教[①]。阳原县吐泉村张福保守后，又劝其全家保守奉教[②]。河间温家洼东村的温树林进教后，他一家人也都听他的指教，“弃邪归正”[③]。河间前屯村刘天爵皈依后，对他的妻子儿女谆谆开导，久而久之，他一家人全心悦诚服，领洗奉教。独年已八旬老母无论如何劝说就是不奉教，为了劝说母亲，刘天爵在寒冬腊月光着上身在院中跪着为母亲念经，使母亲感动。刘天爵趁机开导，母亲终在临死前领洗[④]。上述事例，都是作为一家之主的男人奉教后，妻子儿女基本相随进教。这种状况是由中国乡村男尊女卑、父慈子孝等封建传统伦理道德所决定的。在乡村家庭中，男人居于主导地位，他对家庭或家族成员具有很强的影响力，他的信仰易于为家中其他人所接受。即使一生信佛的老母，在儿子开导与坚持下，最后也接受了儿子的信仰。与此相反，如果家中主妇首先信奉天主教，往往受到公婆、丈夫的责骂与虐待，很少能劝化一家人集体入教。吴桥县大齐家村齐梁氏奉教后，屡次受丈夫难为，被儿女们埋怨。虽然她对全家人常尽心开导，苦口劝说，但直到她去世，只有一子一女领洗奉教，其余皆迷于旧俗，不肯“弃邪归正”[⑤]。蠡县莲子口村村正某君之妻赵氏领洗后，遭丈夫暴打，不许其入堂瞻礼，不许其与教内人交往，不许其守教会会规等[⑥]。有鉴于此，传教士在传教的过程中，最为欢迎全家人口或家主人入教，“女子和少年不甚欢迎，恐其不能自由，半途改变。”[⑦]

在家族血缘型皈依中，除上述家主人带领全家入教的事例外，受同族兄弟、叔伯、姑嫂等家族成员影响皈依进教的现象也极为常见。宛平县马兰村开教即是其例。马兰村最先奉教者张进廉领洗之后，“又劝伊二弟进俭、三弟进清保守教规。”[⑧]涿州挟河村乡民赵元于1898年领洗后，“即回家，先劝其弟永和说：‘我奉天主教了，你不如一同奉教。奉教能救灵魂，升天堂，不

① 包士杰：《拳时北京教友致命》卷11，北京救世堂1925年版，第37页。

② 包士杰：《拳时北京教友致命》卷16，北京救世堂1927年版，第97页。

③ 《献县教区义勇列传》第1册，献县天主堂1935年版，第329页。

④ 《献县教区义勇列传》第1册，献县天主堂1935年版，第308—309页。

⑤ 《献县教区义勇列传》第2册，献县天主堂1935年版，第166—167页。

⑥ 顺直新闻：《蠡县新教友之善表》，天津《益世报》1927年8月27日第11版。

⑦ 李景汉：《定县社会概况调查》，中华平民教育促进会1933年版，第421页。

⑧ 包士杰：《拳时北京教友致命》卷6，北京救世堂1920年版，第32页。

奉教白受一辈子苦,死后还得下地狱,受永远之罚,你仔细想想,是奉教好,是不奉教好?'永和说:'据您所说的话,一定是奉教好,我以后也去奉教。'"1899年,赵永和亦领洗进教①。涿州南观音村王振生之母冷氏原系老教徒,嫁与外教人王永为妻,在苦劝丈夫奉教未得成功后,即劝化同族其他成员奉教。在她劝化下,长辈叔公一人、平辈王忠、王兴等数人领洗进教②。阳原县侯家庄张同于1880年在宣化教堂保守奉教,先后劝化其姐妹及弟张云领洗进教,同村之人徐亮才也于1896年被其胞弟徐亮红劝导奉教③。从上述例子看出,兄弟姐妹、叔伯、姑嫂之间的关系虽不及父母子女关系紧密,但他们是家族中仅次于父母子女关系之外的主要关系,血缘纽带及家族联系使这些成员之间有较强的信任与依赖,基于这种信任与依赖,其家族成员宣讲的天主教教理易于引起其他成员的共鸣,接受天主教则顺理成章。上述赵永和即是本着对其兄赵元的基本信任,在其兄认为奉教好的前提下决定进教。

家族血缘型皈依最重要的一种方式是家族信仰的延续与继承。在这种家族中,天主教信仰已传承一代或数代,其家族成员生下来就领受天主教洗礼,自小成为天主教教徒。在其成长过程中,家族信仰自然而然成为自己的信仰。河北乡村教徒自小因承袭家族信仰而皈依天主教的教徒在全部教徒中所占比例相当大。笔者对《拳时北京教友致命》一书中所列平信徒(不含神职人员)按不同年龄阶段列表作了统计,教徒自幼领洗的状况从中可窥见一斑。

表4.8　《致命》一书平信徒人数与年龄结构统计表　(单位:人)

卷册＼年龄段	0—10	11—20	21—30	31—40	41—50	51—60	61—70	71—80	80以上	年龄不详	合计
卷1	31	33	22	38	24	15	14	5	1	14	197
卷2	35	40	13	20	24	11	8	5	1	15	172
卷3	39	26	33	15	13	17	13	6		112	274
卷4	27	21	13	9	8	3	4	2		10	97

① 包士杰:《拳时北京教友致命》卷9,北京救世堂1922年版,第17页。
② 包士杰:《拳时北京教友致命》卷9,北京救世堂1922年版,第26页。
③ 包士杰:《拳时北京教友致命》卷16,北京救世堂1927年版,第102—103页。

续表

卷册＼年龄段	0—10	11—20	21—30	31—40	41—50	51—60	61—70	71—80	80 以上	年龄不详	合计
卷 5	44	20	25	17	15	14	4	3	1	10	153
卷 6	40	35	29	12	22	14	6			8	166
卷 7	59	38	22	26	18	30	21	7	1	11	233
卷 8	41	26	20	16	13	12	2	4	1	30	175
卷 9	30	31	24	19	12	22	3	6	3	21	181
卷 10	33	25	40	30	36	30	6	4	3	4	221
卷 11	14	14	4	13	7	2	3	4		5	66
卷 12	16	15	17	14	5	7	3	4			81
卷 13	47	47	30	43	25	23	15	6	3	4	243
卷 14	80	41	31	38	23	20	24	7	1	10	275
卷 15	84	38	28	19	18	15	5	4	1	2	214
卷 16	49	36	26	18	24	22	16	2		35	228
卷 17	40	19	14	16	11	9	13	5	3	13	133
卷 18	199	134	72	64	55	43	24	3		6	600
总计	908	639	464	427	353	309	214	77	19	300	3709

资料来源:包士杰:《拳时北京教友致命》第 1—18 卷。另表中人员年龄为 1900 年时年龄。

《致命》一书所列平信徒共计 3709 人,其中有明确年龄记载的 3409 人,由于前 3 卷所列 643 名教徒多为北京市居民,不在直隶乡村教徒范围之内。这样,后 15 卷所列直隶乡村教徒共计 3066 人,有明确年龄记载的乡村教徒 2907 人,其中 10 岁以下儿童 803 人,占 27.62%,11—20 岁教徒 540 人,占 18.58%,两者合计 46.2%,几乎占有明确年龄记载教徒的一半。这样大的比例,一方面说明幼小教徒在义和团运动中由于缺乏自我保护和逃跑能力被杀较多外,另一方面也反映出乡村社会教徒自幼领洗的现象较为普遍。天主教自近代在直隶乡村开教以来,教徒数量增长很快,到 1900 年前夕,许多教徒家庭天主教信仰已传承一两代或几代,在这些教徒家庭中出生的儿童自幼就领受天主教洗礼,接受天主教家庭教育,在不知不觉中皈依了天主教。

为了进一步证明在河北乡村存在教徒自幼领洗的普遍现象,笔者对《致命》一书后 15 卷有明确自幼奉教记载的平信徒分类作了统计。这里,笔者把自幼奉教作为一个较为宽泛的概念，不仅包括明确说明自幼领洗的教徒，还包括自幼受父母好教育（或教训）、自幼热心事主或守规、自幼在教堂念书、婴孩、守贞姑娘、老信友等几种教徒，依据笔者对材料的分析和理解，认为这些教徒基本是自小领受天主教洗礼，故把他们统归自幼奉教一类。

表 4.9　《致命》一书后 15 卷自幼奉教平信徒统计表　（单位：人）

项目 / 卷册	自幼领洗奉教	自幼受父母好教育	自幼热心事主守规	自幼在教堂念书	婴孩	守贞姑娘	老信友	合计
卷 4		1	8	6				15
卷 5	1	4	8		4		4	21
卷 6		1	8	1	3		1	14
卷 7	2	10	51	6	4	2		75
卷 8	2	3	14	1	9	3	1	33
卷 9	8	3	6	2	9	2		30
卷 10	1	3	20		2			26
卷 11	1		2					3
卷 12	2		1		1			4
卷 13	3	2	4	2	8	1	1	21
卷 14	1	1	5	3	16	1		27
卷 15			1	1	13	2		17
卷 16	4					3		7
卷 17	4	2			4	1	5	16
卷 18	3	11	19	5	5	5	13	61
合计	32	41	145	29	78	20	25	370

资料来源：包士杰：《拳时北京教友致命》第 4—18 卷。

《致命》一书后 15 卷所列直隶乡村自幼奉教教徒共计 370 人，这些教徒中包含 78 名婴孩，婴孩是自小领洗奉教教徒的特例。他们因生长于天主教会所开办的孤儿院中，自小领受天主教的洗礼，成为幼小的天主教徒，他们的皈依也属于社会型皈依动机。由于他们的领洗与家族血缘无丝毫关系，故把他们排除在家庭血缘型皈依之外。这样，《致命》一书后 15 卷所列家庭血缘型自幼奉教乡村教徒共计 292 人，占本书后 15 卷所列直隶乡村教徒总数（3066 人）的 9.52%。在自幼奉教的 292 位乡村教徒中，10 岁以下者3人，占1.02%；11—14岁者14人，占4.79%；15—20岁者38人，占13.01%；21—30岁者57人，占19.52%；31—40岁者48人，占16.44%；41—50岁者36人，占14.04%；51—60岁者51人，占17.47%；61—70岁者31人，占10.62%；71—80岁者8人，占2.74%；80岁以上者2人，占0.68%；年龄不详者4人，占1.37%。从自幼奉教者的年龄构成看，其分布相当广泛，既有15岁以下的未成年人①，也有七八十岁的老人，以青壮年教徒居多。这种现象表明，天主教在近代开教以前，河北乡村已有不少家庭或家族信奉天主教，这些家庭或家族又把其信仰传承给后代，使家族成员自幼就领洗入教。同时，随着天主教在近代河北乡村的开放与传播，信奉天主教的家庭或家族日趋增多，自幼领洗的天主教徒也随之增加。

家族血缘型皈依是近代河北乡村教徒皈依的一种主要类型。在这种皈依中，家族成员的影响和血缘关系的延传，对某些家族成员的皈依起着至关重要的决定作用。特别是在子女后代的皈依中，家族信仰之所以被他们无条件、自然而然地接受并继承下来，主要原因仍在于家族传统与血缘关系。父母除让刚出生的子女领受洗礼外，还经常对其进行宗教教育，结果使子女不知不觉地皈依了天主教。上述皈依笔者称之为家族血缘型皈依动机。

四、婚姻关系，中途奉教

在近代中国乡土社会，乡村民众除了因地缘和血缘而形成的街坊、邻里、家族等社会关系外，婚姻关系也是一种较为重要的社会关系。乡村民众因联姻而结成的舅妈、姨丈、姑丈、表兄弟等姻亲成为他们社会联系的重要纽带。在这样一种重要的人际关系与人际交往中，一旦某位亲戚皈依天主教，他或她就有可能通过姻亲关系影响到其他亲戚，进而使他们皈依进教。这种因姻亲关系皈依进教的现象笔者称之为婚姻型皈依。真正典型意义的婚姻型皈依是指因婚姻关系而使婚姻双方当事人（妻或夫）的皈依。在天主教教会内，为保证宗教信仰的纯洁和婚姻生活的幸福，一般提倡教徒内部

---

① 美国传教士明恩溥在1898年所著的《中国乡村生活》一书中（时事出版社1998年版）认为，中国男孩成年的年龄虽然没有统一的标准，但一般都是16岁。费孝通在《乡土中国　生育制度》一书中也以16岁作为乡村青年的入社年岁。至于乡村女孩，郭松义在《伦理与生活——清代的婚姻关系》中认为，清末大多数女子的婚龄定在15岁前后。因此，近代乡村男女一般在15岁以上即被认为是成年人。

通婚,“而且两位领洗者之间的婚姻被主基督提升到圣事的尊位。”①婚姻圣事是基督徒7件圣事(即圣洗、坚振、圣体、忏悔、病人敷油、圣秩以及婚姻)之一,基督徒婚姻只有经过教会祝圣才被认为是合法婚姻。在教会法律中,混合婚姻(天主教徒与受过洗的非天主教徒结婚)应当获得教会当局的明文许可,才属合法。至于宗教不同的婚姻(天主教徒与未受洗者结婚),其障碍要获得教会明文宽免才算有效。为获得准许或宽免,双方新人应该明白和接纳婚姻本质上的目的和特质,而且天主教的一方不但要肯定,也应知道自己的责任,就是保持自己的信仰,并使子女接受天主教的洗礼及教育。与宗教不同的人士结婚,天主教的一方也有特殊的任务,即导引另一方自愿皈依基督的信仰②。

姻亲关系是河北乡村社会重要的社会关系,因联姻或姻亲关系而奉教成为乡村社会的普遍现象。早在近代以前,这种因联姻而奉教的现象就广为存在。民国时期任丘县最大的堂口段家坞,拥有教徒300余人,以张姓居大多数,刘姓次之,乔姓、连姓又次之。本村奉教始于康熙年间,首先奉教者为刘姓家人,张姓原系娄堤村人,徙居段家坞后,与刘姓教徒家结亲,遂进教焉③。出生于段家坞的神父张泽在记述其张姓家族开教史时说:“我们张姓家,大约在清康熙末年奉了教,奉教的起因大约是与先已奉教的近处刘姓人家联姻促成的。”④三河县城子村开教与段家坞有相同之处。城子村于康熙年间立村,张姓最早到此落户,开始无人奉教。咸丰年间,有张某者与通州贾家疃教徒联姻,被劝入教,是为城子村有教徒之始⑤。在永年教区140个堂口中,有20个堂口因姻亲关系而开教。

表4.10　永年教区因姻亲关系而开教的堂口统计表

堂口名称	开教时间	开教缘由
赵家庄	明末	该村有人在临清经商,因与该地教徒有亲友关系而领洗进教,归家后劝村人,相继进教

① 《天主教教理》(合订本),河北天主教信德室2000年版,第384页。

② 《天主教教理》(合订本),河北天主教信德室2000年版,第392页。

③ 《献县教区义勇列传》第1册,献县天主堂1935年版,第2页。

④ 张泽:《清代禁教期的天主教》,台湾光启出版社1992年版,第151页。

⑤ 包士杰:《拳时北京教友致命》卷13,北京救世堂1926年版,第55页。

续表

堂口名称	开教时间	开教缘由
钟官营	1820	该村王姓某,因与魏村教徒有亲友,相劝而进教
陈家庄	1750	陈家庄与赵家庄最近,均在1750年因亲友关系进教
张家庄	明末	张姓某因与邻村贤塔教徒田姓女结婚而进教,随后家人相继进教
马家庄	1860	王姓某由魏村亲戚家进教
枣园	1880	逯老在因与魏村教徒之亲戚关系曾闻教理,领洗入教
麦子乌营	1850	本村周姓某因与魏村联姻,得知天主教道理领洗入教,后信教者日增
良善庄	不祥	本村王姓因与威县魏村有亲戚关系,习闻教理,马泽轩领导开教
界河店	1900	刘吉苓因娶洞头村教徒武姓女为妻,遂因之奉教
西柳下	1889	村民李朝阳在邻村浮图店住亲戚,闻该村天主教为天下真教,归后不但自己毅然信奉,还劝村中多人信奉
辛屯	1916	有孙姓因亲戚介绍而入教
张庄	1919	姚姓因亲戚谈话闻道入教
牛町	1919	张洞奉教亲戚曾将牛町一教外亲戚劝入天主教。迨半年后此奉教之亲戚张凤举又劝其村五六家亦奉了教
林里堡	1888	西彭留亲戚开创,法传教士代购庄房一所
东野庄	1905	苑茂兴在艾束亲戚家习闻教理,因而进教。回村后广为传扬,教徒数目渐增
东乡义	1912	田化普因艾束亲戚之讲劝,明白教理,决心奉教
平固店	1884	张洞村张鉴与本村李正岁之妹结婚,因而李正岁全家领洗入教,以后劝导邻里多人奉教
贤店	1902	村民白姓女与新化营教徒结亲,来往介绍,学经入教。其家人等渐渐随之领洗
皮条屯	1912	李振明因唐屯亲戚之讲劝向往教会,更经当时中国司铎之讲劝,决心进教
军师堡	不祥	柳林奉教亲戚劝得王士奎奉教,遂教徒增多

资料来源:《接受外国津贴及外资经营之文化教育机关及宗教团体登记表(永年教区)摘要》,解成编:《基督教在华传播系年》河北卷,第492—513页。

永年教区上述堂口的开教均与姻亲劝化相关。这些因婚姻关系而结成的亲戚是河北乡村民众的主要社会关系,串亲戚是他们社会生活中不可或缺的一部分,在他们相互走动与往来的过程中,奉教的一方自然而然会把教外亲戚作为劝化的对象,而教外亲戚出于亲戚间的感情与信任,容易接受和认同天主教。涿州挟河村乡民赵元,即因其婿刘福劝勉,于 1898 年保守奉教。① 蓟州路庄村的王奎,被姨夫李容劝化保守奉教②。

因姻亲关系而皈依进教只是婚姻型皈依的一部分,典型的婚姻型皈依是婚姻双方当事人因婚姻关系而引起的皈依现象。尽管天主教会提倡教徒内部通婚,但在近代河北乡纣,由于天主教教徒人数缺乏及地域范围限制,教徒内部通婚对某些教徒来说相当困难。在这样一种情况下,一些教徒在获得教会宽免后,可以与教外人员通婚。这种婚姻成立后,不奉教一方在奉教方的劝化下,多数会领洗进教。《拳时北京教友致命》一书中,因婚姻关系而使婚姻当事双方皈依天主教的事例很多,笔者对此列表统计。

表 4.11　《致命》一书中因婚姻关系夫妇双方奉教统计表

姓名	性别	年龄	籍贯	奉教缘由	所在卷册
孙周氏	女	51	北京	自幼外教,于归孙玉堂后,始保守奉教	卷 1 第 78 页
杜张氏	女	44	北京	系口外建昌县东营子人,于归杜广志后保守教规,30 岁领洗入教	卷 2 第 14 页
宁刘氏	女	76	北京	娘家外教,过门后于北京老北堂孟主教座下保守进教	卷 2 第 39 页
常良之妻	女	不祥	北京	常良在河南省娶一外教之妻,数年后带回本家,劝其妻保守奉教,其妻固执不从。常良仍用心苦劝,终于 1899 年领洗(不在致命之列)	卷 2 第 56 页
王二套之妻	女	23	昌平燕子口村	外教娘家,过门后保守奉教	卷 5 第 10 页
张卢氏	女	46	昌平燕子口村	外教卢姓之女,过门后保守奉教	卷 5 第 13 页
应孙氏	女	17	昌平燕子口村	追子口外教娘家,过门后奉教	卷 5 第 15 页

① 包士杰:《拳时北京教友致命》卷 9,北京救世堂 1922 年版,第 17 页。

② 包士杰:《拳时北京教友致命》卷 12,北京救世堂 1925 年版,第 14 页。

续表

姓名	性别	年龄	籍贯	奉教缘由	所在卷册
张杨氏	女	28	宛平县马兰村	前桑峪外教之女，宽免过门后，翁姑劝其奉教，不从。21 岁时见翁平安善终，从此愿保守奉教	卷 6 第 34 页
种张氏	女	不祥	宛平县小龙门	小龙门外教张姓之女，过门后领洗入教	卷 6 第 39 页
杨黄氏	女	58	宛平县八亩堰	八里石堂黄姓之女，过门后始行保守奉教	卷 6 第 69 页
张耿氏	女	48	宛平县八亩堰	外教寡妇，过门后始保守奉教	卷 6 第 71 页
杨李氏	女	50	宛平县黄塔村	大北港张姓寡妇，过门后始领洗入教	卷 6 第 74 页
刘张氏	女	56	宛平县黄塔村	清通涧人，归刘玉光后始行奉教	卷 6 第 77 页
韩张氏	女	42	宛平县黄塔村	白玉台外教张姓之女，过门后始保守奉教	卷 6 第 77 页
孟刘氏	女	35	东安县北长道	本村外教寡妇，过门后保守领洗	卷 7 第 27 页
王郑氏	女	70	文安县南营上	太古庄外教娘家，婚娶过门后，被守贞姑母劝化，始领洗入教	卷 8 第 67 页
孙喜之母	女	不祥	涿州东城坊村	孙喜之父自幼领洗，其母原系外教，追归其父后，始保守领洗（未在致命之列）	卷 9 第 6 页
王王氏	女	48	良乡县南观村	11 岁时在王振荣家童养，被婆母周氏劝化，16 岁与振荣受婚配圣事	卷 9 第 28
孙德喜	男	不祥	良乡县东流水	孙德喜本尚店外教王姓之子，因被孙良招为门婿，始改姓孙，保守奉教（未在致命之列）	卷 9 第 34 页
刘李氏	女	48	宝坻县落水坨	17 岁时于归刘凤保为妻，数年后保守奉教	卷 10 第 67 页
李丁氏	女	35	武清县小韩村	李广亮之妻，过门后保守奉教	卷 11 第 27 页
侯氏戴	女	22	蓟县跑马场	系遵化州平城子诡各庄新教徒戴朝相之女，过门后保守奉教	卷 12 第 19 页

续表

姓名	性别	年龄	籍贯	奉教缘由	所在卷册
王李氏	女	30	蓟县李杨庄	大李各庄李春旺之女,过门后保守奉教	卷12第40页
张王氏	女	66	蓟县桥头营村	罗庄子外教王姓之女,过门后保守奉教	卷12第43页
贾左氏	女	26	通州贾家疃	系侉子店外教之女,宽免过门,始保守教规	卷13第13页
贾田氏	女	27	通州贾家疃	辛各庄外教田四之女,24岁宽免过门后,保守教规	卷13第16页
胡照庸之妻	女	64	通州贾家疃	原香河县仆屯外教寡妇,改嫁照庸为继配,过门后保守奉教	卷13第23页
胡周氏	女	23	通州贾家疃	系德胜门外教周姓之女,宽免过门后保守教规,1900年领洗进教	卷13第23页
魏张氏	女	35	通州茨巨村	系水浒铺外教寡妇,嫁魏玉兰为继配后,始领洗进教	卷13第35页
姚朱氏	女	40	宣化城	本城外教宋姓之女,未求宽免过门,过4年,朱氏保守奉教	卷14第34页
任马氏	女	70	宣化县韩家坡	西小庄子外教马姓之女,先嫁外教司叙为妻,司叙去世后,改嫁韩家坡老教徒任昌为妻,从此保守入教	卷15第31页
赵田氏	女	65	宣化县史家窑	立石村外教田姓之女,先嫁龙门坡刘姓为妻,始保守奉教,年50余岁丧夫后,改嫁赵正为继配	卷15第38页
赵进叙之妻	女	26	阳原县泥河湾	周绅地外教寡妇,过门后在南屯领洗	卷15第50页
周世湖姑母	女	不祥	阳原县西小庄	嫁周绅坨教徒任有禄为妻,任有禄奉教已数十年,于归后,亦奉教(不在致命之列)	卷16第59页
周杨氏	女	38	阳原县西小庄	周仲之妻,年16岁归周仲,次年领洗	卷16第65页

续表

姓名	性别	年龄	籍贯	奉教缘由	所在卷册
喇存正之妻	女	36	阳原县西小庄	原系甘省寡妇，因年荒被贩人口者贩至阳原县小庄子，卖为存正妻，1893年领洗奉教	卷16第68页
徐曹氏	女	不祥	阳原县侯家庄	陈家湾曹姓之女，过门后保守奉教（不在致命之列）	卷16第106页
庄高氏	女	75	蔚州盘道坡	西合营外教高姓之女，先嫁营里外教人，丧夫后嫁庄满仓为续妻，年60余岁保守奉教	卷17第23页
王纯氏	女	63	蔚州小蔡庄	外教寡妇，宽免过门后保守教规，领洗入教	卷17第31页
武顶	男	63	蔚州谢家庙	娶毛家山之女为妻，后被毛氏劝化，在西合营堂保守领洗	卷17第30页
卫杨氏	女	57	延庆县孔化营	外教寡妇，神父宽免先婚娶，过门后保守念书，从夫学经言要理，保守1年领洗	卷18第12页
卫孙氏	女	38	延庆县孔化营	本村外教娘家，结亲后先入学念经要理，保守1年，领洗后婚娶过门	卷18第12页
万怀梦之妻	女	45	延庆县杨水河	上枚桥外教娘家，出嫁后保守奉教	卷18第24页
吕杜氏	女	57	延庆县二铺村	外教寡妇，年24岁嫁吕先富为妻，过门后保守奉教领洗	卷18第28页
吕孙氏	女	60	延庆县二铺村	系蓬家窑子外教娘家，于归后始保守念书，领洗进教	卷18第38页
吕先永之母	女	70	延庆县二铺村	孙吴家坟外教娘家，于归后领洗进教	卷18第40页
王朱氏	女	28	延庆县鲁家园	系永宁城内外教朱姓之女，归王洪珍后领洗	卷18第61页
桂任氏	女	25	延庆县河湾村	系河湾南山坡下外教之女，14岁保守，学经言要理2年后领洗，16岁出嫁	卷18第99页
李苗氏	女	15	赤城县白塔村	八里店外教娘家，新教徒，领洗不过1年	卷18第140页

续表

姓名	性别	年龄	籍贯	奉教缘由	所在卷册
边王氏	女	34	赤城县龙门所	老牛沟外教娘家,过门后保守奉教	卷18第162页

资料来源:包士杰:《拳时北京教友致命》第1—18卷。另表中人员年龄为1900年时年龄。

笔者统计《致命》一书中因婚姻关系致使夫妇双方皈依进教者共计50人,排除5名未在致命之列的教徒外,占本书所列3709名致命平信徒的1.21%,占非自幼奉教教徒(共363名)的12.40%。这个比例说明因婚姻关系而皈依进教的教徒在河北乡村中占相当大的比重,婚姻是导致某些教徒入教的真正动机。表4.11的50位教徒中,只有2位是男子,其余48位全是妇女,这种现象充分反映了近代直隶乡村男尊女卑思想的严重。多数乡村妇女由于受"在家从父,出嫁从夫"等封建思想的束缚,对父母包办的婚姻总是无条件接受,一旦她们嫁给教徒为妻,多数会听从丈夫的劝告,随从丈夫的信仰。正如通州贾家疃贾田氏对叔父所说:"既然把我许给奉教人做媳妇,我也领洗奉教,随了人家"。① 与此相反,如果一个女教徒嫁给外教男人为妻,其丈夫从男尊女卑观念出发,很难随从妻子入教。良乡县南观音村王振生之母冷氏,系老教徒,嫁外教王永为妻。冷氏过门后,亦曾苦劝其夫进教,到底始终未从②。因此,在近代直隶乡村,因婚姻关系皈依进教的女子要远远超过男子的数量。这些主要囿于婚姻家庭生活的妇女,出于对丈夫的尊从与信任,以婚姻为契机,完成了对天主教的婚姻型皈依。

婚姻型皈依亦是河北乡村教徒皈依的一种主要方式。一些乡村民众在奉教姻亲关系的影响下,接触并最终皈依了天主教。而那些因不同原因与教徒结婚的男人和女人们,在结婚后由于受丈夫或妻子长期劝化和教导,多数人都随夫或妻皈依进教。特别对于妇女来说,这种现象更为明显。婚姻关系是河北乡村部分教徒皈依天主教的关键因素,是社会型皈依动机的特例。

---

① 包士杰:《拳时北京教友致命》卷13,北京救世堂1926年版,第16页。

② 包士杰:《拳时北京教友致命》卷9,北京救世堂1922年版,第26页。

第四节 宗教功利型和世俗功利型动机

与西方基督教国家相比,中国是一个多神论的国家。多神论现象的实质在于皈依者的实用功利动机。乡村民众出于“宁可信其有,不可信其无”的实用主义心态,见神就拜,见庙就烧,致使所信众神林林总总,纷繁芜杂。乡村民众的这种实用功利型心态,不可避免影响到他们对天主教的信仰。在天主教的宣扬与传播过程中,一些乡村民众认为天主比其他众神灵验有效,从实用主义的功利目的出发,他们最终皈依了天主教。这种皈依既带有一定的宗教成分,更带有功利实用目的,笔者称为宗教功利型皈依。世俗功利型动机是指完全没有宗教成分的皈依,皈依者纯粹出于世俗目的和实际利益需要而加入天主教。在近代河北社会,乡村民众由于社会及个人生活条件的限制,因不同功利目的皈依天主教的人数很多。笔者依然按类别加以阐释。

一、驱魔功效,皈依进教

在中国民间信仰中,附魔和驱魔的观念是很普遍的,由此衍生一批以驱魔为职业的巫师、巫婆等。他们宣称能以符咒、“仙术”等手段降妖伏魔,引起乡村民众广泛信仰。韦伯认为,农夫阶层的宗教信仰心从来就没有远离巫术恶习。他们的最高宗教关切是控制那些直接地和明白地左右他们生计的自然力量①。正因为如此,千百年来,巫术类的驱魔仪式在河北乡村绵延流传,经久不衰。天主教传入河北乡村社会后,首先面临中国民间信仰的排斥与挑战。在天主教与民间信仰的较量中,宗教的灵验性成为它们吸引民众信奉的关键。对于功利性目的极强的乡村民众来说,“支持一种宗教的最好论据就是其神效。”②有鉴于此,为了争取大量信众皈依天主教,一些传教士和教徒经常充当驱魔士的角色。

在记载天主教传入中国的早期文献中,许多传教士都有驱魔的经历。耶稣会士沙守信在江西抚州府时,正遇一家人闹鬼,家中 7 个女人发病时极

---

① [英]弗格森著,徐志跃译:《幸福的终结》,中国人民大学出版社 2003 年版,第 47 页。

② [法]谢和耐著,耿升译:《中国和基督教——中国和欧洲文化之比较》,上海古籍出版社 1991 年版,第 150 页。

度狂暴,不能自制。在请和尚、道士等驱魔无效后,这家人找到神父沙守信,请求救助。按照沙守信的要求,这家人首先抛弃符咒、道士经文和菩萨塑像等,开始了解天主教基本教义。当病人再犯病时,基督徒通过向他们洒圣水、脖子上挂念珠、向他们画十字、口中念叨耶稣的名字等方式,成功地治好了这些附魔者,从而使30多人开始皈依基督教①。长期在北京工作的神父殷弘绪也提到类似事例。一个信仰基督的老兵回到家乡,听说一个老乡家里闹鬼,家里的家具都被砸了,他们请了能降魔的道士来,但无济于事。老兵叫来伤心不已的一家之主,对他讲授基督教理,并承诺说,只要他信仰了基督教,受了洗,就可以永远免受魔鬼的骚扰。这一家之主听了老兵的话后,迫不及待地要求给他全家付洗。那老兵当时只给最小的孩子付了洗,然后说:"您的儿子现在已经是上帝的孩子了,他的身份能够制约所有的魔鬼,如果魔鬼再来骚扰你们的话……您就马上把这孩子带到闹鬼的地方去,不要害怕。"从此这家的房子里就一切都平静了。过了几天,他们全家都受了洗②。上述天主教徒之所以领洗入教,主要认为基督教的驱魔仪式比传统的驱魔更为有效。在他们的眼里,天主教的十字架、圣水、念珠等具有传统符箓、咒水等所没有的效力,天主教的洗礼也被看成一种有效的驱魔仪式。从实用主义的功利目的出发,他们无疑选择了天主教。

在近代,尽管中国受到了西方科技文明的洗礼与冲击,驱魔等巫术类仪式在河北乡村仍层出不穷。一些愚昧乡民在遇到疑难病症或怪异现象时,总是认为有鬼魂或魔鬼作怪。为了消除祸患,不得不花费巨资请巫师驱魔。在传统驱魔仪式无效时,他们往往把目光转到从遥远地方传来的天主教上。尽管传教士与教徒把传统驱魔仪式看作迷信,但在乡村民众心目中,两者在性质上并无不同,所不同的只是在其驱魔的灵验性上。经过对比,一些民众认为天主教驱魔比传统驱魔更为有效,故而皈依了天主教。可以说,天主教在某些乡村民众眼中所具有的驱魔功效是导致其入教的真正动机。直隶西南代牧区主教董若翰在世时,经常主持驱魔仪式,"平常用圣水就可使病人

① [法]杜赫德著,郑德弟等译:《耶稣会士中国书简集》第1卷,大象出版社2001年版,第246—248页。

② [法]杜赫德著,郑德弟等译:《耶稣会士中国书简集》第3卷,大象出版社2001年版,第199—200页。

安静，有一次魔鬼抵抗，主教用他胸前的十字架放在附魔人的前额上，魔即停止。”①乡民们认为天主教驱魔灵验，于是纷纷请董主教驱魔。宁晋县双井村民人张洛待因子张书琴中邪患病，欲请主教董若翰驱魔时主教不在，便请神父艾爱理代为前去，有要理员和几位教徒陪同。在驱魔过程中，房间突然爆炸，致伤艾爱理等人，由此引发诉讼。教会方面以为有人搞阴谋，故意谋害主教，主家认为火是白老长的精灵点的。诉讼延时一年多，官方判定爆炸为偶发事故，不是主家故意所为。主家除赔偿教方损失外，张洛待父子被杖责流放②。上述驱魔事件尽管引发了一起教案，仍不能掩盖近代河北乡村教士及教徒频繁参与驱魔活动的事实。正是教士、教徒所显示的驱魔“神功”，才吸引了一些乡村民众入教。在上述事件中，“张洛待同子张书琴商定情愿入教”后③，教士和教徒才答应为其驱魔。如果此次驱魔不发生意外，张洛待父子可能会领洗入教。

近代河北乡村为驱魔而皈依进教的例子很多。宣化韩家坡任福有之母马氏，原西小庄子外教之女，先嫁司叙为妻。其家迁居东城看庙，夜间闹魔，牲口相接死亡，诸事不顺。司叙又偕妻子迁居土木村寄居，夜间亦常常闹魔扰乱，合家不安。进庙焚香许愿，请阴阳先生瞧香，仍无效验。牛房沟张恩之父劝之奉教，并说画十字、念经、洒圣水能驱邪魔破邪法。司孔（司叙兄弟）就令全家弃绝异端事主，又将次侄文明（司叙之子）抱往天主堂舍药房中求人代洗。司叙及妻无心保守，后司叙因病去世，其妻马氏改嫁韩家坡教徒任昌为妻，从此保守入教④。阳泉县城孙罗匠之妻，年 30 岁时招“狐狸魔”附身，历经 10 余年不见好转。增盛堂药铺赵大先生告诉孙罗匠说：“那宗病吃药也治不好，你要真心奉天主教，狐狸自然离开，她的病也就好了。”孙罗匠与妻子商议后，妻子甘心奉教，保守一年，全家领洗⑤。文安县西码

---

① A.Morelli, C.M., *Notes D'Histoire Sur le Vicariat de Tcheng-Ting-Fou 1858 - 1933*, Imprimerie des Lazaristes , Pei-P'ing, 1934, pp.51 - 52.

② A. Morelli, C.M., *Notes D'Histoire Sur le Vicariat de Tcheng-Ting-Fou 1858 - 1933*, Imprimerie des Lazaristes, Pei-P'ing, 1934, pp.52 - 53.另见《教务教案档》第 1 辑第 2 册，第 588—637 页。

③ 张贵永、吕实强等编：《教务教案档》第 1 辑第 2 册，台湾“中央”研究院近代史研究所 1974 年版，第 593 页。

④ 包士杰：《拳时北京教友致命》卷 15，北京救世堂 1927 年版，第 31 页。

⑤ 包士杰：《拳时北京教友致命》卷 16，北京救世堂 1927 年版，第 96 页。

头村陈景杨奉教后，遭到族人反对。1899 年，陈景杨外教当家陈锡嘏之女附魔甚重，陈景杨、陈锡玉手持圣水瓶，向附魔女洒圣水、念经，魔果然离退。后有群魔在本村扰乱，陈姓族长向陈景杨、陈锡玉二人说，如果能驱除魔气，家家太平，合村均愿保守奉教。陈景杨、陈锡玉取来圣水瓶、总牍经本，二人围村洒圣水、念经，从此全村太平。合村商议设立保守学房①。永年教区田水庄堂口开教于 1917 年，开教人名袁炳政，因其母屡患负（附）魔病，听说奉天主教能治此病，遂托人代请奉教先生为其母驱魔治病，并许好后全家人入教，迨半月后母病果好，因而全家领洗②。交河县淮家洼村王泉亭家闹魔 30 年，魔鬼焚房毁器，阖家不宁。王泉亭两次迁居，魔鬼竟随之而往。请香头、求术师、奏会典等，无不试行，而魔扰如故。邻近信徒劝王泉亭信教，王某惧遭魔恨，不敢允诺。后经再三劝导，始决心弃绝邪魔，信仰天主。1934 年阴历 9 月 20 日，信徒请本堂司铎佘裕仁为王某家祝圣，将一切魔像与供奉邪神之器具尽数捣毁，魔从此不再作乱。教士驱魔功效令外教观众甚为惊异，“有突变平素蔑视信友态度者，有来叩问公教道理者，甚有改奉公教者。二旬之间，请司铎到家驱魔者，竟有四五十家之多。至今已将半载，不复有魔之踪迹矣。”③从上述几例乡村教徒奉教过程看出，他们或其家人均有“附魔”或“闹魔”经历，在他法救治无效情况下，均请教士或教徒驱魔，结果病人病情或“闹魔”状况有所好转。被救治者及其家庭人员认为已亲身领略了天主教的驱魔“神功”，从宗教灵验性的实用功利目的出发，纷纷放弃原来信仰转而皈依天主教。

天主教的宗教仪式是否真的具有驱魔功效，迄今仍缺乏相应的科学依据。就近代河北乡村具有的多神信仰传统而言，某些乡民对天主教的驱魔功效毫不怀疑。一旦认为天主教比传统民间宗教更为灵验有效，便毫不犹豫地领洗入教。从其皈依动机看，主要是实用功利目的使然。当然，其皈依并不完全是纯粹的功利目的，还含有一定的宗教动机。传统的附魔观念及鬼魂信仰为乡村民众接受天主教的魔鬼观念准备了前提。在天主教教理中，撒旦或魔鬼原是天主所造的一个好天使，他因嫉妒而堕落成为魔鬼，被

① 包士杰：《拳时北京教友致命》卷 8，北京救世堂 1922 年版，第 66 页。

② 《接受外国津贴及外资经营之文化教育机关及宗教团体登记表（永年教区）摘要》，解成编：《基督教在华传播系年》河北卷，天津古籍出版社 2008 年版，第 502 页。

③ 王玉秀：《奉教驱魔奇闻》，天津《益世报》1935 年 7 月 5 日第 11 版。

天主击败后，继续具有超人的力量，专门引诱人犯罪，背离天主。所说的"附魔"及"闹鬼"在天主教徒看来即是魔鬼对抗天主的表现。天主教的这些基本教义容易被那些自认为有"附魔"经历和"闹鬼"的乡村民众信服。正是本着实用功利目的的驱动和对天主教基本教义的某些认同，部分乡村民众在天主教驱魔"成功"后自然而然保守奉教。他们的皈依笔者称之为宗教功利型皈依。

二、彼岸追寻，天堂吸引

天主教作为一种信仰体系，对"生从何来、死往何所"等人们最关心的问题作出不同于其他宗教的阐释。天主教认为，人是由天主所创造，人只有信仰天主，死后灵魂才有可能进入天堂。天堂是人最后的归宿，也是人最深的期盼的圆满实现，是决定性的至高的幸福境界。那些不肯相信、不肯悔改的人，死后灵魂会立刻下地狱，受地狱的苦痛，即"永火"①。天主教的这种教义，向人们描绘了彼岸天堂的美景，不由得不引起人们的憧憬和向往。相对天主教来说，佛教所阐释的涅槃彼岸对芸芸众生的小民来说是难以企及的，他们只能根据自己的功绩和过失引起的果报在"六道轮回"中沉浮流转，永无了期。在这种情况下，深受佛教影响的河北乡村民众一旦接触天主教，无不为天主教所宣扬的天堂美景所吸引。对于实用功利的河北乡村民众来说，天堂作为人之灵魂的终极归宿，不仅使他们摆脱了无休无止的"六道轮回"，而且他们的灵魂升入天堂要比进入佛教涅槃彼岸容易得多。在他们看来，只要信仰天主，遵守教规，死后灵魂都可以得救：或直接进入天堂荣福，或经历一个炼狱期，再回归天国。正是出于对天堂向往和对地狱恐惧的宗教功利性目的，河北乡村一些民众最终皈依天主教。

天津宝坻县后六家口村程永才的皈依属于典型的天堂吸引型动机。程永才以瓦匠为业，1896 年在天津作瓦工活时，"常闻圣教道理，恭敬一个天主，死后方能救灵魂，升天堂，便立志信教。"②新城县（今高碑店市）项家庄贞女沈玛利亚在义和团运动时期被官府逮捕，当官员问及其奉教原因时，贞女答说："为死后升天堂。"③可以说，升天堂、享永福是乡村教徒普遍而真实

① 《天主教教理》（合订本），河北天主教信德室 2000 年版，第 249—252 页。

② 包士杰：《拳时北京教友致命》卷 10，北京救世堂 1923 年版，第 80 页。

③ 包士杰：《拳时北京教友致命》卷 2，北京救世堂 1920 年版，第 80 页。

的愿望。正因为如此,一些传教士和教徒在宣讲天主教教义时,总是把灵魂得救、天堂永福放在首位,以此来吸引乡民入教。一位传教士在劝一位车夫奉教时说:“吾等在该处传天主真教,汝知之否?彼等均已在一光明大道中,汝亦宜行此大道。因此大道,使人能得世上及天上之福乐。汝亦有灵魂,乃永远不灭者,汝知之否?……汝如认识天主教,为汝十分有益。”①传教士的上述宣传和劝导,很容易吸引一些乡民入教。特别是对一些年老的乡村民众来说,天堂永福对他们具有更强的吸引力。“老年人由于更接近死亡这一现实,似乎比青年人更热衷于宗教。至少在基督教文化中,老年人更强烈地相信永生和来世。”②通州龙庄刘国禄之母的皈依即是这一现象的反映。刘国禄之母自幼在一炷香教,极其诚心。刘国禄领洗入教后,力劝母亲奉教,其母坚志不从。至 80 岁时,其母自觉终期已近,就对长孙女凤儿说:“你们都奉了天主教,我死以后,谁给我焚香烧纸,祭奠我呀,我的坟头不是断了香烟么。”凤儿趁机劝她说:“你老若是怕断了香烟,就当奉教,认识天主,能升天堂,享永福。”老人问凤儿说:“我这大年纪,奉教还行么?”凤儿说:“不算晚。”立时弃绝异端,保守教规③。刘国禄之母表面是担心死后无人祭奠,实际是对即将来临的死亡充满了焦虑与恐惧,而天主教的升天堂、得永生的观念正缓解了其内心的不安,临近终期的她逐渐相信天堂的存在,非常渴望进入天堂,得享永生。出于这样的功利目的,她毅然放弃原来信仰而皈依了天主教。

河北乡民在对天堂充满向往外,对于地狱则更加恐惧。中国佛教及民间宗教中,不乏对地狱的恐怖描绘,牛头马面、小鬼阎王等阴森可怕的形象已为乡民耳熟能详。尽管天主教描绘的地狱与直隶乡民熟知的地狱世界有很大不同,但地狱给他们所带来的恐惧感是相同的。对于地狱深深的恐惧感是促使部分乡民入教的真正动机。天津宝坻县小薄甸村刘柱儿因此入教。刘柱儿于 1898 年在大口屯镇给本村教徒王静安剃头铺做饭,王静安常给他讲解道理劝其奉教,“伊初闻不欲,后闻不奉教恭敬天主,死后下地狱,

---

① 《近事·本国之部·车夫之奉教》,《圣教杂志》1921 年第 1 期。

② [美]玛丽·乔·梅多、理查德·德·卡霍著,陈麟书等译:《宗教心理学——个人生活中的宗教》,四川人民出版社 1990 年版,第 30 页。

③ 包士杰:《拳时北京教友致命》卷 13,北京救世堂 1926 年版,第 49 页。

受永苦，伊甚畏之，即方欲保守奉教。”[①]刘柱儿的皈依属于典型的地狱恐惧型动机。宝坻县侯庄子李德的皈依亦属此类。李德父母均是外教，李德“至十四岁时，听教友们说奉教人恭敬天主，死后灵魂升天堂，外教人不认识天主，死后灵魂下地狱等语，伊闻之甚惧”，从此保守奉教[②]。对于地狱的恐惧也是某些不守规矩教徒回头改过的重要原因。赤城县葫芦头村教徒王玉美自幼失教，不守规诫。平素与长嫂来往不正，谋杀长兄两次。由于心思邪事，神志混乱。在会长吕先达为其驱魔时，他自述看见了地狱。地狱中黑暗无光的大火海、巨大无比的毒蛇蝎子蜈蚣、丑陋难堪的魔鬼、下地狱灵魂的抱怨咒骂声以及刺鼻难闻的臭气等幻象令王玉美恐惧异常。害怕死后下地狱的王玉美从此回头，热心守规[③]。

无论是天堂吸引型动机还是地狱恐惧型动机，均是对彼岸终极目的的追寻与关怀。这种追寻与关怀除建立在对天主教基本教义一定理解的基础上外，也不排除具有某些功利目的。与佛教的彼岸世界比，天主教的天堂乐园不仅具有更强的吸引力，而且简单易行，普通教徒一般都可以达到灵魂得救的目的。这样，就解脱了生生死死“六道轮回”的烦恼，灵魂从此得到永生。基于上述功利目的考虑，一些乡村民众无疑会皈依天主教。同样，当某些乡民闻知不奉教灵魂将要下地狱时，出于对地狱的恐惧，赶紧领洗进教。他们的皈依当然也包含某些功利目的。天堂吸引与地狱恐惧型动机不仅具有宗教成分，亦包含一定功利目的。所以，笔者把上述皈依归属于宗教功利型动机。

三、依靠教会，赢得诉讼

近代以来，诉讼传教成为河北天主教乡村教会的一种主要传教方式。天主教会利用不平等条约所获得的治外法权，干预地方政务，介于民间词讼，“成了政府中的政府。”[④]天主教会的政治优势吸引了普通乡村民众的注意。长期以来，他们一直处于官僚、绅士的强权压制下，毫无社会地位和政

① 包士杰：《拳时北京教友致命》卷 10，北京救世堂 1923 年版，第 29 页。

② 包士杰：《拳时北京教友致命》卷 10，北京救世堂 1923 年版，第 43 页。

③ 包士杰：《拳时北京教友致命》卷 18，北京救世堂 1931 年版，第 155 页。

④ ［美］周锡瑞著，张俊义、王栋译：《义和团运动的起源》，江苏人民出版社 1995 年版，第 80 页。

治权利。在司法争讼中,普通乡民除受贪官、污吏盘剥、敲诈外,还饱受绅士干预词讼之苦。一些绅士"凭藉门弟,倚恃护符,包揽钱粮,起灭词讼,出入衙门,武断乡曲",这种不法事例可以说俯拾皆是①。在官吏与士绅的联合操纵下,处于弱势地位的乡村民众很难获得官司胜诉。俗语"衙门八字开,有理无钱莫进来"即是他们处境的真实写照。当无奈、悲哀的乡村小民看到教会拥有对抗地方官僚、绅士的权力时,出于维护生存权利的需求,转向教会寻求保护。一些传教士正是利用乡村民众的上述心态,以帮助打官司为承诺,吸引乡民入教,由此开创了诉讼传教方式。

前文所述,直隶西南宗座代牧区主教董若翰是诉讼传教方式的代表,他所开创的诉讼传教方式亦为其他教区神父所仿效。为了吸引乡民入教,董若翰派往灵寿县的传教先生陈央薄洛削竟然宣称:"入了天主教就可增寿添福,所有地粮只纳正银,不必再完耗银,一切差徭可以全免,打死人命也不抵偿,犯了寻常的罪并一切官司,县官不能传问,就可由府提审。入教的人坐着对质,不入教的人跪着听审。"②陈央薄洛削的宣传虽然言过其实,但确实反映了部分乡村教徒入教的心态。入教一方面可以减轻沉重的徭役负担,另一方面也可以在教士帮助下打赢官司。这样一来,教会就成为乡村小民对抗官绅强权的资本。一旦教会允诺打赢官司,乡民一家、一族甚至全村集体入教。相对于救赎人灵的宗教目的而言,他们的入教毫无宗教成分可言,完全出于纯粹的世俗功利动机。

在传教士的宣传与推动下,为赢得诉讼而入教的教徒大有人在,仅主教董若翰亲自处理的案件即有多起,仅举两起典型事例。其一是新乐县东田事件。新乐县南青铜村一张姓富户有弟兄四人,其中三个兄弟有举人功名,四弟张四彪在军队有官衔。他们仗着这些头衔,欺压邻村东田的乡民,砍他们的树,霸占其地方等等,引起东田村民的愤恨。被压迫的村民到新乐县衙门告状,但被告张四彪的官衔比县官级别高,官府强迫村民在村中唱戏向张四彪等人道歉,并让村民下跪。张四彪看戏时掌击这些穷百姓说:"你们还告我吗?"在这些侮辱面前,村中的头面人物商议说:"只有董大人能给我们

① 张仲礼著,李荣昌译:《中国绅士——关于其在19世纪中国社会中作用的研究》,上海社会科学院出版社1991年版,第47页。

② 张贵永、吕实强等编:《教务教案档》第1辑第1册,台湾"中央"研究院近代史研究所1974年版,第445页。

赚脸(即撑腰)。"于是,来到附近的老教徒村桥寨,让教徒引荐给主教,并许诺:如果主教能从这些仇人手中保护他们,就全部信教。董主教看到在当地官员手中不能解决问题,就直接找到北京使馆,建议摄政亲王派遣那个可怕的军人去攻打河南的叛匪。在摄政亲王的授意下,正定府官员派遣张四彪组织800人的军队前去迎敌,这股临时组织的队伍第一次交战就溃不成军,留下他们的头目张四彪被叛军围住,虽然他极力抵抗,终被杀死。他的死讯传到东田村,人们都感到高兴。主教去那里看望乡民,并派了要理老师,其后建了一座小堂。起初半村人都去上学,以后有人慢慢忘记许诺,只剩下30户虔诚的教徒,董若翰时代有100多人,1933年有300多名教徒,成为那个堂区的主要地方①。新乐县东田村乡民完全是在乡村劣绅及官僚的联合欺压下,官司败诉,无以为计,只好以入教为条件,寻求有特殊政治势力的教会保护。在董若翰的积极干预下,村民的仇敌张四彪死于战场,村民无形中赢得了官司的胜利,从此摆脱了张四彪等人的欺压。在达到上述目的之后,村民依据原来的允诺,准备保守奉教,中途虽有部分人退出,在董主教时代亦有100多人领洗进教。他们的皈依无丝毫宗教动机,完全出于世俗功利目的。

董若翰参与处理的另一起诉讼案例为深泽县大梨院(园)村事件。大梨院(园)村一个好事者的案件呈到无极县。此人为观看法国国旗来到正定府,偶然间拾到一封欧文信件,回家后便以此为护身符傲慢地向人显示说:"如今官家不管我的事,我能向北京告他"。有人将此事报告县官,县衙派人逮捕了他,粗略审了一下,把他送往保定府上级,说是作乱鼓讼者。其父母及亲友不能把他救出来,只好找到董若翰主教,许诺说如果得到宽大释放,愿意成为教徒。主教路过保定府时,送给官方一个名片,并要求如果那人没有罪行,请宽容释放。不久,那人获得了自由。他回来后,其父母和亲友就实践诺言,宣称自己成为教徒。这样,至少是大梨院(园)村的一部分人保守奉教。1864年,此村以圣母七苦名义建立了一个小堂。邻近不少村如小梨院(园)、赵巴(Tchao-Pa)、小吴(Siao-ou)的一部分村民都愿意成为教徒②。大梨院(园)村部分村民的入教,纯粹出于世俗功利目的。为解救

① A.Morelli, C.M., *Notes D'Histoire Sur le Vicariat de Tcheng-Ting-Fou 1858 - 1933*, Imprimerie des Lazaristes , Pei-P'ing, 1934, pp.41 - 42.

② A.Morelli, C.M., *Notes D'Histoire Sur le Vicariat de Tcheng-Ting-Fou 1858 - 1933*, Imprimerie des Lazaristes , Pei-P'ing, 1934, pp.44 - 45.

自己的亲人免于官司,他们不得不以入教为条件,向教会寻求帮助。教会也借此机会,施加影响,通过帮助村民获得诉讼胜利,吸引更多乡民入教。由此,诉讼传教方式成为天主教会19世纪后半期的主要传教方式。

除董若翰所在的直隶西南宗座代牧区外,直隶北部、直隶东南宗座代牧区也纷纷效仿董若翰的诉讼传教方式,一时入教者甚众。文安县安租辛庄开教即是典型事例。安租辛庄分8个台,3个大村、5个小村,称五八安租,是一牌办事。8村住户均租种8项旗租地,按要求交租时应交纳银子。但官吏为了从中渔利,不要银子,只要现铜钱,每亩加倍讹索。8村乡民忍无可忍,由安清太等人联名越衙去京师顺天府,控告文安知县王延寿等。官司经过一年多,最后判定8村每年交租仍完银子不完钱。安清太等人回家后,令8村住户按地亩摊上京呈控之川资,唯田福山在知县王延寿支持下反抗不拿。安租辛庄陈振芳等见田福山抗不摊钱,遂约田中和、刘明友、刘清堂、郭锡光、刘凤堃等人,去文安县控告田福山,不料官判田福山不拿钱有理,陈振芳等8人无理,遂将陈振芳8人锁押班房数日。时正遇雄县小刘庄教徒练德水(一说他是串乡卖油的),借机劝陈振芳等人奉教说:“尔等若愿意早出班房,可打发人去辛城县(今高碑店)堂内,记名奉教,求张国瑞神父(圣名保禄,东双村人)救你们,如此事也平安了,灵魂也救了,两全其美。”陈振芳等遂央求练德水带领数位十几岁孩童求见张神父,说明呈词被押及情愿奉教之理由,张神父亲自给知县王延寿修函,知县未允。1899年9月15日,张神父又派人向知县声明,次日辛城贺堂,求将8人开释。在教会的压力下,知县遂放人。五八安租见张神父将8人要出,亲至贺堂上礼者约100余家。陈振芳等8人全家从此记名奉教①。从安租辛庄开教过程看,8户村民并非出自内心信仰天主而进教,完全是为了依靠教会,赢得诉讼。他们的皈依是典型的世俗功利型动机。

与上述几则事例类似,清苑县东闾村的开教也因诉讼而起。1862年时,东闾村2000居民中没有一个基督徒。居民分属两个家族:村西很穷的杨姓家族和村东的蔡姓家族。两者间有一水塘相隔,水塘中央一个坟头上

---

① 包士杰:《拳时北京教友致命》卷8,北京救世堂1922年版,第69—70页。据《文安文史资料》第3辑第106页《辛庄天主教的由来及发展》载,开始记名奉教的人家户主是郭锡光、陈振芳、田忠同、刘明友、刘风昆、田忠才、刘绍增、李文有。名字稍有出入,事件过程也不尽相同。笔者采用包士杰的记述。

建有一座属于蔡姓的佛塔。杨姓人从占卜者那儿得知自己的贫穷是因为那座佛塔，便连夜烧掉佛塔，并拆除下面的砖头归为己有。蔡姓人家抓住了肇事的杨姓人，把他们告到保定府堂上。杨姓人知悉拆毁佛塔可按死罪论处，惶恐不安，便向邻村一个信奉基督的亲戚问计。后者答道："这事好办，基督徒是不要佛塔的，如果信教，他们先建的佛塔也要拆掉。你们做基督徒吧，这样就没事了。"杨姓人在亲戚指点下找到当时正在村里的刘神父，没有说佛塔的事，只说想当基督徒。神父向他们分发了教理书，去东闾看望他们，还通知他们6个月后来为他们施洗。这下轮到蔡姓人担心了，他们知道基督徒可得到洋人保护。他们也找到刘神父，而且也开始钻研教理书，不过与杨姓不建立任何联系。1863年春，刘神父来到东闾，为约50名杨姓人和蔡姓人施了洗。此时，蔡姓人才对刘神父讲述了他们的佛塔是怎样被杨姓人拆毁的，以及后者至今未受惩处的事。神父答道："这很简单，现在你们是基督徒了，倘若佛塔还在那里，你们就该把它拆除，杨姓人帮你们拆除了，事情也就解决了。"该事件原则上解决了，事实上杨、蔡两姓的矛盾很难化解，直至多年后，双方才相互交谈①。杨、蔡两个家族均出于从教会寻求保护、赢得诉讼的功利目的而入教。由于双方均有人领洗进教，教会不好偏袒一方，只有劝化两方息讼止争。这样一来，双方企图借教会势力打压另一方的目的并没有达到，尽管双方不再打官司，他们的家族矛盾依然延续多年。

上述因诉讼而入教的乡村教徒，多数是迫于官僚与士绅的联合欺压，为求得生存，只好以入教为条件，寻求教会的保护。可以说，他们的入教是在世俗功利目的驱使下，为挽救生存危机而进行的迫不得已的选择。当然，在因诉讼而入教的乡村教徒中，也不乏恃教为护符的不法乡民。他们为官司胜诉，不惜歪曲事实，捏词呈控。一些传教士"不择莠良、广收徒众、以多为能"②的做法，鼓励一些不法分子入教。在传教士的袒护下，"词讼无理者，可以变为有理；钱债应还者，可以不还，"③甚至犯了人命官司，一经奉教也

① ［法］沙百里著，耿升、郑德弟译：《中国基督徒史》，中国社会科学出版社1998年版，第239—240页。

② 中国第一历史档案馆、福建师范大学历史系编：《清末教案》第1册，中华书局1996年版，第910页。

③ 中国第一历史档案馆、福建师范大学历史系编：《清末教案》第1册，中华书局1996年版，第910页。

可以逃脱惩治。如景县徐庄的财主郭玉璞，有人说是他把人家的小孩投到坑里淹死了，并到官府里去告他，郭财主吓得没了办法就去奉了天主教，奉教后就没事了①。在不法教徒的鼓动下，传教士不问事理曲直，频繁干预词讼，百般袒护教徒，引起了官僚、士绅及普通民众的不满。民谣："未入教，尚如鼠；既入教，便如虎"、②"入了天主教，赛过虎狼豹。拍花剜心胆，拿去做春药。官衙不敢管，怕把顶子掉"③正是人们不满情绪的写照。在教会内部，部分传教士也对讼诉教徒提出批评。直隶西南宗座代牧区主教戴济世于1872年视察柏乡和顺德府时，曾评价这些地区的新教徒说："论受教育和信德，还不如平山教友，为什么呢？因为大部分是诉讼教友，性格粗鲁、狡猾。"④尽管讼诉传教方式曾一度吸引众多民众入教，因弊病太多，教会在义和团运动后逐渐放弃了令人诟病的诉讼传教方式，诉讼式皈依教徒也随之减少。

四、政治庇护，躲灾避难

近代天主教会所获得的治外法权等特权，不仅吸引了想赢得诉讼乡民的注意，更为那些遭到政治迫害和强权欺压的乡民提供了保护。遭受迫害的乡民出于躲灾避难的世俗功利目的，以入教为条件，寻求教会的政治庇护。

近代河北乡村因不同原因遭受政治迫害的乡民多种多样，其中之一为秘密教门组织成员。民间秘密教门源远流长，教门繁多。它们作为游离于朝廷政权之外的社会异己力量，一直被官方视为"异端"，受到排挤与打压。特别是元末利用白莲教组织与教义发动的红巾军起义后，白莲教一直为朝廷所取缔。到了清代，白莲教已变换多种名目，加之一些新的秘密教门，约有近百种。对这些秘密教门，清廷一直严密控制，其组织一经查获即遭镇压。为躲避政府迫害，秘密教门组织成员加入教会理所当然。周锡瑞在

---

① 路遥编：《山东大学义和团调查资料汇编》下册，山东大学出版社2000年版，第1187页。

② 中国第一历史档案馆、福建师范大学历史系编：《清末教案》第1册，中华书局1996年版，第910—911页。

③ 黎仁凯编：《直隶义和团调查资料选编》，河北教育出版社2001年版，第113页。

④ A.Morelli, C.M., *Notes D'Histoire Sur le Vicariat de Tcheng-Ting-Fou 1858 – 1933*, Imprimerie des Lazaristes, Pei-P'ing, 1934, p.101.

《义和团运动的起源》一书中指出，秘密教派组织成员入教的根本原因是政治方面的：他们需要保护。教派组织成员改信基督教的最普遍动机是为了逃避政府的迫害①。周锡瑞的研究主要是反映了山东省的状况，在河北乡村地区，民间秘密教门成员为躲避政府迫害而入教的现象不如山东省典型与普遍。在现有资料中，笔者仅发现有限几则材料。其中一则是周锡瑞书中所提到的资料：19 世纪 70 年代，在直隶东南部地区传教的一位法国耶稣会传教士写道，他在过去的 10 年中看到，有 5000—6000 名白莲教徒皈依了基督教②。这则材料虽然没有明确提到白莲教徒入教的真正动机，但从这样庞大的皈依数字推断，他们中多数人应是出于世俗功利目的而奉教，躲避迫害是其中主要原因。另一则材料是广平县张洞村开教。1850 年左右，南方柰卦在王大中倡首之下于广平、肥乡一带暴动成乱。及平息后，改奉天主教者，一时颇多。张洞村张兴旺等三四人，赴邻县南里岳，找奉天主教人介绍入教，最后又联络多人，一同入教。其目的在奉天主教后，支应门户，不被逮捕③。在这则材料中，秘密教门成员为躲避政府逮捕、寻求教会保护的功利目的十分明显，是典型的政治庇护型动机。秘密教门成员除因起事失败躲进教会外，还有人为对抗士绅压制、报复仇人而入教。在涞水县南高洛村，部分人酷信摩尼教，据说"有坐锅盖或棉被上天之法"。当南高洛村摩尼教信徒去北高洛村传教时，遭到北高洛村绅士阎洛福的严厉斥责与抵制，他携狗肉去南高洛村，强制所有摩尼教信徒吃狗肉，逼使他们反教（民间流传吃了狗肉能破邪）。那些被迫吃了狗肉反摩尼教的人们，怀着对阎洛福的仇恨加入了天主教，不断扬言准备报复阎洛福④。南高洛村摩尼教信徒之所以改奉天主教，完全是出于对绅士强权的反抗与仇恨。他们被强迫反摩尼教后，心中的愤懑无处发泄，只好加入天主教，借助教会庇护对抗士绅强权。在伺机报复的心态下，教案发生在所难免。

除秘密教门组织成员外，因官司败诉、受人欺负而寻求教会庇护的普通

① ［美］周锡瑞著，张俊义、王栋译：《义和团运动的起源》，江苏人民出版社 1995 年版，第 82—83 页。

② 徐博理：《在中国的社团》（巴黎，1880 年版），第 31—32 页。转引自周锡瑞著，张俊义、王栋译：《义和团运动的起源》，江苏人民出版社 1995 年版，第 83 页。

③ 《接受外国津贴及外资经营之文化教育机关及宗教团体登记表（永年教区）摘要》，解成编：《基督教在华传播系年》河北卷，天津古籍出版社 2008 年版，第 505—506 页。

④ 黎仁凯编：《直隶义和团调查资料选编》，河北教育出版社 2001 年版，第 151 页。

乡民亦有很多。涞水县南高洛村蔡某即是因讼诉失败而入教。高洛村原有佛事会(又称赛神会),绅士阎洛福是佛事会头。有一次他向蔡某劝助,蔡不仅不予施舍,反去县衙控告阎洛福。经断官司吃了败诉,被迫出款捐助,不多时蔡某即投入天主教①。良乡县干河村村民吕凤兴因河滩地受人欺负,在教徒王某劝化下,于 1879 年偕妻与长子一同保守奉教②。这些因官司失败、受人欺负的普通乡民之所以皈依天主教,主要从世俗功利目的出发,企图依仗教会特权,伺机报复仇人。上述南高洛村蔡某即是其例。蔡某入教后,一直对阎洛福怀恨在心。1899 年,佛事会因搭建迎神会棚与教徒张才发生冲突,并引起诉讼。保定及安肃教堂杜、侯、席教士依仗教会特权,迫使县令拘捕佛事会会头阎洛福等人。原来衔恨的蔡某趁机报复,诬陷阎洛福"砸毁教堂祭器",以此出庭作伪证。县令硬性判处阎洛福向教堂教徒罚跪赔礼,罚银若干,另摆酒席 60 桌③。毋庸置疑,上述受人欺负的普通乡民原来多属于社会弱势群体,受官僚、绅士等强权势力的压迫与欺压,可一旦他们加入教会,身份与社会地位立刻发生变化,在教会特权的庇护下,他们由原来的弱势群体一跃而变为强势群体,不仅可以报复仇家、欺压别人,而且还可以对抗官僚、士绅强权。正是这些因身份置换而使社会地位发生改变的乡村教徒,滥用教会特权,捏词呈控,引发了一系列教案,激化了民教矛盾,并最终成为以消灭"洋教"为目标的义和团运动的导火索。

在周锡瑞的研究中,除秘密教门成员经常为躲避政府迫害而入教外,土匪亦经常寻求教会保护。他们因怕捉拿"摇身一变成了天主教徒"④。周锡瑞由此得出结论:皈依基督教的人中绝大多数是秘密教门成员、土匪和穷人⑤。对于周锡瑞阐述的山东模式,美国学者李仁杰提出不同看法。他从总理衙门的案例和法国传教士的信笺中都没有找到土匪团伙为河北地区天主教堂所吸收的证据。在大多数村庄,至少在地方权力斗争的这个阶段,天

---

① 黎仁凯编:《直隶义和团调查资料选编》,河北教育出版社 2001 年版,第 151 页。

② 包士杰:《拳时北京教友致命》卷 9,北京救世堂 1922 年版,第 37 页。

③ 黎仁凯编:《直隶义和团调查资料选编》,河北教育出版社 2001 年版,第 151—152 页。

④ [美]周锡瑞著,张俊义、王栋译:《义和团运动的起源》,江苏人民出版社 1995 年版,第 108 页。

⑤ [美]周锡瑞著,张俊义、王栋译:《义和团运动的起源》,江苏人民出版社 1995 年版,第 86 页。

主教徒似乎同传统的教门、土匪相冲突[①]。笔者尽管也未找到直隶乡村大批土匪加入天主教的证据，但并不否认有土匪皈依天主教的事实。直隶东南宗座代牧区即有一例。1867 年，在距大名府 60 华里的张东村，恶官与土匪联合抢劫，犯了国法。他们来找神父帮忙，神父鄂答位告诉他们赶紧学习要理和经文，这些人因害怕有危险很快学会要理和经文，张东村主要人物中的四人亦完全学会，并要求领洗。鄂答位就给四人领了洗。而后，神父去见长官，为罪犯求赦说，他们已成为教友，保证完全悔改。村中大部分人后来也都领洗成为教徒[②]。就普通乡民而言，加入会匪与加入天主教并没有本质区别，都是其摆脱生存危机的一种手段。如果秘密会门或土匪组织不能保护其生存权利，他们转而会加入天主教会。至于天主教与教门、土匪的冲突，应视当地情况而定。在教门组织公开或半公开及土匪势力较大的地区，他们为了与天主教会争夺有限的生存资源，与天教徒之间的矛盾和冲突会比较严重。相反，在教门与土匪遭受政府严密控制与打击的地区，教门成员与土匪为了躲避政府迫害，往往会寻求有政治特权的教会的保护。他们的皈依被称之为政治庇护型的世俗功利动机。

在政治庇护型皈依动机中，因躲避战乱而入教的乡村教徒亦属于其中的一种类型。河北乡村社会自近代以来，社会不靖，战乱频仍。特别是民国以后，从军阀混战直至抗日战争，绵延无休的战争使乡村民众生活动荡，民不聊生。在这样一种条件下，一些乡村民众为躲避战乱，不得不寻求天主教堂的庇护。在抗日战争中这种现象尤为明显。日本发动的全面侵华战争，给中华民族带来沉重灾难。日军所到之处，烧杀抢掠，无辜平民死伤无数。尽管日军对天主教堂屡次寻衅，但慑于外国政府的压力，在太平洋战争以前还不敢公开与天主教会为敌。这样，天主教堂暂时成为平民百姓的避难所。大名在 1937 年冬被日军侵占后，男女老幼数百人拥入天主教堂避难，在秩序稳定后，避难男女纷纷要求受洗入教，并且又串联亲友入教，于是教徒大增[③]。在邢西，一些乡民认为在教（即入教）敌人（指日军）不侵犯，（日军）

① [美]李仁杰：《华北农村的宗教和权力——义和团运动前直隶地区的天主教》，义和团研究会编：《义和团运动与近代中国社会国际学术讨论会文集》，齐鲁书社 1992 年版，第 489 页。

② 刘献堂：《献县教区简史——庆祝教区成立 150 周年》打印稿，台湾 2006 年印行，第 86 页。

③ 柴继昌：《大名天主教小史》，《大名文史资料》第 2 辑，中国人民政治协商会议河北省大名县委员会文史资料研究委员会 1990 年版，第 175 页。

扫荡时,在教人门上都写“耶稣之宅”①,以此来避免日军迫害。在正定宗座代牧区,也有一些教徒“是日本鬼子来时为求得堂中庇护而入教的”②。以定县为例,七七事变前,定县居民多认为天主教是外国教,他们不肯与之为伍,故定县城内虽约有居民10万人,教徒仅有三四家,人数20人。迨至日军攻占定县的时候,全城人士惶恐不已,教堂成立避难所,全城的人除了逃走的所余无论男女老幼都到堂中避难,院中每一个角落里都充满了难民。神父借此良机向大众介绍天主教道理,当时就有很多人保守入教③。上述这些乡民之所以皈依天主教,根本原因在于求得教会保护、躲避日军屠杀、维护自己生存。他们的皈依完全出于世俗功利动机。

河北乡村教徒政治庇护型动机除上述几种情况外,还有一种现象值得注意。这部分乡民不是为躲避政府和非教徒的迫害与欺负而入教,而是害怕教徒、教会的报复与打击入教。义和团运动失败后一些团民皈依天主教即源于此。在清苑县谢庄,因清苑县义和团头目张玉容(张洛培)是这个村庄的,使不少村民卷入义和团运动中。义和团失败后,天主教徒们重返家园,对义和团一般成员,只要领洗入教,就不咎既往。谢庄本来天主教人数不多,而且多集中在西北头,这时东南头的人也纷纷要求入教,使全村入教人数顿时迅猛发展起来。在此基础上,神父王宾于1901年创办了谢庄分堂,统管北马庄、南马庄、陈吴庄、蒋庄等村教务④。涿县百尺竿乡细各庄开教也从义和团团民奉教开始。细各庄原本无天主教徒,义和团运动时期本村义和团曾攻打过西什库教堂,义和团运动失败后法国人到处追杀义和团,并扬言说“只要奉天主教,就可以不杀”。当时,一些人为了逃一条活命,就奉了教。从此,本村就开始有天主教的活动⑤。谢庄、细各庄一些义和团团民之所以从反天主教斗士陡然变成天主教徒,主要原因是为了避免教徒报复。义和团运动后,天主教会根据在义和团运动时期教会所受的损失,对设

---

① 太行区党委:《邢西党内教民调查登记表》,河北省档案馆,全宗号90,目录号1,档案号56。

② 李钟琦:《正定天主堂》,《正定文史资料》第1辑,政协正定县文史资料研究会1992年版,第151页。

③ 木目:《近数年来的定县城内教务》,《益世周刊》第28卷第8期,1947年2月23日。

④ 郑汉青:《天主教点滴漫谈及清苑县天主教概况》,《清苑文史资料》第1辑,政协清苑县文史资料研究委员会1992年版,第216—217页。

⑤ 路遥编:《山东大学义和团调查资料汇编》下册,山东大学出版社2000年版,第1280页。

立义和团的村庄进行清算，除赔偿经济损失外，义和团团民还受到惩罚甚至杀戮。在这种情况下，一些团民为了生存与活命，不得不侧身教会。另外，被义和团运动所涉及的一些普通乡民在教徒的追逼下，也只好加入教会，以求保护。三河县北寨村戴起旺一家即因此入教。戴起旺家与教徒毗邻，在义和团焚烧教徒房屋时，戴家房屋亦被焚毁。戴起旺就伐教徒之树木，把自己被烧房屋修起。及至教徒归家，向其索树，戴起旺无力偿还，遂举家保守奉教。奉教以后，树木之事也无人追究①。戴家奉教纯粹是出于寻求庇护的世俗功利目的。在戴家的教徒身份确定后，教会立刻给予保护，戴家所欠教徒之树木则不再予以追究。因此，不论是团民抑或是普通乡民，他们在义和团运动失败后为了躲避教会、教徒报复，都不得不加入教会，以换取教会的保护。他们的入教是政治色彩很浓的皈依，属于典型的政治庇护型世俗功利动机。

河北乡村向教会寻求政治庇护的乡民成分相当复杂，既有反抗政府的教门成员，也有扰乱社会的土匪；既有走投无路的义和团团民，也有遭人欺负、躲灾避祸的普通乡民。他们在面临生存危机时，出于世俗功利目的，无一例外都向教会寻求庇护。教会利用治外法权等特权，为上述各类人等提供保护，引起民众不满。特别是土匪等人的入教，极大损害了教会形象。在口述资料中，有人认为“当时入教的没有多少老实庄稼人，都是一些小偷、贼、土匪、有罪作案的”②。这种说法虽然言过其时，但也代表了社会部分人对教会的看法。当然，教会为战祸中的乡民提供保护，则引起了当地乡民的称赞与感激。可以说，政治庇护型皈依是河北乡村教徒在特定历史环境下，作出的一种有利于自己生存的选择，是世俗功利型动机的主要类型之一。

五、贫困无依，生计所迫

在近代河北乡村，尽管各地都存在生活相对富裕的地主和富农，但以贫农和中农为主体的自耕农、半自耕农、佃农仍占乡村民众的绝大多数。以顺义、三河、赵县、平乡、大名等26县51村为例，在被调查的4309家农户中，

① 包士杰：《拳时北京教友致命》卷13，北京救世堂1926年版，第61页。

② 路遥编：《山东大学义和团调查资料汇编》上册，山东大学出版社2000年版，第23页。

自耕农占78.09%,自耕农兼租种(租入或租出)占11.79%,佃农、雇农占5.82%,全租出地主占2.09%,非地主亦不耕种者占2.21%①。在以自耕农、半自耕农、佃农为中心的乡土社会中,农民们由于受生活低下、租税剥削、高利贷压榨及天灾人祸等条件的制约,生活水平十分低下。据河北盐山县150户农家统计,农家赚款(进款减去现款费用)平均每年为135.13元,每人约合25.24元,除却每人每年食粮费用11.63元外,其余13.61元包括其他各项费用。"盐山农民之进款既少,故农民仅可维持其勉强之生活,在冬季或闲暇之时,普通农民更为窘苦,每日只有两餐,每餐之所食者又概属粗粝,且其分量亦少,其节省限度,可谓已至极点。"②在唐县,农村亦是普遍贫穷,"全县人民都感到生计的困难,人人都受到没饭吃的威胁。"③可以说,河北多数农民入不敷出,生活在贫困线以下。这些在生存边缘挣扎的农民,一旦遭遇水、旱等灾祸,生活会陷入新的困境,有些人甚至会累及生命。在1920年河北大旱灾中,于河间、献县、衡水有逃荒者一家,将亲生18岁之女售洋20元,该女之母因思女自缢,其父往救无效,且又因洋元误被遗失,自触庙墙而死,2幼子则相抱饿毙④。面对河北乡村民众的贫困与灾荒,天主教会开创了以经济救助为手段的传教方式。传教士利用赈灾助贫的机会,吸引贫穷乡民入教。在物质利益的刺激下,一些为生活所迫的贫民与灾民出于生计需要的世俗功利目的入教,寻求教会的经济救助。

在河北乡村贫苦农民中,最需要救助的是生活无依的孤寡老人和年幼孤儿。他们由于得不到政府及社会慈善机构的有效救助,濒临死亡。在这种困境下,一些人只得皈依天主教,来寻求教会慈善机构的帮助。涿州北张村的边玛利亚是其中典型的代表。边玛利亚本系外教,因年老无依,央求教徒张启英送她到仁慈堂中保守,"始沾领洗之恩,后在南堂养老院中养老。"⑤东安县(今廊坊市)北长道村张自海及兄张保禄,弟兄二人先本外教,幼年父母去世,家贫无度,愿奉教。他们求新房子村教徒黄殿方介绍送

---

① 杨汝南:《河北省二十六县五十一村农地概况调查》,国立北平大学农学院农业经济系1935年版,第12页。

② 卜凯著,孙文郁译:《河北盐山县一百五十农家之经济及社会调查》,《金陵大学农林科农林丛刊》第51号,1929年9月,第165页。

③ 刘菊泉:《河北唐县的农村经济概况》,天津《益世报》1937年2月6日第12版。

④ 近事:《文安司铎函述灾情并附述挽救方法》,《圣教杂志》1920年第12期。

⑤ 包士杰:《拳时北京教友致命》卷9,北京救世堂1922年版,第14页。

至南堂，在栅栏堂为婴孩，数年领洗[①]。通州姜庄李贵德自幼外教，14 岁时父死母嫁，孤苦无依，送住北堂为婴孩，保守奉教[②]。据笔者前文对《致命》一书后 15 卷统计，计有婴孩 78 名，占本书后 15 卷所列乡村教徒总数（3066 人）的 2. 54%。这些婴孩多如上述例子所示，为生计需要而皈依天主教。据石家庄教区李保存神父回忆，其曾祖母及祖父也因生计所需而奉教。李保存原籍井陉县人，其曾祖父爱赌钱、抽大烟，曾祖母怕丈夫把儿子卖掉，就带着儿子从家里逃出来。由于生活无依，经人介绍到直隶西南代牧区圣婴堂入了教。其后，李保存祖父上了学，曾祖母在圣婴堂服务[③]。李保存曾祖母及祖父入教亦是出于世俗功利目的，他们为生活所迫，只好把入教作为其生存下来的一种方式。

除孤苦无依的老人、妇女、孤儿外，一些在生活上突然遭遇严重经济危机的贫民为从教会获得救助，也本着世俗功利目的加入天主教。最典型的事例是河间县范家圪垯村的开教。范家圪达成村于咸丰中叶，全村十几户人家皆为穷人。1877 年亢旱成灾，村民分散流离，往外乡讨饭。1879 年，村民陆续回家，虽然此时雨水充足适宜耕种，但村民农器、牲畜皆无，无法种地。村中有一妇人王四太太见众人无法，就到一个奉教村中，见了当年在河间县传教的司铎贺乐耽求借一匹小毛驴，为能耕田种地，且说："若蒙神父垂允，我们十来家人，都一齐奉教。"贺司铎派一位传教先生到该村，给村民一二十吊钱，让他们自己买驴耕田种地，村民从此保守奉教。1880 年，贺司铎亲自为该村村民领洗。此后，贺司铎在会长鄂尔璧的支持下，买下范家圪垯村外庄田一二十顷，一面招佃户租种，一面开设男女学堂陶成佃户子女。如此一来，范家圪垯居民越来越多，教务也蒸蒸日上。[④] 范家圪垯逐渐成为远近闻名的教徒村。范家圪垯多数村民入教是源于经济因素。在村民走投无路，陷入经济困境时，教会资助的一匹小毛驴竟能换取十几家乡民入教，这对教会来说是很值得的一件事。正是看到经济利益对贫穷农民的吸引作用，教会买进大批土地，供佃户耕种，并免费提供房屋。在这些措施的促进下，大批佃户领洗奉教。

---

① 包士杰：《拳时北京教友致命》卷 7，北京救世堂 1921 年版，第 30 页。

② 包士杰：《拳时北京教友致命》卷 13，北京救世堂 1926 年版，第 32 页。

③ 笔者 2005 年 7 月 26 日在石家庄教区天主教主教堂对李保存神父的采访记录。

④ 《献县教区义勇列传》第 1 册，献县天主堂 1935 年版，第 392—399 页。

近代以来,购买或租贷大量土地吸引移民耕种,进而促使移民奉教是塞外天主教会的一种重要传教方式。关内农民由于土地及粮食不足,被迫向土地广阔的口外移民。盐山县 150 户农家中“有百分之十之人民,不得不向天津及东三省移殖,藉以解决其生计问题”①。定县在 1934 年 1 月至 3 月间,外出谋生者共计 15084 人,其 1338 人系知准确谋生地点者。谋生地点东四省(黑、吉、辽、热河)占一切人数的 64%,西北占 8%。仅察哈尔、热河两省即占 6.58%,人数达 88 人②。为了吸引关内人民向口外迁移,教会规定了三个办法:一是以低价租给迁来的人民以田地、农具、耕牛;二是代迁来的人修盖房舍,建立新村;三是确保治安③。教会的这些优惠条件使大批移民趋之若鹜,他们在物质利益的刺激下纷纷加入天主教,由此形成了南壕堑(今尚义镇)、七号村(属张北县)、平定堡(今沽源镇)、公会村(属张北县)、锥子山(今围场镇)、沙拖(陀)子(属平泉县)等多处教徒村。成村于 1870 年的南壕堑,拥有居民 4000 人;平定堡(1888 年成立)有居民 2200 人;公会村(1908 年成立)有居民 2300 人;七号村(1910 年成立)有居民 1800 人④。这些居民大多原为关内移民,他们为生活所迫迁移口外。教会在以低价租给他们土地的同时,“当然寻求传教的机会”⑤。尽管教会宣称佃户们有听讲教义和信教的自由,但如果一个佃户长期不奉教,恐怕会失去教会的经济援助。因此,多数移民出于生计需要等世俗功利目的考虑,最终皈依天主教。

在近代河北乡村,灾民是世俗功利型动机最为典型的入教人群。近代以来,河北乡村灾荒频仍。据李文海等人所著的《中国近代十大灾荒》附录《中国近代灾荒年表》统计,1840—1949 年 110 年间,河北只有 9 年没有灾荒记录,其他 101 年中每年都有一种或多种灾害,常常水旱灾交替,虫、疫灾随行,人民生活困苦不堪。1877 年,华北地区发生严重旱灾,直隶年初即有

---

① 卜凯著,孙文郁译:《河北盐山县一百五十农家之经济及社会调查》,《金陵大学农林科农林丛刊》第 51 号,1929 年 9 月,第 165 页。

② 《定县经济调查一部分报告书》,河北省县政建设研究院 1934 年版,第 101 页。

③ 杨堤:《塞外的“天主教国”》,南京《益世报》1947 年 9 月 19 日。上海档案馆,档号 U101-0-216。

④ 王守礼著,傅明渊译:《边疆公教社会事业》,上智编译馆 1947 年版,第 35—36 页。另外,此处各村居民统计数目应为该书出版之前的数目,时间约在抗战胜利后至 1947 年初。

⑤ 王守礼著,傅明渊译:《边疆公教社会事业》,上智编译馆 1947 年版,第 18 页。

春荒，入夏以后又天旱缺雨，加以保定以西、河间以南旱蝗交成，因而灾区极广，仅河间府就有 200 余万灾民嗷嗷待救，灾情之重为“数十年所未有”①。民国以后，河北各地仍是灾害连年。1920 年，直隶、山西、河南等地旱灾严重，仅山东北部、直隶南部及山西一部受灾人民约 1500 万人②。面对千百万嗷嗷待哺的灾民，许多传教士加入赈灾的行列，并利用赈灾之机向灾民传教，由此开创了赈灾传教方式。前文所述，简便、高效的赈灾传教方式在直隶各教区都得到普遍运用，其中以直隶东南宗座代牧区最为典型。教区以各种方式对灾民实行赈济，但前提是必须研究教义并学习必要的经文。1910 年 10 月，教区还规定：接受教会赈济者须表示接受信仰并交出财产抵押卷，中途不肯入教者须交还赈济款并领回财产抵押卷③。在教会的严格要求下，许多灾民为了活命，只能以入教为条件，换取教会的赈济。灾民入教现象在河北乡村颇为普遍。1917—1918 年直隶大水灾中，直隶东南代牧区有 700 名灾民领洗入教④。1920 年旱灾中，有 1000 多名小孩，经父母同意望教⑤。直隶西南代牧区在 1920 年旱灾中也吸收不少灾民入教。阜平第一批新领洗的教徒有 300 人，井陉、平山、元氏、临城、沙河靠近山西的县份同样都在望教中增加了数目⑥。文安县辛庄村在遭受 1917 年水灾后，得到教会赈灾救助，许多灾民借机入教。1918 年，辛庄天主教进教人数巨增，辛庄村约有 80%的村民入教⑦。景县自 1936 年大水灾后，一直民不聊生。日军的侵略更把广大人民推进水深火热之中。为了救济灾民，主教凌安澜要了大批救济物资，凡信仰天主教的穷教徒和愿意入教的贫穷人，每人每天一斤红高粱。一时欲进教者其多，教徒人数猛增。东朱河教堂附近村庄欲

---

① 李文海、程歗：《中国近代十大灾荒》，上海人民出版社 1994 年版，第 93 页。

② 近事：《直隶山西河南陕西山东福建浙江七省大荒灾汇志》，《圣教杂志》1920 年第 10 期。

③ 刘献堂：《献县教区简史——庆祝教区成立 150 周年》打印稿，台湾 2006 年印行，第 154—155 页。

④ 刘献堂：《献县教区简史——庆祝教区成立 150 周年》打印稿，台湾 2006 年印行，第 168 页。

⑤ 刘献堂：《献县教区简史——庆祝教区成立 150 周年》打印稿，台湾 2006 年印行，第 183 页。

⑥ A.Morelli , C.M., *Notes D'Histoire Sur le Vicariat de Tcheng-Ting-Fou 1858 - 1933*, Imprimerie des Lazaristes, Pei-P'ing, 1934, p.138.

⑦ 井桂林、武振魁：《辛庄天主教的由来与发展》，《文安文史资料》第 3 辑，中国人民政治协商会议文安县委员会文史资料研究会 1994 年版，第 108 页。

信教者达数百人。1940 年 6 月,300 余人同时领洗入教①。上述为求教会赈济而入教的灾民,绝大多数不是出于内心信仰天主而奉教,而是在生存危机面前不得已的选择,是典型的世俗功利动机。许多人在荒年过后渐渐退出天主教会即是世俗功利动机的最好明证。

与灾民世俗动机相类似,河北乡村存在一批以"吃教"为目的的贫穷乡民。前文所述,直隶北部宗座代牧区主教林懋德在任保定总本堂时,曾创立免费供给望教者饮食的传教方式。1900 年后,有些教区进而发给望教者银钱,让他们自己解决饮食。天主教会的上述传教方法对于在死亡边缘苦苦挣扎的乡村贫民无疑具有极强的诱惑力。一顿饭、一元钱都可以吸引贫穷乡民登记望教。中共太行区党委 1944 年对邢西党内教民调查统计,共有天主教徒 15 人,其中只有左今玉、王希志、张贵林三人入教动机明确。综观三人的入教动机,都是"为了吃点粮食",张贵林还为了"与自己求点小利"②。在口碑资料中,多数人认为"穷人们入教为的是沾点便宜"③。这些为贪图教会饮食、粮食及钱款而入教的贫苦乡民被称为"吃教者"。民间所流传的"你为什么奉教,我为小钱八吊;为什么领洗,为了一斗米"、"一十字,圣加号,真吃干饭假奉教,要说念经咱就漂(走掉之意),要说吃饭咱就到"等歌谣④,正是"吃教者"入教动机的真实写照。这些衣食皆无、生活贫困的乡民出于生计需要,以入教为幌子,达到"吃教"的目的。

近代河北乡村多数民众因生活所迫而入教的人数众多。除生活无依的孤寡老人、妇女和孤儿外,大批灾民和贫民等为生计需要也纷纷涌入教会。尽管葛光被等一些教会人士认识到"不应以金钱或食粮帮助穷人而要求他们领洗"⑤,可因这种传教方式成效显著,一直为教会普遍采用。穷人成为乡村教徒的重要组成部分。这些为穷困所逼的贫苦农民在生存压力面前,以入教为条件,寻求教会的经济救助。他们皈依属于典型的世俗功利型

---

① 范文兴:《天主教景县天主堂史话》,《景县文史资料》第 2 辑,中国人民政治协商会议河北省景县委员会 1989 年版,第 147—148 页。

② 太行区党委:《邢西党内教民调查登记表》,河北省档案馆,全宗号 90,目录号 1,案卷 56。

③ 黎仁凯编:《直隶义和团调查资料选编》,河北教育出版社 2001 年版,第 131 页。

④ 黎仁凯编:《直隶义和团调查资料选编》,河北教育出版社 2001 年版,第 144、92 页。

⑤ 刘献堂:《献县教区简史——庆祝教区成立 150 周年》打印稿,台湾 2006 年印行,第 108 页。

动机。

六、治病救人，感恩进教

晏阳初先生曾指出，中国乡村的基本问题是“愚”、“穷”、“弱”、“私”。在这四大基本问题中，“穷”与“弱”直接威胁着乡村民众的生命与生存。乡村民众由于不讲卫生，缺乏必需的医疗条件，使疾病流行。疾病不仅使贫穷农家雪上加霜，更吞噬了乡民的健康，甚至夺去他们的生命。以定县为例，1929 年中一区 5255 农家患病人数共计 1415 人，其中死亡 296 人，占患病人数的 20.9%①。定县之所以有这样高的发病率与死亡率，与卫生医疗条件落后有很大的关系。在 1930 年调查中，定县城内有普通中国旧式药铺 13 个，定州自制眼药铺 3 个，眼药作坊 2 处，西式医院 6 处。453 村内共有医生 446 个，中式药铺 375 个。这些医生的资格与本事多属平庸，凡肯为人看病的都算为医生。即使这样，也有 226 个村庄没有 1 个医生②。20 世纪二三十年代的定县医疗条件尚如此落后，19 世纪后半期的情况更可想而知。普通乡民有病无钱治、有钱无处医，只能任病情拖延，直至死亡。针对这种情况，天主教会在各教区开办之初，即设立施药所、诊疗所或医院等机构，一面为乡民免费施药治疗，一面向他们宣传教义。在教会的救治下，一部分乡民出于对教会感激而进教。另有部分乡民则以病愈奉教为条件，寻求教会医疗机构救治。

在近代河北乡村，由于乡民贫穷与医疗条件的落后，为治病而入教的乡民很多。延庆县上百泉村张兆龙岳母（1900 年时 88 岁）60 多岁时，女儿（张兆龙妻）口上生疔疮，几乎要死，请教徒郭满堂医生医治，郭满堂先劝她奉教认识天主，然后医治。她回说：“你要是把我女儿的疮治好了，我一定奉教。”郭满堂将毒疮用刀子割下，撒上药数日而愈。张兆龙之妻张氏先保守奉教，后张兆龙及岳母也领洗奉教③。张兆龙全家奉教属于典型的世俗功利型动机。张兆龙岳母在女儿身患重病时，以治愈女儿为入教条件。在其世俗功利目的达到后，他们即遵守承诺皈依进教。

与上述承诺功利动机比，河北乡村多数病民因得到教会救治感恩进教。

---

① 李景汉：《定县社会概况调查》，中华平民教育促进会 1933 年版，第 282—283 页。

② 李景汉：《定县社会概况调查》，中华平民教育促进会 1933 年版，第 292—293 页。

③ 包士杰：《拳时北京教友致命》卷 18，北京救世堂 1931 年版，第 21 页。

特别对于一些贫病交加的乡民来说,教会的免费施药与治疗不仅减轻了其经济上负担,更挽救了他们的生命。从感恩的目的出发,多数人领洗入教。任丘县石家营村刘桂林即是其中之一。刘桂林原为外教,家道衰落后抛妻弃子,独自去天津谋生。到津后不久忽染重病,穷困无归,仁爱会修女将其收入医院,为之延医诊治,刘桂林"甚觉感激,听修女的善劝,弃邪归正,领洗进教"①。京郊农村一对父子亦因感恩而入教。1916 年,一名家距京城 300 里(华里)远的 12 岁儿童来京寻父,数日未果,后患痈症,来至味增爵会(遣使会)医院门口,院中修女将其安置病房,尽心调治。修士胡保禄代其寻找父亲。数日后,其父至院中与子相聚,"其父则为慈善之念所感动,甚愿得闻圣道,遂与童子领洗归真。"②除上述几则典型例子外,河北乡民因治病而入教的人还有很多。在献县宗座代牧区,诊所在传教中发挥了重要作用。1931—1932 年,施诊 6000 人次,有近 300 人领洗,1930 年有 68 位成年人领洗③。在正定教区,有的教徒亦是"因在堂中看好了病入教的"④。

综上而论,近代河北乡村教徒皈依动机纷繁复杂,多种多样。笔者依据现有资料按照宗教心理学的理论,把近代河北乡村教徒入教动机主要分为八种类型:理智型动机、实验型动机、神秘型动机、情感型动机、社会型动机、婚姻家族型动机、宗教功利型动机和世俗功利型动机。在这八种类型中,前五种动机广泛存在于西方宗教文化中,属于宗教心理学上的皈依类型。这些类型的皈依者一般具有较为纯正的、神圣的入教动机,宗教是其精神需求和目标。与此相比,后三种动机是笔者依据河北乡民入教实际而归纳出的皈依类型,不属于宗教心理学中皈依类型的范畴。尽管婚姻家族型动机是社会型动机的特殊形态,亦出现在西方宗教文化中,但由于封建伦理在中国婚姻家族中占有重要地位,影响着其家族成员的价值取向,故而在其宗教皈依中不可避免带有盲目随从性质。宗教功利型动机虽含有一定宗教成分,但也带有较强的世俗因素和功利目的。世俗功利型动机当然毫无宗教意义

---

① 《献县教区义勇列传》第 1 册,献县天主堂 1935 年版,第 40 页。

② 《近事·本国之部·北京》,《圣教杂志》1916 年第 11 期。

③ 刘献堂:《献县教区简史——庆祝教区成立 150 周年》打印稿,台湾 2006 年印行,第 218 页。

④ 李钟琦:《正定天主堂》,《正定文史资料》第 1 辑,政协正定县文史资料研究会 1992 年版,第 151 页。

可言，是纯粹的世俗式皈依。从上述分析看，后三种动机都缺少了宗教皈依的神圣性和纯正性，或多或少地带有世俗性和功利性，反映了河北乡民皈依的特点。河北乡民在中国特定的社会、历史及文化条件的限制下，以宗教信仰为生活目的的神圣性皈依在乡村教徒中并不占优势。相反，半宗教半世俗式和世俗式皈依却成为近代河北乡民皈依的主要形式。特别是那些因诉讼、庇护、生计、治病等世俗功利目的而入教的乡民，在乡村教徒中占很大比重。由此他们也为教徒留下了“吃教”、“仗教”的口碑。尽管有部分不法教徒确实存在“吃教”、“仗教”的现象，但不能以他们的个别行为来否定其他教徒纯正、神圣的宗教目的。纯宗教式皈依的教徒虽不占教徒的绝大多数，但他们代表了教徒入教动机的主流，是教会大力宣扬和践力实现的目标。即使那些因世俗功利目的而入教的乡民，并非全都为了“吃教”、“仗教”，而是在生存危机面前一种迫不得已的选择。因此，在研究教徒入教动机时，不要简单地判断其是与非，而是把教徒复杂多变的入教心理动机置于近代河北乡村特殊的社会背景下加以考察，方能得出较为客观、公允的评价。

第五章　作用与影响:河北乡村教会的社会事业

河北乡村教会作为一种基层社会组织存在,在兴建教堂、公所等宗教活动场所的同时,还开办学校、医院、孤儿院、养老院等世俗社会事业。表面上看,这些世俗事业与拯救人灵的传教目的毫不相干,但实际上它是教会辅助传教的一种手段,是一种间接的传教方式。前文所述因教会教育、救助等而入教的教徒即是教会藉社会事业传教的结果。尽管教会本着传教的目的兴办社会事业,但它无疑在客观上对近代中国社会产生一定影响。教会的文化教育、医疗卫生、慈善救助等社会事业不仅为一些乡民提供了上学、治病、摆脱贫困的机会,更带来新的教育理念、道德观念以及西方的医疗技术等,一定程度上促进了社会的发展及文明的进步。

第一节　教育文化事业

教育文化事业是教会社会事业的重要组成部分,也是辅助传教最有效的方式之一。针对乡村教育的落后及农民文化的缺失,教会在河北各教区普设学校,建立出版、印刷、学术研究等文化机构,形成从小学至中学以迄大学的教育体系,推动了当地文化教育事业的发展。

一、普通教育

普通教育也称一般教育,是指对学生进行普通文化科学知识的教育。它与专业教育(包括职业教育和宗教教育)相对立,是一种基础性教育。普通教育可分为初等教育、中等教育及高等教育三种类型。

(一)初等教育

初等教育指小学教育,是整个教育体系的基础。近代以来,中国乡村初等教育一直不容乐观。据 1931 年国民政府教育部统计,全国学龄儿童约有 43000000 人,而未入学的则有 37000000 人。在对河北省 20 县乡村教育的调查中,乡村学龄儿童失学者占 70%①。民国时期尚且如此,晚清教育落后状况更可想而知。而教育的落后与乡村农民对识字的渴求产生了极大矛盾。"农民与当地集市有密切关系,在那里普通户主在购买、销售、土地租让、借贷、分家以及政府与农民的许多联系:诸如收税、户主登记、官方新管理布告等方面均依赖于书写的合同和文件。"②有鉴于此,一些乡村儿童的父母希望自己的子女能有机会入学,"读书三四年,一方面受好教育的训练,能养成好的品性;一方面学得能写能算各种应用的知识。毕业后,再去投师,做徒弟,学习一门职业或买卖,营谋生活,以便几年后能够自立和帮助全家解决生活的问题。"③教会学校的设立正为乡民提供了一些这样的机会。

教会初期设立的乡村小学极不正规,名称也各异,有的地方称要理学校、经言学校或修身教育书房,有的地方称男孩学校和女孩学校。这些学校主要招收教徒子女和望教者子女,对他们进行宗教情操的陶冶和教育。课本以教会的要理课本为主,兼采用当时民间可用的小教本,如三字经、百家姓等。如果还能继续读书的,也会给他们讲授四书、笔算、珠算以及地理、历史等④。教会设立的上述乡村小学虽以培养儿童的宗教信仰为主,但也教授儿童相当的知识和基本技能训练,实具有初级小学的性质。正如中国基督教教育调查会所认为的:男孩学校(Ecoles de garcons)与女孩学校(Ecoles de filles)概可认为初级小学⑤。河北乡村教会初期设立的乡村小学及学生数目由表 5. 1 可窥见一斑。

---

① 李燕:《中国之农村社会与教育》,《中华教育界》第 19 卷第 3 期,中华书局 1931 年版,第 76 页。

② Suzanne Wilson Barnett & John King Fairbank, *Christianity in China: Early Protestant Missionary Writings*, Harvard University Press, Cambridge and London, 1985, p.137.

③ 王占乾:《乡村里的学生同老师》,《公教学校》第 1 卷第 23 期,1935 年 12 月。

④ 王守礼著,傅明渊译:《边疆公教社会事业》,上智编译馆 1947 年版,第 117 页。

⑤ 中国基督教教育调查会:《中国基督教教育事业》,商务印书馆 1922 年版,第 21 页。

表 5.1　1888—1913 年河北乡村部分教会小学及学生统计表

<table>
<tr><th rowspan="3">项目
代牧区</th><th rowspan="3">年度</th><th rowspan="3">学校类型</th><th colspan="2">学校(所)</th><th colspan="4">学生(人)</th></tr>
<tr><th rowspan="2">男校</th><th rowspan="2">女校</th><th colspan="2">男生</th><th colspan="2">女生</th></tr>
<tr><th>教内</th><th>教外</th><th>教内</th><th>教外</th></tr>
<tr><td>蒙古代牧区</td><td>1883</td><td>修身教育书房</td><td colspan="2">40</td><td colspan="2"></td><td colspan="2"></td></tr>
<tr><td rowspan="4">东蒙古代牧区</td><td rowspan="2">1888</td><td>要理学校</td><td>12</td><td>4</td><td colspan="2">120</td><td colspan="2">70</td></tr>
<tr><td>公学校</td><td>2</td><td>2</td><td colspan="2">80</td><td colspan="2">48</td></tr>
<tr><td rowspan="2">1906</td><td>要理学校</td><td>30</td><td>36</td><td colspan="2">837</td><td colspan="2">815</td></tr>
<tr><td>公学校</td><td>2</td><td>1</td><td colspan="2">79</td><td colspan="2">39</td></tr>
<tr><td rowspan="3">中蒙古代牧区</td><td>1888</td><td>要理学校</td><td>22</td><td>13</td><td colspan="2">300</td><td colspan="2">195</td></tr>
<tr><td rowspan="2">1906</td><td>要理学校</td><td>60</td><td>40</td><td colspan="2">1000</td><td colspan="2">800</td></tr>
<tr><td>公学校</td><td>2</td><td>1</td><td colspan="2">80</td><td colspan="2">34</td></tr>
<tr><td rowspan="2">直隶西南代牧区</td><td>1898</td><td>儿童学校</td><td></td><td></td><td colspan="2">770</td><td colspan="2">630</td></tr>
<tr><td>1906</td><td>儿童学校</td><td>71</td><td>40</td><td colspan="2">900</td><td colspan="2">590</td></tr>
<tr><td rowspan="5">直隶东南代牧区</td><td>1874</td><td>要理学校</td><td>18</td><td>4</td><td colspan="2">181</td><td colspan="2">52</td></tr>
<tr><td>1891</td><td>要理学校</td><td>135</td><td>99</td><td colspan="2">1763</td><td colspan="2">1318</td></tr>
<tr><td>1893</td><td>要理学校</td><td>172</td><td>152</td><td>1780</td><td>404</td><td>1519</td><td>139</td></tr>
<tr><td>1898</td><td>要理学校</td><td>212</td><td>189</td><td>2459</td><td>389</td><td>1947</td><td>179</td></tr>
<tr><td>1911</td><td>乡村小学</td><td colspan="2">739</td><td colspan="4">教内 8711 人,教外 1690 人</td></tr>
<tr><td>直隶北部代牧区</td><td>1913</td><td>小学</td><td colspan="2">1990</td><td colspan="4">48900</td></tr>
</table>

资料来源:王守礼:《边疆公教社会事业》,第 117、119 页;刘献堂:《献县教区简史——庆祝教区成立 150 周年》,第 77、111、112、122 页;陈义:《献县教区简史》,第 66 页;Octave Ferreux:《遣使会在华传教史》,第 480 页;A. Morelli, C. M., *Notes D'Histoire Sur le Vicariat de Tcheng-Ting-Fou 1858 - 1933*, pp.110, 120。另陈义在《献县教区简史》第 66 页、Octave Ferreux 在《遣使会在华传教史》第 480 页分别统计直隶东南代牧区、直隶北部代牧区小学数目为 739、1990 所,这个数目略显庞大,笔者估计这儿指的小学还不是新学制下严格意义上的小学,还包括要理学校在内。

河北乡村各教会在民国以前所办的小学教育已有一定基础。以直隶东南代牧区为例,1874—1911 年间,乡村小学数目由 22 所增加到 739 所,平均每年增长近 20 所学校。同时,一些学校在招收教徒子女的同时,也兼收外教学生,扩大了教会学校的影响。当然,此期的教会小学还不正规,多数要理学校学生并不是学龄儿童,也包括部分成年人在内。这样,上述统计与真正严格意义上的初等教育有较大出入。尽管上表所列数据缺乏全面的、精确的统计，但它亦大体反映了民国以前河北乡村教会初等教育发展的概况，从一个侧面揭示了教会初等教育的演变趋势。

庚子之后，教会逐步加深了对文化传教作用的认识，发展教育成为文化传教的主要方式。晚清政府进行的新式教育改革为教会教育的发展提供了契机。1898 年，清光绪帝颁旨规定新式学校制度之编制及课程设置，拟定在各县、府、省推行。1905 年，科举制度的废除为新式教育制度的发展扫除了障碍。1912 年民国政府的成立，使新式教育制度进一步系统化、规范化。新式教育制度中的初等教育包括初级小学（四年毕业）和高级小学（三年毕业）两个阶段，初级小学四年是初等教育的必经阶段，初级小学毕业后可依条件进入高等小学或乙种实业学校学习，高小毕业后则可入四年毕业之中学或甲种实业或师范学校，中学生可以迳入大学，也可转入专门或高等师范学校。这样，从小学到大学的新式教育体系就逐步确立起来。

为了适应新学制及教会学校学生升学的需要，乡村教会小学必须进一步改革和规范，以期走向正规化。1906 年 5 月，直隶、蒙古、满洲以及河南等代牧区主教在北京召开北方第三届会议。会议讨论了办校的实际问题，在政府愿将落后的教学制度转向现代化的时刻，每个教区应尽可能办一些基础学校，赶上国家教育水平。主要中心区应有一座高级小学，每教区应有一座中学，并同样敢于办一座教会大学①。根据会议精神，各代牧区制定自己的教育发展目标：每本铎区（分堂区）至少设一所初级小学，每总铎区（总堂区）至少设一所高级小学，每宗座代牧区或监牧区至少要设立一所中学。“各教区当设中学校，各本铎区、总铎区当设立小学校，这是一九二四年上海主教公会议所议决的议案。”②在各代牧区主教和上海主教会议的推动下，正规的天主教乡村小学在河北各地普遍建立和发展起来，有些学校还在政府得到登记和注册。表 5. 2 是 1925—1926 年河北部分代牧区与监牧区小学情况统计表，从中可以看出河北教会初等教育发展概况。

---

① A.Morelli, C.M., *Notes D'Histoire Sur le Vicariat de Tcheng-Ting-Fou 1858 - 1933*, Imprimerie des Lazaristes, Pei-P'ing, 1934, pp.120 - 121.

② 徐宗泽：《广设学校以提高教友社会上的地位》，《圣教杂志》1933 年第 5 期。

表 5.2 1925—1926 年河北部分代牧区、监牧区天主教小学统计表

项目 代牧区 监牧区	男校（所）	男生（人）		女校（所）	女生（人）		注册（所）
		教内	教外		教内	教外	
献县	13	1129	70	10	315	40	
蠡县	11	285	126	2	48		
保定	48	1057	368	3	60		
北京	90	3271					90
正定	51	1577	422	5	225		51
天津	136	1842	134	20	306	374	
总计	349	9161	1120	40	954	414	141
全国总计	2048	57877	10356	568	22111	5288	274

资料来源:《全国天主教小学总数》,《圣教杂志》1926 年第 6 期。

1926 年河北天主教小学与此前儿童学校、要理学校相比,其数目要小得多,但这些小学绝大部分是按新式教育制度建立起来的,是真正意义上的初等教育。上述大部分学校不再只招收教徒子女,而是兼收教外学生,如此一来,这些教会小学无论是在课程设置还是在教学管理上都要适应新式教育制度的需要,从而奠定了新式初等教育的基础。一些能够在政府中得以注册的教会学校即是新式小学的代表。河北天主教小学不仅完成了向新式教育制度的转轨,而且发展迅速。与其他各省区比,河北天主教小学占全国天主教小学总数的 14.87%,居全国首位;学生占全国教会小学生总数的 12.18%,仅次于广东省,居全国第二位。可以说,20 世纪最初 20 余年是河北天主教会学校迅速发展的时代。

20 世纪 20 年代中后期,在非基督教运动的影响下,收回教育权运动在全国蓬勃兴起。北京政府与其后的南京国民政府多次颁布法令、条例,对外国人设立的学校(教会学校在内)予以严格限制。1929 年 8 月 9 日,国民政府教育部颁布私立学校规程,"其第一章总纲云:第一条,凡私人或私法人设立之学校,为私立学校,外国人及宗教团体设立之学校均属之。私立学校须经主管教育行政机关之许可方得设立。……第三条,私立学校须经教育行政机关立案,受教育行政机关之监督及指导,其组织课程及其他一切事项,均须遵照现行教育法令办理。第四条,私立学校如系外国人设立,其校长或院长须以中国人充任。第五条,私立学校如系宗教团体所设立,不得以宗教科目为必修科，亦不得在课内作宗教宣传。学校内如有宗教仪式，不得强迫或劝诱学生参加，在小学并不得举行宗教仪式。第六条，私立学校办理不善或违背法令时，主管机关得撤消其立案或解散之。”①在中央教育法令严格限制及收回教育权运动的打击下，各地教会教育一度萎缩。面对社会的排斥与责难，各代牧区积极应对，通过人员调整、课程安排、师资培训等措施，达到在政府立案之目的。1930 年以后，各地向政府立案的学校日趋增多，教会教育重新步入正轨。1937 年日本发动的全面侵华战争打断了教会教育的发展历程，教会学校或遭封闭或停办或合并，教会教育顿呈衰落景象，迨抗战胜利后，一些教会学校始得复苏。

表 5.3　民国河北天主教小学及学生数目统计表

<table>
<tr><th rowspan="3">教区</th><th rowspan="3">年度</th><th colspan="6">高级小学</th><th colspan="6">初级小学</th></tr>
<tr><th colspan="4">学校（所）</th><th colspan="2">学生（人）</th><th colspan="4">学校（所）</th><th colspan="2">学生（人）</th></tr>
<tr><th>男校</th><th>注册</th><th>女校</th><th>注册</th><th>男生</th><th>女生</th><th>男校</th><th>注册</th><th>女校</th><th>注册</th><th>男生</th><th>女生</th></tr>
<tr><td rowspan="5">热河</td><td>1925</td><td></td><td></td><td></td><td></td><td></td><td></td><td>20</td><td></td><td>11</td><td></td><td>498</td><td>291</td></tr>
<tr><td>1928</td><td></td><td></td><td></td><td></td><td colspan="2">164</td><td></td><td></td><td></td><td></td><td colspan="2">689</td></tr>
<tr><td>1932</td><td>2</td><td>2</td><td>1</td><td></td><td>54</td><td>25</td><td>14</td><td></td><td>8</td><td></td><td>338</td><td>194</td></tr>
<tr><td>1933</td><td colspan="2">3</td><td colspan="2">1</td><td>94</td><td>6</td><td colspan="2">12</td><td colspan="2">9</td><td>412</td><td>259</td></tr>
<tr><td>1935</td><td></td><td></td><td></td><td></td><td></td><td></td><td colspan="2">12</td><td colspan="2">9</td><td>414</td><td>256</td></tr>
<tr><td rowspan="9">西湾子</td><td>1925</td><td></td><td></td><td></td><td></td><td></td><td></td><td colspan="2">52</td><td colspan="2">23</td><td>1932</td><td>706</td></tr>
<tr><td>1928</td><td colspan="4">11</td><td colspan="2">268</td><td colspan="4">52</td><td colspan="2">2304</td></tr>
<tr><td>1932</td><td>7</td><td>6</td><td>3</td><td>3</td><td>160</td><td>58</td><td>46</td><td>20</td><td>15</td><td>6</td><td>1915</td><td>589</td></tr>
<tr><td>1933</td><td>7</td><td>3</td><td>154</td><td>59</td><td>44</td><td>22</td><td colspan="2">1527</td><td colspan="2">770</td><td></td><td></td></tr>
<tr><td>1935</td><td></td><td></td><td></td><td></td><td></td><td></td><td colspan="2">70</td><td colspan="2">36</td><td>2469</td><td>1070</td></tr>
<tr><td>1936</td><td colspan="2">10</td><td colspan="2">3</td><td>137</td><td>77</td><td colspan="2">78</td><td colspan="2">30</td><td>2443</td><td>926</td></tr>
<tr><td>1938</td><td></td><td></td><td></td><td></td><td colspan="2">102</td><td></td><td></td><td></td><td></td><td colspan="2">2982</td></tr>
<tr><td>1941</td><td colspan="4">7</td><td>85</td><td>31</td><td colspan="4">95</td><td>1999</td><td>1067</td></tr>
<tr><td>1942</td><td colspan="4">6</td><td>118</td><td>87</td><td colspan="4">3166</td><td></td><td></td></tr>
</table>

① 黎正甫：《中央教育法规限制下之宗教教育检讨》，《公教学校》第 1 卷第 14 期，1935 年 7 月。

续表

教区	年度	高级小学						初级小学					
		学校(所)				学生(人)		学校(所)				学生(人)	
		男校	注册	女校	注册	男生	女生	男校	注册	女校	注册	男生	女生
	1947	8				50		46				2215	
	1948	3		1		79	40	43		16		2519	1603
	1949					119						4122	
安国	1928	6				152		52				1775	
	1932	2	2	2	2	70	122	35	8	13	6	1161	460
	1933	2		3		54	160	26	16	902	562		
	1936	1		2		61	69	24		15		857	208
	1938											1119	
北平	1928	7				275		87				3633	
	1932	4	4	5	3	161	285	39	6	15	3	957	496
	1933	4		1		185	57	28		15		952	591
	1936	2		2		824	322	46		34		1255	1148
	1938					694						3746	
	1941	16				496	395	93				3743	1571
	1942	18				839		86				5541	
	1947	30				3969		30				5616	
	1948	15		15		2092	1877	17		13		3079	2537
	1949											5362	
献县	1928	14				1185							
	1932	7		3		809	167	34		12		980	348
	1933	7		3		743	154	25		12		735	387
	1936	10		4		912	324	52		26		2385	1514
	1938					50						111	
宣化	1932	1	1	1	1	23	28	10	10	8	8	272	229
	1933	1		1		38	35	10		7		345	313
	1936	1		1		21	32	5		6		230	220
	1928	2				40		5				124	
	1938					165						266	

续表

教区	年度	高级小学						初级小学					
		学校（所）				学生（人）		学校（所）				学生（人）	
		男校	注册	女校	注册	男生	女生	男校	注册	女校	注册	男生	女生
	1941	2						15				335	343
	1942	2				80	17	1127					
天津	1928	8				348		268				5005	
	1932	4	3	4	3	140	163	130	28	32	7	2935	1218
	1933	4		4		142	233	130		22		3134	1166
	1936	4		4		262	222	120		29		2327	1102
	1938					524						2021	
	1941	6				458	277	75				3023	1681
	1942	7				834		72				4905	
	1947							14				3818	
	1948							8		7		2162	2103
	1949					2983							
正定	1928							38				1142	
	1932	1	1			76		16	9	11	2	508	314
	1933							15		3		511	89
	1936	1				85		11		5		427	252
	1938					604						216	
	1941	3				672	246	7				191	186
	1942	3				1244		8				792	
保定	1928	2				105		42				596	
	1932	2		3		115	43	32		12		885	408
	1933	2		2		75	46	33		24		886	591
	1936	5		6		134	90	17		10		667	346
	1938							8				504	
	1941							5				292	231
永平	1928	4				141		52				2225	
	1932	1	1	2	2	40	114	24	4	11	4	884	776
	1933	1		1		45	109	31		11		907	756

续表

教区	年度	高级小学						初级小学					
		学校(所)				学生(人)		学校(所)				学生(人)	
		男校	注册	女校	注册	男生	女生	男校	注册	女校	注册	男生	女生
	1936	1		2		42	130	12		11		781	931
	1938					118						1296	
	1941	3				109	295	14				797	1145
	1942	3				312		12				2008	
	1948			2			28	5				320	290
	1949					428						610	
赵县	1932	4	4	4	4	148	95	14	14	13	13	322	258
	1933	4		4		145	135	15		12		403	329
	1936	3		3		351	235	15		6		312	239
	1941							18				499	60
	1942							18				559	
易县	1932	1		1		8	27	69		20		454	430
	1933			1			35	24		10		438	119
	1936							46		30		1031	396
	1941							35				292	185
	1942							9				106	
永年	1932	3	2	2	1	188	97	15	10	7	6	375	126
	1936	3		1		552	32	9		3		1680	293
	1938					584						1972	
	1939							3				150	78
	1942							3				228	
	1949											50	
顺德	1933							10		2		239	30
	1936	1				60		7		11		301	207
	1938					108						666	
	1941	3				135	25	25				1002	56
	1942	2				121		25				1169	

续表

教区	年度	高级小学						初级小学					
		学校(所)				学生(人)		学校(所)				学生(人)	
		男校	注册	女校	注册	男生	女生	男校	注册	女校	注册	男生	女生
大名	1936	2				330		9		3		465	296
	1939					98						604	
	1941	5				101	82	26				1080	583
	1942	5				225		11				1126	
景县	1941	4				73	47	13				411	239
	1942	3				103		22				723	
	1947	2				89		15				478	

资料来源:王守礼:《边疆公教社会事业》,第 122—123 页;《学校学生表》,《圣教杂志》1929 年第 7 期;《中华全国天主教学务统计表 1932》,上海档案馆,档号 U101-0-206;Paschal M. D'Elia, S.J., *The Catholic Missions in China*, pp.118-119; *Les Missions de Chine 1940-1941*, pp.11, 59, 64, 67, 71, 82, 84, 92, 93, 96, 101, 103, 105, 108;《中华全国教务统计 1937》,第 56—57 页;《中华全国教务统计 1949》,第 50—51 页,《河北省志 · 宗教志》第 68 卷,第 299—301 页。另外,《河北省志 · 宗教志》第 68 卷,第 300 页统计,赵县教区 1938 年初级小学数目为 281 所,笔者以为有误。

表 5. 3 显示,河北各教区天主教小学在 20 世纪 30 年代初期基本从收回教育权运动的打击中恢复过来,教会小学有了一定发展。以 1932 年学务统计为例,河北各代牧区(不包括西湾子、热河)共有天主教小学 629 所,其中在政府立案注册 168 所,男女学生共 17709 人。这样,无论在学校数目还是在学生总数上,1932 年均超过 1926 年。同时,立案学校占学校总数的 26. 7%,说明天主教学校逐渐为政府与社会认可与接受,有利于教会初等教育事业的发展。1938—1939 年,河北高级小学生达 27882 人,初级小学生达 39655 人,两者合计共 67537 人,占全国天主教小学生总数(206547 人)的 32. 69%,居全国之首;江苏省次之,占 16. 63%①。由此看出,河北天主教会的初等教育在全国各省区中一直遥遥领先。然而,日本发动的全面侵华战争使教会学校受到严重破坏,小学数量急剧下降。1936—1937 年,全国

① T.Carroll S.J., *The Educational Work of the Catholic China Mission 1929-1939*, Zi-Ka-Wei, Shanghai, 1939, p.44.

有教会高级小学 442 所，初级小学 3822 所，至 1937—1938 年度，全国教会高级小学减至 383 所，初级小学减至 3104 所，一年中教会小学共锐减 787 所①。河北情况当然也不例外，许多小学毁于战火。抗战胜利后，教会小学略有恢复。1948 年 3 月，北平总主教区（包括河北各教区）有完全小学 40 所，学生 14674 人，其中外教学生 11817 人。在这 40 所学校中，已立案 33 所，准备立案 1 所，未立案 6 所②。

近代河北天主教乡村教会所兴办的初等教育有一个较长的发展过程。由最初以宗教教育为宗旨的要理学校到正规的天主教小学，其间经过几十年的时间，到民国二三十年代终于建立了教会新式初等教育的基础。天主教会早期在河北乡村所开办的新式学堂，在某种意义上成为当地近代学校教育的起点。这些新式学堂课程不再囿于三字经、百家姓等，而是以修身、经学、文学、算学、历史、地理、格致、农学、教育、工学、体操、法制、音乐、经济、图画等为主要科目③，开创了近代初等教育的新局面。各地乡村教会小学的普遍设立，为贫苦教徒及乡民子女提供了上学机会，丰富了他们的知识，提高了他们的素质，为乡村社会的发展培养了一批有用人才。同时，乡村教会提倡男女平等，重视兴办女子学校，许多女孩从此获得了与男孩同样读书的权利。当然，教会教育客观上产生的社会影响与作用并不能抹杀传教士利用教会学校传教的目的，一些基督教人士亦认为"教会学校实为辅助传道而设，传道者既不能即得成人之信仰，乃开设学校，俾得集孩童于基督教义之影响之下"④。正因为如此，一些教育家和社会有识之士对外国人及宗教团体所办的教育极为忧虑，由此引发了全国性的收回教育权运动。在政府法令的严格限制与管理下，一些教会学校纷纷调整与改革，有些还获得了政府的立案和注册。这样，教会小学的宗教色彩日趋淡薄，其招收的教外学生亦逐步增多。

（二）中等教育

20 世纪初期以前，中国教育制度多仿效日本，小学学制分为七年，其

① T.Carroll S.J., *The Educational Work of the Catholic China Mission 1929 - 1939*, Zi-Ka-Wei, Shanghai, 1939, p.45.

② 《全国公教中小学校现状统计表》，《全国公教教育会议纪要》附录 1，天主教教务协进委员会学校教育组 1948 年版。

③ 《学生成绩榜示及修业凭照》，存河北省博物馆。

④ 中国基督教教育调查会：《中国基督教教育事业》，商务印书馆 1922 年版，第 29 页。

中初级小学四年,高级小学三年;中学学制四年。1921 年,全国教育会联合会在广州开会,拟仿效欧美教育制度,对中小学学制进行改革,新学制规定小学学制六年,仍可分二部;中学学制改为六年,前三年为初级中学,后三年为高级中学。此后,新学制渐为国人所接受,教会学校亦多采行此例。

与初等教育相比,教会中等教育要薄弱得多。这一方面囿于教会经费的限制,另一方面与农民的教育观念息息相关。"农村社会,大抵智(知)识浅陋,对于学校不甚重视,彼等之所以遣子弟入学,其观念中无非'避水险、学记帐(账)'而已。"①既然记账等知识在小学已得到满足,农民们很难再愿意花大量学费送子女去中学读书。正因为如此,一些传教士只满足于兴办初等教育,对中等教育有所忽视。民国以后,随着社会对中等教育的重视,一批中学在河北各地建立起来。仅定县一县 1923 年即有中等学校 4 所,学生 153 人;到 1924 年全县中等学校学生发展到 262 人②。在全社会热心兴办新式教育浪潮的冲击下,教会备感在中等教育方面落后的危机,为了给教会小学毕业的学生提供升学的机会,培养教会小学师资,同时更为了实现文化传教之目的,直隶各代牧区于民元前后开始着手兴办教会中学。1924 年,上海第一届中国教务会议把兴办中学列入会议决议中,决议案第 797 条规定:"任何宗代区、宗监区,依其所能,至少设立一中学,为栽培学生升入高级学校之准备。"③在教务会议的推动下,天主教中学在河北各地有所发展。

在 1922 年以前,关于中国天主教会中学教育的统计是不容易获得的,既没有列成表格,也没有整个教会的完整统计。从 1922 年至 1926 年,相当多的、全面的统计已经在徐家汇光启社公布的年度报告中发表出来。但由于那时中国的教育体系没有像今天(指 1939 年)这样完美的划分和明确的归类,在使用专门用语方面遇到很多困难。1926 年后,完整的、令人满意的统计可以在光启社的几种公报和遣使会印字馆公开出版的名为"中国之教会"(Les Missions Cathloignes de chine)的年度报告中,通过详细的记载和列

① 缪序宾:《乡村小学之缺点及其病原之补救法》,《中华教育界》第 14 卷第 4 期,中华书局 1924 年版,第 3 页。

② 李景汉:《定县社会概况调查》,中华平民教育促进会 1933 年版,第 177—179 页。

③ 徐宗泽:《广设学校以提高教友社会上的地位》,《圣教杂志》1933 年第 5 期。

表格的形式获得①。因此,在教育体系没有明确划分和归类之前,一些教会所办的公学多被作为中学统计。在1926年6月《圣教杂志》登载的《全国天主教中等学校总数表》的备注中,编者特意注明几点:一是大学预科生之注明者亦入中等学生数;二是表内所列学生数须打七扣方为真正之中学生;三是凡中学之附属小学或预科未注明者亦入中等学生数内;四是修会之公学皆作中等学校计。以此标准统计,河北各代牧区中等学校及学生数目如表5.4所示:

表5.4　1925—1926年度河北各代牧区中等学校统计表

项目 代牧区	男校(所)	教内男生(人)	教外男生(人)	女校(所)	教内女生(人)	教外女生(人)
献县	2	590				
保定	2	169	75			
北京	6	1287		4	120	
正定	1	50	20			
天津	1	60	120	1	65	200
西湾子	1	84		1	55	
热河	2	140				
总计	15	2380	215	6	240	200
全国总计	67	9029	3219	51	5765	1067

资料来源:《全国天主教中等学校总数表》,《圣教杂志》1926年第6期。

1925—1926年度,河北教会共有男女中等学校21所,占全国总校数的17.79%;男女学生共有3035人,占全国中学生总数的15.90%。这个比例,在全国各省区中应处于领先地位。当然,编者在备注中说明,上述统计数目并不准确,一些相等于高级小学程度的公学也被纳入中等学校范畴,学生数目与实际也有很大出入。上述一些公学之所以被归为中等学校之列,除了因为当时教育体系分类不明确外,也与二者具有密切关系的因素在内。河北一些著名的教会中学如养正中学、慕华中学、恒毅中学、义德中学等多系原来的公学或高级小学演变而来。

---

① T.Carroll S.J., *The Educational Work of the Catholic China Mission 1929 - 1939*, Zi-Ka-Wei, Shanghai, 1939, p.142.

养正中学系西湾子代牧区在尚义县南壕堑设立，由南壕堑公学发展而来。南壕堑公学成立于1898年，到1905年，公学成为当地新式的标准学校，课程除国文外，还注重数学及科学。学生成绩优良，曾有3名学生被派送到比利时大学专科学习，有2位获得医学博士学位。1920年，南壕堑公学改为中学，旋于1927年在政府立案，命名为“私立养正中学”。时学生数字已超出100，规模初具。1931年筹设高中部。1943年学校内有教员14位，其中中国教士4位，比籍教士2位，另有女教员4位，中国修女2位，外籍修女2位，学生120名，女生60名①。1947年，学校迁往张北县，又迁张家口，后因经营拮据，学校于1948年解散。

慕华中学系献县代牧区在献县张庄总堂创设，由献县张庄公学发展而来。张庄公学又名“圣母无原罪公学”，创办于1876年②，初期只招收教徒子女，后来教内、教外学生兼收。1884年，公学有学生90名③。1905年，公学实行学制改革，增设地理、数学、物理、化学、生物、美术、体育等新式科目，改进历史教学，使教学质量有了很大提高。1906年，公学在清政府获得立案，改称“献县张家庄私立高等小学校”，学校虽获得立案，但当本校甲班、乙班学生期满毕业时，政府没有照章发给毕业文凭，学校主管卜鸣谦、杜席珍二位司铎上书政府部门，陈述情况，丙班学生始准予考试毕业，发给毕业文凭。1914年6月，县教育科长张蓉坡等对张家庄私立高小本届甲班8名学生毕业考试，其中甲等2名、乙等3名、丙等3名，获得好评。县视学高作哲评价说：“遍阅诸君试卷，程度高尚，成绩优良，无一不及格。足见教师俱热心教育，请君竭力向学，故得佳美效果。果能黾勉进行，前途正未可

---

① 王守礼著，傅明渊译：《边疆公教社会事业》，上智编译馆1947年版，第120—121页。另据《河北省志·宗教志》第68卷，第291页载，养正中学1928年始成立初中部，1929年立案，同年成立高中部。两者在时间上有很大出入，笔者以主教王守礼的说法为准。

② 张庄公学创办时间有几种说法：《河北省志·宗教志》第68卷，第290页，《献县宗教志》上编，第106页载，献县公学始建于1870年；泉水在《献县张家庄总堂》一文中（载《中华文史资料文库》第18卷，第738页）认为献县公学成立于1871年；张奉箴在《献县教区简史》（载《赵主教振生哀思录》，第190页）认为献县公学于1876年创立，因为1926年10月28日献县总堂开会庆祝献县公学成立50周年金庆。今教区一般采用1876年创立说，笔者亦采用之。

③ 刘献堂：《献县教区简史——庆祝教区成立150周年》打印稿，台湾2006年印行，第101页。

量。"[①]此后十数年献县张家庄公学高小学校均由县政府部门监考进行毕业考试，学生成绩多为优良。1921 年 5 月，由县长王亿年亲自监视举行毕业考试的 29 名学生中，最优等 7 名、优等 19 名、中等 3 名[②]。1926 年 10 月 28 日，献县张家庄总堂庆祝献县公学成立 50 年金庆，160 余位校友参加盛典。50 年间公学共有毕业生 2000 余人，其中升神父者 40 位，会士 30 位，教理教师 600 余位，千余名市乡堂区会长[③]。1930 年，该校开设高中班，1932 年，神父叶慕华任校长后，公学改称慕华中学。1933 年民国政府教育局正式准予张家庄私立完全小学立案，并且上溯追认至 1907 年。由于受收回教育权运动的影响，慕华中学立案请求一直没有得到政府批准。在赵振生等人努力下，慕华中学终于 1937 年正式立案。作为政府立案的中学，学校必须做到教室内应悬国父遗像，不得有宗教色彩；招生时教内教外一律按成绩录取；学生住宿、饭费、制服及各种教会津贴，教外学生一律享受，信教绝任自由[④]。慕华中学立案后包括：附设慕华男女小学、慕华男女中学、师范班及慕华修院，学生总计 1500 余名，是献县境内最孚人望的最高学府。学校师资优良，管理制度严格，采用留级制，平均不满 70 分便勒令留级，又订立各种奖励办法，致使学校校风优良，邻近数十县的学生精华荟萃，甚至有从天津、泊镇、大城以及山东威海、潍县等地慕名而来的学生[⑤]。1942 年，慕华中学停办。

恒毅中学系宣化代牧区主徒会会长吴耀汉于宣化创办，1929 年先成立小学，1935 年为纪念罗马教廷首任宗座驻华代表刚恒毅，遂改为恒毅中学。校舍为中国宫殿式，庄严整洁，经费稳固。为呈请政府立案，该校成立校董会，校董会共 15 人，分别是于斌、张季春、赵宪卿、李培青、马在中，刘季蕃，李士翘、沈兼士、陈垣、张怀、英千里、高弥肃、雷鸣远、赵文南、宇道洪，皆为教育界名流[⑥]。1935 年 6 月，中华公教进行会总监督于斌赴张垣（今张家

---

① 来函：《河间吴君云卿述献县张家庄私立高等小学之历史》，《圣教杂志》1914 年第 7 期。

② 近事：《献县张家庄公学高小毕业志盛》，《圣教杂志》1921 年第 7 期。

③ 张奉箴：《献县教区简史》，《赵主教振生哀思录》打印稿，台湾 1976 年印行，第 190 页。

④ 宋锡纯：《感赵主教之救生及创立慕华中学之经过》，《赵主教振生哀思录》打印稿，台湾 1976 年印行，第 66 页。

⑤ 刘献堂：《赵主教与教育》，《赵主教振生哀思录》打印稿，台湾 1976 年印行，第 69 页。

⑥ 公教教育消息：《恒毅中学校董会批准设立》，《公教学校》第 1 卷第 10 期，1935 年 6 月 1 日版。另《河北省志 · 宗教卷》第 68 卷第 291 页载，恒毅中学创办于 1936 年，似为不确。

口)，就恒毅中学立案问题与诸位董事进行讨论。此后，于氏赴察哈尔省教育厅拜访赵厅长，对于天主教办理教育、社会等事业之用意，有所陈述。“厅长听后，顿失已往之怀疑，且谓此后遇机，当向人解释此意，俾免误会。”[①]于斌此行对于恒毅中学立案问题大有帮助。1937年全面抗战前，学校招收三四班，计有学生百十余名。七七事变后，日军侵占宣化，中学停办，复为小学。1948年，恒毅中学在主教王木铎的筹备下正式复校，校长由常守彝担任，有3个教学班，学生109人，教职工18人。由于经费没有来源，学校于1952年由人民政府接管，改名为“察哈尔省宣化市初级中学校”[②]。

唐山私立培仁女子中学系永平代牧区仁爱会修女创办。1924年，仁爱会修女受唐山本堂薛司铎所托，试办贫民子弟学校，收贫寒女生19名，此即培仁女子学校之起源。其后来校求学者日众，学校亦渐扩大，1927年，已有六级，学生160余名，培仁之校名，即定于当年。为了满足部分女子升学需要，培仁女学于1927年试办中学。1935年，全校学生总计达600余名。由于校舍不敷所需，中学部另建新校舍，与小学部完全隔离。1936年，培仁小学部有学生580余名，中学部有学生130名[③]。培仁女子中学成为当时唐山唯一的女子高中。1952年由人民政府接管。

上述几所著名教会中学的前身都是小学，在小学发展的基础上开设初中班或高中班，中学班发展到一定规模后逐渐兴办中学。改为中学后，其原来的小学部仍附设于中学内。从兴办时间上看，多数中学创建于20世纪20年代以后。一些教会文献所指的民国以前的中学实际多为公学或高等小学[④]。因此，笔者仅把河北各教区20世纪20年代后中学及中学生数目列表于下，从中可见河北乡村教会中等教育发展概况。

---

① 公教教育消息:《于总督赴张垣》,《公教学校》第1卷第12期,1935年6月21日。

② 温怀仁:《天主教宣化教区简史》,《张家口市文史资料》第16辑,政协张家口市文史资料研究会1989年版,第123页。

③ 公教教育消息:《唐山私立培仁女子中学之发展》,《公教学校》第2卷第17期,1936年6月11日。

④ 刘献堂在《献县教区简史——庆祝教区成立150周年》一书中,在统计20世纪20年代以前教会学校时,多次提到中学,笔者以为他指的中学系公学或专门学校。

表 5.5　民国河北各教区中学教育统计表

教区＼项目	年度	中学(所)				学生(人)			
		男校	注册	女校	注册	男生		女生	
						教内	教外	教内	教外
热河	1928					86			
	1932	1	1			28			
	1933	1				43			
西湾子	1928	5				131			
	1931	2				107			
	1933	1		1		55		37	
	1936	1		1		62		25	
	1938					96			
	1941	1				48		37	
	1942	2				62			
	1947	2				147			
	1948	2		1		163	94	40	23
	1949					320			
安国	1936	1		2		21	76	51	13
北平	1928	22				3278			
	1929	8				301			
	1932	4	4	3	3	631		264	
	1933	3		2		388		1144	
	1936	3		4		188	1044	276	381
	1938					1386			
	1941	7				2276		1944	
	1942	8				4268			
	1947	8				1629			
	1948	4		4		50	809	50	720
	1949					2893			
献县	1928	4				554			
	1932	2		1		338		103	
	1933	2		1		408		133	

续表

<table>
<tr><th rowspan="3">项目
教区</th><th rowspan="3">年度</th><th colspan="4">中学（所）</th><th colspan="4">学生（人）</th></tr>
<tr><th rowspan="2">男校</th><th rowspan="2">注册</th><th rowspan="2">女校</th><th rowspan="2">注册</th><th colspan="2">男生</th><th colspan="2">女生</th></tr>
<tr><th>教内</th><th>教外</th><th>教内</th><th>教外</th></tr>
<tr><td rowspan="3">献县</td><td>1936</td><td colspan="2">2</td><td colspan="2">1</td><td>305</td><td>83</td><td>220</td><td></td></tr>
<tr><td>1938</td><td></td><td></td><td></td><td></td><td colspan="4">246</td></tr>
<tr><td>1941</td><td colspan="4">1</td><td colspan="4">30</td></tr>
<tr><td rowspan="2">宣化</td><td>1927</td><td colspan="4"></td><td colspan="4">191</td></tr>
<tr><td>1936</td><td colspan="2">1</td><td colspan="2"></td><td>50</td><td></td><td></td><td></td></tr>
<tr><td rowspan="10">天津</td><td>1928</td><td colspan="4">4</td><td colspan="4">807</td></tr>
<tr><td>1932</td><td>3</td><td>1</td><td>1</td><td>1</td><td colspan="2">288</td><td colspan="2">165</td></tr>
<tr><td>1933</td><td colspan="2">2</td><td colspan="2">1</td><td colspan="2">437</td><td colspan="2">204</td></tr>
<tr><td>1936</td><td colspan="2">4</td><td colspan="2">2</td><td>270</td><td>791</td><td>133</td><td>497</td></tr>
<tr><td>1938</td><td></td><td></td><td></td><td></td><td colspan="4">3235</td></tr>
<tr><td>1941</td><td colspan="2">3</td><td colspan="2">2</td><td colspan="2">504</td><td colspan="2">639</td></tr>
<tr><td>1942</td><td colspan="4">7</td><td colspan="4">2650</td></tr>
<tr><td>1947</td><td colspan="4">6</td><td colspan="4">2925</td></tr>
<tr><td>1948</td><td colspan="2">4</td><td colspan="2">2</td><td>210</td><td>874</td><td>116</td><td>933</td></tr>
<tr><td>1949</td><td></td><td></td><td></td><td></td><td colspan="4">3429</td></tr>
<tr><td rowspan="9">永平</td><td>1932</td><td></td><td></td><td>1</td><td>1</td><td></td><td></td><td>60</td><td></td></tr>
<tr><td>1933</td><td></td><td></td><td colspan="2">1</td><td></td><td></td><td colspan="2">47</td></tr>
<tr><td>1936</td><td colspan="2"></td><td colspan="2">1</td><td></td><td></td><td>43</td><td>87</td></tr>
<tr><td>1938</td><td></td><td></td><td></td><td></td><td colspan="4">210</td></tr>
<tr><td>1941</td><td colspan="4">1</td><td colspan="4">295</td></tr>
<tr><td>1942</td><td colspan="4">1</td><td colspan="4">319</td></tr>
<tr><td>1947</td><td colspan="4">1</td><td colspan="4">620</td></tr>
<tr><td>1948</td><td></td><td></td><td colspan="2">1</td><td></td><td></td><td>25</td><td>626</td></tr>
<tr><td>1949</td><td></td><td></td><td></td><td></td><td colspan="4">651</td></tr>
<tr><td>正定</td><td>1928</td><td colspan="4">1</td><td colspan="4">35</td></tr>
<tr><td rowspan="2">保定</td><td>1928</td><td colspan="4">1</td><td colspan="4">45</td></tr>
<tr><td>1941</td><td colspan="4">1</td><td colspan="4">67</td></tr>
<tr><td rowspan="2">赵县</td><td>1933</td><td colspan="2">1</td><td colspan="2">1</td><td colspan="2">42</td><td colspan="2">23</td></tr>
<tr><td>1936</td><td colspan="2"></td><td colspan="2">1</td><td></td><td></td><td>30</td><td></td></tr>
</table>

续表

项目 / 教区	年度	中学(所)				学生(人)			
		男校	注册	女校	注册	男生		女生	
						教内	教外	教内	教外
永年	1931					1471			
	1932	1				22			
顺德	1941	1				75			
	1942	1				113			
大名	1936	1				25	60		
	1939					45			
	1941	2				79		45	
	1942	2				148			
景县	1947	1				45			
易县	1931	2				34			

资料来源:《河北省志·宗教志》第68卷,第299—301页;《学校学生表》,《圣教杂志》1929年第7期;《中国天主教学务统计表1932》,上海档案馆,档号U101-0-206;《中华全国教务统计1937》,第56页;《中华全国教务统计1949》,第50—51页;Paschal M. D'Elia, S.J., *The Catholic Mission in China*, pp.118-119; *Les Missions de Chine 1929*, p.58; *Les Missions de Chine 1931*, p.21; *Les Missions de Chine 1933*, pp.66, 68, 114; *Les Missions de Chine 1940-1941*, pp.11, 71, 82, 84, 89, 96, 101, 108。另外,《河北省志·宗教志》第68卷第299页统计,保定教区1933年有中学33所、学生1413人不确,笔者对比其他资料发现,该年保定教区似乎没有中学;《河北省志·宗教志》第68卷第301页统计,北平教区1928年有中学22所、学生3278人不确,可能包括一些专门学校。

由表5.5观之,河北各教区中等教育发展极不平衡,中学主要集中在北平、天津、献县3个教区,其他教区只有一二所。以1932年为例,河北(不包括西湾子、热河代牧区)共有中学16所,其中北平7所、天津4所、献县3所、永年1所、永平1所,在政府立案注册者10所。16所中学共有男女中学生1706人,次于江苏(3149人)、广东(2843人),在全国居第三位①。经过几年的发展,河北教会中学人数逐渐超过江苏、广东,跃居全国第一。以1938—1939年度为例,河北各代牧区(不包括西湾子、热河)共有中学生4905人,占全国中学生总数(16343人)的30%;江苏次之,有中学生4596

① 《中华全国天主教学务统计表1932》,上海档案馆,档号U101-0-206。

人;广东第三,有中学生 2360 人,三省合计共有中学生 11861 人,占全国中学生总数的 72.58%。由此看来,河北、江苏、广东这三个重要商业省区的教会中学生几乎占全国天主教会学校中学生的 2/3。尽管传教士和教会的存在对于维持学校是必要的,但在某一个地区,他们的存在是不确切的。而便利的会众和他们对发展教育的渴望,使得这三个省份集中了大部分学生①。可以说,商业的发展和大量人口的存在是上述三个省份学生相对集中的真正原因。在一些农业地区和偏远省份,教会学生的比率则相当低。同样,这一原因也可解释上述河北各教区中学教育发展不平衡的现象:在商业发达、人口众多的北平、天津等大城市,教会学校相对集中,而在经济落后的易县、顺德等地,教会中等教育则较薄弱。当然,除这一原因外,教会教育也与各教区领导人及传教士对教育的重视程度息息相关。以耶稣会士和遣使会士比较,耶稣会士有着长期文化传教的传统,对教育较为重视,因而献县教区教育相对发达;就遣使会士而言,他们对于文化传教较为忽略,而把大量时间和金钱用于发展贫穷乡民入教上,导致教育相对落后。以正定教区为例,它与献县教区同样为老教区,只在 1928 年统计中有 1 所中学,学生 35 人。在此后几年(如 1929、1931、1933、1935、1936、1941 年)的统计中,中学一栏或统计模糊,或为空白。是不再有中学设置,还是 1928 年统计有误?笔者目前还没有资料证实。毋庸置疑,正由于遣使会士对教育重视不够,正定教区较之献县教区无论是初等教育还是中等教育都明显落后。

河北各教区天主教中等教育较之初等教育尽管相对薄弱,但已基本建立了中等教育的基础,完善了乡村教会的教育体系,不仅为教徒子女也为外教学生提供了继续受教育的机会。据 1936 年统计,在天主教教会学校中年级越高,非教徒学生数量相对越多。在中学,他们占学生总数的 2/3,在高级小学中占 1/2,而在初级小学中他们所占比例还不到一半,为 44%②。河北非教徒中学生所占学生总数的比例比上述统计略高。以 1938—1939 年为例,河北共有中学生 4905 人,其中教徒学生为 1259 人,非教徒学生为

① T.Carroll.S.J., *The Educational Work of the Catholic China Mission 1929 - 1939*, Zi-Ka-Wei, Shanghai, 1939, p.44.

② F.C.Dietz , M.M., *The Roman Catholic Church*, 1936,上海档案馆,档号 U101-0-217。

3646 人,非教徒学生占学生总数的 74.33%,超过了 2/3①。同时,在教会学校中,女生的数量也随年级的增高相对增多。女生与男生数目比例在中学最高,大约是 40%;他们在高级小学的比例是 36%;在初级小学的比例是 33%②。而在 1938—1939 年河北教会中学中,女生(1907 人)与男生数目(2998 人)的比例为 63.6%③,远远超过了上述全国平均数。

(三)高等教育

高等教育亦是随近代新式教育制度的确立而逐步发展起来。与基督新教相比,天主教会在兴办高等教育方面明显落后。近代中国曾有 16 所比较著名的教会大学,其中 13 所为基督新教所创办④,3 所为天主教创办。在天主教会创办的 3 所大学中,除震旦大学(1903 年创办)设于上海外,辅仁大学和津沽大学均设在河北地区,辅仁大学在北京,津沽大学在天津。由于两所大学的创办者不同,其与河北天主教会的关系也有很大差别。

1. 辅仁大学

辅仁大学创办于 1925 年,是在中国天主教爱国教徒英敛之⑤、马相伯等人的积极呼吁和倡议下创办起来的。

晚清以来特别是 1900 年以后,随着近代新教育制度的推行和科举制度的废除,国立和私立大学在中国大地开始崭露头角。基督新教抓住这一时

① T.Carroll.S.J., *The Educational Work of the Catholic China Mission 1929 - 1939*, Zi-Ka-Wei, Shanghai, 1939, p.144.

② F.C.Dietz , M.M., *The Roman Catholic Church*, 1936,上海档案馆,档号 U101-0-217。

③ T.Carroll S.J., *The Educational Work of the Catholic China Mission 1929 - 1939*, Zi-Ka-Wei, Shanghai, 1939, p.144.

④ 基督新教创办的 13 所著名大学:燕京大学、圣约翰大学、齐鲁大学、岭南大学、金陵女子大学、之江大学、华中大学、华南女子文理学院、福建协和大学、金陵大学、沪江大学、东吴大学、华西协和大学。

⑤ 英敛之(1867—1926),名华,字敛之,又号安蹇斋主、万松野人。满族正红旗人,生于北京西城(隶属宛平县)。19 岁时读汤若望的《主制群征》,自此对天主教发生研究兴趣,22 岁受洗入教。1901 年筹办《大公报》,1902 年在天津出第一号报,以启民智、宣民隐为宗旨。1912 年在香山静宜园兴办女学,遂不再负责《大公报》实际责任。鉴于中国教育落后状况,于 1912 年、1917 年先后两次上书罗马教皇,请求为中国兴办高等学校。1913 年在香山静宜园成立辅仁社,招收教徒子弟研究国学。1917 年任熊希龄创办的慈幼局局长。1921 年后,协助本笃会士奥图尔博士倡设、筹建辅仁大学事宜,1925 年任北京公教大学辅仁社社长,是辅仁大学的重要奠基人之一。1926 年逝世于北京。主张文化传教,著有《也是集》、《也是集续集》、《安蹇斋丛残稿》、《万松野人言善录》、《劝学罪言》、《安蹇斋随笔》、《万松心书》等。

机,利用庚子赔款在中国广泛兴办教会大学,至民国元年以前,基督教已创办大学10余所,远远走在天主教前面。相反,在河北传教的法国遣使会士主要侧重于传教布道,以直隶北部代牧区主教林懋德为代表的一些遣使会传教士"不肯把赔款用在办大学上——可抢在基督教之前,却用这笔钱吸收穷人受洗,"①导致天主教教育落后。民元以前,天主教在北京"不独无大学也,无中学也,并正式高小而无之。只有一法文小学,学费之巨,只可招教外人求学而已!学成之后,只可依法国人谋生而已!"②鉴于这种情况,天主教爱国教徒英敛之、马相伯等奔走呼号,希冀在北京建一所天主教高等学府,一方面使教徒子女得受高等教育,提高其在社会上的地位;另一方面改变中国教育落后状况,弘扬中国文化。1912年,英敛之、马相伯上书罗马教廷,"请派高才硕德之教士来华,创设公教大学,以发展中国固有之文化,介绍世界科学新知识。……旋因欧战发生,事遂停顿。"③1913年,英敛之在北京香山静宜园创办静宜小学、辅仁社,招收中国青年,传授中国文化知识。辅仁社前后共办四年,虽取得一些成绩,但并不能从根本上改变天主教会在中国教育落后的局面。1917年,英敛之再次上书教皇本笃十五世,大声疾呼兴办教育。教皇大为感动,1919年特嘱宗座巡阅使光若翰切实调查此事。光若翰在报告中,"亦备述中国北方,亟应设立圣教大学之缘由"④,于是教廷始悉在中国设立教会大学为刻不容缓之事。1921年10月,美国本笃会士奥图尔博士奉派来华调查教育,他深感中国高等教育有振兴与创办之必要,乃商之英敛之先生,二人对于兴学一事"极相契合"。随后,奥图尔赴罗马面陈教皇与传信部部长,又晤本笃会总会长斐德理士,请其设法完成在中国兴学盛举。

1921年12月,罗马教廷传信部正式咨文本笃会总会长斐德理士,商议由美国本笃会负责在华兴学事宜。为鼓励美国本笃会会众尽快办学,教皇比约十一世于1923年亲自捐款十万里拉(意币)为该大学基金,并允诺将

① 刘嘉祥编:《刚恒毅枢机回忆录》,台湾天主教主徒会1992年版,第203页。

② 方豪:《中国天主教史人物传》下,中华书局1988年版,第308页。

③ 学校介绍:《辅仁大学》,天津《益世报》1935年7月2日第8版。

④ 教中新闻:《北京天主教大学之筹备》,《圣教杂志》1925年第5期。吴小新在《北京辅仁大学》(珠海出版社2005年版)一书第56页指出,1920年前,关于在北京开办一所天主教大学的问题,并未引起罗马方面任何特别关注;奥图尔来华是私人旅行。

华棣岗（梵蒂冈）所出版之图书赠送一份于该大学图书馆。在教皇的鼓励下，本笃会于1923年8月7日召开大会，正式接受教廷在中国北京创办大学的委托，并将北京创办大学之全权委诸美国攀西卧尼省（宾夕法尼亚州）圣文森院院长司泰来，其他修院皆以人才及经济辅助之，在中国北京建立公教大学之事，至此即具体决定①。1924年6月，传信部正式接到美国本笃会承受创办大学之复文，教皇授予司泰来有管理该大学之全权。1925年1月，司泰来任命发起人奥图尔博士为校长，负责一切建学事宜。

1925年2月，奥图尔抵达北京，与英敛之多次商议立学之事，“至7月以华币16万元，永租北平定府大街前清贝勒府旧址，为公教大学校址，”②学校附属辅仁社，于1925年10月1日开幕，招收学生23人。11月，学校呈报北京政府教育部，获准立案。1926年1月，辅仁社社长英敛之去世，校务由英敛之挚友陈垣负责接办。至1926年底，学校基金、设备等渐次完备，学生亦增加。乃遵照北京政府教育部章程组织董事会，设正副校长，推奥图尔为正校长，陈垣为副校长。1927年6月学校以辅仁大学为校名向教育部呈请立案，教育部批准试办。9月26日，学校举行第一次开学典礼，教育部长刘哲、教廷驻华代表刚恒毅等人出席开幕式，并分别致辞。至此，大学已初具规模。1929年，在学生风潮影响下，南京国民政府教育部认为辅仁大学不符合大学组织法，将其降格为“学院”。为了达到教育部要求的标准，大学首先改组董事会，推张继（前北平政治分会主席）为董事长，马相伯（前北京大学校长）、傅增湘（前教育总长）等为董事，陈垣为校长，刘复为教务长。同时，学校增添理学、教育2院，合已成立的文学院共为3院，分设11系，附设医学先修及美术2专科。另外，依部令停止预科，改办高中，采三三制，添设初中。经过改组，基本符合立案条件。1931年6月，学校向教育部呈请立案，8月教育部准予立案，恢复大学之名。其附属中学也于1932年8月准予立案。1933年夏，辅仁大学原创办人美国本笃会因经济困难，请罗马教廷改委接办人。罗马教廷改派美国圣言会接替负责。圣言会接办后，添聘胡适、翁文灏等为董事，并极力充实校内设备，促进了辅仁大学的发展。

至1935年，学校成立9载，毕业生前后共280人，计第一届11人，第二

① 学校介绍：《辅仁大学》，天津《益世报》1935年7月2日第8版。

② 学校介绍：《辅仁大学》，天津《益世报》1935年7月2日第8版。

届 18 人,第三届 46 人,第四届 84 人,第五届 121 人。毕业生服务社会者以教育为多,政界次之,银行界又次之,留学国外者又次之,此外服务军界者仅一二人。“至教授人数及学生学程(课程),历年均已递增,教授讲师人数,自十二人起陆续增加,现在(1935 年)已有九十七人;学生学程,自七十种起,现在(1935 年)已增至二百五十九种,此种现象均足以表现该校历年来进步之程度。”目下(1935 年)该校共有学生 666 人,其中文学院 337 人,理学院 224 人,教育学院 105 人①。

1936 年,辅仁大学保持平衡发展。6 月 24 日,学校举行毕业典礼,毕业生共 120 人,宗座驻华代表蔡宁出席典礼并发表讲话②。1937 年全面抗战爆发后,平津各大学纷纷内迁,辅仁大学因罗马教廷和天主教圣言会与德国的特殊关系(圣言会为德国传士詹森创立),仍留居北平继续办学,这就为不能内迁的大学生和想继续深造的中学生提供了上学的机会。如此,辅仁大学毕业生不仅没有因战争而减少,反而比前期有明显增加。特别是 1942 年到 1945 年的 4 年增长幅度非常大。

表 5.6 1937—1945 年辅仁大学毕业生统计表

系别 \ 年度	1937	1938	1939	1940	1941	1942	1943	1944	1945
国文系	10	8	15	14	17	45	41	39	44
历史系	14	4	7	8	10	42	28	29	34
西语系	20	10	4	11	18	46	63	47	33
社经系	20	18	16	16	28	96	110	136	120
教育系	16	8	7	6	13	59	50	65	48
哲心系	1(哲学)	1(心理学)	8(哲学、心理学各4)	3(心理学)	6(心理学5人,哲学1人)	19(心理学17人,哲学2人)	17(心理学15人,哲学2人)	6(心理学)	10(心理学)
美术专修系	0	2	5	4	2	16	14	3	7
家政系							16	7	17
数理系	23	11	16	17	21	47	45	28	38

① 学校介绍:《辅仁大学》,天津《益世报》1935 年 7 月 3 日第 8 版。

② 教育体育:《辅仁大学昨举行毕业典礼》,天津《益世报》1936 年 6 月 25 日第 6 版。

续表

系别＼年度	1937	1938	1939	1940	1941	1942	1943	1944	1945
化学系	16	8	11	14	22	47	44	38	28
生物系	3	7	2	6	9	20	12	9	0
合计	123	77	91	99	158	378	440	307	379

资料来源:章开沅、陈邦华:《会友贝勒府——辅仁大学》,河北教育出版社 2004 年版,第 80 页。

抗战期间辅仁大学除毕业生大幅增长外,学校还于 1938 年 9 月成立女院,开始招收女生进校。女生以旧恭王府东部为校舍,以圣神修女会卢德恩修女为女院院长。在设立女院的同时,宗座驻华代表蔡宁又于 1938 年秋在女院一角成立司铎书院,“教廷创办该院的目的,在培植一辈圣培学校的教师,”①中国各教区司铎来此深造,学成后多回本教区修院任教。司铎书院最初只是表面上附属于辅仁大学,其内部组织与教学都有独立体系。内部分文史组与自然科学组,修业期为三年,凡学员修业三年,得学分 100,成绩分 150,各必修科均属及格者,方准予参加毕业考试,合格者由大学授毕业证书。1943 年秋,司铎书院进行改组,司铎们都转入辅大各系读书,学制四年。1946 年秋,司铎书院共有新旧司铎 56 名,属 12 省 43 县市 29 教区,较上学年增多 2/5。上述教区隶属于河北的有 10 个,分别是保定、献县、天津、景县、宣化、安国、永年、西湾子、永平、北平教区②。

1945 年全面抗战胜利后,辅仁大学迎来了发展的契机。9 月,学校注册学生达 2271 人。次年增设农学系,并开始招生。当年在校生为 2348 人,研究生 35 人,教师队伍也发展壮大,教师总数达 232 人。1948 年度,学校院系有所调整,增设了人类学系,数理系分为数学、物理二系,农学系改为农学院③,在校学生达 2383 人,其中男生 1493 人,女生 890 人,非教徒学生 2013 人④。北平和平解放后,外国修会陆续撤离。1950 年 10 月,中央人民政府正式接管辅仁大学,任命陈垣继续担任校长。从而结束了辅仁大学作为教

① 沈汝孝:《司铎书院素描》,《益世周刊》第 28 卷第 18 期,1947 年 5 月 4 日。
② 沈汝孝:《司铎书院素描》,《益世周刊》第 28 卷第 18 期,1947 年 5 月 4 日。
③ 章开沅、陈邦华:《会友贝勒府——辅仁大学》,河北教育出版社 2004 年版,第 96 页。
④ 《中华全国教务统计 1949》,徐家汇光启社 1949 年版,第 44 页。

会大学的历史。1952年,全国高校进行大规模调整,教育部决定将辅仁大学并入北京师范大学,辅仁大学在大陆从此成为历史。

2. 津沽大学

津沽大学初名为天津工商大学,系直隶东南代牧区耶稣会于1921年创办于天津,是河北天主教会直接兴办的高等教育事业。

早在19世纪60年代,法国政府为了扩大在中国的影响,有意以教会名义在天津开办一所高等学校。鉴于法国遣使会在天津势单力薄,法国驻华公使馆秘书罗淑亚于1861年授意富有办学经验的献县耶稣会士赴天津办学,遭到遣使会抵制。"北京教区(直隶北部代牧区)主教认为:传教士要以宣传福音、施行圣事为己任,不能仅以教授科学埋没终身,如果不安心在本教区传教而一定要到外教区办教育,显然是存心不良,另有企图。"①为了不激化与遣使会的矛盾,法国耶稣会巴黎省长彭来瓦表示"决不侵占别人的地盘"。② 办学计划遂被搁置。

1885年4月,法国公使巴特纳邀献县教区主教步天衢和耶稣会会长葛光被来津重新筹划办校事宜。鄂尔壁司铎拟定了建校方案。步天衢把有关意见上书罗马教廷与耶稣总会。总会长训令献县耶稣会"不宜在这个问题上只顾取悦法国政府而希望接受任务"。罗马教廷传信部回信称"办校有困难,需要慎重考虑"③。葛光被提出把学校设于河间、大名或广平府,法国领事不接受此计划④。在此期间,"巴特纳将鄂尔壁的方案呈交清政府请求备案。清政府坚持保留教育主权,只答应准许外国人可以在校内任教,未予核准。"⑤

1886年华北各教区主教在北京举行第二届教务会议,步天衢提出"教外人归化"议案,强调开办学校的重要性,拟为在天津建学铺路。由于遣使会的激烈反对,步天衢不得不以"时机不宜"自动撤销原案⑥。

---

① 沧州地区民族宗教事务委员会:《沧州宗教志》打印稿,1992年印行,第170页。

② 沧州地区民族宗教事务委员会:《沧州宗教志》打印稿,1992年印行,第169页。

③ 谢成编:《河北省天主教历史编年》上册打印稿,1994年印行,第196—197页。

④ 刘献堂:《献县教区简史——庆祝教区成立150周年》打印稿,台湾2006年印行,第103页。

⑤ 沧州地区民族宗教事务委员会:《沧州宗教志》打印稿,第170页。

⑥ 沧州地区民族宗教事务委员会:《沧州宗教志》打印稿,第170页。又见刘献堂:《献县教区简史——庆祝教区成立150周年》,第105页。

随着基督新教教会大学的设立，耶稣会兴办大学的计划再度被提上议事日程。1913 年，法国拟步美国后尘，利用庚子赔款在华兴办学校，遂于 3 月 6 日派耶稣会士狄光远来天津筹备办学，受到新成立的直隶海边代牧区遣使会士的阻挠。献县耶稣会决定将校址定在河间县城西门外，随即备料。1914 年第一次世界大战爆发，狄光远等 4 名法国耶稣会士回国从军，工程遂被搁置。大战期间，法国政府乃请罗马教廷协助在华办校事宜。罗马传信部委托耶稣会总长，要他使会士成立一高级学院，总长表示需待大战结束后再办。

第一次世界大战结束后，罗马教廷于 1919 年派宗座巡阅使光若翰到中国各教区视察教务，光若翰向直隶东南代牧区主教刘钦明传达了教廷关于在天津开办学校的意见，要求刘钦明将办学方案呈报给传信部。1920 年 7 月 27 日，传信部部长枢机主教劳兰蒂致函刘钦明："光主教在您那教区作完宗座视查之后的汇报中，只记述了在乡村中所发展的许多事业，未提到在重要城市中，关于青年教育方面的事业。特别是未提到对于社会上层的教育事业。在直隶海滨教区（指天津教区）的边界上，可能把其所属某个重要城市让给阁下管理，也许可能在设有宗教高等教育机构中，添设适当的专业学校或学院。现在正有一个顺当机会，您可以在预定时期商酌此事。因为天津教区的代牧（指杜保禄）已调往江西省一个新教区去了，同时又委任了北京教区助理主教文贵宾为天津教区的宗座总理。阁下能够容易地同文贵宾主教进行商议，并做出具体方案送交我部审查批准。"①7 月 30 日，传信部写信给文贵宾："您的邻区直隶东南没有一个重要城市，希望您与该教区主教刘钦明商议，根据宗座视查使的意见，遵着本传信部的建议，你们互相交换教区的界线，使直隶东南教区有个人物众多、商业繁华的重要城市，同时您也与刘钦明主教商议，在天津市为那些贵家子弟成立一职业学校或高等学院，并把这学院交于耶稣会士管理。"②9 月 13 日，刘钦明复信传信部，认为"宗座视查使光主教的汇报却与以前稍有出入了。现在不仅是在天津成立一所高级学院，还要把天津教区的某重要城市让于我献县教区。……为完成以上所说的那双层任务，我们的力量薄弱，万能实现。我认为先把割

---

① 佚名著，赵振声译：《天津工商学院简史 1923—1950 年》手抄稿，第 3—4 页。

② 佚名著，赵振声译：《天津工商学院简史 1923—1950 年》手抄稿，第 5—6 页。

让城市的问题放下不提，而只与文贵宾主教商议在天津成立高级学院，附带着许可修会中能享受的一些公共特权，这样更觉符合贵传信部初次的意见"①。经过协商，刘钦明与文贵宾达成一致意见，12 月 9 日，文贵宾交给刘钦明一封公函："照 1920 年 7 月 30 日给我来的信，……我们准许照耶稣会总长的请求，在天津市成立或是高等学院，或是职业学校，或是同时成立上述两种学校。并且耶稣会士完全享有该修会特外的权利，并由宗座所赐的破格特恩，一切遵照《圣教法典》的精神解释领会。"②1921 年 1 月 14 日，传信部部长王老松致函刘钦明，就他在天津成立高级学院等问题表示"本传信部方面毫无意见"③。至此，耶稣会在天津创办大学的权利被正式确立。

耶稣会与遣使会之所以就天津建校问题进行了长达半个多世纪的斗争，主要缘于修会的本位主义。天津作为遣使会的传教区，被看做是自己的势力范围和地盘，其他修会不得插手本地区事务。宗座驻华代表刚恒毅曾对修会的本位主义进行激烈抨击，他说："这种本位主义的好胜心，给传教地区带来了多少灾害！"④遣使会的本位主义不仅推迟了耶稣会士在天津创办大学的步伐，也"封杀了耶稣会在北京创办大学的计划。相对的，基督教却能把握时机，创办了大学，满足了渴求新知识的青年需要，因而颇有收获"。⑤

献县耶稣会获得在天津办学的权利后，立刻着手创办学校。1921 年 7 月 21 日，直隶东南代牧区声明于溥泽神父为天津所开办大学的代理院长⑥，负责筹备建校事宜。7 月 25 日，于溥泽抵津，住在崇德堂账房。早在 12 年前，直隶东南代牧区司帐柯茂德已购得马场道清鸣台附近旷地 100 余亩。8 月上旬，于溥泽选定此地为大学校址⑦。起初，耶稣会曾命名为"天津农工商大学"，复定名为"天津工商大学"，在教会内称"天津圣心学院"

---

① 佚名著，赵振声译：《天津工商学院简史 1923—1950 年》手抄稿，第 4—5 页。
② 佚名著，赵振声译：《天津工商学院简史 1923—1950 年》手抄稿，第 7—8 页。
③ 佚名著，赵振声译：《天津工商学院简史 1923—1950 年》手抄稿，第 8 页。
④ 刚恒毅：《零落孤叶》，台湾天主教主徒会 1980 年版，第 146 页。
⑤ 刘嘉祥编：《刚恒毅枢机回忆录》，台湾天主教主徒会 1992 年版，第 253 页。
⑥ 佚名著，赵振声译：《天津工商学院简史 1923—1950 年》手抄稿，第 8—9 页。
⑦ 沧州地区民族宗教事务委员会：《沧州宗教志》打印稿，1992 年印行，第 123 页。

(Institut du Sacre Coeur),并通知华北各教区主教①。

1923年9月,工商大学首次招生51名,分预科一、二年级。翌年,学校又招新生38名,分别进入预科3个年级内。1925年,开始有大学本科一年级,其中商科学生6名,工科学生10名。尚建勋任商科系主任,斐化行任工科系主任②。1928年6月,首批大学生11人期满毕业,3人获毕业文凭,8人获肄业证书③。同时,大学本科修业年限由三年制改为四年制,大学初步走上正轨。

工商大学"以教授工商各科高深学术造就专门人才为宗旨"④,历年招收本科大学生,为他们提供良好的学习环境。除1926年落成的本科大楼外,学校还设有北疆博物院、图书馆、工业陈列所、商品陈列所等,每年暑假学校还派遣工商科学生赴各大工厂、公司实习,培养了学生们的能力。天津工商大学逐渐成为华北著名的工商专门大学。

自1930年始,由于受收回教育权运动的冲击,天津工商大学亦预备向政府立案。1931年,学校当局决定由华人赵振生任天津工商大学校长,又称法定校长。所谓法定就是有名无实的意思⑤,实为了应付国民政府规定的私立学校校长必须是中国人的立案条件。同时,学校还成立了以华人为多数的校董会,但权力仍在法国神父手中。遵照教育部规定,学校1930年停办预科,改预科为附属高级中学。1931年秋高中开始招生,同时设立初中部。在一切事宜准备妥当后,学校于1933年8月获准正式立案,因所设系科未达"大学"标准,在教育部注册时易名为"天津工商学院"。

---

① 沧州地区民族宗教事务委员会:《沧州宗教志》打印稿,1992年印行,第123—124页。据该书123页记载,学校1923年7月开始招生,共录取本科学生48人,预科学生51人,其中只有1人属于农科,为此只得将农科取消,只设工、商两科,将该生归工科,易校名为"天津工商大学"。但据《天津工商学院简史》第10页记载,1923年9月开学的只有51名预科生;《圣教杂志》1927年第11期载《天津工商大学之历史》一文亦认为开始授课新生60余名,分为预科一、二年级,1925年始有本科生15人。由此推论,1923年工商大学还未招收本科生。

② 佚名著,赵振声译:《天津工商学院简史1923—1950年》手抄稿,第10—17页。

③ 佚名著,赵振声译:《天津工商学院简史1923—1950年》手抄稿,第33页。

④ 《私立天津工商学院组织大纲》,《私立天津工商学院一览》,天津工商学院出版委员会1935年版,第3页。

⑤ 赵振生:《一个主教的回忆》,《中华文史资料文库》第18卷,中国文史出版社1996年版,第672页。

天津工商学院立案后，得到社会各界人士的广泛认可，学生数目迅速增加，至1937年全面抗战爆发前，本科生数目由1933年立案时的95人增加至141人①。同时学校于1932年9月开始招收夜校生，1932年9月至1935年9月，夜校生人数分别是32名、72名、202名和95名。由于中日关系恶化，时局不稳，自1936年9月，本校不再招收夜校生②。

1937年7月日本发动全面侵华战争，使工商学院面临严重困难，同时也给它带来发展的机遇。工商学院借法籍司铎的关系没有随其他大学内迁，这就使它获得充足的生源。平津及河北其他地方一些不能转移的大学生和中学生纷纷报考天津工商学院，“学生人数激增，借读者亦达四五十人之多。”③至1945年7月，大学生由抗战前的141人增至626人④，增长了3倍多。1943年7月，刘廼仁出任工商学院院长，提议建立女子文学系，得到董事会一致同意。9月8日，开始招收文学科女生90名⑤。1945年9月，工商科开始招收女生。女子文学系扩大为文学院，“此次扩大，实为改大学之准备也。”⑥

1945年抗战胜利后，工商学院着手进行改建大学的准备工作。首先，扩建院系。至1946年9月，学校达3院9系，已具备改建大学的条件⑦。1948年7月15日，教育部为批准工商学院改建大学立案事宜，特派副部长田沛霖来校视察。10月2日，院长刘廼仁飞往南京，在于斌的帮助下，拜见了教育部长朱家骅。10月4日，教育部正式批准立案，将工商学院改名为私立津沽大学。⑧ 11月12日，刘廼仁被正式任命为私立津沽大学校长⑨。

---

① 佚名著，赵振声译：《天津工商学院简史1923—1950年》手抄稿，第227页。

② 佚名著，赵振声译：《天津工商学院简史1923—1950年》手抄稿，第50、56、64、70、78页。另据《河北大学史》第38页载，工商学院于1933年9月开始招夜读班，至1937年停办，似为不确。

③ 任嘉颐：《校史简述》，《工商学院1947班毕业纪念刊》，河北大学藏。

④ 佚名著，赵振声译：《天津工商学院简史1923—1950年》手抄稿，第227页。

⑤ 佚名著，赵振声译：《天津工商学院简史19231—950年》手抄稿，第148—149页。

⑥ 《津沽大学校史史略》，《津沽大学1950班毕业纪念刊》，河北大学藏。

⑦ 吕志毅：《河北大学史》，河北大学出版社2001年版，第43页。

⑧ 佚名著，赵振声译：《天津工商学院简史1923—1950年》手抄稿，第206—207页。

⑨ 天津工商大学（学院），自成立起至1951年历任校长（院长）如下：于溥泽（1921.7—1925.7）、裴百纳（1925.7—1931.5）、赵振生（法定校长，1931.6—1933.7）、华南圭（法定院长，1933.8—1937.8）、刘斌（代理院长，1937.9—1943.7）、刘廼仁（院长，1943.7—1948.11）、刘廼仁（校长，1948.11—1949.1）、王峻德（代理校长，1949.6—1951.9）。

1949 年 1 月天津解放,外国修会和传教士纷纷离华回国,学校经营困难。1951 年 9 月,国家高教部准津沽大学改为公立。1952 年 8 月,随着全国高校院系结构的调整,津沽大学工学院并入天津大学,商学院并入南开大学,以津沽大学师范学院为基础,在原校址组成天津师范学院。

津沽大学在成立后的 20 多年中,招收大学生多人,为社会培养了大批专业人才。兹将津沽大学历年注册及毕业大学生人数列表统计于下。

表 5.7 津沽大学历届注册、奉教和毕业大学生统计表 (单位:人)

项目 年度	注册生	奉教生	毕业生	得文凭学生	肄业生	备注
1925—1926	16					
1926—1927	40					
1927—1928	45		11	3	8	
1928—1929	76		8			《简史》无得文凭者记录
1929—1930	67		12	9	3	
1930—1931	63		13	11	2	
1931—1932	57		11	7	4	《河北大学史》第 81 页载毕业生 15 人,与《简史》有出入
1932—1933	63	13	8	7	1	
1933—1934	95	24	10	7	3	
1934—1935	123	37	10	7	3	
1935—1936	139	34	16	16		《河北大学史》第 81 页载毕业生 10 人,《简史》第 77 页载得文凭者 16 人
1936—1937	141	33	31	31		《河北大学史》第 81 页载毕业生 30 人,《简史》第 84 页载得文凭者 31 人
1937—1938	160	40	33	33		《河北大学史》第 81 页载毕业生 29 人,《简史》第 93 页载得文凭者 33 人
1938—1939	290	55	25			《简史》无得文凭者记录
1939—1940	377	56	39			《简史》无得文凭者记录
1940—1941	429	62	60			《简史》无得文凭者记录

续表

年度＼项目	注册生	奉教生	毕业生	得文凭学生	肄业生	备注
1941—1942	485	61	99	99		
1942—1943	493	37	86	86		《河北大学史》第 81 页载毕业生 37 人,《简史》第 140 页载得文凭者 86 人
1943—1944	578	44	106	106		《河北大学史》第 81 页载注册生 493 人,毕业生 100 人;《简史》第 146、147 页载注册生 578 人,得文凭者 106 人
1944—1945	626	29	83	78		
1945—1946	650	20	86			《简史》无得文凭者记录
1946—1947	721	41	147	137		
1947—1948	761	62	106	105		《河北大学史》第 82 页载注册生 751 人有误,应为 761 人
1948—1949	879	86	70	63		
1949—1950	925	70	114	114		
合计	8299	804	1184	919	24	《河北大学史》第 82 页注册生合计有误,本表得文凭学生及肄业生合计数目不全面

资料来源:佚名著,赵振声译:《天津工商学院简史 1923—1950 年》手抄稿,第 33—227 页;《河北大学史》,第 81—82 页。两者统计资料有所出入,当《河北大学史》统计毕业生数少于《简史》统计得文凭学生数时,笔者即采用《简史》统计得文凭学生数作为毕业生数字。在《简史》没有明确肄业学生数时,笔者亦不统计在内。

津沽大学自 1925 年招收本科大学生以来,学生数目大幅增长。特别是 1933 年学校在政府正式立案后,注册大学生数目基本逐年递增,抗战时期也不例外,直至 1950 年,学校一直保持良好的发展态势。25 年间,学校共毕业大学生 1184 人。① 在毕业的大学生中,绝大多数学生都获得了大学文凭,肄业生只占很少比例。作为一所教会大学,奉教学生只占注册学生总数

① 津沽大学历届毕业生总数明显少于津沽大学 1928—1946 年校友总数(1386 人,见表 5.8),笔者理解,1928—1946 年校友数目可能包括中途退学的学生,历届毕业生总数只包括毕业时获得文凭和未获得文凭的学生,不包括中途退学者。

的近 1/10,其他学生全为外教。如此,津沽大学不只为教会、更为全社会培养了大批高等专业人才。这些学有专长的大学生走上社会后,商科毕业生"大都在银行界服务",也有一部人"服务于公家财政机关";①工科毕业生"入建筑、铁路、水利、土木、市政一切公私机关皆有之"。他们"多能运用所学,研究贯通,得有相当之优良成绩"。② 工商学院院长华南圭评价说:"历年来服务工商各界之毕业同学,数量上虽属不多,但类皆能发性(挥)母校埋头苦干之精神,刻苦耐劳,忠诚服务,咸有相当之地位,而博得社会之同情心不少焉。"③津沽大学毕业生就业情况从表 5. 8 可窥见一斑。

表 5. 8　津沽大学 1928—1946 年校友就业部门情况统计表（单位:人）

毕业班级年度	工矿	交通运输	土木建筑	金融	市政	商业贸易	文化教育	行政管理	水利电力	留学	其他	不详	合计
1928		4			1	2	1	1				9	18
1929			2	1								16	19
1930		2	2			1	3				3	6	17
1931	2	2	1	2			4	3			1	4	19
1932		1	1	1			3	2	1	1	1	25	36
1933	3	1				1		3				11	19
1934			3		1							14	18
1935				1		1		1				13	16
1936	2		1	3	1			3				20	30
1937	3		1	1	1	1	2	4			2	33	48
1938	4			2		2	4	4		2	1	47	66
1939	2	1	4		1	1	1			2		63	75
1940	1	1	1	3	4	5		7	1	1	3	58	85
1941	6	4	5	2	5	10	4	10	1	1	3	64	115
1942	14	11	14	3	3	7	3	11	6	1	2	90	165
1943	8	3	2	3	10	3	2	6			2	112	151
1944	13	16	6	3	1	14	3	4	5		3	85	153

① 田执中:《商学院概况》,《工商学生》第 1 卷第 4 期,1937 年 7 月 20 日。
② 陈炎仲:《工学院现在及将来》,《工商学生》第 1 卷第 4 期,1937 年 7 月 20 日。
③ 华南圭:《工商学院之过去与未来》,《工商学生》第 1 卷第 4 期,1937 年 7 月 20 日。

续表

毕业班级年度	工矿	交通运输	土木建筑	金融	市政	商业贸易	文化教育	行政管理	水利电力	留学	其他	不详	合计
1945	2	8	1	12		3	4	6	3	2	4	121	166
1946	9	6	6	5	4	8	10	11			9	102	170
合计	69	60	50	42	32	59	44	76	17	10	34	893	1386

资料来源:《本院历年校友》,《天津工商学院校友录》,1947 年印行,第 15—78 页。

表 5. 8 显示,津沽大学学生毕业后主要从事与专业相关的工作。在有明确职业记载的 493 人中,有 312 人任职于工矿、交通运输、土木建筑、金融、市政、商业贸易部门,占任职总人数的 63%以上。他们依靠扎实的专业知识和熟练的基本技能立足本行业,成为工程师、会计师、建筑师、技师等,获得社会好评。另外,也有部分人员进入文化教育、行政管理等部门,主要从事专业教学和管理工作,有人还成为专家教授。如 1937 年毕业留校的商科学士李宝震,后评为审计学教授,1946 年 4 月被任命为会计财政学系主任①。当然,不管从事何种职业,这些学有专长的高等人才对于积贫积弱的近代中国来说都非常宝贵,他们在各自的岗位上勤奋工作,为中国的独立和富强而努力。

教会创办辅仁大学和津沽大学的初衷是为了树立教会新形象,以教育促传教。在实际办学过程中,教会大学的宗教色彩逐渐淡薄,其教育功能日趋彰显。特别是在政府注册立案后,学校的宗教活动普遍得到政府有效控制。如此一来,教会大学逐渐为社会认同和接受。教会大学新的教育模式和科学的教学理念不仅吸引大批学生前来求学,更推动了中国教育的革新,一定程度上促进了近代高等教育制度的建立与发展。辅仁大学、津沽大学的创办,使河北天主教会从小学到中学直至大学的教育体系逐步健全与完善,从而奠定了教会教育发展的基础。

二、专门学校与职业教育

专门学校也称“专科学院”。按教育部的规定,专门学校的学制比高级

① 《津沽大学校史史略》,《津沽大学 1950 班毕业纪念刊》,河北大学藏。

中学稍高。但在实际办学过程中,各专门学校程度与质量不尽相同,有些专门学校仅相等于初级中学或高级小学校的水平。专门学校的目的是招收各地天主教徒青年(兼或包括部分非教徒子女)进行某一知识的专门培训,以期在社会上获得相应的工作。就此而言,其与职业学校有异曲同工之处,只是职业学校的职业教育目的更为明显。

在河北乡村教会所办的各类学校中,专门学校和职业学校是不容忽视的一个方面。为了增加天主教徒青年就业的机会,教会在兴办基础教育的同时也开办各类专门学校和实业学校,以语言学校和实业学校最为典型。在 1920 年、1921 年的统计中,河北天主教会共兴办 13 所“欧洲语言和理科专科学校”(拥有 1119 名学生)及 29 所“中文专科学校”(拥有 807 名学生)①。河北各教区外籍传教士因多为法国人,他们设立的欧洲语言学校基本以法文学校为主。保定法文学校是其中突出代表。

保定法文学校创办于 1901 年,起初由法籍司铎田烈诺在保定总堂设立,后由法籍修士狄德绥管理并任校长。学校面向全社会招生,教内、教外青年兼收。除由狄德绥等外籍传教士教授法语外,校中也有中文教员 2 名②。学校设立的目的是为法、比国家控制修建的京汉铁路培养法语方面的管理人才,因而吸引了一批渴望将来能在京汉铁路工作的青年。在第一学年底,学生已有 50 名,第二年增至 70 名,第三年学生更多,至 1910 年,学校已有毕业生 683 名③。这些毕业生大都进入京汉铁路工作,像王世斋(安家庄)、胡士元(定兴仓巨)、孟庆恩(定兴庞各庄)、高露明(安新新安)等都在京汉铁路上得任段长职位。1910 年,本校在划分教区前(即保定教区由北京教区划分出来前)即告停办④。1918 年,保定代牧区主教富成功回国,从法国总理处得到一笔赠款。1919 年他回到保定,除建筑南关公教医院、南关方济各会院外,还于 1920 年在南关史庄街开办崇真法文学校。学校有瓦房 65 间、平房 5 间,外加一宽阔的菜园,共占地 25.8342 市亩。校长为樊国荫,教员有马先生、龙先生和霍钧章(华籍)⑤。崇真法文学校设立目的仍

① 中国社会科学院世界宗教所编:《中华归主》下册,中国社会科学出版社 1987 年版,第 1067 页。

② Octave Ferreux:《遣使会在华传教史》,吴宗文译,台湾华明书局 1977 年版,第 646 页。

③ Octave Ferreux:《遣使会在华传教史》,吴宗文译,台湾华明书局 1977 年版,第 460—461 页。

④ 保定市天主教史料编辑委员会编:《保定天主教历史沿革》打印稿,1963 年印行,第 54 页。

⑤ 保定市天主教史料编辑委员会编:《保定天主教历史沿革》打印稿,1963 年印行,第 55 页。

是为京汉铁路培养职员。随着京汉铁路收归国有,外国人离开铁路,法语遂不需要。崇真法文学校在开办五六年后即宣告停办。约于1926年,崇真法文学校改为崇真高级小学①。

除上述语言学校外,河北各代牧区还设立农科学校、护士学校、家政学校等各类专门学校,对学生进行基本的职业技能训练,受到当地乡民重视。据1932年统计,河北各代牧区(包括热河、西湾子)共有专门学校94所,学生3263人②。

表5.9 1932年河北天主教各代牧区专门学校情况表

项目 代牧区	男校(所)	男生(人)	女校(所)	女生(人)
热河	1	21	1	61
西湾子	1	46		
安国	34	1030	22	469
正定	1	20	1	42
保定	1	40	1	30
北平	6	555	10	532
献县	8	268		
宣化	6	95		
天津	1	54		
合计	59	2129	35	1134

资料来源:《中华全国天主教学务统计表1932》,上海档案馆,档号U101-0-206。

在上述专门学校中,实业学校对学生专业的培养与职业训练作用最为明显。为此,一些代牧区还开设各种工厂供学生实习。1934年,全国各教区共开设49个男子实业学校和工厂,共有学生和工人2252人;女子实业学校和工厂94个,共有工人和学徒4390人③。1935年,男子实业学校和工厂减至41个,学生和工人共1372人;女子实业学校和工厂增至99个,学生与工人共4876

① 保定市天主教史料编辑委员会编:《保定天主教历史沿革》打印稿,1963年印行,第55—56页。

② 《中华全国天主教学务统计表1932》,上海档案馆,档号U101-0-206。

③ F.C.Dietz, M.M., *The Catholic Church in China*, 1934,上海档案馆,档号U101-0-217。

人①。至1936年,全国共有43个男子实业学校和工厂,有1421个男生学习各种实业;另有101个女子实业学校,有5170个妇女学习手工业。本年里实业学校增添了4处②。从总体上看,1933—1936年三年间全国天主教实业学校与学生数目并没有明显增加,就河北而言,各代牧区的增长幅度相当可观。表5.10基本反映了河北天主教各代牧区实业学校与学生等方面的增长概况。

表5.10　1934—1936年度河北天主教实业学校及学生统计表

项目 代牧区	1934—1935年				1935—1936年			
	学校与工厂（所）		学生与工人（人）		学校与工厂（所）		学生与工人（人）	
	男	女	男	女	男	女	男	女
正定	1	2	40	687	1	2	32	891
北平		7		500		9		581
顺德		1		35		1		21
大名					4	3	13	30
天津		3		85		3		990
易县		1		9		1		112
永平	1	1	66	42	1	1	73	48
合计	2	15	106	1358	6	20	118	2673
全国总计	41	99	1372	4876	43	101	1421	5170

资料来源:《全国教务统计——Oeuvres Diverses》(法文),上海档案馆,档号U101-0-217。

河北天主教会(不包括热河、西湾子)1936年度的实业学校与工厂数目比1935年度增加了9个,学生与学徒增加了1327人,其增长幅度远远高于全国平均数。同时,河北各代牧区兴办的实业学校与工厂在全国占相当大的比例。以1936年为例,河北天主教会兴办的实业学校与工厂占全国总数的18.05%,学生与学徒占全国总数的42.35%。由此看出河北天主教会在实业学校与职业训练方面遥遥领先于其他省区。

河北天主教会在开办专门学校对青年男女进行职业培训外,还对孤儿院的孤儿进行专门的职业教育。"这种教育最低包括以下数种:一缝纫,二烹调,三

① 《全国教务统计——Oeuvres Diverses》(法文),上海档案馆,档号U101-0-217。

② 贾启明:《中国天主教教务统计》,天津《益世报》1937年4月30日第12版。

家政:会计、整理、育儿、交际……"[①]通过职业教育,使孤儿掌握一定的技术与技能,为今后进入社会打下基础。以正定代牧区的孤儿院为例,"院中按孤女之年岁分居于若干室,除教以粗浅文字外,复按其岁数教以相当之手工,至其及笄时,凡家庭中妇女应尽之职务,无不烂熟。孤女等之一衣一履,莫非自己所制作,院中一切洒扫操劳之事皆由孤女等亲自担任。此外,又学习花边、刺绣等事,以为嫁人后之经济补助。"[②]这些经过职业教育的孤儿步入社会后,以其一定的技艺与技能立足社会,受到人们好评。据正定代牧区的孤女院院长介绍:"凡此院孤女之适人者,无不深受婆、姑、妯娌之赞成。"[③]一些男性孤儿则以剃头、烹调等手艺在社会谋生,成为自食其力、对社会有用之人。

河北天主教会兴办的各类专门学校与职业学校,为教内与教外青年提供了系统的技术培训与专门的教育,拓宽了就业的途径,增强了他们在社会上自立的能力。大量女性专门学校的设立,也为妇女提供了工作的机会。经过专门职业训练的一些妇女自学校毕业后,不再囿于家庭限制,而是走上社会,并在工作中开阔了眼界,逐步树立了男女平等的观念。

三、宗教教育

宗教教育是天主教会最为重视的一种教育。负责宗教教育的学校主要有四种类型:一是慕道学校(或称慕道班);二是要理学校(或称经言学校、祈祷学校);三是修道院;四是传道员学校。这四种学校虽都以宗教教育为主,由于其招收学生对象和培养目标各不相同,其在学制和课程设置上也有很大差别。

(一)慕道学校

慕道学校主要是为望教者设立的一种以学习天主教教理为主的学校。天主教会规定,教徒在正式领洗前,必须有一段时间的望教期。在望教期内,望教者必须学习天主教的基本教义,待神父考察合格后,才能予以领洗。为了帮助望教者学习经言要理,慕道学校便应运而生。"这类进行宗教教育的学校是由圣堂和经堂举办的,一般都由神甫直接管理。"[④]在开办时间

---

① 天琪:《育婴院孤儿的教育》,《益世周刊》第28卷第9期,1947年3月2日。

② 雷鸣远:《正定游记》,天津《益世报》1915年12月23日第2版。

③ 雷鸣远:《正定游记》,天津《益世报》1915年12月23日第2版。

④ 中国社会科学院世界宗教所编:《中华归主》下册,中国社会科学院出版社1987年版,第1067页。

上,此类学校主要以农闲为主,时间长短不定。近代河北天主教会为了发展更多信徒,也非常重视慕道学校的设立。由于资料的限制,仅将民国时期河北部分教会慕道学校的情况统计于下:

表 5.11　民国河北天主教部分教区慕道学校及学员统计表

教区＼项目	年度	慕道学校(所)		学员(人)	
		男校	女校	男学员	女学员
热河	1935	103	94	2851	2735
	1941	92		911	
西湾子	1919			252	182
	1921			466	154
	1927	70		1558	
	1929	72		2923	
	1931	66		2131	
	1935	62	68	1743	1125
	1941	64		1932	
北平	1916	853		14767	
	1919	344		7259	
	1921	927		21464	
	1927	730		16605	
	1929	64		1348	
	1931	104		2762	
	1935	104	84	3141	1980
	1941	32		1250	
安国	1935	56	49	1825	917
永平	1916	52		1208	
	1919	33		455	
	1921	55		665	
	1935	53	40	1292	696
	1941	27		588	
赵县	1935		130	3660	1394
	1941	86		2041	

续表

教区 \ 项目	年度	慕道学校(所)		学员(人)	
		男校	女校	男学员	女学员
正定	1916	147		1670	1605
	1927	488		6318	
	1929	234		4396	
	1931	150		2918	
	1935	104	67	3340	1748
	1941	65		2743	
保定	1916	178		3888	
	1919	48		1180	
	1921	111		7355	
	1927	76		2377	
	1929	57		1686	
	1931	58		2157	
	1941	7		850	
顺德	1935	48	33	956	490
	1941	98		1834	
献县	1927	225		3621	
宣化	1935	27	11	646	1456
	1941	55		1951	
天津	1916	97		3190	
	1927			2653	1544
	1929			1455	833
	1931			661	659
	1941	15		2211	

资料来源:*Les Missions de Chine 1917*, pp.48, 57, 59, 64, 68; *Les Missions de Chine 1921*, pp.22, 41, 46, 69; *Les Missions de Chine 1923*, pp.22, 42, 47, 71; *Les Missions de Chine 1929*, pp.20, 29, 36, 46, 53, 84; *Les Missions de Chine 1931*, pp.21, 35, 45, 51, 97; *Les Missions de Chine 1933*, pp. 20, 36, 46, 53, 114; *Les Missions de Chine 1934 – 1935*, pp.16, 27, 65, 69, 74, 95, 98, 110, 130; *Les Missions de Chine 1940 – 1941*, pp.11, 30, 59, 64, 71, 82, 85, 93, 101, 108.

表5.11基本反映了民国时期河北各教区慕道学校的兴办状况,由于资料限制和统计方法的不同,此表缺乏永年、易县、大名和景县教区慕道班的统计。仅就所列12个教区的统计看,各教区较为重视慕道学校的设立。以

正定教区为例,正定教区 1927 年即有慕道学校 488 所,学员 6318 人。此后几年,正定教区慕道学校也有一二百所。由于慕道学校不是常设的机构,其数目的多寡主要由望教者的数目决定。从表 5.11 看,民国初年直至全面抗战爆发前,各教区都设有不同数量的慕道学校,以满足大量望教者的需要。日本全面侵华后,望教者急剧减少,慕道学校也随着减少。同时,为了遵从当时社会男女授受不亲的习惯,各教区通常分设男校和女校,招收成人和儿童望教者。如北平代牧区 1927 年招收的 16605 名学员中,成人 14120 人,儿童 2485 人①。望教者经过几个月的教理学习,多数领洗成为教徒。

(二)要理学校

要理学校主要是为新入教的成人和儿童教徒设立的以学习经言要理为主的学校。其目的是通过天主教要理的学习,加固新教徒的信德,坚定他们的信心。为此,针对学员对象的不同,要理学校分为短期班和常年班两种。短期班以农闲为主,招收对象为成人教徒,主要学习天主教义;常年班以招收教徒儿童为主,亦有少数教外学生。民国以前由于新学制没有普遍实行,这些常年开办的要理学校也具有初级小学的一些性质。学校课程以宗教科目为主,主要学习教会印制的要理课本和要理问答,间或社会上所用的百家姓、三字经等课本。民国以后,由于要理学校与小学教育的分离,儿童多进入正规小学学习,要理学校逐渐成为纯粹的宗教教育学校。

民国前河北各教区设立的要理学校在本章初级教育中已列表作了统计,在此不复赘言。仅把民国时期河北天主教会各教区设立的要理学校及学生数目列表于下,由此可见教会要理学校宗教教育发展概况。

表 5.12 民国河北天主教各教区要理学校及学生统计表

项目 / 教区	年度	要理学校(所)		学生(人)	
		男校	女校	男生	女生
热河	1932	29	31	535	656
	1933	68		661	791
	1941	48	63	771	996

① *Les Missions de Chine 1929*, Imprimerie des Lazaristes, Peiping, 1929, p.20.

续表

项目 教区	年度	要理学校(所)		学生(人)	
		男校	女校	男生	女生
西湾子	1927	117		2887	
	1932	55	36	868	1388
	1933	86		765	1380
	1936	136		1076	1904
	1937	110		2423	
	1941	148		3234	
	1948	31		560	952
北京	1927	777		15221	
	1929	586		11066	
	1931	555		10483	
	1932	273	302	5449	5414
	1933	573		5886	5857
	1935	322	299	6381	6214
	1936	657		6677	6205
	1941	249		6019	
安国	1932	31	55	660	982
	1933	75		1515	877
	1936	86		1546	825
赵县	1932	51	82	814	1432
	1933	208		1637	1846
	1936	110		806	1239
	1941	168		3468	
正定	1927	187		4640	
	1932	99	142	1549	2583
	1933	156		1149	1672
	1936	152		1471	1898
	1941	83		1793	
保定	1927	304		5500	
	1929	243		4867	
	1931	140		5158	

续表

教区＼项目	年度	要理学校(所)		学生(人)	
		男校	女校	男生	女生
保定	1932	128	94	2713	1901
	1933	228		2855	2026
	1936	297		3700	3108
	1941	10		235	
顺德	1933	55		340	317
	1936	69		432	613
	1941	69		1036	
献县	1927	1093		13476	
	1929	1093		13476	
	1931	1072		12242	
	1932	393	676	6325	6650
	1933	1258		7414	7519
	1936	1404		7550	7047
宣化	1932	65	50	1104	1042
	1933	148		915	1161
	1936	171		1830	1415
	1941	119		1274	1057
天津	1932	76	103	900	1077
	1933	187		1284	1342
	1936	190		1290	1605
	1941	140		2787	
永年	1932	268	254	2227	2289
	1933	450		3316	3036
	1936	626		2862	2924
永平	1927	55		830	
	1931	24		344	
	1932	35	24	537	348
	1933	57		655	296
	1936	89		826	521
	1941	34		724	
	1948	10		272	109

续表

项目 / 教区	年度	要理学校(所)		学生(人)	
		男校	女校	男生	女生
易县	1933	20		332	113
	1936	44		333	284
	1941	28		292	
大名	1936	519		2245	2336
	1941	515		6993	
景县	1941	316		5238	

资料来源:《中华全国天主教学务统计表 1932》,上海档案馆,档号 U101-0-206;《中华全国教务统计 1937》,第 57 页;《中华全国教务统计 1949》,第 51 页;《察哈尔西湾子教区之教务成绩》,《圣教杂志》1938 年第 1 期;Paschal M.D'Elia, S.J., *The Catholic Missions in China*, pp. 118－119; *Les Missions de Chine 1929*, pp.20, 29, 36, 40, 46, 84; *Les Missions de Chine 1931*, pp.21, 29, 45; *Les Missions de Chine 1933*, pp. 20, 31, 41, 46; *Les Missions de Chine 1934－1935*, p.95; *Les Missions de Chine 1940－1941*, pp.11, 30, 59, 64, 67, 71, 82, 84, 93, 96, 101, 103, 108。

河北各教区设立的要理学校相当广泛,其学校数目与学生人数远远超过初等教育。以 1932 年献县代牧区为例,本年献县代牧区有男女要理学校 1069 所,学生 12975 人;而初级与高级小学共 56 所,学生 2304 人①。由此证明,天主教会尽管对儿童进行基本的初级教育,但宗教教育才是其教育的重心。鉴于国民政府限制宗教团体在小学内开设宗教科目,教会只好另外兴办要理学校对儿童进行宗教教育。1936 年,全国天主教会兴办的教授儿童天主教义与祈祷的要理学校共 11827 所,比上年增加 304 所,男女学生共 232775 人,其中男生略多于女生②。传教士们借要理学校传播天主教知识与教义,增加成人与儿童对天主教的认识,以期达到坚定信徒信仰的目的。

(三)修道院

修道院"以培植教中青年,使成为圣德学问充实之传教士为宗旨"③,是天主教会专门培养神职人员的学院。修道院分为备修道院、小修道院和大修道院三种。备修道院学制一般二至三年,主要为小修道院准备学生。课

① 《中华全国天主教学务统计表 1932》,上海档案馆,档号 U101-0-206。

② F.C.Dietz, M.M., *The Roman Catholic Church*, 1936,上海档案馆,档号 U101-0-217。

③ 石经:《修道院概论》,《圣教杂志》1929 年第 7 期。

程除基础的拉丁文外,都为初小科目①。小修道院学制一般为六至九年,前二年为高小程度,后几年相当于初、高中水平。课程主要有拉丁语、语文、算学、化学、物理、基本神学课程等,小修道院毕业才能进入大修道院学习。大修道院学制一般六年,主要课程为哲学、神学、圣经学、伦理学、教会法典、教会史及自然科学等课程。

教会法典规定:"各主教区皆当设立修道院,以栽植传教士;其区域较大者,则当设立大小修院各一,小者专授青年文学,大者专授修生神哲两学;若为环境所逼而不能设立修院,或虽已设立而不能授修生以充分之神哲学问者,则当遣发修生至他主教区修院肄业。"②遵循这一规定,河北各教区纷纷设立修道院。北京、天津、正定、献县、保定、永年、宣化、西湾子等教区皆设立大、小修道院,其他教区则设有小修道院。笔者仅以正定修道院为例,简述河北乡村教会修道院发展概况。

正定修道院起源于1866年③,由主教董若翰在正定府招收几个资质较好的儿童培养开始,逐步组成小修道院。1868年,神父梅慎思(任职时间至1887年)开始负责管理这批修生。1881年,培育工作有了第一批收获,有2名修生晋铎,另有5名神学生和10名拉丁生。这5名神学生有4名于1882年和1883年先后晋铎,1位由于缺乏能力回家④。此时修道院组织很不完备,大、小修生混合在一起,没有一套完整的科目,因而培育工作缓慢。1887年,教会决定将大、小修生分开,尝试由北京大修院培养神学生。神父董若望从1877年至1888年负责带领神学生8人来到北京。但因不习惯北京的伙食而得病,于1889年回到本教区,为此损失了三四位神学生。1894年,大、小修院实行分离,34位小修生迁移到正定柏棠村,由神父马进贤(任职到1895年)管理。其后,小修道院院长两度易人,至1898年,由巴国范(任职至1909年)出任小修道院院长。其间小修院课程逐步规范,在中文和拉丁文之外增添了数学、历史和地理等课,并实行季度考试,

---

① 保定市天主教史料编辑委员会:《保定天主教历史沿革》打印稿,1963年印行,第50页。

② 石经:《修道院概论》,《圣教杂志》1929年第7期。

③ 《河北省志·宗教志》第68卷第274页载,正定教区小修道院创办于1891年,时间应为不确。

④ A.Morelli, C.M., *Notes D'Histoire Sur le Vicariat de Teheng-Ting-Fou 1858 - 1933*, Imprimerie des Lazaristes, Pei-P'ing, 1934, p.154.

等等。1919 年,小修道院组织基本健全,由神父马鸣歧任院长,辅助神父 3 位,另有几名世俗教师担任课程。此年开始招收新生 35 名,合起来共有 130 名学生①。1921 年,小修院为提高培育水平,学制由过去的 7 年增至 8 年,目的是可以在这"第八班"把学业参差不齐的学生组织起来,使其水平一致,从而赶上其他班级的正规课程,这样还可收进相当年幼的学生(12—14 岁)②。1924 年,修院由于开支沉重,取消修生原来免费入学待遇,规定每位学生每年要交纳 20 元(银元)学费。1928 年,主教把修院委托给遣使会管理,仍由马鸣歧任院长,由 4 位入会神父和 1 位不入会神父协助。低年级的中文和数理等课程按官方的"高等"(高级小学)教程进行,而高年级的按中学课程。创办修院工作进行了 40 年,才达到了完善地步③。

正定小修道院从正定总堂搬走后,剩余大修生由梅慎思管理。1897 年,神父和生春(任职到 1904 年)接替梅慎思管理。1904 年和生春去世后,由文致和接任。1908 年,神父柴慎诶(任职到 1909 年)接替文致和继续管理大修院。为了使大修院修生正规化,教会决定将哲学生与神学生分开。1918 年,大修院增添了读书室、课堂、宿舍等,修院课程设置逐步规范,圣经、教会史、教会法典等课堂相继开设。起初大修生学习哲学 1 年,以后增至哲学 2 年、神学 4 年。修院亦有负责教授外籍神父汉语的科目。1909 年后,巴国范(任职 1909—1913 年,1916—1919 年)、叶义祥(任职时间 1913—1916 年)、司嘉德(任职时间 1919—1921 年)等先后任大修道院院长。1921 年,北方遣使会各教区在北京栅栏成立联合大修院。9 月,正定代牧区把 17 位大修生送到联合大修院学习,提高了培育水平,修院组织也进一步完善。表 5.13 即反映了正定大、小修道院发展的大体概况。

---

① A.Morelli, C.M., *Notes D'Histoire Sur le Vicariat de Tcheng-Ting-Fou 1858 - 1933*, Imprimerie des Lazaristes, Pei-P'ing, 1934, p.156.

② A.Morelli, C.M., *Notes D'Histoire Sur le Vicariat de Tcheng-Ting-Fou 1858 - 1933*, Imprimerie des Lazaristes, Pei-P'ing, 1934, p.156.

③ A.Morelli, C.M., *Notes D'Histoire Sur le Vicariat de Tcheng-Ting-Fou 1858 - 1933*, Imprimerie des Lazaristes, Pei-P'ing, 1934, p.157.

表 5.13 1866—1930 年正定修道院修生人数统计表 (单位:人)

年度	大修生	小修生	年度	大修生	小修生
1866—1879		10	1915	15	109
1880	7	11	1920	17	112
1890	8	28	1925	19	150
1899	9	47	1928	22	140
1910	8	60	1930	11	72

资料来源:A.Morelli, C.M., *Notes D'Histoire Sur le Vicariat de Tcheng-Ting-Fou 1858 – 1933*, Imprimerie des Lazaristes, Pei-P'ing, 1934, p.159.

正定代牧区大、小修院自开创以来,修生数字基本逐年增加。1929 年赵县监牧区由正定代牧区划出,亦分出去一部分大、小修生,故 1930 年正定代牧区大、小修生数目有所减少。另外,至 1933 年,在北京联合大修院共有修生 157 名,其中有 94 位晋铎,23 位回家成为世俗人,17 位在读书时去世,23 位尚在修院①。在正定修道院培养的修生中,周济世、张德弼后来分别成为保定和赵县代牧区主教。兹将民国时期河北各代牧区修生数目统计如下,由此可对河北天主教会创办的修道院教育有一大体了解。

表 5.14 民国河北天主教各教区修生人数统计表 (单位:人)

教区＼项目	年度	大修道生		小修道生	备修道生
		神学	哲学		
热河	1923	13		36	
	1925	13		40	
	1928	7	6	36	
	1933	10		29	
	1941	11		31	
	1948	5	6	33	

① A.Morelli, C.M., *Notes D'Histoire Sur le Vicariat de Tcheng-Ting-Fou 1858 – 1933*, Imprimerie des Lazaristes, Pei-P'ing, 1934, p.159.

续表

项目 教区	年度	大修道生		小修道生	备修道生
		神学	哲学		
西湾子	1925	12		63	
	1928	9	12	87	
	1933	13		41	40
	1941	24		63	35
	1948	6	8	17	47
北平	1918	39		88	
	1925	35		145	
	1928	7	7	121	94
	1933	18		70	55
	1941	15		63	37
	1948	14(罗马 1 人)		250	50
安国	1928	6	3	32	
	1933	6		40	9
	1941	5		38	
	1948	6(罗马 1 人)			
赵县	1933	20		122	
	1941	13		87	
	1948	9(罗马 1 人)			
正定	1925	19		150	
	1928	12	10	140	
	1933	9		80	
	1941	15		67	3
	1948	8(罗马 2 人)			
保定	1925	18		97	
	1928	14	11	72	75
	1933	29		93	60
	1941	27		49	24
	1948	7	2		
顺德	1933	1			
	1941	2		20	
	1948	1	4		

续表

项目 教区	年度	大修道生		小修道生	备修道生
		神学	哲学		
献县	1925	18		35	
	1928	11	15		131
	1933	12		109	
	1941	17		102	245
	1948	7	11		
宣化	1928	3	5	48	
	1933	25		57	
	1941	11		71	
	1948	10(罗马1人)			
天津	1925	7		26	
	1928	7	3	34	26
	1933	11		33	
	1941	6		42	
	1948	4(罗马1人)	6	24	
永年	1933	20		70	32
	1941	26		41	22
	1948	9(罗马2人)	6		
永平	1925	3		22	
	1928	2	4	31	21
	1933	4		39	
	1941	10		25	
	1948	6	2	6	16
易县	1933	4		37	15
	1941	8		32	12
	1948	1	1		1
景县	1941	7		20	32
	1948	4	3		
大名	1941	9		13	10
	1948	3	5		

续表

教区＼项目	年度	大修道生		小修道生	备修道生
		神学	哲学		
备注：1948 年耶稣会、遣使会各教区大修生多在北京、栅栏等联合大修院学习，也有个别修生在罗马留学；圣母圣心会教区修生多到归绥修道院学习					

资料来源：《近事·本国之部·北京》，《圣教杂志》1918 年第 9 期；《热河教务史及叶主教银庆南副主教履新纪略》，《圣教杂志》1923 年第 5 期；《中华全国教务统计》，《圣教杂志》1926 年第 1 期；《全国修院修士表》，《圣教杂志》1929 年第 7 期；《中华全国教务统计 1949》，第 22 页；Paschal M. D'Elia, S. J., *The Catholic Missions in China*, pp. 118 – 119；*Les Missions de Chine 1940 – 1941*, pp.11, 30, 57, 59, 64, 67, 71, 82, 84, 89, 92, 96, 101, 103, 105, 108。

民国时期河北各教区修院修生在全国修生总数中占相当比例。以 1933 年为例，河北各教区（包括热河、西湾子）共有大修生 180 人，占全国大修生总数（916 人）的 19.65%；小修生 820 人，占全国小修生总数（3316 人）的 24.73%；备修生 211 人，占全国备修生总数（1979 人）的 10.66%[①]。至 1934 年，全国大修道院和小修道院注册学生人数都略有增加，分别是 22 人和 108 人（即大修道生 938 人，小修道生 3424 人），备修生人数基本保持不变，为 1970 人[②]。1936 年，那些未来的修士，也就是修道生们，继续被寄予厚望。全国学习哲学和神学（大修院修生）的人数增加了 48 人，总人数达到 983 人；小修院修生以及备修生增加了 65 人，总人数达到 5992 人[③]。随着全国修道生数目的逐渐增长，河北各修道院也有一定发展。但是，日军发动的全面侵华战争给修院教育事业带来严重危害，献县修道院、宣化修道院等被迫迁移或停办，一些修生惨遭杀害。抗战胜利后，修院事业逐步复苏。

（四）传道员学校

天主教会作为一种社会组织，除由专门神职人员管理和指导外，还有一部分世俗人员帮助司铎管理堂区事务和传教，这些人被称之为传道员。传道员在华北各地亦称会长，华中各地又称传教先生[④]。传道员在传教方面起着非常重要的作用，没有丰富的宗教知识和良好的宗教素养不可能胜任此工作。有鉴于此，教会开设传道员学校，招收有志于传道的热心教徒和贞

① F.C.Dietz, M.M., *The Catholic Church in China*, 1934，上海档案馆，档号 U101-0-217。
② F.C.Dietz, M.M., *The Catholic Church in China*, 1934，上海档案馆，档号 U101-0-217。
③ F.C.Dietz, M.M., *The Roman Catholic in Church*, 1936，上海档案馆，档号 U101-0-217。
④ 王守礼著，张帆行译：《传道员手册》，1951 年版，第 3 页。

女入学,对他们进行系统的宗教教育及培训,以使他们为教会服务。

近代以来,随着河北乡村天主教会望教者及教徒人数日增,需要培训更多的传道员协助神职人员工作。为此,河北各教区分别开设男、女传道员学校,造就不同类型的男女传道员。献县教区是其中突出的代表。1866 年 5 月,直隶东南代牧区神父徐听波在献县陵上寺建立一所为协助传教的男子师范学校(即传道学校),招收 20—25 岁的热心青年进行训练,规定毕业后须服务 8 年。同年,威县赵家庄的孤儿院渐渐变为传道学校。鄂答位并在魏村建立一所协助传教的女子师范学校①。1867 年,献县张家庄总堂初设"仁慈堂",招收贞女 10 名。"仁慈堂"又叫贞女学校,是免费培训教徒贞女的机构。入堂贞女每天除学习经言要理外,还要学些看病和针灸的知识,以便于发展教徒时用②。因此"仁慈堂"培养的贞女多为女性传道员,也有个别人充当教师。1891 年,献县总堂计有 1 座传教员训练学校,共有学生 20 位;1 座传教贞女初学院,共有初学生 56 位;另有 49 位贞女预备成为女传教员。在大名府亦有 1 座传教员训练学校,共有学生 13 位③。1898 年,献县总堂计有传道员学校 1 座,学员 11 名,传教贞女初学院 1 座,学生 62 人;大名府有传教先生学校 1 座,学员 30 名④。1903 年,全代牧区有传教贞女初学院 2 座,学生 90 名。至 1907 年,贞女初学院增至 6 所,学生 160 名。到 1918 年,贞女学校计有 5 所,学生 532 名⑤。经过宗教学习与培训,这些男女学员毕业后积极服务教会,在发展教徒方面起着重要作用。其他教区设立的传道员学校尽管没有献县教区普遍,但亦努力培训传道员。如 1932 年正定代牧区计有 2 座传道员学校,其中男学员 20 名,女学员 40 名⑥。兹将民国时期河北各代牧区传道员学校情况列表于下:

---

① 刘献堂:《献县教区简史——庆祝教区成立 150 周年》打印稿,台湾 2006 年印行,第 83—84 页。又见《赵主教振生哀思录》,第 173 页。

② 祁永泉:《天主教献县教区张家庄总堂史话》,《献县文史资料选辑》第 1 辑,中国人民政治协商会议献县委员会文史资料研究委员会 1987 年版,第 93 页。

③ 张奉箴:《献县教区简史》,《赵主教振生哀思录》打印稿,台湾 1976 年印行,第 179 页。

④ 刘献堂:《献县教区简史——庆祝教区成立 150 周年》打印稿,台湾 2006 年印行,第 122—123 页。又见《赵主教振声哀思录》,第 181—182 页。

⑤ 刘献堂:《献县教区简史——庆祝教区成立 150 周年》打印稿,台湾 2006 年印行,第 143、151、169 页。

⑥ A.Morelli, C.M., *Notes D'Histoire Sur le Vicariat de Tcheng-Ting-Fou 1858 - 1933*, Imprimerie des Lazaristes, Pei-P'ing, 1934, p.148.

表 5.15　民国河北天主教各教区传道员学校及学生统计表

项目 教区	年度	学校(所)	学生(人)	
			男生	女生
热河	1927		72	101
	1929		75	92
	1931		86	83
	1933		50	
	1941	1	45	
西湾子	1927		279	195
	1929		134	120
	1931		144	106
北平	1916		229	
	1919	3	69	
	1921	9	182	
	1927	9	334	
	1929	4	129	
	1931		92	
	1933		100(数字模糊,不确)	29
	1935	2	90	
献县	1919		659	
	1933		18	231
正定	1933		34	40
	1935	2	81	
保定	1931	2	40	35
	1933		45	30
易县	1933			14
	1941		92	
宣化	1933		90	29
景县	1941	2	13	14
顺德	1941	1	12	
大名	1941	2	67	

资料来源:Paschal M. D'Elia, S. J., *The Catholic Missions in China*, pp. 118 – 119; *Les Missions de Chine 1917*, p.48; *Les Missions de Chine 1921*, pp.21, 29. *Les Missions de Chine 1923*, p.22. *Les Missions de Chine 1929*, pp.20, 84, 95. *Les Missions de Chine 1931*, pp.20, 97, 103. *Les Missions de Chine 1933*, pp.20, 46, 104, 114. *Les Missions de Chine 1934 – 1935*, pp.74, 95. *Les Missions de Chine 1940 – 1941*, pp.30, 67, 84, 96, 103.

河北各教区传道员学校设立不如慕道学校和要理学校普遍,由于资料的限制和统计方法的不同,表 5.15 没有收录到天津、永平、永年、安国和赵县教区传道员学校的统计资料。在上述所列代牧区中,以献县传道员学生最多,1933 年计有男女学生 249 人,北平次之,计有 100 多人。这些传道学校招收的学员多是本地人,他们生于斯、长于斯,对本地情况熟悉,因此在协助神职人员传教过程中起着重要作用。特别对于不谙汉语的外籍传教士而言,传道员成为他们联系教徒与望教者的桥梁。正因如此,在全国天主教会中,传道员数目与神职人员数目基本相当,有时还略高于神职人员数目。据 1936 年统计,本年计有神父(4552 人)、修士(1263 人)、修女(5746 人)共 11561 人,男女传道员共 13339 人,传道员人数比神职人员多 1778 人①。

四、出版印刷

新闻出版是天主教会文化传教的一个重要途径。庚子以后特别是民国以来,天主教会逐渐认识到报刊杂志在传教方面的重要作用,便大力倡办新闻出版及印刷事业。至全面抗战爆发前,全国天主教报刊杂志已达上百种。1935 年,中华公教教育联合会秘书兼宠光社社长玛利诺会会士迪茨,为准备参加 1936 年于梵蒂冈举行的"天主教全球出版物展览会"(The Vatican Etpostion of the World Catholic Press),对当时中国各教区出版的报刊作了一次深入而全面的调查,用英文绘制了明细汇总表。据该表统计,1935 年天主教会在中国(包括港、澳)发行的报刊杂志共 115 种,依出版期限分为 13 类,其中有 3 份日报、11 份周报、3 份旬刊、6 份半月刊、44 份月刊、5 份全年 10 期类期刊、1 份全年 8 期类期刊、5 份双月刊、10 份季刊、1 份全年 3 期类期刊、12 份半年刊、10 份年刊和 4 份不定期类期刊②。这些期刊中 55 份是中文刊物,17 份刊物部分是中文,其余 43 份刊物则使用其他 7 种语言中的一种或多种③。上述 115 种报纸杂志有 34 种创办地在河北。

---

① Lumen Service, *Progres des Missions Catholiques de Chine(du l juillet 1935 au 30 juin 1936)*,上海档案馆,档号 U101-0-217。

② Frederick C.Dietz, M.M., *The Catholic Press of China*, 1935,上海档案馆,档号 U101-0-210。

③ F.C.Dietz, M.M., *The Roman Catholic Church*, 1936,上海档案馆,档号 U101-0-217。

表 5.16　1935 年河北天主教报纸杂志统计表

报刊名称	报刊种类	创办时间	创办地点	创办人或团体	发行量（份）	规格（公分）	报刊语言	报刊特征
北平益世报	日报	1916	北平	世俗个人	1500	72.5×51	中文	世俗性新闻报纸
天津益世报	日报	1915	天津	世俗团体	25000—30000	76×51	中文	世俗性新闻报纸
宠光通讯社	周报	1935	北平	中华公教教育联合会、宠光社	300	34×22.5	中文	教内新闻报刊
宠光通讯社 Agentia Lumen	周报	1935	北平	中华公教教育联合会、宠光社	300	34×22.5	英、法文	教内新闻报刊
导光	周报	1933	天津	耶稣会士	1500	55×40	中文	为青年创办的科学兼宗教杂志
益世主日报	周报	1912	天津	世俗团体	3000	26×18	中文	以宗教和文化为主的报刊
公教进行	旬刊	1929	北平	中华公教进行会总部	2450	18.5×13	中文	面向全国的宗教刊物
公教学校	旬刊	1935	北平	中华公教教育联合会	3500	26×18	中文	面向全国的天主教教育刊物
春笋	月刊	1929	北平	辅仁大学世俗团体	500	21×19	中文	学生政论和文艺刊物
公教杂志 Le Bulletin Catholique de Pékin	月刊	1914	北平	遣使会会士	900	24×16.2	法文	宗教文化刊物
辅仁美术月刊	月刊	1933	北平	辅仁大学世俗团体	500	26.3×19.5	中文	艺术刊物

续表

报刊名称	报刊种类	创办时间	创办地点	创办人或团体	发行量（份）	规格（公分）	报刊语言	报刊特征
辅仁杂志 Fu Jen Magazine	月刊	1934	北平	辅仁大学圣言会	2000	29×22. 5	英文	宗教文化刊物
新北辰	月刊	1929	北平	中华公教进行会总部	4000	26×19	中文	宗教、文化、教育刊物
圣弥额尔小回声 Petit Echo de Saint-Michel	月刊	1920	北平	遣使会会士	150	30. 5×24. 5	法文	宗教刊物
在华司铎 Sacerdos in Sinis	月刊	1917	北平	遣使会会士	1150	24×15. 7	拉丁文、中文	宗教刊物
惠我小学	月刊	1934	北平	遣使会会士	150	26. 3×18	中文	学校刊物
小军人月刊	月刊	1935	宣化	宣化教区司铎	1000—1500	18. 5×12. 5	中文	宗教刊物
中华公教教育联合会丛刊 Collectanea Commissions Synodalis	全年10期类期刊	1928	北平	中华公教教育联合会	850	24×18	拉丁文、英文、法文、中文	中国教会面向国内外的机关刊物
磐石杂志	全年10期类期刊	1933	北平	中华公教进行会总部	2000	26. 5×18. 5	中文	面向全国青年的宗教哲学刊物
善工报 Bulletin du Pium Opus	双月刊	1929	北平	缄口苦修会会士	1700	21. 5×15	法文	宗教刊物
远东归化善会	双月刊	1928	北平	缄口苦修会会士	900	21. 5×15	中文、拉丁文	宗教刊物，为善工报增刊
公教妇女	季刊	1934	北平	中华公教进行会总部	400	26×19	中文	宗教和社会性的妇女杂志

续表

报刊名称	报刊种类	创办时间	创办地点	创办人或团体	发行量（份）	规格（公分）	报刊语言	报刊特征
细流	季刊	1934	北平	辅仁大学世俗团体	500	26.3×18.7	中文	文艺杂志
使徒合一 Unio Apostolica	季刊	1924	北平	遣使会会士	400	18.5×13	拉丁文	宗教刊物
献县教区公教进行会季刊	季刊	1925	献县	耶稣会会士	1000	23.6×14	中文	宗教刊物
海星	季刊	1936	献县	耶稣会会士	1500	23×15	中文	宗教刊物
辅仁学志	半年刊	1930	北平	辅仁大学圣言会	500	26×19	中文	文化杂志
辅仁广东同学会半年刊	半年刊	1934	北平	辅仁大学世俗团体	600	25.3×19	中文	文艺学生刊物
华裔学志 Monumenta Serica	半年刊	1935	北平	辅仁大学圣言会	750	26.5×20	多种文字	东方学报
教育与心理	半年刊	1934	北平	辅仁大学世俗团体	500	26×18.5	中文	教育与心理专科学生杂志
法中期刊 Le Trait d'Union	半年刊	1922	大名	耶稣会会士	300	24×16.8	中文、法文	学校刊物
工商学志	半年刊	1934	天津	工商学院耶稣会会士	600	26.3×18.7	中文、英文	工、商科期刊
中国教务 Les Missions de Chine	年刊	1924	北平	遣使会会士	1000	22×15	法文	教区指南刊物
校友会年刊	年刊	1933	威县	中国教区司铎	300—500	25.5×18	中文	学校刊物

资料来源：Frederick C.Dietz, M.M., *The Catholic Press of China*, 1935，上海档案馆，档号 U101-0-210。另本表统计北平《益世报》创办时间为 1915 年应为不确，据顾卫民：《中国天主教编年史》，第 433 页载，《益世报》北平版创办于 1916 年 4 月。

河北天主教报纸杂志较其他省区种类繁多，中外报刊数目达到了 34

种,占全国天主教报刊总数的29.57%。在上述34种报刊中,中文报刊21种,外文报刊7种,中、外文兼有报刊5种,多种文字报刊1种。这些报刊除一部分宗教性较强以外,其余报刊主要集中在科学、教育、文化、艺术等领域,内容十分丰富。以发行量最多、影响力最大的天津《益世报》为例,《益世报》虽为雷鸣远、刘俊卿等天主教传教士和教徒所创办,但内容并不囿于宗教范围。作为一种新闻报纸,其内容涉及政治、经济、军事、外交、文化、社会等各个领域。为了扩大销路,《益世报》还延请罗隆基、钱端生等知名学者为社论主撰,并赋予他们较大自由。罗隆基与《益世报》合同第一条明确规定:"在不危及报馆生命和不反对天主教前提下,社论主撰有完全的言论自由。"①由此,罗隆基20世纪30年代发表的抨击国民党独裁与不抵抗政策的社论受到读者欢迎,报纸销量猛增。该报为向知识阶层开展销路,又增加了哲学、文学、经济、国际妇女专刊,每日一版。主稿人多为天津教育界知名人士,梁实秋即是其中之一。在上述措施的推动下,《益世报》成为天津仅次于《大公报》的新闻报纸,其影响远在其他天主教报刊之上。日本发动的全面侵华战争对中国的文化事业造成严重摧残,天主教会亦不例外。"抗战中,蒙受影响最大的还是出版事业,战前教会定期刊物已达一百二三十种,战后相继停刊,新出的仅北平的《铎声》、贵阳的《世光》等三五种而已。"②天津《益世报》亦于卢沟桥事变不久后停刊。在南京主教于斌领导下,天津《益世报》"于抗战第二年之十二月八日于昆明复刊,不满周年即告停刊。二十九年三月二十四日又在重庆复刊,以后又有西安版"③。抗战胜利后,《益世报》天津版、北平版相继复刊。

中国天主教会除创办上述报刊杂志外,还设立多处印书馆,大量印刷、出版宗教书籍和其他一些学术性书籍及世俗读物,在社会上颇有影响。据统计,1920年前后天主教在中国的印书馆共有13个,仅河北天主教会即占有4个。分别是北京遣使会印字馆、献县张庄天主堂印书馆、西湾子天主堂

① 俞志厚:《天津〈益世报〉概述》,《天津文史资料选辑》第18辑,天津人民出版社1982年版,第81页。

② 方毫:《三十年来的中国天主教》,《益世主日报》第27卷第18期,1946年10月。

③ 方毫:《三十年来的中国天主教》,《益世主日报》第27卷第18期,1946年10月。

印书馆、正定府天主堂印书馆①。至1936年，中国天主教印书馆已增至26个，"其中11个重要印书馆每年的印刷量达到131400册，上海徐家汇耶稣会印书馆和山东兖州天主堂印书馆年印刷数量达到50万册；北平遣使会印字馆和河北献县耶稣会印书馆每年各自印刷10万册。"②

北京遣使会印字馆最早应追溯到耶稣会士在北京传教时期，当时他们曾用木板印天主教书籍，只能印刷中国书籍，西方书籍需要金属的活动字母。1862年，主教孟振生由欧洲带回一部手摇的小印刷机，印了几本书，其中有拉丁文规、中国字典。1870年田嘉璧任直隶北部宗座代牧区主教后，认识到建立印刷所的重要性，乃请求巴黎总会长帮助办理。1878年3月，专门负责办理印刷事业的梅士吉修士至北京，在北堂初步创立了北京印书馆。1885年，梅修士有了一部自动印刷机，占据了全部印刷房，遂将它扩大。1900年后，印书馆规模进一步扩大，有50余位工人负责铸字、印刷、钉书、包书诸工作。印书馆主要印刷宗教书籍外，还帮助西方人特别是外国使馆印刷书籍。随着西方人在北京和天津设立了许多印刷馆，北堂印刷馆业务稍减。此后，北京印书馆主要为各传教区效力③。

献县张庄天主堂印书馆创办于1874年，是直隶乡村规模最大的一座天主教印书馆。该馆又称胜世堂，主管人为法籍辅理修士薄若思。薄若思精通汉文，他用20年时间采取先用木版刻汉字，再用木字制作字模，然后浇铸铅字的办法，先后刻成汉文铅字40000个，成功地克服了由于汉字字形特殊、外国人不便制造铅字的困难。1909年5月29日薄若思逝世后，印书房的工作由法籍辅理修士韩笃祜接任，他领导王永楷、弥书堂、刘焕文等10余名修士，继续印刷事业④。起初，印刷机以人力做动力，总堂建立发电房之后，开始使用电力。印刷的重点，亦渐由简单翻印日课经本、教史手册、教义说明之类，逐渐转为正式出版语言、文字、政治、历史、社会等方面的著作或

① 中国社会科学院世界宗教所编：《中华归主》下册，中国社会科学院出版社1987年版，第1052页。

② F.C.Dietz, M.M., *The Roman Catholic Church*, 1936，上海档案馆，档号U101-0-217。

③ Octave Ferreux著，吴宗文译：《遣使会在华传教史》，台湾华明书局1977年版，第267—268页。

④ 河北省地方志编纂委员会：《河北省志·宗教志》第68卷，中国书籍出版社1995年版，第277页。另据刘献堂：《献县教区简史——庆祝教区成立150周年》第361页载，薄若思逝世于1909年5月29日，而不是1907年5月29日。

译著。至1940年,献县印书馆已出版98种中西合璧的著作和15种汉文著作,计各种图书共211223册,其中公教经歌43247册、小说11270册、新旧经文468册、名人传6655册、反省篇8675册、要理篇12749册、道德篇13779册①。1944年4月15日,献县张庄天主堂印书馆停业。

与上述两个印书馆比,西湾子天主堂印书馆(创建于1900年5月)和正定天主堂印书馆(创建于1910年)规模显然要小得多。西湾子天主堂印书馆起初设在西湾子,1938年为方便管理,将印书馆迁移到高家营子。该馆主要为本区教会印行经本、经书等,对于正式出版传教士的著作和译著等尚缺乏能力。以神父张雅各伯所著的《邪正理考》一书为例,全书共500多页,1905年已完成第一部分书稿,印刷时却遇到困难。1907年,张雅各伯以日光法印成第一版的《邪正理考》,共100本。本书出版后供不应求,需要再版重印,西湾子印书馆没有能力印刷这样大的一部书,所以教区神长就委任上海土山湾印书馆代印。1911年,《邪正理考》在土山湾出版。此后,张雅各伯的著作《邪正理考简言》、《查教关键》、《真教大益》、《真教最要》等亦先后在上海土山湾印书馆出版。西湾子印书馆只印行了张雅各伯翻译的几种小书如《领圣体正义》、《每日神粮》、《早晚课俗言》②,由此也可证明西湾子印书馆较之土山湾、北京、献县等地印书馆有很大差距。与此类似,正定天主堂印书馆无论在规模上还是技术上均落后于北京和献县的天主堂印书馆。

近代河北天主教会的新闻出版及印刷事业在全国教会中一直处于领先地位,大量报刊杂志及图书的广泛发行与出版,扩大了天主教在社会上的宣传,增强了其对知识分子的影响。这样,教会逐步从原来诉讼传教、"吃教"、"仗教"等旧有模式的困境中摆脱出来,树立了文化传教的新形象。另外,天主教报刊杂志及书籍对科学、文化、艺术、教育等各领域文化知识的介绍与研究,一定程度上促进了中西文化的交流与当地文化的繁荣。当然,天主教的一些报刊杂志与书籍也从护教的立场出发,对某些客观事件进行了不实的宣传和歪曲,引起了人们的误解。

---

① 献县民族宗教事务局:《献县宗教志》打印稿,1990年印行,第112—113页。

② 隆德理:《张雅各伯神父传》,古伟瀛编:《塞外传教史》,台湾光启文化事业2002年版,第239—243页。

五、科学研究

近代大批外籍天主教教士来华前多数受过高等教育,有着一定的科研水平和研究能力,有些传教士甚至早就是某一研究领域的专家。他们来华后,一方面从事传教工作,一方面致力于中国的科学、文化研究。同时,中国神职班经过多年的培养,逐渐成熟起来,其中亦有不少人投身到学术研究工作中,取得了一定研究成果。就河北各教区而言,一向重视学术传教的耶稣会士取得的科研成就最为突出,圣母圣心会士次之,遣使会会士则落后于上述两修会会士。

(一)自然科学研究

近代河北天主教会在自然科学研究方面具有较高水平的当属黄河—白河自然历史研究所。该所又称北疆博物院,由直隶东南代牧区与法国耶稣会联合创办。为了研究中国北方的矿产、农业等自然资源,并解决科学上的问题,法籍耶稣会士桑志华于 1912 年曾经提出了一项关于考察中国北部地区(包括黄河套、内蒙古、西藏东部)人文、地理、地质、气象和动植物等现象,并对考察所得资料展开系统研究的工作计划,得到直隶东南代牧区耶稣会、法国耶稣会和罗马耶稣会总长的支持。1914 年,桑志华来到直隶东南代牧区,着手实施该计划①。1922 年春,桑志华在天津工商大学校区内开始建筑北疆博物院,同年秋天,博物院落成。1923 年 4 月 3 日,桑志华、德日进等在天津召开科学研究会议,以庆祝博物院落成。第二天(4 月 4 日),博物院正式开放(主要面向外国人)。1923 年冬,北疆博物院又建筑西部房舍,于 1924 年冬季前完全竣工②。1928 年 5 月 4 日,开始建筑博物院的图书室和实验室。5 月 5 日,在许多来宾和观众前举行了博物院公开部分的开幕礼③。北疆博物院从此向全社会开放。

北疆博物院首位主任为桑志华,在该院工作的主要有德日进、汤道平、韩笃祜、林多禄、王永凯、罗学宾、盖斯杰等人。1938 年 5 月 13 日,桑志华被召回法国,博物院由罗学宾代理主任。1940 年 4 月 20 日,耶稣总会决定

---

① 献县民族宗教事务局:《献县宗教志》打印稿,1990 年印行,第 132 页。

② 佚名著,赵振声译:《天津工商学院简史 1923—1950 年》手抄稿,第 11、15 页。另据《献县宗教志》第 132 页、《河北省志·宗教志》第 68 卷第 292 页载,博物院与 1924 年 4 月开放,时间不确。

③ 佚名著,赵振声译:《天津工商学院简史 1923—1950 年》手抄稿,第 32 页。

把北疆博物院一部分展品迁到北京。6 月 27 日,罗学宾去北京,在北京大使馆附近重建新博物院[①],通称北疆博物院分馆,又称北京地质生物研究所,罗学宾、王兴义、德日进、梅怀义等人在该所工作,由罗学宾任馆长。北疆博物院迁京后,天津仍留余部开放,由盖斯杰任院主任。

北疆博物院创始人桑志华及工作人员德日进等在北疆博物院工作期间,多次进行科学考察,足迹遍及大半个中国,收集大量动物、植物、矿物等标本,进行广泛的科学研究,取得丰硕成果。据桑志华 1926 年在法国地理学会发表的演说称:当时北疆博物馆的藏品有:8000 多件头号高等植物标本,2500 个装饰好的鸟皮,包装体积有 2 立方米的昆虫标本,2000 本以上人类学资料,600 多种矿岩和矿石;1.5 万—1.8 万公斤的第三纪和第四纪化石,以及大批爬虫类、甲虫类、鱼类、甲壳类、软体动物类、海藻、苔藓类标本[②]。博物院所得各种标本除本馆留存一部分外,还有大批标本被送往海外。桑志华送往巴黎博物馆的有:一门 4100 种植物标本和数目可观的菌类标本(时间为 1922 年);100 箱化石标本,其中有具有头等价值的一架犀牛骨骼化石(1924 年)。1927 年桑志华给英国皇家新花园和伦敦自然历史博物馆送了两组植物标本,给法国古人类学院送了一批重要的石刻标本,给美国 ITHGOG 送了蝗虫科标本[③]。这些标本一方面有利于海外学术机构的科学研究,促进了中西文化交流;另一方面也揭示了近代殖民列强对中国文化的掠夺与侵略。

桑志华等人在收集大量标本的同时,还对其标本及化石等进行科学研究,写下了大量科学著作与论文。桑志华先后出版了《近代化石收集》、《博物院的鸟类》、《集宁县的地质志》、《山西省中部有些新的地质》、《十年来寓居和勘探黄河、白河及北直隶湾地带的记录》、《直隶省平原的井问题和天津老西开喷水井记述》、《山西西南部鲜新期的长颈鹿和鹿类》等论著,在

---

① 佚名著,赵振声译:《天津工商学院简史 1923—1950 年》手抄稿,第 111、112、119 页。另据刘献堂《献县教区简史》,第 254 页,《赵主教振生哀思录》第 194 页载,北疆博物院迁往北京时间均为 1940 年,故《河北大学史》第 106 页载北疆博物院 1939 年迁往平京,时间不确。

② 河北省地方志编纂委员会编:《河北省志·宗教志》第 68 卷,中国书籍出版社 1995 年版,第 292—293 页。

③ 河北省地方志编纂委员会编:《河北省志·宗教志》第 68 卷,中国书籍出版社 1995 年版,第 293 页。

中国地质学、古生物学的研究方面颇有建树。德日进作为法国著名地质学家、古生物学家,在科学研究方面造诣最深。1923 年他在宁夏银川进行考察时,首先发现水洞沟石器遗址,以后被称作“河套文化”。推动了中国对古人类遗址的发现与发掘。作为中国地质调查所新生代研究室顾问,德日进于 1929 年开始参加发掘周口店“北京猿人”工作。期间他与我国古脊椎动物与古人类学家杨钟健、裴文中合写过不少有关华北新生代地质与研究周口店遗址的文章。如 1929 年德日进与杨钟健合写的《周口店洞穴层简报》、1931—1932 年与裴文中合写的《北京猿人的石器文化》、1931 年与杨钟健合写的《华北的哺乳动物化石》等,对于“北京人”文化及哺乳动物研究具有一定启蒙与开创作用①。

(二)社会科学研究

近代河北天主教传教士在对自然科学进行深入研究的同时,还对汉语言学、文学、历史等社会科学进行了广泛的研究,取得了一定学术成果。对于外籍传教士而言,来华传教的最大障碍是语言问题。为帮助新来传教士学习汉语,一些精通汉语的传教士开始致力于汉语言学的研究,编辑出版了一些汉语、外语大字典。其中比较重要的字典为《法华大字典》。《法华大字典》出版于 1890 年,作者为直隶东南代牧区法籍司铎顾赛芬。顾赛芬于 1870 年 4 月来华,先在天津学习汉语,翌年开始传教。在多年传教过程中,顾赛芬亦从事写作,出版著作多部,其中《法译康熙字典》、《法汉字典》(又称《法华大字典》)、《中法公文》(又称《文件选集》)最为著名②。《法华大字典》全书 3 万余字,本书出版后曾受直隶总督李鸿章和法国驻华公使的褒奖。1895 年,法国教育部授予顾赛芬为法国大学士院名誉院士③。除《法汉字典》外,热河代牧区教士何云澍于 1935 年出版了《华尼字典》(又称《中华荷兰字典》),该字典共 350 页,特备新来的外籍教士学习华语应用④。针对中国各地林林总总的方言,传教士们亦分类进行研究。圣母圣心会传

① 甄朔南、黄慰文:《德日进神父在中国的科学生涯》,《天主教研究资料汇编》第 13 辑,天主教上海光启社 1989 年版,第 106 页。

② 近事:《大著作家顾司铎之小史》,《圣教杂志》1920 年第 2 期。

③ 刘献堂:《献县教区简史——庆祝教区成立 150 周年》打印稿,台湾 2006 年印行,第 114 页。

④ 王守礼著,傅明渊译:《边疆公教社会事业》,上智编译馆 1947 年版,第 129 页。

教士在中国方言研究方面取得突出成果,主要著作有两部:一是热河代牧区传教士闵宣华于1933年出版的《华语方言类编》一书,全书分3册,共2680页。原著为荷兰文,后译为英文。闵宣华复著有《中国语初范》,他是比利时圣母圣心会中文学系主任,兼任荷兰Utrecht国家大学华语教授。二是西湾子代牧区教士杜维礼于1941年出版的《察哈尔方言类编》,本书共343页,积作者40年勤苦编撰而成。杜维礼又于1944年出版《晋北方言字典》①。上述著作是传教士学习中国地方语言非常重要的工具书,有利于他们与各阶层民众的交流。

传教士除关注汉语言学的研究外,对中国历史、地理研究亦颇有建树。历史研究取得较大成就的是热河代牧区教士梅岭蕊,他发现辽道宗古墓内的"契丹"文字,是世界学术界的重要发现。闵宣化研究辽临汉府上京,著《东蒙古辽代旧城探考记》,又编热河史地学4本。西湾子代牧区教士乔德铭博士为研究历史,先考察内蒙古地质与地理。1906年及1912年,他在察哈尔北部多次考察,搜集了很多关于长城以外中国移民农村经济的资料。民国元年以后,他开始撰写有关察哈尔及附近史地的著述,在比利时发表论文23篇(共480页),又在巴黎出版《察哈尔地区》(Le Pays de Tchahar)一书,本书对内蒙地区有极详尽的描述,并对该地区的经济发展史和移民史给予正确的考据②。

就历史研究而言,传教士最重视的是教会历史的研究。传教士对教会史的研究不仅使教内外民众清晰把握教会发展的脉络,而且还可以起到护教的效果。近代河北天主教会传教士在教会史研究方面的主要著作有:裴化行的《天主教十六世纪在华传教志》、马泽轩的《五十年来的直隶东南教区1857—1907》、萧若瑟的《圣教史略》、萧若瑟的《天主教传行中国考》、孟爱理的《正定代牧区历史的笔记1858—1933》(法文)、隆德理的《西湾圣教源流》等,这些著作从总体和局部分别考察了天主教传入中国的历史,弥补了学术界研究的不足,受到世人欢迎。特别是萧若瑟(原名萧静山,河北省交河县人)撰写的《圣教史略》和《天主教传行中国考》两部著作自初次出版后,曾多次再版。迄今为止,治史者无论教内教外,在研究中国天主教会历

① 王守礼著,傅明渊译:《边疆公教社会事业》,上智编译馆1947年版,第128—129页。

② 王守礼著,傅明渊译:《边疆公教社会事业》,上智编译馆1947年版,第129—130页。

史时,都离不开近代传教士所编撰的上述著作。他们亲身的经历、翔实的统计以及独到的见解为我们今天的研究提供了丰富而宝贵的资料。

第二节 医疗卫生事业

医疗卫生事业是河北乡村天主教会兴办较早、对传教最为有利的慈善事业。一些乡民在教会医院的医疗、救治下,病愈后感恩进教,实现了教会行医传教的目的。尽管教会创办医疗机构的直接目的是发展宗教事业,它间接上却将西方先进的医疗技术和西药等传入河北乡村,改变了乡民落后的卫生观念,对当地医疗卫生事业产生了一定影响。

一、创办医院和诊疗所

近代河北乡村天主教传教士针对乡民缺医少药、医疗条件落后的现实,寻找到一条行医传教之路。他们起初在各地建立一些小的施诊所,通过向乡民免费治疗或发放一些高效、简便的西药,获得了乡民的好感和信任,教会医疗事业初步建立。随着教会的发展及西医观念渐为乡民所接受,一些教区开始兴办教会医院,以满足乡民治病的需要。罗马教廷及宗座驻华代表对兴办医疗事业的积极态度,也鼓励了河北乡村医疗事业的发展。宗座驻华代表蔡宁在1936年发表的告全国神长书——《论公教医药事业问题》中指出:"在我担任宗座代表重任的时候,接得传信部的建议,命我勉励属下,使医药事业有所发展,且有完备的组织。"本着这一精神,蔡宁向各教区提出六种具体方法:一是在中国的各教区设法聘请医师,而且介绍给每个会口及会口四周需要的居民;二是医师可在教士及修女帮助下发挥作用;三是聘用的医师必须具有科学及责任心;四是教区中的病院、施药局、医学院中的医药事业,当受医生监督;五是教区在聘用医师之前,不需要立时建筑医院;六是当使许多医药事业共同合作①。在罗马教廷及宗座驻华代表的指示下,河北乡村教会医疗事业发展迅速。至新中国成立前,天主教会在河北创办的主要医院有7所,诊疗所多处。

---

① 蔡宁:《论公教医药事业问题》,上海档案馆,档号U101-0-222。

表 5.17　近代河北天主教会主要医院、诊疗所情况表

医院、诊疗所名称	创建年份	创建地点	创办教区	创办人	院长、所长	医护人员
西湾子教区公教医院	1899	西湾子村	西湾子教区	不详	1938 年舒兆勋主持院务	仁爱会修女
高家营诊所	不详	高家营子村	西湾子教区	不详	不详	1933 年由外籍修女接办
南壕堑诊所	不详	南壕堑	西湾子教区	圣方济各修女经办	不详	不详
宣仁医院	1947	张家口市	绥远公教医院,1948 年后由西湾子教区管理	唐守仁、费守礼(修女)	唐守仁	奥斯定会修女和天主教徒
献县教区圣若瑟医院	1930	献县张庄总堂	献县教区	费道隐(教士)	1937 年由德姆姆主持(修女)	拯亡会修女
大名公教施诊所	1929	大名城内	献县教区	不详	不详	修女
正定教区公医院	1948	石家庄市	正定教区	陈启明(主教)	不详	修女
蔚仁诊疗所	1948	北平	正定教区	陈启明	不详	20 名修女
乐仁诊疗所	1948	天津	正定教区	刘银须(修女)	不详	20 名修女
保定教区医院	1920	保定市	保定教区	富成功(主教)	杜修女(法籍)	仁爱会修女,医师蔡国梁
永平教区诊疗所	1937	卢龙县城	永平教区	不详	梅荣久(荷兰籍教士)	不详
滦县安各庄分诊所	1940	滦县安各庄教堂	永平教区	不详	张秉衡	不详
滦南县崔新庄分诊所	1942	滦南县崔新庄教堂	永平教区	不详	李春三	不详
秦皇岛天主堂诊疗所	1947	秦皇岛市	永平教区	不详	不详	荷兰方济各修女
安国教区育婴堂诊疗所	1934	安国县城	安国教区	雷鸣远(教士)	不详	德莱会修女
蠡县高家庄诊疗所	1947	蠡县高家庄	安国教区	不详	不详	不详
高阳城内诊疗所	1941	高阳城内	安国教区	不详	不详	不详

续表

医院、诊疗所名称	创建年份	创建地点	创办教区	创办人	院长、所长	医护人员
束鹿沙河林诊疗所	1946	束鹿县沙河林	安国教区	不详	不详	不详
定县西杨村诊疗所	1948	定县西杨村	安国教区	不详	不详	不详
菠罗仑德莱眼科诊疗所	1948	北平市	安国教区	不详	不详	德莱会修女
宣化教区诊疗所	1936	宣化城内	宣化教区	张润波（主教）	葛慕兰、梅桂林	若瑟会修女
赵县教区诊疗所	1935	高邑县城	赵县教区	张弼德（主教）	不详	天主教徒
顺德教区公教医院	1932	邢台市	顺德教区	宣蔚仁（教士）	金兰英（波籍修女）	若瑟会修女
景县教区总堂诊所	1947	景县天主教总堂内	景县教区	不详	赖鸿喜（奥籍）卜天义（德籍）	教区修女
若石诊疗所	1947	北平市	不详	董兆瑞	不详	不详
成安县公教眼科诊疗所	1941	成安县城	永年教区	王子真（中国教士）	不详	不详
磁县公教眼科诊疗所	1943	磁县县城	永年教区	王子真	不详	不详
肥乡公教眼科诊疗所	1948	肥乡县	永年教区	王恩章	不详	不详
邯郸镇公教医院	1945	邯郸市	永年教区	王子真	不详	不详

资料来源：《河北省志·宗教志》第68卷，第293—296页；王守礼：《边疆公教社会事业》，第107—108页；《接受外国津贴与外资经营之文化教育机关及宗教团体登记表（永年教区）摘要》，解成编：《基督宗教在华传播系年》河北卷，第512—513页；《病家福音》，天津《益世报》1929年9月20日第7版。

表5.17所列近代教会医院和诊疗所多延用西医，采用西方先进医疗技术，具有一定医疗水平。为了适应传教需要，多数医院或诊疗所对于贫病者都实行免费治疗，特别是一些施诊所，对于病人更是分文不取。以大名城内天主堂施诊所为例，城内天主堂院长神父鉴于当时社会医疗费高昂、贫病者看病困难的现象，于1929年春在堂内设立公教施诊所，延聘男女医士数人，另有谙练医术之女修士数位助理一切。诊所开办以来，成绩卓著。“凡往

该所就医者,该所精心诊治,不收费用。”[①]因教会医院和诊疗所医术水平高超、收费低廉或免费治疗,乡民患病者纷纷前往就诊,教会医院声名远播。在近代河北教会医院中,规模与影响较大的当属献县教区圣若瑟医院和顺德教区公教医院。

献县教区圣若瑟医院:圣若瑟医院最早可追溯到1862年。为了应对该年7月在直隶一带流行的霍乱,法籍吉玉隆修士在张庄总堂内建起内药房,为病人施诊舍药。1869年吉玉隆去世后,药房由法籍修士白思定主持。1887年法籍神父戴遂良接管药房,将其扩充为诊所。1921年,7名拯亡会修女从上海来到献县张庄总堂,进入总堂诊所工作。1923年,教区将总堂诊所扩建,名命为圣母圣心诊所。诊所设在总堂东院,专为教会学校学生和神职人员治病。诊所有健康监督1名,看护数名,由戴遂良神父和梅尔贤姆姆主持。1930年,法籍神父费道隐在诊所的基础上开办小型医院,名圣若瑟医院。治疗对象扩至乡民,总堂周围一二百里的病人纷纷来院就诊。1937年费道隐回国,医院由法籍修女德姆姆主持。1942年日本军队强占(总堂)西大院,医院迁至东大院北平房内[②],只设门诊,不收住院病人,由比籍神父李诗堂负责。1945年6月,医院迁回西大院。经李诗堂与京、津两地的美国人联系,由联合国总署拨款,购置半个正规医院的药品和设备,使该医院初具规模。1948年7月圣若瑟医院在冀中行政公署卫生局备案时,医院设有男女外科、眼科、内科诊疗室、化验室、手术室、X光室、消毒室、药房、登记候诊室、休息室等重要科室和设施。由于医院医疗技术先进、收费较低,到医院就诊的病人络绎不绝,每天门诊和住院病人约在100名左右,多则200余名,少则50—60名。1949年,张庄总堂负责人与冀中行署卫生局鉴定协议,以圣若瑟医院为基础,双方合办(公私合营)普济医院。双方各出部分药品和经费,派出医生、护士等人员。此时普济医院的医护人员总数达200余人,院长由炼灵主母会的修女刘希圣担任,若干修女继续担任护士。普济医院设有普科和肺痨科。到1956年肺痨科规模达600张病床。同年,该科迁至石家庄,以该科为基础,成立了河北省结核病防治医院。1956年10月底,献县人民委

① 本省新闻:《病家福音》,天津《益世报》1929年9月20日第7版。

② 据《赵主教振生哀思录》,第195页载,日军于1943年占领总堂西院仁慈堂、拯亡会、医院等房舍,医院迁至村北郊。

员会决定将县卫生院并入普济医院，改名献县人民医院，院长仍由修女刘希圣担任①。

顺德教区公教医院：公教医院始建于1904年，地址设在邢台市内。起初只是一个专门治疗眼疾的小门诊部，后来将门诊部命名为道济眼科诊所。1910年，经过6年发展，道济眼科诊所正式扩建为顺德仁慈医院。1931年，眼科专家波兰籍神父宣蔚仁来到邢台②，主持眼科医疗工作。1932年扩建成顺德公教医院，设院长1人，医生2人，护士22人，设病床30张。同年由波兰籍修女金兰英接任公教医院院长。1934年，顺德教区的巨鹿总堂、沙河北掌总堂、尧山南关分堂、内丘大辛庄分堂均设立了由修女主持的诊疗所，与公教医院保持医务上的联系③。1938年医院开始扩建，1940年竣工。建成大、小二栋楼房，病床增加到60张，开设了眼镜室，开始验光配镜。公教医院除主治眼科病外，还兼治内科、外科、妇科、儿科、口腔科、耳鼻喉科等科疾病。经几次扩建，到邢台解放止，该院已发展成占地15亩、楼房132间、平房117间、病床180张闻名华北的眼科专科医院。并附设医务学校和护士学校等机构。曾在该院行医的除宣蔚仁大夫外，还有中国大夫徐校卿、范相如、魏劫沉、魏晓东、韦殿英、仲祥杰、刘敬之、张琦、宋智仁等人。大部分护士由教区若瑟会的修女担任。由于宣蔚仁大夫高超的医术，上海、北京、天津等地病人都前来投医。1945年邢台解放后，公教医院所有外籍人员于1947年先后回国。为保护公教医院财产，发挥它的医疗作用，由晋冀鲁豫军区卫生部拨款2000万冀南币将该院买下，由军区卫生部派院长、政委等领导干部和一些部队的医护、后勤人员接管医院。1947年1月28日，原公教医院正式更名为"邢台眼科医院"至今④。

---

① 献县民族宗教事务局：《献县宗教志》打印稿，1990年印行，第108—110页。

② A.Morelli, C.M., *Notes D'Histoire Sur le Vicariat de Tcheng-Ting-Fou 1858 - 1933*, Imprimerie des Lazaristes, Pei-P'ing, 1934, p.184.另据《河北省志・宗教志》第68卷第296页载，1930年宣蔚仁来邢台，时间有误。

③ 秋涛：《天主教在邢台的发展概述》，《邢台文史资料》第6辑，中国民间文艺出版社1989年版，第150页。另据《河北省志・宗教志》第68卷第296页载，上述诊疗所设于1935年，时间恐有误。

④ 秋涛：《天主教在邢台的发展概述》，《邢台文史资料》第6辑，中国民间文艺出版社1989年版，第150—151页。

毋庸置疑,近代河北天主教传教士在创办公教医院和诊疗所时,确实抱有实用主义的传教动机。但是,天主教医疗机构的建立及其施医散药活动,客观上改善了乡村落后的医疗条件,为缺医少药的乡民提供了就医机会,一定程度上保证了乡民的身体健康。1927 年至 1928 年间,河北各代牧区(不包括热河、西湾子)共有病院 11 所,病人 5703 人;诊所 28 处,施医 929622 人次①。河北天主教乡村教会的医疗事业由表 5.18 可见一斑。

表 5.18　民国河北天主教各教区医疗事业统计表

教区＼项目	年度	医院和病院(所)	病人(人)	诊疗所(所)	施诊(人次)
热河	1928			3	9737
	1935			6	26011
	1941			9	26640
西湾子	1928			4	23887
	1935	1	597	4	30666
	1941			9	13824
	1948			5	47854
正定	1916	3	1154	6	79691
	1928	4	837	不详	52405
	1935	2	586	4	122635
	1941	2	138	6	83572
保定	1916			不详	41284
	1928	1	809	2	76160
	1935	1	554	1	93267
	1941	1	885	2	126833
	1948	1	746	2	182679
安国	1928			1	2987
	1935			3	37722
	1941			1	1852

① 专号:《慈善事业表》,《圣教杂志》1929 年第 7 期。

续表

项目 教区	年度	医院和病院（所）	病人（人）	诊疗所（所）	施诊（人次）
北平	1916	2	1506	12	480667
	1918	3	1854	11	438419
	1928	3	2230	9	427565
	1935	3	2709	12	725735
	1941	3	3064	9	574703
	1948	3（包括安老院）	1047	9	1546778
献县	1928	1	35	11	262900
	1935			82	60000
	1941	1	不详	不详	15369
天津	1928	2	1792	4	107605
	1935	3	3616	4	117156
	1941	2	3591	3	139619
	1948	3	2903	4	75523
永平	1928			1	
	1935			2	27582
	1941			5	37272
	1948			5	24369
顺德	1935	1	844	12	153222
	1941	1	1255	16	105613
永年	1935			8	27654
	1941			2	1081
	1948			4	5000
景县	1941			16	8000
	1948			1	28800
大名	1935			4	65000
	1941			6	38233
易县	1935			5	28429
	1941			5	15687
赵县	1935			1	850
宣化	1941			1	7649

资料来源：《近事·本国之部·北京》，《圣教杂志》1918年第9期；《慈善事业表》，《圣教杂志》1929年第7期；《中华全国教务统计1949》，第34页；*Les Missions de Chine 1917*, pp.47, 57, 64, 67; *Les Missions de Chine 1934－1935*, pp.16, 32, 65, 69, 74, 81, 96, 99, 105, 114, 120, 122, 126, 130; *Les Missions de Chine 1940－1941*, pp.11, 30, 57, 64, 67, 71, 82, 85, 89, 93, 96, 101, 103, 105, 108。

表5.18显示,河北各教区医院确实收治了大批病人,诊疗所每年也施诊千万次,在相当程度上减轻了民众遭受的疾病与痛苦。在传教士、修女及其他医护人员的宣传下,西方医疗科学知识和先进的卫生观念逐渐为乡民所接受,一批新的西式医院在河北乡村次递出现,客观上促进了乡村医疗事业的发展。

二、卫生与防疫

近代河北乡村不仅缺医少药,而且乡民卫生观念极为落后。多数农民轻视饮食卫生,瓜果蔬菜很少洗,常喝凉水,吃生冷食物,食物和饮食用具不加遮盖,任由苍蝇叮食。"有许多农民以为凡是苍蝇落上吃过的食品人吃了更没病。有时厕所与井相离很近,农民不知道注意。"①据李景汉等人在定县3村内调查175口井与最近厕所之距离得知,"距离不到40尺者占大多数,有近至10尺以下者,"②致使井水污染严重。同时,河北乡民居住条件简陋,多为狭小黑暗房屋,且人畜同住,通风条件差,阳光亦不充足,室内空气污浊,苍蝇、蚊子、虱子、老鼠等肆意横行。以定县为例,有些农家厨房同时是牲口房,有时"这一边做饭做菜,那一边就喂马喂驴。这一边骡马粪尿,堆了满地,臭气熏人;那一边小菜水饭,萝卜菜粥。夏天天气炎热,苍蝇满屋,提不到卫生。"③广大农村妇婴卫生更为落后。农村妇女不了解自身生理特点,在月经及怀孕期间仍做重活、吃冷食,经常患严重的妇女病。孩子的接生多为土法,"社会一般人民对于新法接生,仍未有相当信仰,除少数人愿受新法接生外,多数仍请旧式之收生婆。"④缠足及吸食鸦片等陋俗在河北乡村仍普遍存在。

河北乡村不卫生的生活条件和习惯使疾病丛生,疫疬流行,威胁了乡民的健康和生命,造成极高的死亡率。据1929年对定县中一区5255农家调查显示,患病者共计1415人,以患肠胃症的为最多,计有354人,占总数的25%,其中死去50人。其次最多者为眼病。因家庭内彼此传染,本身有痧粒眼者约占总人口数至少达60%以上。再次为疮伤、肺痨、呼吸病、抽风、喉症、疹子、骨节炎、疟疾、皮肤病、天花、瘫痪及脑出血、臌症、产后夹杂症、

---

① 李景汉:《定县社会概况调查》,中华平民教育促进会1933年版,第279页。
② 李景汉:《定县社会概况调查》,中华平民教育促进会1933年版,第279页。
③ 李景汉:《定县社会概况调查》,中华平民教育促进会1933年版,第277页。
④ 雷洁琼:《平绥沿线之天主教会》,平绥铁路管理局1935年版,第17页。

牙痛、神经病、花柳病、耳病与其他杂病①。在上述病症中，肠胃病（泻肚、痢疾、肠热症）、眼病、皮肤病、产后夹杂症等多因不卫生的生活习惯引起。而不卫生的生活习惯又可导致眼病、疹子、天花、花柳病等传染性疾病的流传与传播，致使患者死亡人数众多。以上述1415名患病者为例，其中死亡人数达296人，占患者人数的20.9%②。

针对以上情况，各地传教士特别是在教会医院及诊疗所工作的神父、修女等积极向乡民宣传卫生常识，如饭前洗手、不喝脏水、不吃腐烂食物以及注重妇女孕期保健等。同时教授乡民小儿科及流行病的几种预防方法。"在每年天花发作的时期，教士们总要竭力推行防天花的种痘工作，使种痘的事情，普及到最偏僻的乡村去。"针对眼病的流行，教士们踊跃参加"中国华洋防盲会"（1924年卢梭望眼科博士创设于天津）的工作，用一种极简单的方法，收到很好的治疗效果③。在教士及医护人员的宣传与指导下，河北乡村疾病得到一定程度控制，人口死亡率有所降低。据西湾子代牧区1933年、1934年、1935年三年综合调查，小儿死亡率竟达57%强。自1938年上海震旦大学医学博士舒兆勋到西湾子诊疗所主治小儿科后，"随时给予村民们以育儿的正确指导，（小儿）死亡率便大为减低。"④

河北乡村天主教传教士在宣传卫生常识的同时，对于戕害乡民身心健康的缠足、吸毒等恶风陋习始终反对，努力铲除。早在1850年，西湾子教士就竭力设法革除缠足陋习。3月20日，"孔主教给蒙古教区出布告，劝教友们不要为自己的女儿缠足，叫十岁以下的女孩放足，以后生的女儿则勿再缠足。设法为贞女及年轻的妇女解放她们的脚。因孔主教的规劝，本区的中区及西区完全遵照孔主教的意见彻底实行。孤儿院及西湾子几位贞女首先改善，后来其他人也纷纷效法。"⑤嗣后新立教堂的地方，往往以解放幼女缠足为第一要务，经过逐渐推广，缠足陋习在蒙古代牧区几乎完全革除。

鸦片作为一种社会公害，不仅伤身害体，而且败家亡国，遭到全社会包括天主教会的普遍反对。1891年，罗马传信部颁布通令，禁止教徒种植、贩

---

① 李景汉：《定县社会概况调查》，中华平民教育促进会1933年版，第282页。

② 李景汉：《定县社会概况调查》，中华平民教育促进会1933年版，第282—283页。

③ 王守礼著，傅明渊译：《边疆公教社会事业》，上智编译馆1947年版，第109页。

④ 王守礼著，傅明渊译：《边疆公教社会事业》，上智编译馆1947年版，第107—108页。

⑤ 隆德理：《西湾子圣教源流》，古伟瀛编：《塞外传教史》，台湾光启文化事业2002年版，第39页。

卖或吸食鸦片①。1924年,中国天主教会在上海召开第一届教务会议,将肃清鸦片流毒列入会议决议案中,决议案第431条规定:"圣教本拯救众灵之天职,在中国首倡拒毒运动,早有明文左(佐)证,凡我教区神长,其各奋发毅力,速速铲除此种恶习,在必要情形下,应组成拒毒团体,厘定最有效力之方法,与此不良习惯宣战。"②传教士们遵照这个法令,严格规劝教徒,不准教徒吸食鸦片。"有吸者予以相当责罚,凡犯而不改致成瘾癖者,本堂司铎且断其四规。"③在教会的严厉禁止下,教徒种植与吸食鸦片者很少。"即有吃鸦片者,其数已有限矣。"④

河北乡村天主教会不仅积极铲除缠足、吸毒等恶风陋习,还对摧残乡民健康的鼠疫、伤寒、霍乱等瘟疫予以有效控制。当疫疬流行时,传教士们总是设法遏止疫病的蔓延。他们将乡民与染疫的病者分地隔离,为民众注射防疫针,埋葬死尸,看护病人等。在传教士和修女的医治和看护下,一些病人度过危险,保全了性命。然而,不少传教士和修女却为此染上疾病而牺牲生命。1918年春,直隶南境瘟疫盛行,正定府尤甚。"教堂内之神父、修士等不避性命之危,专为拯救教内外人之身神,以故染疫而死者有二位传教士、一位贞姆及一位在会之依理满(外籍修士)外,尚有三十余修道士,全是甘愿拯救染疫之人而抛弃自己之性命者。"⑤事发后,赈灾督办熊希龄、直隶省议会、天津红十字会及商务等会均致电主教文贵宾,高度赞扬神父、修女及修士的甘愿牺牲精神。"十一月七日,徐大总统(徐世昌)特下令给予文主教若望以二等嘉禾章一枚。"⑥

面对瘟疫的肆虐,传教士不只限于被动防治,还采取积极应对措施,研制抗菌疫苗,从根本上预防疫病的发生。比利时圣母圣心会传教士吕登岸为此作出努力。他于1901年来华,亲眼目睹了流行华北,特别是内蒙地区斑疹伤寒的危害,决心在中国研制防伤寒药针。当他获悉波兰魏格尔博士已发明一种预防斑疹伤寒病的疫菌,便于1930年亲赴波兰研究,首先自己

① 《天主教与拒毒问题》,《圣教杂志》1931年第7期。

② 《天主教与拒毒问题》,《圣教杂志》1931年第7期。

③ 徐宗泽:《天主教对于中国社会问题所演之实效》,《圣教杂志》1936年第3期。

④ 徐宗泽:《天主教对于中国社会问题所演之实效》,《圣教杂志》1936年第3期。

⑤ 《近事·本国之部·直隶》,《圣教杂志》1918年第7期。

⑥ 《近事·本国之部·直隶》,《圣教杂志》1918年第12期。

注射，证实了它的效用后，便寄发药针给各传教士注射。由于这种疫苗免疫期只有一年，必须每年注射一次才有效果。于是吕登岸于1931年在辅仁大学设立了微生物研究所，决心在中国研究、制造预防斑疹伤寒病之疫苗。1932年1月，吕登岸派遣辅仁大学张汉民教授赴波兰魏格尔博士处学习，学成归来后开始动手研制。由张汉民博士研制成功的药剂不但有十足的效果，而且反应力亦较波兰的药剂为小。据统计，自1906年至1930年25年间，塞外传教士因患伤寒而去世的计有78人，自注射这种药针后，再没有一个因伤寒而死亡的传教士①。其他各修会传教士与新教传教士也都开始注射这种疫苗，效果亦非常好。这种疫苗同时用于普通乡民身上，挽救和保全了不少人的生命，受到国民政府的嘉奖。

河北乡村天主教会传教士在卫生与防疫方面作了许多工作，一定程度上改变了当地乡民的卫生习惯，减少了疾病的发生与流播，保护了乡民的身体健康与生命安全。传教士对于缠足、吸毒等恶风陋习的革除，更促进了社会风俗与观念的变迁，有利于社会文明的进步。特别是塞外一些教徒村，"村多整洁，有教堂，有医院，有学校，并有无线电等近代设备。村民男不吸烟、种烟，女不缠足，生活甚佳。"②雷洁琼在1934年参观了平绥铁路沿线天主教会兴办的社会事业后，对于传教士自我牺牲与服务社会的精神极为钦佩，她认为"教会的目的虽在传教，而其深入民间，服务人群的工作，了解人民痛苦之程度，实比任何机关尤为切实。"③

第三节　社会慈善事业

慈善事业是天主教会的传统事业，它包括育婴、养老、济贫、救灾、恤患、免费医疗等。教会开办慈善事业的目的是为了彰显教会爱德，博得人们好感，"以疾苦当作使人认识、爱慕及事奉天主的媒介，"④吸引人们皈依天主

---

① 王守礼著，傅明渊译：《边疆公教社会事业》，上智编译馆1947年版，第112—113页。

② 杨堤：《塞外的"天主教国"》，南京《益世报》1947年9月19日。上海档案馆，档号U101-0-216。

③ 雷洁琼：《平绥沿线之天主教会》，平绥铁路管理局1935年版，第22页。

④ 佚名著，李盎博译：《关于慈善活动的意见》，《传教夜谭》，上海天主教教务协进会1950年版，第1376页。

教。然而教会慈善事业在客观上也缓解了中国社会存在的溺婴、贫病、灾荒等社会问题，对中国近代社会产生了一定积极影响。

一、慈幼安老

慈幼、安老事业是近代河北天主教会慈善事业的重要组成部分，主要包括育婴堂、孤儿院、安老院及残老院等慈善机构。

（一）设立育婴堂、孤儿院

育婴堂、孤儿院的设立与近代河北乡村存在的溺婴、弃婴陋俗密切相关。溺婴、弃婴陋习自古有之。1205—1208年（宋宁宗开禧年间）即有“申禁民间生女弃杀之条”①。清代以来，溺婴、弃婴之风更为严重。顺治时，都察院左副都御使魏裔介在向皇帝所进条陈中指出：“福建、江南等处，甚多溺女之风。”②1866年，御使林式恭奏：“近来广东、福建、浙江、山西等省，仍有溺女之风，恐他省亦所不免。”③1878年，翰林院代递检讨王邦玺奏请禁民溺女，“据称民间生女，或因抚养维艰，或因风俗浮靡，难于遣嫁，往往有溺毙情事，此风各省皆然，江西尤甚。”④至民国年间，各地溺婴、弃婴陋习仍屡禁不止。1942年3月，河北涉县城关一带一个月内曾先后发生溺死女婴事件3起⑤。1943年1月，武安县柏林村半月内竟发生溺婴事件4起⑥。关于清代以来溺婴陋俗盛行的原因，史学界已进行一定的研究。归纳起来有多个方面：其中最重要的根源乃是男尊女卑、重男轻女观念根深蒂固，加之家贫、奁费高和迷信思想严重，致使清代以来溺女风炽。华北地区流行的一首歌谣：“老公鸡，上磨盘，养活闺女不上算；吃上饭，穿上衣，长大成人是人家的。三斤豆腐二斤酒，打发闺女出门去；爹跺脚，娘拍手，再养闺女撩给狗，”⑦正是河北乡村地区溺女风俗的真实写照。

面对中国千百年来流行的溺婴陋俗，天主教会极力反对。他们认为

① 徐宗泽：《天主教对于中国社会问题所演之实效》，《圣教杂志》1936年第3期。

② 《清实录》第3册，《世祖章皇帝实录》卷125，中华书局1985年影印版，第967页。

③ 中国第一历史档案馆编：《咸丰同治两朝上谕档》第16册，广西师范大学出版社1998年版，第31页。

④ 徐宗泽：《天主教对于中国社会问题所演之实效》，《圣教杂志》1936年第3期。

⑤ 《涉县溺婴风炽　重男轻女遗毒仍在》，《新华日报》（华北版）1942年3月27日第4版。

⑥ 小言论：《救救孩子》，《新华日报》（华北版）1943年1月23日第4版。

⑦ 鲁生：《注意“禁止妇女溺婴”》，《太岳日报》1949年7月5日第4版。

“婴儿亦天主所生造，有生活之权利者也，及因无自卫能力，一任他人之溺弃，至可惨怜。我天主有第五诫毋杀人之严命，所以对儿童之生命一如成人之生命，极端保护”[①]。自明末清初天主教传教士来华以后，对于溺婴问题极为关注。由于早期传教士物质条件的匮乏及清政府对天主教的严禁，此期传教士还没有能力建设育婴堂，他们只能把工作的重点放在为弃婴及临死婴儿施行洗礼上，期望借此把这些婴儿的灵魂送上天堂。据耶稣会士殷弘绪1720年记载：“在通常年景中，单单我们在北京的几座教堂就要为五六千名这种孩子施洗。”[②]近代以降，随着天主教在中国的解禁，天主教会开始在各地公开设立育婴堂、孤儿院和养育院等慈善机构。1843年法国创设的圣婴会组织在中国各地亦陆续设立分会，此会的“目的是为收养被弃的婴儿，并唤起世界八百万儿童，作这慈善会的会员，量力捐助，去救济那些可怜的婴儿”[③]。在婴圣会等善会组织的推动下，河北各地慈幼事业发展很快。

河北最早设立的天主教孤儿院为西湾子孤儿院。它成立于1836年，是蒙古教区第一处孤儿院。至1846年，共收养孤儿223名[④]。1848年，圣婴会组织在西湾子地区亦非常兴盛。西湾子的教徒有收养圣婴会的婴儿为义子义女的，还有娶圣婴会的女孩为妻的。1871年，孤儿院有孤儿200人。1877年，比利时籍主教巴耆贤为孤儿院建筑了新房舍。在其任期内又设立了6所孤儿院。至20世纪30年代，有好几千个孤儿在院中领受洗礼[⑤]。新中国成立前，西湾子孤儿院有孤儿80余人。新中国成立后该院解散[⑥]。

自西湾子孤儿院创办后，直隶各天主教区亦陆续创办一批育婴堂、孤儿院，兹将一些主要育婴堂、孤儿院列表于下：

---

① 徐宗泽：《天主教对于中国社会问题所演之实效》，《圣教杂志》1936年第3期。

② ［法］杜赫德著，郑德第译：《耶稣会士中国书简集》第2卷，大象出版社2001年版，第219页。

③ 王守礼著，傅明渊译：《边疆公教社会事业》，上智编译馆1947年版，第99页。

④ 河北省地方志编纂委员会编：《河北省志·宗教志》第68卷，中国书籍出版社1995年版，第297页。

⑤ 隆德理：《西湾子圣教源流》，载古伟瀛：《塞外传教史》，台湾光启文化事业2002年版，第38、52、53、63、76页。

⑥ 河北省地方志编纂委员会编：《河北省志·宗教志》第68卷，中国书籍出版社1995年版，第297页。

表 5.19　近代河北天主教会育婴堂、孤儿院情况简表

名称	创办时间	创办地点	创办者	院长	管理者	收养孤儿数目
西湾子孤儿院	1836	崇礼县西湾子村	孟振生	不详	方济各会修女	1946 年 223 人；1931 年 144 人，乳哺者 164 人；新中国成立前 80 人
深州男孤儿院	1861	深县杜家庄	司法尼神父	不详	不详	1861 年 16 人
深州女孤儿院	1862	深县东杨泰村	司法尼神父	不详	贞女	1862 年 21 人
献县孤儿院	1863	献县张家庄	司法尼神父	不详	不详	1863 年 20 人
正定仁慈堂孤儿院	1858	正定城内	董若翰主教	Guerlaina 葛修女；1946 为高光明	仁爱会修女	1933 年 300 余人；1946 年（18 岁以下者）476 人
石门公教婴儿院	1938	石家庄煤市街	正定教区	不详	修女	不详
保定教区孤儿院	不祥	徐水县安家庄，1910 年后迁至保定	孟振生	1910 年后为胡神父	1920 年由仁爱会修女管理	不详
唐山若瑟孤儿院	1938	唐山市王谢庄	薛复渊神父	首任院长白厄福（荷）；1946 年为劳德隆（荷）	圣母七苦会修士	1946 年 12 月 75 人，1947 年 3 月 80 人
唐山仁爱女子孤儿院	1939	唐山市培仁里	永平教区	白松林（法）	仁爱会修女	40 余人
卢龙总堂孤儿院	1907	卢龙县城内	武致中主教	王蕙英（修女）	圣母会修女	1937 年 20 人
安国教区孤儿院	1939	安国县城内	安国教区	不详	德莱会修女	不详
宣化教区孤儿院	1901	宣化城内	樊国梁	周国珍	修女	最初 30 余人
磁县公教孤儿院	1931	磁县彭城，1941 年迁至磁县	崔守恂主教	不详	修女	1931 年 80 人，1951 年 24 人
顺德教区孤儿院	1932	邢台城内	顺德教区	不详	不详	200 余人，邢台解决前尚有 59 人
大名教区孤儿院	1935	大名城内	大名教区	不详	不详	当年收女婴 221 人

续表

名称	创办时间	创办地点	创办者	院长	管理者	收养孤儿数目
景县教区孤儿院	1942	景县城内	景县教区	不详	不详	新中国成立前6人

资料来源:《河北省志·宗教志》第68卷,第297—298页;刘献堂:《献县教区简史》,第63、64、72页;《保定天主教历史沿革》,第58—59页;河北省档案馆:《育婴院、天主教、医院等各地救济设施人事调查表》,档号622-2-1077;《正定天主教仁慈堂修女、难民、孤儿各表及拨给赈粮、奶粉等救济》,档号622-2-1079;《河北省石门私立公教婴儿院概况调查表》,档号622-2-1095;解成:《基督宗教在华传播系年》河北卷,第512—513页;《张家口文史资料》第16辑,第109页;A. Morelli, C. M., *Notes D'Histoire Sur le Vicariat de Tcheng-Ting-Fou 1858-1933*, pp.161-162。另外,《河北省志·宗教志》第68卷第297页载,保定教区孤儿院于1882年由孟振生创办,时间有误,孟振生已于1868年去世;同页载正定教区孤儿院似乎与石门公教婴儿院为同一个孤儿院,但二者创立时间有差异,一为1920年,一为1938年,笔者采用1938年之说。

河北天主教乡村教会创办的育婴堂、孤儿院等慈善机构不仅年代较早,而且分布广泛,每个教区建有一所甚至几所育婴堂、孤儿院。这些育婴堂、孤儿院大量收养无父无母或无人照管的婴儿,有的是被遗弃的婴儿。在中国传统重男轻女思想影响下,弃婴中女孩占大多数,故各地育婴堂、孤儿院中的孤儿也以女孩为主。表5.20反映了民国河北乡村天主教会兴办的慈幼事业的大体概况。

表5.20 民国河北天主教会育婴堂、孤儿院及孤儿数目统计表

项目 教区	年度	孤儿院(所)		孤儿(人)		圣婴会婴孩(人)		
		男院	女院	男孩	女孩	收容	出养	螟蛉
热河	1921	14		676				
	1925	19		685				
	1927	25		718				
	1929	21		617				
	1931	24		527				
	1933	8		160(模糊,不确)		67		
	1935		9		227			
	1941	10		359				

续表

教区＼项目	年度	孤儿院（所）		孤儿（人）		圣婴会婴孩（人）		
		男院	女院	男孩	女孩	收容	出养	螟蛉
西湾子	1925	6		490				
	1927	6		413				
	1929	4		237				
	1931	4		251				
	1933	5		5	298	1319		
	1935			903				
	1936	4			364	352	556	343
	1941	4		480				
	1948	4			459	44	92	287
北平	1916		3		593			
	1919		3		465			
	1921		3		472			
	1925		3		880			
	1927		2		1068			
	1929	3		628				
	1931	3		626				
	1933	1		633		258		
	1935	1		670				
	1936	1			678	96	268	56
	1941	1		680				
	1948	1			985	108	20	6
天津	1916		1		31			
	1919		1		18			
	1921		1		57			
	1925	1		32				
	1927	1		21				
	1929	1		21				
	1931	2		59				
	1933	2			65	18		
	1935	2		60				

续表

项目 教区	年度	孤儿院（所）		孤儿（人）		圣婴会婴孩（人）		
		男院	女院	男孩	女孩	收容	出养	螟蛉
天津	1936	2			68	59	16	5
	1941	2		55				
	1948	2			180			
献县	1925			169				
	1927			169				
	1929			169				
	1931			92				
	1933	5			76	27		
	1935	5		41				
	1936	8			163	11	2	3
	1941			81				
正定	1916	2	4	64	756			
	1919	2	4	75	693			
	1921	3	4	180	656			
	1925	8		178	727			
	1927	8		77	673			
	1929	8		55	582			
	1931	5		61	612			
	1933	4		46	591	1604		
	1935	2	2	48	545			
	1936	4		47	566	850	607	574
	1941	6		588				
永平	1916		4		66			
	1919		3		57			
	1921		3		62			
	1925	4		62				
	1927	4		86				
	1929	4		91				
	1931	5		93	131			
	1933	5		105	83	27		

续表

<table>
<tr><th rowspan="2">项目
教区</th><th rowspan="2">年度</th><th colspan="2">孤儿院(所)</th><th colspan="2">孤儿(人)</th><th colspan="3">圣婴会婴孩(人)</th></tr>
<tr><th>男院</th><th>女院</th><th>男孩</th><th>女孩</th><th>收容</th><th>出养</th><th>螟蛉</th></tr>
<tr><td rowspan="4">永平</td><td>1935</td><td>1</td><td>5</td><td>91</td><td>147</td><td></td><td></td><td></td></tr>
<tr><td>1936</td><td colspan="2">6</td><td>98</td><td>105</td><td>18</td><td>52</td><td>5</td></tr>
<tr><td>1941</td><td colspan="2">7</td><td>75</td><td>102</td><td></td><td></td><td></td></tr>
<tr><td>1948</td><td colspan="2">3</td><td>72</td><td>108</td><td></td><td></td><td></td></tr>
<tr><td rowspan="12">保定</td><td>1916</td><td></td><td>1</td><td></td><td>60</td><td></td><td></td><td></td></tr>
<tr><td>1919</td><td></td><td>1</td><td></td><td>61</td><td></td><td></td><td></td></tr>
<tr><td>1921</td><td></td><td>1</td><td></td><td>85</td><td></td><td></td><td></td></tr>
<tr><td>1925</td><td colspan="2">1</td><td colspan="2">77</td><td></td><td></td><td></td></tr>
<tr><td>1927</td><td colspan="2">1</td><td colspan="2">63</td><td></td><td></td><td></td></tr>
<tr><td>1929</td><td colspan="2">1</td><td colspan="2">129</td><td></td><td></td><td></td></tr>
<tr><td>1931</td><td colspan="2">1</td><td colspan="2">231</td><td></td><td></td><td></td></tr>
<tr><td>1933</td><td colspan="2">1</td><td></td><td>318</td><td colspan="3">377</td></tr>
<tr><td>1935</td><td colspan="2">1</td><td colspan="2">381</td><td></td><td></td><td></td></tr>
<tr><td>1936</td><td colspan="2">1</td><td></td><td>423</td><td>160</td><td>303</td><td></td></tr>
<tr><td>1941</td><td colspan="2">1</td><td colspan="2">266</td><td></td><td></td><td></td></tr>
<tr><td>1948</td><td colspan="2">1</td><td></td><td>242</td><td>72</td><td>95</td><td></td></tr>
<tr><td rowspan="3">安国</td><td>1933</td><td colspan="2">1</td><td>3</td><td>110</td><td colspan="3">167</td></tr>
<tr><td>1935</td><td colspan="2">1</td><td colspan="2">191</td><td></td><td></td><td></td></tr>
<tr><td>1936</td><td colspan="2">1</td><td>5</td><td>34</td><td>119</td><td>142</td><td>13</td></tr>
<tr><td rowspan="7">宣化</td><td>1927</td><td colspan="2">2</td><td colspan="2">154</td><td></td><td></td><td></td></tr>
<tr><td>1929</td><td colspan="2">2</td><td colspan="2">193</td><td></td><td></td><td></td></tr>
<tr><td>1931</td><td colspan="2">3</td><td colspan="2">322</td><td></td><td></td><td></td></tr>
<tr><td>1933</td><td colspan="2">3</td><td></td><td>416</td><td colspan="3">827</td></tr>
<tr><td>1935</td><td colspan="2">4</td><td colspan="2">395</td><td></td><td></td><td></td></tr>
<tr><td>1936</td><td colspan="2">4</td><td></td><td>381</td><td></td><td></td><td></td></tr>
<tr><td>1941</td><td colspan="2">5</td><td colspan="2">441</td><td></td><td></td><td></td></tr>
<tr><td rowspan="4">赵县</td><td>1929</td><td></td><td></td><td colspan="2">24</td><td></td><td></td><td></td></tr>
<tr><td>1931</td><td></td><td></td><td colspan="2">24</td><td></td><td></td><td></td></tr>
<tr><td>1933</td><td colspan="2">1</td><td>12</td><td>47</td><td>170</td><td></td><td></td></tr>
<tr><td>1935</td><td>1</td><td>1</td><td>12</td><td>84</td><td></td><td></td><td></td></tr>
</table>

续表

<table>
<tr><th rowspan="2">项目
教区</th><th rowspan="2">年度</th><th colspan="2">孤儿院(所)</th><th colspan="2">孤儿(人)</th><th colspan="3">圣婴会婴孩(人)</th></tr>
<tr><th>男院</th><th>女院</th><th>男孩</th><th>女孩</th><th>收容</th><th>出养</th><th>螟蛉</th></tr>
<tr><td rowspan="2">赵县</td><td>1936</td><td colspan="2">1</td><td></td><td>71</td><td>259</td><td>116</td><td>12</td></tr>
<tr><td>1941</td><td colspan="2">1</td><td colspan="2">84</td><td></td><td></td><td></td></tr>
<tr><td rowspan="7">永年</td><td>1929</td><td colspan="2">1</td><td colspan="2">15</td><td></td><td></td><td></td></tr>
<tr><td>1931</td><td colspan="2">1</td><td colspan="2">25</td><td></td><td></td><td></td></tr>
<tr><td>1933</td><td colspan="2">2</td><td></td><td>132</td><td>108</td><td></td><td></td></tr>
<tr><td>1935</td><td colspan="2">2</td><td colspan="2">161</td><td></td><td></td><td></td></tr>
<tr><td>1936</td><td colspan="2">2</td><td></td><td>161</td><td>34</td><td>29</td><td>5</td></tr>
<tr><td>1941</td><td colspan="2">2</td><td colspan="2">162</td><td></td><td></td><td></td></tr>
<tr><td>1948</td><td colspan="2">3</td><td></td><td>80</td><td></td><td></td><td></td></tr>
<tr><td rowspan="3">易县</td><td>1933</td><td colspan="2">1</td><td></td><td>12</td><td></td><td></td><td></td></tr>
<tr><td>1935</td><td colspan="2">1</td><td colspan="2">49</td><td></td><td></td><td></td></tr>
<tr><td>1936</td><td colspan="2">2</td><td></td><td>97</td><td>59</td><td>32</td><td></td></tr>
<tr><td rowspan="4">顺德</td><td>1933</td><td></td><td></td><td></td><td></td><td colspan="3">265</td></tr>
<tr><td>1935</td><td></td><td>2</td><td></td><td>40</td><td></td><td></td><td></td></tr>
<tr><td>1936</td><td colspan="2">1</td><td></td><td>44</td><td>274</td><td>200</td><td>8</td></tr>
<tr><td>1941</td><td colspan="2">1</td><td>8</td><td>145</td><td></td><td></td><td></td></tr>
<tr><td rowspan="3">大名</td><td>1935</td><td colspan="2">3</td><td colspan="2">122</td><td></td><td></td><td></td></tr>
<tr><td>1936</td><td colspan="2">2</td><td></td><td>42</td><td>20</td><td></td><td></td></tr>
<tr><td>1941</td><td colspan="2">2</td><td colspan="2">21</td><td></td><td></td><td></td></tr>
<tr><td>景县</td><td>1941</td><td colspan="2">1</td><td colspan="2">6</td><td></td><td></td><td></td></tr>
</table>

资料来源:《中华全国教务统计 1937》,第 46 页;《中华全国教务统计 1949》,第 34 页; Paschal M. D'Elia, S.J., *The Catholic Missions In China*, pp.118 – 119; *Les Missions de Chine 1917*, pp.47, 57, 59, 64, 68; *Les Missions de Chine 1921*, pp.21, 38, 41, 46, 52; *Les Missions de Chine 1923*, pp.22, 38, 42, 47, 54, 76; *Les Missions de Chine 1927*, pp.23, 31, 39, 43, 48, 56, 82, 94; *Les Missions de Chine 1929*, pp.21, 29, 36, 40, 46, 54, 58, 84, 95; *Les Missions de Chine 1931*, pp. 21, 29, 35, 40, 45, 52, 56, 61, 64, 97, 103; *Les Missions de Chine 1933*, pp.21, 30, 36, 41, 46, 53, 57, 63, 66, 105, 114; *Les Missions de Chine 1934 – 1935*, pp.16, 27, 65, 69, 74, 81, 95, 99, 105, 110, 114, 120, 122, 126, 130; *Les Missions de Chine 1940 – 1941*, pp.11, 30, 59, 64, 67, 71, 82, 85, 89, 93, 96, 101, 105, 108。

近代河北天主教会兴办的慈幼事业相当发达,各教区均设立一定数量的育婴堂、孤儿院,广泛收养弃婴、孤儿,婴孩、孤儿数目众多。以 1933 年为例,河北各代牧区(包括热河、西湾子)共有育婴堂、孤儿院39所,占全国天主教育婴堂、孤儿院总数(432所)的9.02%;女孤儿2941人,占全国天主教女孤儿总数(20330人)的14.47%;男孤儿171人,占全国天主教男孤儿总数(2512人)的6.8%;圣婴会婴孩5234人,占全国天主教圣婴会婴孩总数(68409人)的7.65%①。男孤儿较之女孤儿数目要少得多,充分反映了中国社会重男轻女的思想。

河北天主教会创办的育婴堂、孤儿院等慈幼机构不仅使大批弃婴、孤儿获得了生存的权利,而且还为她们提供了受教育与工作的机会。婴儿初来育婴堂时,通常由教堂出资雇乳母哺养,及至婴孩长到四五岁,则接回育婴堂开始接受教育。孤儿们除学习一定文化知识外,宗教教育和伦理教育是其教育的主要内容。经过长期的宗教教育和熏陶,孤儿们自小就成为虔诚的教徒。此外,职业教育与培训也是孤儿们必须学习的内容。这一方面可以使孤儿掌握一定的职业技能以立足社会,另一方面也可使孤儿们进行一定工作,以此补贴孤儿院的开支费用。以1933年正定仁慈堂孤女院为例,院中按孤女年龄分为3个院:第一院为7—11岁的儿童,由1名修女和五六位助理管理,有60—80人;第二院为中院,孤女年龄稍大后就由第一院过渡到中院,有120人,修女安热勒·阿弗纳尔管理达44年之久;第三院为14—18岁较大孤儿,有120名,她们从这里出嫁给教徒。这些孤女按年龄接受教育,并做一些力所能及的工作。较小的孤女学经言要理、学纺线和针线活;中等年龄的孤女负责洗刷、缝补衣服,并学习刺绣;年龄较大的孤女制作花边,出售后的收入为总的开支费用。她们也学习家庭活计,准备自己的嫁妆。院中80多个残疾人(如盲人、聋哑、瘫痪、痴呆等)也都有适合自己的工作②。

教会慈幼机构养、教、工三者结合的慈善救助方式无疑使中国传统的救助方式进步了许多。它在拯救孤儿生命的同时,也教授孤儿基本的文化知识和生存技能,提高了她们的素质,使她们进入社会后受到人们普遍欢迎。当然,这种救助方式在当时社会也存在一定弊端。有些孤儿院借"教"与"工"结合的名义,让孤儿过度工作,损害了她们的健康。同时,由于教会早期一些育

① Paschal M. D'Elia, S. T., *The Catholic Missions in China*, The Commercial Press LTD., Shanghai, 1934, pp.118 - 119.

② A.Morelli, C.M., *Notes D'Histoire Sur le Vicariat de Tcheng-Ting-Fou 1858 - 1933*, Imprimerie des Lazaristes, Pei-P'ing, 1934, pp.161 - 162.

婴堂、孤儿院设备较差,保育措施不健全等原因,致使育婴堂婴儿死亡率极高。而教会、教堂对此事采取的遮掩态度招致社会怀疑,由此引发了近代以攻击育婴堂为目标的大大小小的教案,天津教案是其中典型的案件。

(二)设立安老院和残老院

安老院和残老院是近代河北天主教会创办的两种安老慈善机构。

近代以来,灾荒频仍、兵燹连年,河北乡民生活动荡不安。他们或流亡载道,或家破人亡,造成鳏寡孤独、老弱病残之人数急剧增加。面对这样一种形势,河北天主教会开始兴办安老院或残老院等慈善机构,以收容安置那些无以为生的孤寡老人。

从相关资料看,近代河北天主教会兴办安老慈善机构较之慈幼机构数目要少得多。以 1928 年为例,河北各天主教区(包括热河、西湾子)共有安老院 16 所,收容老人 620 人;而本年度河北天主教孤儿院数目则达 50 所,收养孤儿 2682 人。婴圣会同时收养婴孩 4658 人①。在河北天主教会设立的安老院中,创办较早、规模较大的当属正定教区仁慈堂养老院和西湾子教区高家营安老院。

正定教区仁慈堂系该教区主教董若翰于 1858 年创办,地址设在正定城内天主教总堂。1882 年 11 月,5 位仁爱会修女在夏洛特·葛尔兰(法籍,又称葛修女)修女的带领下来到正定府,开始管理正定教区仁慈堂,由葛尔兰任院长。仁慈堂除设有婴孩院、养病院外,还在医院旁边设立男女二个养老院,每院中约有 100 多人②。1937 年七七事变前,仁慈堂共收养孤、贫、残废、聋哑、盲病之无依无靠者达 2000 余人。1946 年,仁慈堂养病、养老院尚有 24—85 岁的男人 45 人,残废养老院有 19—81 岁的女残疾人与老人共 145 人③。这些老人与残疾人均由修女管理。至 1933 年,仁慈堂共有 21 名修女,其中 7 名欧洲人,14 名中国人。另有 27 名助理老师、40 名工人或园丁④。对于院中老人,堂中"亦视其力之所能各予以相当之活计,大都属于

---

① 专号:《慈善事业表》,《圣教杂志》1929 年第 7 期。

② A.Morelli, C.M., *Notes D'Histoire Sur le Vicariat de Tcheng-Ting-Fou 1858 - 1933*, Imprimerie des Lazaristes, Pei-P'ing, 1934, p.163.

③ 河北省档案馆:《正定天主教仁慈堂修女、难民、孤儿各表及拨给赈粮、奶粉等救济》,全宗号 622,目录号 2,卷号 1079。

④ A.Morelli, C.M., *Notes D'Histoire Sur le Vicariat de Tcheng-Ting-Fou 1858 - 1933*, Imprimerie des Lazaristes, Pei-P'ing, 1934, p.165.

自供自养之类,如磨面、弹花等事”①。至于残废、疾病之老人,院中则供养吃住,以终其年。

西湾子教区高家营安老院成立于1908年,创办者是一位女教徒和她的女儿,母女二人均在院内服务。最初安老院只收女性孤寡,后来也收容男性。1936年,该院收养孤寡老人共71名,其中女性58名,男性13名②。受此教徒母女榜样的影响,西湾子一位张姓贞女也立志收养本地穷困老人。1929年,她收容了一批老人,在西湾子村成立养老院,其他贞女帮忙院务工作③。此外,永平教区、宣化教区、顺德教区也成立了安老院和残老院。

表5.21　近代河北天主教安老院、残老院情况简表

安老院名称	创办时间	创办者	院长	管理者	孤老人数
正定教区仁慈堂	1858	董若翰主教	不详	仁爱会修女	1946年200余人
高家营安老院	1908	教徒母女	不详	教徒母女	1936年71人
西湾子养老院	1929	张姓贞女	不详	贞女	不详
永平教区西山口教养院	1924	英人司道克·伯多创办,天主教会管理	王锦章	七苦会修士,仁爱会修女	1949年68人
宣化教区残老院	1934	宇道宏司铎	徐玉甄修女	不详	初50余人
永年教区养老院	1935	永年教区	不详	不详	新中国成立前6人
顺德教区养老院	1932	顺德教区	不详	若瑟会修女	初有20余人,新中国成立前47人
大名教区养老院	1924	大名教区	不详	修女	1935年22人

资料来源:《河北省志·宗教志》第68卷,第298—299页;古伟瀛:《塞外传史》,第77页;《张家口文史资料》第16辑,第125页;《正定天主教仁慈堂修女、难民、孤儿各表及拨给赈粮、奶粉等救济》,河北省档案馆,档号622-2-1079。

① 雷鸣远:《正定游记》,天津《益世报》1915年12月24日第2版。

② 王守礼著,傅明渊译:《边疆公教社会事业》,上智编译馆1947年版,第98—99页。

③ 隆德理:《西湾子圣教源流》,古伟瀛编:《塞外传史》,台湾光启文化事业2002年版,第77页。

近代河北天主教会上述安老院、残老院等慈善机构创立后，尽量收容地方一些生活无助的孤寡老人和残疾人入院，为他们提供吃、住等基本的生活保障，使他们能够老有所依，安度晚年。这种慈善机构理所当然受到孤寡老人的欢迎，要求入院的人数日趋增多。表 5. 22 是民国时期河北各代牧区安老院及收容老人数目统计，由此可见近代河北天主教会安老事业概况。

表 5. 22　民国河北天主教各教区安老院及老人数目统计表

教区＼项目	年度	安老院(所)		老人(人)	
		男院	女院	男人	女人
热河	1921	2		50	
	1925	2		53	
	1927	2		59	
	1929	3		49	
	1931	3		54	
	1935	2	1	38	24
	1941	4		67	
西湾子	1929	2		52	
	1931	2		102	
	1935	2		85	
	1936	2		90	
	1941	3		79	
	1948			40	
北平	1916			40	
	1919			56	
	1921			64	
	1925	1		80	
	1927	1		82	
	1929	1		88	
	1931	1		85	
	1935	1		78	
	1936			85	
	1941	1		90	
	1948			62	

续表

项目 教区	年度	安老院(所)		老人(人)	
		男院	女院	男人	女人
天津	1929	1		17	
	1931	1		18	
	1935	1		33	
	1936			27	
	1941	1		25	
正定	1916	4		168	
	1919	2	2	125	129
	1921	2	2	163	135
	1925	2	2	183	188
	1927	2	2	119	128
	1929	2	2	125	150
	1931	2	2	955	93
	1935	2		206	
	1936			284	
	1941	2		151	
永平	1925	1		80	
	1927	1		81	
	1929	1		109	
	1931	1		137	
	1935	1		145	
	1936	1		98	
	1941	1		68	
	1948	1		46	
永年	1929	1		5	
	1931	1		4	
	1935	1		4	
	1936	1		4	
	1941	1		4	
顺德	1935	2		58	
	1936			53	
	1941	1		47	

续表

项目 教区	年度	安老院(所)		老人(人)	
		男院	女院	男人	女人
大名	1935	2		33	
	1936	2		40	
	1941	2		28	
献县	1936			33	
安国	1935	1		12	
宣化	1941	2		32	
易县	1941	1		65	

资料来源:《中华全国教务统计 1937》,第 46 页;《中华全国教务统计 1949》,第 34 页;*Les Missions de Chine 1917*, pp.47, 57; *Les Missions de Chine 1921*, pp.21, 38; *Les Missions de Chine 1923*, pp.22, 38, 76; *Les Missions de Chine 1927*, pp.23, 39, 43, 94; *Les Missions de Chine 1929*, pp.21, 36, 40, 96; *Les Missions de Chine 1931*, pp.21, 36, 40, 52, 64, 97, 103; *Les Missions de Chine 1933*, pp.21, 36, 41, 53, 66, 105, 114; *Les Missions de Chine 1934 - 1935*, pp.16, 27, 65, 74, 96, 99, 114, 120, 126, 130; *Les Missions de Chine 1940 - 1941*, pp.11, 30, 64, 82, 85, 93, 96, 101, 103, 105, 108。

表 5.22 大体反映了民国河北各教区兴办的安老院状况。与孤儿院相比,各教区设置的安老院数量相对少,收容的老人数量也少。表中历年统计缺乏保定、赵县、景县教区安老院的资料,他们或没有设置专门的安老院,或遗漏了该项统计。相比较而言,正定教区的安老院兴办得较好。不仅数量多,而且收容老人也多。1931 年,正定教区 4 个安老院收容老人达 1048 人。同年其他教区收容老人仅仅几十人,多则百余人。同时,正定教区还设置专门残疾院,收容一些生活不能自理的残疾人。如 1935 年,正定教区设有一所盲人院,收容盲人 152 人①。不论各教区安老院数目多寡,它都构成了河北天主教会慈善事业的一个重要组成部分,带动了整个河北地区安老慈善事业的发展。

二、赈灾救荒

赈灾救荒事业是近代河北天主教会慈善事业的又一重要组成部分,也是教会传教的重要手段之一。教会利用各种方式赈济灾民,吸引他们研究

① *Les Missions de Chine 1934 - 1935*, En Vente à la Procure du Peit'ang, Peiping, 1936, p.74.

教理,确实皈依了大批灾民入教。然而,尽管传教士在赈灾救荒过程中抱有实用主义的宗教目的,但其取得的赈灾效果不容忽视。“对于那些濒临绝境的中国灾民来说,以传教士为主体的西方赈灾活动,无疑具有雪中送炭之功。”①而教会在兵灾中对乡民的救助,直接保护了他们的性命。如此一来,教会在民众中的影响日渐扩大,更有利于传教活动的进行。

(一)水旱荒灾救济

近代以来,河北各地灾荒频仍,水旱连年。自 1876—1879 年连续四年的“丁戊奇荒”开始,河北屡次遭受大型的水旱灾荒的袭击,灾民不计其数。面对千百万嗷嗷待哺的灾民,政府救济只是杯水车薪。自助义赈活动和义赈团体在社会上纷纷兴起。在华天主教会本着人道主义精神,从博爱、慈善的愿望出发,亦加入赈灾救荒的行列。

早在教会成立初期,各地传教士就进行过零星的赈灾救荒活动,一些灾民因此而入教。在 1876—1879 年的“丁戊奇荒”中,传教士的赈灾救荒活动开始趋于组织化。此次灾荒遍及山东、直隶、山西、陕西、河南五省,不仅受灾地域广泛,而且持续时间达四年之久。许多传教士纷纷进入灾区活动。天主教各修会先后派到灾区的传教士有六七十人,基督教差会先后派到灾区的传教士有 30 余人②。1878 年 1 月 26 日,西方来华的传教士、外交官和外国商人联合组成“中国赈灾基金委员会”,总部设在上海。这是一个以传教士为主体,开展搜集灾情、募集捐款、发放赈灾款及物资的慈善机构。在这一机构的组织下,河北各教区传教士积极行动起来,开展赈灾救荒工作。1877 年,直隶西南代牧区西部平山、灵寿受灾严重,至少有 12 人饿死。在上海国际救济委员会的援助下,戴济世主教派谢儒略神父为灾民发放了很多救济物资③。

进入 20 世纪以后,传教士的赈灾活动更加活跃。他们与各地华、洋义赈团体相互配合,共赴中国赈灾事业。1921 年 11 月,北京及各地华洋义赈团体成立“中国华洋义赈救灾总会”(简称“华洋义赈会”),作为中国常设

---

① 夏明方:《论 1876 至 1879 年间西方新教传教士的对华赈济事业》,《清史研究》1997 年第 2 期。

② 顾长声:《传教士与近代中国》,上海人民出版社 2004 年版,第 268 页。

③ A.Morelli, C.M., *Notes D'Histoire Sur le Vicariat de Tcheng-Ting-Fou 1858 - 1933*, Imprimerie des Lazaristes, Pei-P'ing.1934, pp.83 - 84.

性的救灾机关。在华洋义赈会的组织与协调下，教会的赈灾事业日趋发展，并成为教会慈善事业的一个重要组成部分。从相关资料看，近代河北天主教乡村教会对水旱灾害的救济主要表现在下几个方面。

1. 筹募善款，赈济灾民

筹款捐资是天主教会救济灾民的主要措施。面对无衣无食的大量灾民，各地教会首先从传教经费中拨出一批款项救济灾民，有时是设立粥厂，开仓放粮。在1892年察哈尔地区大荒中，中蒙古代牧区主教巴耆贤通令各教士要以最大努力拯救灾民，“如果仓粮散尽，不妨变卖所有最后的资产。他自己就借过五万法郎从事救济灾民的工作。在南壕堑，教士们在一个月内发放过二百袋麦子，各处教堂收养的婴孩计有一千五百名。”①1917年，直隶全省发生特大水灾，“文大司牧（文贵宾）动用该堂基本金以恤灾黎。”②1920年华北五省发生大旱灾，保定天主堂代理主教满德贻“鉴于今岁地方荒旱、灾民流离，殊为悯恻，特在传教用费项下，以三成拨归赈济灾民。在外堂设立粥厂数处，收容男女难民数万余名。尤恐不能普济，特派委员分赴围城附近各村庄，调查极贫者，发给粮票，持票亲赴旧道天主堂领取红粮，每人约在二斗余”③。各地教会除动用传教经费外，传教士还以个人名义捐款、捐物，并劝诫教徒积极捐助。1918年，浙江宁波赵保禄主教为了救济北地灾民，“将平日所服大衣脱赠某君，嘱为变价充赈。”④在其精神感召下，天主教传教士纷纷慷慨解囊助赈。永平修道院20余名修道生苦于无款捐助，商议“将每日所食麦面换为玉（米）面，以每月所省京钱二百余吊充作赈款”⑤。另外，天主教徒亦捐款多元。在沧县传教的贾司铎曾于1920年向教徒之殷实者筹款700余元购备麦种，分散沧南无力播种之贫户⑥。在教会直接的物质救助下，大批灾民得以活命。仅河北武邑县孟司铎1921年救助的灾民计有320个村12000余家，“居民藉保余生者达十之六七。”⑦

① 王守礼著，傅明渊译：《边疆公教社会事业》，上智编译馆1947年版，第91页。

② 悲时：《时评》，天津《益世报》1919年7月16日第6版。

③ 顺直新闻：《保定满主教热心振（赈）济》，天津《益世报》1921年1月25日第11版。

④ 梦幻：《赵主教解衣助赈感言》，天津《益世报》1918年3月21日第2版。

⑤ 本埠新闻：《永平修道生减食助赈》，天津《益世报》1920年11月19日第10版。

⑥ 本埠新闻：《主教司铎之热心振（赈）济》，天津《益世报》1920年10月16日第10版。

⑦ 近事：《直隶武邑县孟司铎之仁风》，《圣教杂志》1921年第12期。

2. 呼吁国际、国内慈善机关救助灾民,担当灾区赈济专员

天主教会鉴于自身力量薄弱,无法救助众多灾民,只有向国际、国内慈善机关及仁人贤士积极呼吁,号召全社会共同救灾。1920 年,直隶北部代牧区助理主教文贵宾因直鲁豫三省旱灾遍地,哀鸿嗷嗷待哺,“特来津与义赈会接洽,建议拯救方法。又函致上海仁济善堂孙仲英先生,以为灾民请命,并附调查灾区情形。”文贵宾在函中写道:“其灾情苦状决非笔墨所能尽述,不临其境耳闻目睹,决不知其惨苦之甚。”他呼吁“吾中华民长富绅慨发恻隐,襄助救济方法,俾饥者得食,渴者得饮,养生救死,其功可称再造”①。庆云、大名、盐山、丰润等县天主教司铎亦纷纷把本地灾情登诸报端,呼吁各慈善机关紧急救助。

在各地教士的呼吁与倡导下,华北华洋义赈会、中国红十字会、华北救灾协会等各慈善机关,迅速调拨大批救援物资运抵灾区。鉴于天主教传教士具有丰富的赈灾经验和救灾热情,华洋义赈会等慈善机关任用许多传教士为赈灾专员,负责向灾民分发救灾物资。在 1917—1918 年直隶大水灾中,红十字会与上海济生会多次委托天津汤、杨二位司铎放赈。未及两月,将天津东南排地、海河北沿大小猪窝等处查放完毕。共放现洋 5 万余元、棉衣 2 万余件、面粉数千袋、牛奶数十箱。后又在天津县属之南洼查放赈济。所有查过灾民状况,皆由汤司铎拍照。汤、杨二位司铎严谨认真的工作态度获得社会人士的认可。熊希龄(时任赈灾督办处督办)曾对某君云:“还是教会此次办理放赈之事极善,可惜为数不过数万耳。水灾之初起时,余已与各教会通函,请出帮忙,然亦有置之不理者,可惜! 可惜! 若公教人均肯出来帮忙,不仅灾民之幸,亦国家之幸也。”②从熊希龄的谈话中可知,在 1917 年华北大水灾之初,天主教会与社会各界慈善机构的合作还不十分密切,以至教士对熊督办的请求“置之不理”。及至 1920 年华北大旱灾时,国际、国内各慈善机构与团体日趋联合。11 月,成立“北京国际统一救灾总会”,统一办理宣传、联络、采粮运粮、卫生防疫及对部分赈款统一分配。在这种形势下,教会的救灾活动也纳入到全国抗灾救荒的洪流中,越来越多的传教士被慈善机关委任为赈济专员,到灾区发放赈灾物质。这些传教士在放赈过

① 本埠新闻:《文主教为灾民呼吁》,天津《益世报》1920 年 9 月 13 日第 10 版。

② 《近事·本国之部·直隶》,《圣教杂志》1918 年第 8 期。

程中，不辞劳苦，亲临灾区，查勘详密，公平正直，获得灾民好评。1921 年 6 月，庆云县灾民专门致函天津《益世报》，对 1920 年华洋义赈会委托放赈的杨、斐、徐三位司铎高度赞扬，称他们“散放有方，手续详明，按灾情之重轻，定施放之先后。食赈之户，分为极贫、次贫，大公为怀，无论教民、平民，奸人不得欺蒙，平民皆得实惠。而且涓滴归公，无丝毫妄费，所任在堂各员，只用菽粟充饥，又皆勤苦耐劳，实为难得”①。寥寥数语，充分表达了灾民对放赈司铎的感激。

3. 设立灾民学校，收养灾民幼童

在历次大型的水旱等自然灾害中，命运最惨的莫过于灾民的幼小子女。一些走投无路的灾民在绝望中往往卖儿鬻女，有时甚至将婴儿遗弃或杀害。面对处境悲惨的灾民子女，天主教会主要采取两种措施予以救助：一是设立贫儿收养所，专门收养孤苦无告之幼男弱女，就地养育。在 1920 年直隶大旱灾中，天津代牧区代理主教文贵宾将堂内基金拨出 15000 元，特嘱托沧县、盐山、南皮、庆云四县传教司铎收集稚弱无靠之孩童，计共 950 余名②。柏乡贾庄天主堂司铎自 1920 年入秋以来，已收养婴儿 200 余名。又在柏乡县属之贾庄、张村、内步、小里、临城县属之祁村、东渎、良村、新安、鸭鸽营、陈家庄、隆平县属之魏家庄、北吴町、陈村、张汪、唐山县属之公子村、任县属之新市等村，设立贫儿收养所 17 处，收养孤苦幼童共 400 名，并分派男女先生 20 人，教以注音字母、算法、女红等事③。天津天主教总堂亦拿出部分经费，专门收养灾民幼女，托仁爱会修女管理。至 1920 年 10 月，已收养幼女 45 人④。二是设立灾民学校，教内、教外灾民儿童均可入学，学校免费供给食宿。直隶东南代牧区西南境（大名、广平一带）1921 年为办理灾民走读学校，将各区内 42 处收寄宿生之学校停办，所有经费移充灾民学校之用，共约得款 10 万元，另外教会又贷款 24000 元，北京赈灾会每月拨助 5000 元，用这些经费共建立灾民学校 235 处，学生共 5065 人，其中男学生 2372 人，女学生 2693 人，男女教员合计 369 人。大名杨司铎亦得北京赈灾会之援助，益以本教会经费，在其本区内收集学生亦有 4000 人之多。总计在 34 县中

① 顺直新闻：《庆云县灾民之感激语》，天津《益世报》1921 年 6 月 2 日第 11 版。

② 本埠新闻：《主教司铎之热心振（赈）济》，天津《益世报》1920 年 10 月 16 日第 10 版。

③ 本埠新闻：《柏乡公教司铎之慈善》，天津《益世报》1920 年 11 月 16 日第 10 版。

④ 本埠新闻：《公教收养灾民幼女》，天津《益世报》1920 年 10 月 17 日第 10 版。

(整个直隶东南代牧区)共有男女学生 2 万人,男女教员约 800 人[①]。其他教区情况亦然。

天主教会设立的上述贫儿收养所及灾民学校,无疑使大批灾童获得救助。它不仅挽救了许多幼男弱女的性命,而且还对灾民儿童进行教育,使其"勿虚掷光阴,不染恶习,致将来有败毁家业之结果,诚为一种慈善之事迹也"[②]。

4. 修堤筑坝,治理水患

对于频繁肆虐的水灾而言,散赈、放赈只是治表之法,而修堤筑坝、开凿渠道才是根治水患的治本之策。教会一些明智的传教士有鉴于此,在对灾民施赈的同时,亦引导灾民治理水患。1888 年水灾过后,南壕堑的传教士曾用以工代赈的办法,雇佣灾民种植树木,同时还雇佣许多人民修筑堤坝,开凿渠道,筑造围堡,改良土地等等[③],起到了很好的防洪、抗洪效果。1936 年,西湾子代牧区高家营子村遭遇洪水,教会当即予以及时救助,设立粥厂,收容难民等。水灾过后,教士提倡和村民合资,在河漕两岸修筑两道石坝,以预防将来的水患。该地以北的圪塔素教堂村,为防止水灾,也挖了一个很深的积水池[④]。教士倡导的上述方法对治理水患确实有效,从而减少了水灾的发生,保护了乡民的生命和财产安全。

近代河北天主教乡村教会实行的救灾政策和措施无疑救助了大批濒临绝境的灾民和儿童,受到他们的赞扬和爱戴。灾荒过后,灾民们对于救助他们的传教士或送匾额当面感谢,或将他们的事迹登诸报端加以赞扬,不一而足。今天,我们对于教会的赈灾慈善事业应予肯定,同时也不否认教会利用赈灾进行传教活动的事实。就传教士而言,他们的目的是为宣传教义,利用一切机会传播福音、发展教徒。这样一来,传教士就把赈灾作为其发展教徒的大好时机。只要教士不采取强制入教的手段,其传教行为应无可厚非。然而个别传教士和教会的作法确实有违灾民意愿。1910 年 10 月,直隶东南代牧区鉴于不少人在得到救济后不再研究教义,更不愿领洗入教的情况,规定:接受教会赈济者须表示接受信仰并交出财产抵押卷,中途不肯入教者

① 近事:《天主教会赈济灾黎汇志》,《圣教杂志》1921 年第 4 期。

② 近事:《天主教会赈济灾黎汇志》,《圣教杂志》1921 年第 4 期。

③ 王守礼著,傅明渊译:《边疆公教社会事业》,上智编译馆 1947 年版,第 92 页。

④ 王守礼著,傅明渊译:《边疆公教社会事业》,上智编译馆 1947 年版,第 94 页。

须交还赈济并领回财产抵押卷①。此项规定带有明显的强制色彩。灾民们在生存危机面前，只好以入教为条件换取教会的赈济。因此，灾荒时期许多灾民并非出自内心信仰而入教，乃是在教会强制规定面前世俗功利目的使然。正是教会上述急功近利的传教政策，使教会赈灾慈善事业蒙上了一层阴影。

（二）兵灾救济

近代河北乡村民众不仅遭受频繁自然灾害的威胁，还饱受战乱之苦。特别是民国元年以来，广大农村一直兵燹连年，无穷尽的战争使民众颠沛流离，无家可归。面对战争的残酷与破坏，天主教会与社会其他各慈善机关共同进行救护与赈济，构成了教会赈灾救荒事业的新篇章。

1. 与战事各方接洽协商，为难民请命

民国初期，军阀各派为争夺权力与地盘，频繁发动战争，河北地区成为他们的主战场。为了拯救战区中无辜的灾民，天主教会一些传教士冒着战火，奔走于交战各方之间，请求他们保护难民。各方军阀一方面忌惮教会与列强的关系，一方面钦佩传教士的勇气和热情，对于教士的请求多予以满足。1920 年 7 月，爆发于直隶涿州、高碑店、琉璃河一带的直皖战争，把广大乡民带进战争的深渊。“战端肇始，一发难收，火炮之区，尸骸积野，败军所过，闾里为墟”，涿县西皋庄天主堂司铎李德镜为制止溃军游勇杀伤抢掠的暴行，多次赴北军（皖军）司令部请命，“始得派兵弹压，暂维秩序，虽军队无统一机关，未能同时敛迹，而土匪已不敢乘势横行。”②1922 年 5 月直奉战争期间，文安县胜芳镇石沟村司铎季际昌（西人）、孙捷三在教堂积极收容妇孺难民，为避免军队扰乱，季司铎亲自去直军军营声明：“妇孺因平日未见如此之大队人马，故而惊走，并非疑贵军有法外之行动也。如贵军需用何物，尽可到天主堂商量，或找绅董亦可，如能办到，则必照办等语。该营长见外国人尚如此爱护百姓，竟大受感动，立派二兵士到堂门护守，经一日一夜之久，该军始他去。奉军来时，季公亦如此对待，故奉直两军住该村，毫未骚扰。”③在近代河北天主教乡村教会，不只处于灾区基层的传教士奔走军营，

---

① 刘献堂：《献县教区简史——庆祝教区成立 150 周年》打印稿，台湾 2006 年印行，第 155 页。

② 要闻：《涿县知事请奖司铎》，天津《益世报》1920 年 9 月 11 日第 6—7 版。

③ 要闻：《奉直战争中季司铎之博爱》，天津《益世报》1922 年 5 月 17 日第 6 版。

即使一些主教也亲赴战区,与交战各方接洽,救济难民。天津宗座代牧区主教文贵宾即是其中的一位。1925 年 12 月下旬,国民军冯玉祥部与奉军李景林部大战于天津。24 日,李军被冯军在刘家房子一带包围,一军并在西于庄设立司令部。文贵宾为保护该庄难民及维持悟善社收容灾民,"冒险赴该司令部为难民请命,已蒙面允实力保护。文主教知难民可保无虞,始于下午回津。"①

上述传教士不畏艰险、亲赴战区与交战军队接洽协商的行为,确实需要一定勇气。在炮火纷飞的战场不仅随时都有生命危险,但就那些无法无天的散兵游勇、溃军败将而言,教士与乡民同样都是他们抢掠杀戮的对象。1925 年 12 月,天津静海县管铺头教堂的马司铎即被溃兵殴伤,教堂亦被抢掠一空②。这种事件在其他教区亦时有耳闻。正因为如此,教士的奔走与接洽才更有价值。交战军队保护难民的承诺和措施,不仅使一些村庄免于战火,而且有效制止了溃军败将的抢掠杀戮行为,保护了乡民的财产和生命。

2. 设立妇孺救济所,救助难民

妇女与儿童由于缺乏自身抵抗与保护能力,在历次战争中遭受的危害最为严重。各地传教士有鉴于此,多设立妇孺救济会,以教堂作为避难场所,收容妇孺等难民。1920 年 7 月直皖战争中,涿县西皋庄司铎李德镜"以城内教堂作妇孺救济会所,不分畛域,一视同仁,计收容城乡妇孺达二千八百余人,其客籍之军政眷属莫不兼收。……在西皋庄教堂所容留妇孺亦在千人之上"③。1922 年 5 月直奉战争中,文安县胜芳镇石沟村教堂司铎季际昌(西人)将教堂门大开,任妇孺躲避,并于门首大书"救济妇孺会五字,未数钟来堂妇孺达七百余人,各室皆住满"④。在季神文的救护下,该村受伤者很少,仅有两人受伤⑤。同时,沧县兴济镇天主堂司铎于纯璧(西人)、滦县麻湾坨天主堂徐司铎(西人)、蓟县敦家庄天主堂倪司铎等亦在自己所住教堂内设立妇孺救济会,有效地救助了难民,堂内避难的人及骡马"均得安

① 本埠要闻:《文主教为难民请命》,天津《益世报》1925 年 12 月 25 日第 3 版。
② 要闻:《天主教士被溃兵殴伤》,天津《益世报》1926 年 1 月 7 日第 4 版。
③ 要闻:《涿县知事请奖司铎》,天津《益世报》1920 年 9 月 11 日第 7 版。
④ 要闻:《奉直战争中季司铎之博爱》,天津《益世报》1922 年 5 月 17 日第 6 版。
⑤ 少坪翔鹅:《固安一带战后旅行记》,天津《益世报》1922 年 5 月 17 日第 10 版。

然无恙”①。

上述妇孺救济会多由各地司铎自发设立，无统一组织与领导，在救济过程中难免力不从心。随着战事的频繁爆发，大规模的救济亦接踵而来。为了提高赈济效率，切实加强各慈善机关的联合至关重要。1926 年 4 月，在临时治安会慈善股会员熊希龄等人的倡议下，京内 30 余个慈善团体及中西各教会机关代表共 50 人在北京开会，成立京师救济联合会，推王士珍为会长，共同负责救济事宜②。在救济联合会的推动下，天主教会成立了公教救济会组织，促进了妇孺救济事业的发展。此后，公教救济会在革命军讨伐北洋军阀的战争中大显身手，救济难民不计其数，获得社会好评。阳原县杜华亭司铎在救世堡成立公教救济会收容所，各村难民络绎不绝，该会大有人满之患。杜司铎与该会会员不辞劳碌，为难民筹备大炕、皮袄等防冻物品，难民为之赞颂③。大城县徐光湛司铎亦在东零巨天主堂内设妇孺救济会，后又于里坦镇领组织救济会，收容妇孺达千数百人④。蠡县万安镇天主堂范神父设立一妇孺收容所，内有 2000 余人；南宗村天主堂蔡神父设立的收容所，收有千数百人⑤。此外，蓟县少林口天主堂万司铎、宝坻县大口屯天主堂田司铎、高阳莘（辛）桥天主堂尉司铎、清苑县谢庄天主堂王司铎（宣化人）等亦纷纷设立妇孺收容所，为大批妇孺难民提供食宿，帮助他们渡过了不少兵灾难关。

1937 年爆发的全面抗日战争中，教堂作为庇护所的作用更加凸显出来。天主教会因与西方列强有着紧密的关系，日军在进攻过程中不得不对教堂等教会所属地方有所顾忌，这样，各地教堂多成为乡民避难所。1937 年 9 月，日军进攻南壕堑，来不及逃走的千余居民全都避入教堂围堡；西湾子教堂的难民亦达数千人，粮食由教堂供给；公会村教堂也收容了成千难民；高家营子教堂亦有同样情形⑥。其他教区各天主堂收容的难民也多呈

---

① 各省新闻：《倪司铎热心救灾》，天津《益世报》1922 年 6 月 24 日第 10 版。

② 顺直新闻：《京师救济联合会成立》，天津《益世报》1926 年 4 月 23 日第 10 版。

③ 顺直新闻：《阳原县救济会成立》，天津《益世报》1927 年 11 月 18 日第 11 版；《公教救济会近况》，天津《益世报》1928 年 1 月 18 日第 11 版。

④ 顺直新闻：《大城天主堂设妇孺收容所》，天津《益世报》1928 年 6 月 16 日第 11 版。

⑤ 顺直新闻：《蠡县教区之善举》，天津《益世报》1928 年 6 月 26 日第 11 版。

⑥ 王守礼著，傅明渊译：《边疆公教社会事业》，上智编译馆 1947 年版，第 134—135 页。

人满为患之势。献县教区张家总堂"到处都是难民"①;正定教区天主教总堂的避难者在正定会战"前一星期统计就打破了二万大关,随着炮声蜂拥而来的,又将突破了前者的数倍。于是每间屋子人都挤满,廊下庭前院中也都住满了难民"②。抗日战争期间各地天主堂对于灾民的收容与救助,使大批中国百姓免遭日军欺凌和杀戮,挽救了他们的性命。这些从日军屠刀下幸存的中国难民日渐觉醒,并行动起来,参加到抗日战争的伟大洪流中。

3. 收容伤兵,救护伤患

战争的残酷性不仅使大批难民游离失所、无家可归,更导致了大批军人的死亡和伤残。在战争的生死考验和血淋淋的伤员面前,天主教会医院和诊疗所的医护人员以救死扶伤为己任,积极收容伤兵,救护伤员,成绩昭著。以献县教区圣若瑟医院为例,它在1928年国民革命军进行的北伐战争中收容大批伤员,医护人员由于照顾病人、伤兵,没有一天能休息,费道隐医生因此累倒,诊所由修女暂时维持。伤兵为之感动,有40多人领洗,其中12人死亡③。在1937年开始的全面抗日战争中,献县教区圣若瑟医院为救济伤员发挥了重要作用,修士、修生和学生亦组织起来照顾伤员。1937年8—9月,学校和修院都住满了伤兵,最多时达600人。9月27日,又有100多名伤兵被送来,由修士们和初学修士照顾他们。9月底,伤兵被撤走④。其他教区医院和诊疗所亦积极救护伤员,为抗战作出一定贡献。景县黄古庄本堂神父赖鸿锡医术高明,抗战中他曾冒着生命危险抢救国民党和八路军的伤病员,被治愈者很多⑤。大名教区席神父(匈牙利籍)作为医学博士,在医学上造诣颇深,抗战胜利后曾受八路军区首长邀请,到野战医院为八路军伤员看病⑥。上述教会医院和传教士对伤员的收容和救治充分体现了教会医

① 刘献堂:《献县教区简史——庆祝教区成立150周年》打印稿,台湾2006年印行,第242页。

② 笠原:《正定天主堂文主教及其司铎殉难经过》,天津《益世报》1946年5月10日第3版。

③ 刘献堂:《献县教区简史——庆祝教区成立150周年》打印稿,台湾2006年印行,第208页。

④ 刘献堂:《献县教区简史——庆祝教区成立150周年》打印稿,台湾2006年印行,第242、247页。

⑤ 范文兴、耿永顺编:《景县(衡水)教区史资料汇编1939—2002年》,台湾辅仁大学出版社2005年版,第8页。

⑥ 柴继昌:《大名天主教小史》,《大名文史资料》第2辑,中国人民政治协商会议河北省大名县委员会文史资料研究会1990年版,第176页。

护人员救死扶伤的人道主义精神。在他们的救护与治疗下，一批伤员伤愈后重返前线，为国杀敌，有力地支援了中国的抗日战争。

总体而言，近代河北天主教乡村教会兴办的教育文化、医疗卫生、慈善救济等社会事业均取得一定成绩。作为教会传教的一种辅助手段，这些社会事业最初在扩大教会影响、吸引更多人入教方面发挥了重要的作用。然而，随着社会的发展、文明的进步，教会上述社会事业的宗教色彩日渐淡化，社会功能逐渐凸显，客观上对河北乡村社会产生了一定影响，在近代中国教育、文化、医疗、卫生和社会救助等方面的发展史上占有一定重要地位。

余　论

毋庸讳言，目前学术界对于近代河北天主教会的研究仍然十分薄弱。以往的研究多在中国教会整体史的论著中零星提到，缺乏较为深入和系统的专门著作。笔者不揣浅陋，选择近代河北乡村天主教会为研究对象，从区域史的视角对天主教研究的有关问题作了一些自己的探索和尝试。

一、厘清近代河北乡村天主教会的发展轨迹

近代河北天主教乡村教会作为一种外来宗教的社会组织，在河北乡村经过了一个相当长时期的发展过程。景教自唐代传入中国后，河北乡村开始第一次接触基督教。由于唐代景教很快在中原地区湮灭，对河北乡村没有产生太大影响。元代以后，景教随蒙古族再度传入中原，且在河北地区的活动日趋繁盛，教徒分布地区很广。与此同时，罗马天主教亦拉开了对华传教的序幕。1307 年，罗马教宗设汗八里（今北京）总主教区，委任蒙高维诺为总主教，统理远东教务。自蒙高维诺起，天主教正式传入河北地区。蒙高维诺在中国传教 30 余年，授洗教徒 3 万余人①。孟高维诺死后，教务日渐衰落。随着元朝的灭亡，基督教（景教、天主教）在中原的传教活动也陷入沉寂。基督教的这次传入，对于河北乡村产生一定影响，为明末清初天主教的重新传入保存了基督教的种子。

明朝末年，耶稣会士沙勿略、罗明坚、利玛窦等人几经努力，终于叩开中国对天主教封闭已久的大门。1601 年，利玛窦在北京定居，并获准开堂传教。河北地区很快成为天主教活动的中心地区之一。开始于清朝初年的礼仪之争与百年禁教，使河北乡村刚刚萌芽的天主教会遭受沉重打击，许多教

① 徐宗泽：《中国天主教传教史概论》，上海书店出版社 1990 年版，第 158 页。

徒背教。但由于一些中外传教士的秘密传教，天主教在河北乡村某些偏远地区得以保持，为以后天主教会重新发展奠定了基础。

近代以降，清政府在西方列强的威胁下，被迫对天主教实行驰禁和开放，天主教从此进入了大发展时期。河北乡村天主教会从萌芽到建立，经过发展与演变，逐步形成自上而下、纵横交错的乡村教会网络体系。

综观河北各教区近代百余年的发展演变过程，可知河北天主教乡村教会大体经历了“发展—下降—再发展—再下降”的变化规律。19世纪下半期，是河北天主教会大发展的时期。此期天主教会利用不平等条约的保护强力向乡村内地推进，形成直隶北部、直隶西南、直隶东南、中蒙古、东蒙古等宗座代牧区，初步建立了河北乡村天主教会的基础。然而，教会的强力传教政策激化了民教矛盾，引发了一系列教案，加之社会其他一些原因，最终酿成了以反教为主要目标的义和团运动，河北乡村教会教务萎缩，呈下降趋势。义和团运动后，天主教会及时调整传教政策，并实行天主教会本地化等一系列改革措施，以回应中国非基督教运动的挑战，达到天主教会与中国社会融合之目的。经过一段时间努力，河北乡村教会逐渐从义和团运动的打击中恢复过来，开始了新的发展。中华民国制定的宗教信仰自由等政策，为河北乡村教会的发展提供了良好的外部环境。因此，20世纪初年至二三十年代，是乡村教会发展的繁荣时期。蠡县、宣化、赵县、顺德、永年、大名等一些新的教区纷纷成立，教士、教徒以及教堂的数目亦明显增加。1937年日本发动的全面侵华战争打断了河北乡村天主教会的发展历程。在日军烧杀抢掠等暴行的破坏下，教会事业损失惨重，一些教士、教徒被逮捕或遭杀害，教堂、教士住所被拆毁、烧毁，各教区教徒人数均有明显下降。抗日战争胜利后，乡村教会略有恢复。随着新中国的成立，一些外籍修会和传教士撤离中国，河北乡村教会进入新的发展时期。

近代河北乡村天主教会的这一发展演变轨迹与全国其他教区的发展趋势基本吻合，在一定程度上反映了整个中国天主教会的共性。当然，河北天主教会各教区在发展演变过程中也呈现出自身的特点。由于修会的不同，传教士在传教方法上各有侧重。管辖直隶东南代牧区的耶稣会士较为注重文化传教，兴办了多所小学、中学乃至大学；管辖直隶北部和西南部代牧区的遣使会士则重视对下层民众传教，多采用供给望教者吃食和兴办孤儿院、养老院等方式吸引民众入教。另外，安国、赵县、永年等国籍代牧区成立后，中国籍主教和传教士受到鼓励，教务发展蒸蒸日上，远远超过天津、正定等老教区。这些从一个侧面反映了河北乡村天主教会发展特点的多样性。

二、揭示近代乡村天主教徒皈依动机中的圣俗二元对立统一关系

作为一种宗教信仰体系，天主教会成立的目的是为了传播福音，劝化更多人皈依天主教，以达到其救赎人类灵魂的目的。这种属灵的工作在某种意义上是神圣的，但与现实间的世俗世界存在对立。人类对权位的追求及对物质生活的享受将影响教会神圣理想的实现。因此，教会要达到拯救人灵的目的，就必须排斥世俗世界的吸引，用传播福音、宗教仪式及灵修技术等宗教手段来皈依民众。然而，近代河北乡村教会却打破了圣俗两元之间的紧张关系，而把教会神圣理想建立在世俗世界之上，依靠世俗手段推进其神圣理想的实现。最明显的莫过于教会在西方列强国家世俗权力保护下强行在中国开教与传教。在近代河北天主教乡村教会的发展进程中，西方国家世俗权力频繁介入教会事务中，订立保教条约，参与处理教案，向中国政府施加压力等等。国家世俗权力的介入虽一度使乡村教会发展迅速，但也给教会神圣事业蒙上了殖民主义的阴影，引起中国民众对教会的排斥与反感。

在乡村教会传教过程中，一些传教士屡以教会政治特权、物质利益等世俗手段吸引民众入教。在教会的吸引下，一些乡村民众出于赢得诉讼、获得救助、教会庇护、治病等世俗功利目的而皈依天主教，毫无宗教意义可言。而驱魔型、天堂吸引型和地狱恐惧型等宗教功利性动机既有一定的宗教成分，也有很大的世俗因素，是神圣与世俗的对立统一体。家族型和婚姻型动机亦然，它们虽是社会型动机的变形，但由于掺杂了中国近代忠孝伦理和男尊女卑等封建思想，使得家族成员和妇女在入教时不可避免会受家族长和丈夫的影响，带有一定盲从性。当然，除了上述世俗性和半世俗性的皈依动机外，教会中亦有一批民众基于对天主教教义的真正理解和信仰而入教，是纯粹的、神圣的宗教皈依，理智型、实验型、神秘型、感情型和社会型皈依动机均属此类。教徒无论是世俗性皈依还是神圣性皈依，均属于河北乡村教会的一部分，显示了乡村教会圣俗二元关系的对立与统一。

三、探讨天主教会对近代河北乡村社会产生的影响

天主教会在河北地区积极传播教义、发展教徒的同时，还兴办了教育文

化、医疗卫生、社会救济等社会事业。教会兴办世俗社会事业的初衷是为了扩大教会影响，吸引更多人入教，借以实现救赎人灵的神圣理想。而教会的这些社会事业反过来又促进了世俗社会的发展，对于近代河北乡村社会产生了一定重要影响。

从积极方面看，天主教会的兴办各级各类学校确实为一些乡村民众提供了受教育的机会，培养了一批有用人才，有利于社会进步。教会学校所采用的西方先进教育制度及其所倡导的科学教育理念，对于河北地区教育事业的近代化起了示范和引导作用；教会兴办的医院和诊疗所等医疗机构救治了许多病患，弥补了乡村医疗机构的不足。教会医疗机构同时带来了西方先进的医疗卫生制度和技术，一定程度上促进了中西医交流，并推动河北乡村医疗事业向近代化转型；教会兴办的赈灾救荒和慈幼安老等慈善事业救助了大量灾民、孤儿、孤寡老人及残疾人，客观上减少了社会救助的压力，从一个侧面完善了社会救助机制。

从消极方面看，天主教对乡村宗教信仰体系的冲击引发了一系列教案，激化了民教矛盾；天主教会对教育权、医疗权的控制在一定程度上损害了中国国家主权，阻碍了国家正常权力的实施；近代天主教所带有的殖民主义色彩严重伤害了乡村民众的感情，激发了一些民众的盲目仇外情绪，不利于民众向西方学习。

总之，经过长时期发展而建立起来的近代河北天主教乡村教会，不仅反映了近代中国教会发展的共同规律，而且揭示了天主教会神圣理想与世俗世界的对立与统一关系。尽管世俗手段一度促进教会神圣事业的发展，但它同样带来某些弊端。它使人们对教会事业的神圣性质发生怀疑，限制了教会的发展。

参 考 文 献

一、档案文献与资料汇编

1.包士杰:《拳时北京教友致命》第1—18卷,北京救世堂1920—1931年版。

2.蔡鸿源主编:《民国法规集成》第1—2册,黄山书社1999年版。

3.Dirk Van Overmeire 编:《在华圣母圣心会士名录》,台湾见证月刊杂志社2008年版。

4.[法]杜赫德:《耶稣会士中国书简集》第1—6卷,大象出版社2001—2005年版。

5.[法]费赖之著,冯承钧译:《在华耶稣会士列传及书目》上、下册,中华书局1995年版。

6.[法]费赖之著,梅乘骐、梅乘骏译:《明清间在华耶稣会士列传(1552—1773)》,天主教上海教区光启社1997年版。

7.范文兴、耿永顺:《景县(衡水)教区史资料汇编(1939—2002)》,台湾辅仁大学出版社2005年版。

8.季啸风、沈友益编:《中华民国史料外编》第35册,广西师范大学出版社1997年版。

9.黎仁凯编:《直隶义和团调查资料选编》,河北教育出版社2001年版。

10.利玛窦、金尼阁:《利玛窦中国札记》,中华书局1983年版。

11.刘华进编:《邢台文史资料——历史的足迹》第6辑,中国民间文艺出版社1989年版。

12.刘洪恺:《中国教会体制成立后教省教区分布图》,上智编译馆1947年版。

13.路遥主编:《山东大学义和团调查资料汇编》上、下册,山东大学出版社2000年版。

14.田涛主编:《清朝条约全集》第1—3卷,黑龙江人民出版社影印本1999年版。

15.“中央”研究院近代史研究所编:《教务教案档》第1—7辑,台湾“中央”研究院近代史研究所1974—1981年版。

16.故宫博物院明清档案部编:《义和团档案史料》上、下册,中华书局1959年版。

17.河北省政府秘书处第四科统计股编:《河北省政统计概要》,京华印书局1928年版。

18.《雷鸣远司铎追悼会纪念册》,1940年。

19.《清实录》第3册,《世祖章皇帝实录》卷125,中华书局影印本1985年版。

20.《全国公教教育会议纪要》,天主教教务协进委员会学校教育组1948年版。

21.天津宗教志编辑室编:《天津宗教资料选辑》第1辑,1986年版。

22.《天主教研究资料汇编》第13、24、40辑,天主教上海光启社1989、1991、1995年版。

23.吴旻、韩琦编校:《欧洲所藏雍正乾隆朝天主教文献汇编》,世纪出版集团2008年版。

24.吴梓明、梁元生编:《中国教会大学文献目录》第1—6册,香港中文大学崇基学院1998年版。

25.《献县教区义勇列传》第1—3册,献县天主堂1935年版。

26.耀汉小兄弟会编译:《雷鸣远神父书信集》,台湾天主教耀汉小兄弟会1990年版。

27.王美秀、任延黎编:《东传福音》第1—25册,黄山书社2005年版。

28.[比]钟鸣旦、杜鼎克编:《耶稣会罗马档案馆明清天主教文献》第1—12册,台湾利氏学社2002年版。

29.中国第一历史档案馆、福建师范大学历史系编:《清末教案》第1—6册,中华书局1996—2006年版。

30.中国第一历史档案馆编:《清中前期西洋天主教在华活动档案史料》第1—4册,中华书局2003年版。

31.中国第一历史档案馆编:《咸丰同治两朝上谕档》第16册,广西师范大学出版社 1998 年版。
32.中国第二历史档案馆编:《中华民国史档案资料汇编》第 3 辑,江苏古籍出版社 1991 年版。
33.中国社会科学院世界宗教所编:《中华归主》上、中、下册,中国社会科学出版社 1987 年版。
34.中国社会科学院近代史研究所编:《义和团史料》上、下册,中国社会科学出版社 1982 年版。
35.中国基督教教育调查会:《中国基督教教育事业》,商务印书馆 1922 年版。
36.中国社会科学院近代史所编:《近代史资料》总第 109 号,中国社会科学出版社 2004 年版。
37.《中华公教进行会组织大纲》,中华公教进行会总监督处 1939 年版。
38.《中华公教进行会全国教区代表大会实录》,中华公教进行会总监督处 1936 年版。
39.《中华公教进行会统计册 1936—1937》,中华公教进行会监督处 1937 年版。
40.《中华全国教务统计 1937》,徐家汇光启社 1937 年版。
41.《中华全国教务统计 1949》,徐家汇光启社 1949 年版。

二、地方志、政协文史资料

1.白凤文等修,高毓浵等纂:《静海县志》,中国方志丛书华北地方第 140 号,台湾成文出版社 1968 年版。
2.陈桢修,李兰增等纂:《文安县志》,中国方志丛书华北地方第 153 号,台湾成文出版社 1968 年版。
3.仇锡廷等纂修:《蓟县志》,中国方志丛书华北地方第 180 号,台湾成文出版社 1969 年版。
4.崔正春修,尚希宾纂:《威县志》,中国方志丛书华北地方第 517 号,台湾成文出版社 1976 年版。
5.沧州地区民族宗教事务委员会:《沧州宗教志》打印稿,1992 年印行。
6.冯庆澜等修,高书官等纂:《房山县志》,中国方志丛书华北地方第 133 号,台湾成文出版社 1968 年版。

7.傅振伦等纂修:《新河县志》,中国方志丛书华北地方第171号,台湾成文出版社1968年版。
8.耿兆栋修,张汝漪总纂:《景县志》,中国方志丛书华北地方第500号,台湾成文出版社1976年版。
9.黄希文等纂辑:《磁县县志》,中国方志丛书华北地方第167号,台湾成文出版社1968年版。
10.河北省地方志编纂委员会:《河北省志·宗教志》第68卷,中国书籍出版社1995年版。
11.李大本等修,李晓泠等纂:《高阳县志》,中国方志丛书华北地方第157号,台湾成文出版社1968年版。
12.李芳等修,杨得馨等纂:《顺义县志》,中国方志丛书华北地方第138号,台湾成文出版社1968年版。
13.林翰儒纂:《藁城县乡土地理》,中国方志丛书华北地方第162号,台湾成文出版社1968年版。
14.刘廷昌等修,刘崇本等纂:《霸县新志》,中国方志丛书华北地方第134号,台湾成文出版社1968年版。
15.刘延昌总裁,刘鸿书等编纂:《徐水县新志》,中国方志丛书华北地方第502号,台湾成文出版社1976年版。
16.宋大章等修,周存培等纂:《涿县志》,中国方志丛书华北地方第135号,台湾成文出版社1968年版。
17.宋兆升监修,张兆载、齐文焕纂:《枣强县志》,中国方志丛书华北地方第520号,台湾成文出版社1976年版。
18.滕绍周修,王维贤纂:《迁安县志》,中国方志丛书华北地方第501号,台湾成文出版社1976年版。
19.童天华等修,李茂林等纂:《卢龙县志》,中国方志丛书华北地方第145号,台湾成文出版社1968年版。
20.王德乾等修,刘树鑫等纂:《南皮县志》,中国方志丛书华北地方第144号,台湾成文出版社1968年版。
21.薛凤鸣修,张鼎彝纂:《献县志》,民国十四年印刷。
22.献县民族宗教事务局编:《献县宗教志》打印稿,1990年印行。
23.张坪等纂修:《沧县志》,中国方志丛书华北地方第143号,台湾成文出版社 1968 年版。

24.张应麟修,张永和纂:《成安县志》,中国方志丛书华北地方第 199 号,台湾成文出版社 1969 年版。

25.全国政协文史资料研究会编:《中华文史资料文库 · 民族宗教编》第 18 卷,中国文史出版社 1996 年版。

26.政协大名县文史资料研究会编:《大名文史资料》第 1、2 辑,政协大名县文史资料研究会 1987、1990 年版。

27.政协丰润县文史资料研究会编:《丰润文史资料选辑》第 2 辑,政协丰润县文史资料研究会 1987 年版。

28.政协邯郸市文史资料研究会编:《邯郸文史资料》第 5 辑,政协邯郸市文史资料研究会 1988 年版。

29.政协昌黎县文史资料研究会编:《昌黎文史资料选辑》第 2 辑,政协昌黎县文史资料研究会 1989 年版。

30.政协灵寿县文史资料研究会编:《灵寿县文史资料》第 4 辑,政协灵寿县文史资料研究会 1992 年版。

31.政协唐山市东矿区文史资料研究会编:《唐山市东矿区文史资料》第 2 辑,政协唐山市东矿区文史资料研究会 1988 年版。

32.政协正定县文史资料研究会编:《正定文史资料》第 1 辑,政协正定县文史资料研究会 1992 年版。

33.政协文安县文史资料研究会编:《文安文史资料》第 3 辑,政协文安县文史资料研究会 1994 年版。

34.政协景县文史资料研究会编:《景县文史资料》第 2 辑,政协景县文史资料研究会 1989 年版。

35.政协献县文史资料研究会编:《献县文史资料选辑》第 1 辑,政协献县文史资料研究会 1987 年版。

36.政协玉田县文史资料研究会编:《玉田县文史资料》第 4 辑,政协玉田县文史资料研究会 1989 年版。

37.政协万全县文史资料研究会编:《万全文史资料》第 1 辑,政协万全县文史资料研究会 1987 年版。

38.政协河间县文史资料研究会编:《河间县文史资料》第 3 辑,政协河间县文史资料研究会 1988 年版。

39.政协青龙县文史资料研究会编:《青龙县文史资料》第3辑,政协青龙县文史资料研究会1986年版。

40.政协张家口市文史资料研究会编:《张家口文史资料》第6、16辑,政协张家口市文史资料研究会1985、1989年版。

41.政协青苑县文史资料研究会编:《青苑文史资料》第1辑,政协青苑县文史资料研究会1992年版。

42.政协天津市文史资料研究会编:《天津文史资料选辑》第2、3、18辑,天津人民出版社1979、1979、1982年版。

三、中文专著、译著

1.保定市天主教史料编辑委员会编:《保定天主教历史沿革》打印稿,1963年印行。

2.常建华:《清代的国家与社会研究》,人民出版社2006年版。

3.陈香伯:《公教论》,商务印书馆1947年版。

4.陈卫平:《第一页与胚胎——明清之际的中西文化比较》,上海人民出版社1992年版。

5.陈方中、江国雄:《中梵外交关系史》,台湾商务印书馆2003年版。

6.陈哲敏、方豪:《公教与文化》,上智编译馆1947年版。

7.陈支平、李少明:《基督教与福建民间社会》,厦门大学出版社1992年版。

8.陈义:《献县教区简史》,天主教沧州(献县)教区2000年版。

9.陈钦庄:《基督教简史》,人民出版社2004年版。

10.戴康生、彭耀:《宗教社会学》,社会科学文献出版社2000年版。

11.董丛林:《龙与上帝》,台湾锦绣出版事业公司1992年版。

12.方豪:《中国天主教史论丛》甲集,商务印书馆1944年版。

13.方豪:《中国天主教史人物传》(上、中、下),中华书局1988年版。

14.费孝通:《乡土中国　生育制度》,北京大学出版社1998年版。

15.费孝通:《中国绅士》,中国社会科学出版社2006年版。

16.刚恒毅:《在中国耕耘》上、下册,台湾天主教主徒会1978—1980年版。

17.刚恒毅:《零落孤叶》,台湾天主教主徒会1980年版。

18.刚恒毅:《残叶》,台湾天主教主徒会1976年版。

19.耿介、李光华等编:《赵主教振声哀思录》打印稿,台湾1976年印行。

20.顾裕禄:《中国天主教的过去和现在》,上海社会科学出版社 1989 年版。
21.顾卫民:《基督教与近代中国社会》,上海人民出版 1995 年版。
22.顾卫民:《中国天主教编年史》,上海书店出版社 2003 年版。
23.顾长声:《传教士与近代中国》,上海人民出版社 2004 年第 3 版。
24.古伟瀛:《塞外传教史》,台湾光启文化事业 2002 年版。
25.黄新宪:《基督教教育与中国社会变迁》,福建教育出版社 1996 年版。
26.黄一农:《两头蛇——明末清初的第一代天主教徒》,上海古籍出版社 2006 年版。
27.康志杰:《上主的葡萄园——鄂西北磨盘山天主教社区研究 1634—2005》,台湾辅仁大学出版社 2006 年版。
28.雷洁琼:《平绥沿线之天主教会》,平绥铁路管理局 1935 年版。
29.李文海、程歗:《中国近代十大灾荒》,上海人民出版社 1994 年版。
30.李景汉:《定县社会概况调查》,中华平民教育促进会 1933 年版。
31.李剑农:《中国近百年政治史》,复旦大学出版社 2002 年版。
32.李刚己:《教务纪略》,上海书店 1986 年版。
33.李天纲:《中国礼仪之争——历史·文献和意义》,上海古籍出版社 1998 年版。
34.黎仁凯、姜文英:《直隶义和团运动与社会心态》,河北教育出版社 2001 年版。
35.林金水:《利玛窦与中国》,中国社会科学出版社 1996 年版。
36.林金水:《台湾基督教史》,九州出版社 2003 年版。
37.刘嘉祥编:《刚恒毅枢机回忆录》,台湾天主教主徒会 1992 年版。
38.刘景泉:《北京民国政府的议会政治》,天津古籍出版社 1996 年版。
39.刘恩铭:《中西文化天使——利玛窦》,河南文艺出版社 2000 年版。
40.刘鼎寅、韩学军:《云南天主教史》,云南大学出版社 2005 年版。
41.刘献堂:《献县教区简史——庆祝教区成立 150 周年》打印稿,台湾 2006 年印行。
42.刘国鹏:《刚恒毅与中国天主教的本地化》,社会科学文献出版社 2011 年版。
43.刘志庆:《安阳(卫辉)教区史》,香港中文大学天主教研究中心 2008 年版。

44.廖一中、李德征:《义和团运动史》,人民出版社 1981 年版。
45.陆征祥:《在天主教道理下评判之“满洲国”》,上海徐家汇《圣教杂志》社 1934 年版。
46.路遥:《义和拳运动起源探索》,山东大学出版社 1990 年版。
47.吕志毅:《河北大学史》,河北大学出版社 2001 年版。
48.吕实强:《中国官绅反教的原因》,台湾中国学术著作奖助委员会 1973 年版。
49.罗光:《教廷与中国使节史》,台湾传记文学出版社 1983 年版。
50.罗光:《利玛窦传》,台湾学生书局 1986 年版。
51.罗渔:《中国天主教——河南省天主教史》,台湾辅仁大学出版社 2003 年版。
52.南史:《天津教案》,天津人民出版社 1962 年版。
53.戚其章、王如绘:《晚清教案纪实》,东方出版社 1990 年版。
54.秦家懿、孔汉思:《中国宗教与基督教》,香港三联书店有限公司 1989 年版。
55.阮仁泽、高振农主编:《上海宗教史》,上海人民出版社 2002 年版。
56.苏萍:《谣言与近代教案》,上海远东出版社 2001 年版。
57.孙江:《十字架与龙》,浙江人民出版社 1990 年版。
58.孙尚扬:《利玛窦与徐光启》,新华出版社 1993 年版。
59.孙尚扬:《基督教与明末儒学》,东方出版社 1994 年版。
60.孙尚杨、[比]钟鸣旦:《1840 年前的中国基督教》,学苑出版社 2004 年版。
61.宋家珩:《加拿大传教士在中国》,东方出版社 1995 年版。
62.陶飞亚、刘天路:《基督教与近代山东社会》,山东大学出版社 1995 年版。
63.天津历史研究所天津史话编写组编:《火烧望海楼——1870 年天津人民反洋教斗争》,天津人民出版社 1973 年版。
64.王贺宸:《燕大在清河的乡建试验工作》,燕京大学社会学界 1936 年版。
65.王立新:《美国传教士与晚清中国现代化》,天津人民出版社 1997 年版。
66.王守礼著,傅明渊译:《边疆公教社会事业》,上智编译馆 1947 年版。
67.王晓朝:《基督教与帝国文化》,东方出版社 1997 年版。
68.王治心:《中国基督教史纲》,上海古籍出版社 2004 年版。

69.魏宏运:《二十世纪三四十年代太行山地区社会调查与研究》,人民出版社 2003 年版。
70.吴雷川:《基督教与中国文化》,青年协会书局 1940 年版。
71.吴飞:《麦芒上的圣言——一个乡村天主教群体中的信仰和生活》,香港道风书社 2001 年版。
72.萧若瑟:《圣教史略》,河北献县天主堂 1925 年版。
73.萧若瑟:《天主教传行中国考》,河北献县天主堂 1931 年版。
74.项退结:《黎明前的中国天主教》,台湾征祥出版社、光启出版社 1963 年联合出版。
75.徐宗泽:《天主教与妇女问题》,上海土山湾印书馆 1925 年版。
76.徐宗泽:《中国天主教传教史概论》,上海书店 1990 年影印版。
77.解成:《河北省天主教历史编年(635—950)》打印稿,1994 年印行。
78.解成:《基督宗教在华传播系年》河北卷,天津古籍出版社 2008 年版。
79.宴可佳:《中国天主教》,五洲传播出版社 2004 年版。
80.杨汝南:《河北省二十六县五十一村农地概况调查》,国立北平大学农学院农业经济系 1935 年版。
81.杨天宏:《基督教与民国知识分子》,人民出版社 2005 年版。
82.叶德禄:《民元以来天主教史论丛》,辅仁大学图书馆 1943 年版。
83.叶仁昌:《五四以后的反对基督教运动》,台湾万象图书公司 1992 年版。
84.余牧人:《乡村传道工作经验谈》第 2 集,广学会 1950 年版。
85.佚名著:《乡村教会之前途》,中华全国基督教协进会 1926 年版。
86.佚名著:《传教夜谭》,天主教教务协进委员会 1950 年版。
87.佚名著,赵振生译:《天津工商学院简史(1923—1950 年)》手抄稿,河北省宗教志编辑室藏。
88.张横秋:《今日乡村教会的观察》,中华全国基督教协进会 1926 年版。
89.张力、刘鉴唐:《中国教案史》,四川省社会科学院出版社 1987 年版。
90.张奉箴:《历史与文化》卷二,台湾闻道出版社 1998 年版。
91.张国刚:《从中西初识到礼仪之争——明清传教士与中西文化交流》,人民出版社 2003 年版。
92.张钦士:《国内近十年来之宗教思潮》,燕京华文学校 1927 年版。
93.张仲礼著,李荣昌译:《中国绅士——关于其在 19 世纪中国社会中作用的研究》,上海社会科学院出版社 1991 年版。
94.张泽:《清代禁教期的天主教》,台湾光启出版社 1992 年版。
95.张泽:《中国天主教历代文选》打印稿,2003 年印行。
96.张鸣、许蕾:《拳民与教民——世纪之交的民众心态解读》,九州图书出版社 1998 年版。
97.张先清:《官府、宗族与天主教:17—19 世纪福安乡村教会的历史叙事》,中华书局 2009 年版。
98.赵树好:《教案与晚清社会》,中国文联出版社 2001 年版。
99.赵春晨、雷雨田:《基督教与近代岭南文化》,上海人民出版社 2002 年版。
100.朱维铮编:《利玛窦中文著译集》,复旦大学出版社 2001 年版。
101.周燮:《中国的基督教》,商务印书馆 1997 年版。
102.中国青年社、非基督教同盟编:《反对基督教运动》,上海书店 1924 年版。
103.[英]阿·克·穆尔著,郝镇华译:《一五五〇年前的中国基督教史》,中华书局 1984 年版。
104.[美]鲍德斐:《基督教乡村建设》,中华全国基督教协进会 1933 年版。
105.[德]彼得·克劳斯·哈特曼著,谷裕译:《耶稣会简史》,宗教文化出版社 2003 年版。
106.卜凯著,孙文郁译:《河北盐山县一百五十农家之经济及社会调查》,《金陵大学农林科农林丛刊》第 51 号,1929 年版。
107.贝蒂也夫著,王一鸣译:《基督教与阶级斗争》,青年协会书局 1936 年版。
108.[英]布赖恩·莫里斯著,周国黎译:《宗教人类学》,今日中国出版社 1992 年版。
109.[德]德礼贤:《中国天主教传教史》,上海商务印书馆 1934 年版。
110.[法]德日进著,王海燕选编:《德日进集》,上海远东出版社 2004 年版。
111.[英]弗格森著,徐志跃译:《幸福的终结》,中国人民大学出版社 2003 年版。
112.[德]花之安:《自西徂东》,上海书店出版社 2002 年版。
113.[英]凯特·洛文塔尔著,罗跃译:《宗教心理学简论》,北京大学出版社 2002 年版。

114.[德]卢曼著,刘峰、李秋零译:《宗教教义与社会进化》,中国人民大学出版社2003年版。
115.赖诒恩著,陶为翼译:《耶稣会士在中国》,台湾光启出版社1965年版。
116.[美]罗纳德·L.约翰斯通著,尹今黎、张蕾译:《社会中的宗教》,四川人民出版社1991年版。
117.[美]玛丽·乔·梅多、理查德·德·卡霍著,陈麟书等译:《宗教心理学——个人生活中的宗教》,四川人民出版社1990年版。
118.[德]马克斯·韦伯著,洪天富译:《儒教与道教》,江苏人民出版社2003年版。
119.[德]马克斯·韦伯著,于晓、陈维刚等译:《新教伦理与资本主义精神》,陕西师范大学出版社2006年版。
120.[英]马礼逊夫人编,顾长声译:《马礼逊回忆录》,广西师范大学出版社2004年版。
121.[英]麦克·阿盖尔著,陈彪译:《宗教心理学导论》,中国人民大学出版社2005年版。
122.[美]明恩溥著,午晴、唐军译:《中国乡村生活》,时事出版社1998年版。
123.[美]明恩溥著,秦悦译:《中国人的素质》,学林出版社1998年版。
124.穆启蒙著,侯景文译:《天主教史》第1—4卷,台湾光启文化事业2007年版。
125.穆启蒙著,侯景文译:《中国天主教史》,台湾光启文化事业2004年版。
126.Octave Ferreux著,吴宗文译:《遣使会在华传教史》,台湾华明书局1977年版。
127.[日]平川佑弘著,刘岸伟、徐一平译:《利玛窦传》,光明日报出版社1999年版。
128.[法]裴化行著,肖浚华译:《天主教十六世纪在华传教志》,上海商务印书馆1936年版。
129.[法]裴化行著,管震湖译:《利玛窦评传》,商务印书馆1993年版。
130.[法]沙百里著,耿升、郑德弟译:《中国基督徒史》,中国社会科学出版社1998年版。
131.[法]史式徽:《江南传教史》,上海译文出版社1983年版。

132.[美]史景迁著,陈恒、梅义征译:《利玛窦的记忆之宫——当西方遇到东方》,上海远东出版社 2005 年版。

133.[美]史景迁著,吕玉新译:《胡若望的困惑之旅——18 世纪中国天主教徒法国蒙难记》,上海远东出版社 2006 年版。

134.[美]乔纳森·斯彭斯著,王改华译:《利玛窦传》,陕西人民出版社 1991 年版。

135.[法]卫青心著,黄庆华译:《法国对华传教政策——清末五口通商和传教自由(1842—1856)》,中国社会科学出版社 1991 年版。

136.[美]吴小新著,张晓明译:《北京辅仁大学——天主教本笃会时期的个案研究》,珠海出版社 2005 年版。

137.[法]谢和耐著,耿升译:《中国和基督教——中国和欧洲文化之比较》,上海古籍出版社 1991 年版。

138.[美]周锡瑞著,张俊义、王栋译:《义和团运动的起源》,江苏人民出版社 1995 年版。

四、中文论文

1.[法]巴斯蒂:《义和团运动期间河北省的天主教教民》,《历史研究》2001 年第 1 期。

2.陈方中:《法国天主教传教士在华传教活动与影响(1860—1870)》,台湾师范大学历史研究所博士学位论文,1999 年。

3.程歗:《社区精英的联合和行动——对梨园屯一段口述史料的解说》,《历史研究》2001 年第 1 期。

4.程歗、谈火生:《灵魂与肉体:1900 年极端情景下乡土教民的信仰状态——以河北为中心的考察》,《文史哲》2003 年第 1 期。

5.曹荣:《乡村天主教群体的信仰与生活:北京桑峪村天主教群体的考察》,北京师范大学博士学位论文,2008 年。

6.董丛林:《十九世纪六十年代直隶教案概观》,《河北师范学院学报》1990 年第 1 期。

7.樊孝东:《晚清直隶教案述论》,河北大学硕士学位论文,2003 年。

8.顾卫民、杨国强:《二十世纪初期在华天主教会的中国化》,《档案与史学》1995 年第 5 期。

9.顾卫民:《刚恒毅与1924年第一届中国教务会议》,《上海大学学报》2005年第3期。

10.姜文英:《试论河北义和团运动三个阶段中的特点》,《河北大学学报》1999年第2期。

11.李传斌:《基督教在华医疗事业与近代中国社会(1835—1937)》,苏州大学博士学位论文,2001年。

12.李长莉:《中国基督教会对非基督教运动的回应和本色化运动(1924—1927)》,中国社会科学院硕士学位论文,2003年。

13.李晓晨:《近代直隶天主教传教士对自然灾害的赈济》,《河北学刊》2009年第1期。

14.李晓晨:《津沽大学的办学特色及其影响》,《史学月刊》2011年第7期。

15.刘家峰:《中国基督教乡村建设运动研究(1907—1950)》,华东师范大学博士学位论文,2001年。

16.刘家峰编:《离异与融会:中国基督教徒与本色教会的兴起》,上海人民出版社2005年版。

17.刘丽敏:《晚清乡土教民的宗教意识——以顺直一带的天主教为中心》,中国人民大学博士学位论文,2005年。

18.姚红:《孟振生与北京教产的收回:兼论在华“保教权”易主》,中国社会科学院硕士学位论文,2008年。

19.汤开建、马占军:《晚清圣母圣心会宁夏传教述论(1874—1914)》,《西北民族研究》2004年第1、2期。

20.吴梓明:《义和团运动前后的教会学校》,《文史哲》2001年第6期。

21.夏明方:《论1876至1879年间西方新教传教士的对华赈济事业》,《清史研究》1997年第2期。

22.杨天宏:《中国非基督教运动(1922—1927)》,《历史研究》1993年第6期。

23.张西平、卓新平:《本色之探——20世纪中国基督教文化学术论集》,中国广播电视出版社1999年版。

24.周萍萍:《明清间入华耶稣会士与江南信徒——以平民百姓和妇女为研究中心》,南京大学博士学位论文,2003年。

25.[美]周锡瑞:《论义和拳运动的社会成因》,《文史哲》1981年第1期。

26.中国义和团研究会编:《义和团运动与近代中国社会国际学术讨论会论文集》,齐鲁书社 1992 年版。

五、外文文献资料与著作

1.*Annuaire des Missions Catholiques de Chine 1937*, Bureau Sinologique de Zi-Ke-Wei, Shanghai, 1937.

2.*Annuaire de L'Eglise Catholique en Chine 1949*, Bureau Sinologique de Zi-Ke-Wei, Shanghai, 1949.

3.F.C.Dietz, M.M., *The Catholic Church in China*, 1934, 上海档案馆, 档号 U101-0-217。

4.Frederic C.Dietz, M.M., *The Catholic Press of China*, 1935, 上海档案馆, 档号 U101-0-210。

5.F. C. Dietz, M. M., *The Roman Catholic Church*, 1936. 上海档案馆, 档号 U101-0-217。

6.Lumen Service, *Progres des Missions Catholiques de Chine(du l juillet 1935 au 30 juin 1936)*, 上海档案馆, 档号 U101-0-217。

7.*Les Missions de Chine 1917*, Imprimerie des Lazaristes, Pékin , 1917.

8.*Les Missions de Chine 1921*, Imprimerie des Lazaristes, Pékin , 1921.

9.*Les Missions de Chine 1923*, Imprimerie des Lazaristes, Pékin , 1923.

10.*Les Missions de Chine 1927*, Imprimerie des Lazaristes, Pékin , 1927.

11.*Les Missions de Chine 1929*, Imprimerie des Lazaristes, Pékin, 1929.

12.*Les Missions de Chine 1931*, Imprimerie des Lazaristes, Pékin , 1931.

13.*Les Missions de Chine 1933*, Imprimerie des Lazaristes, Pékin , 1933.

14.*Les Missions de Chine 1934 - 1935*, En Vente à la Procure du Peit'ang, 1936.

15.*Les Missions de Chine 1940 - 1941*, En Vente à la Procure des Lazaristes, Shanghai, 1942.

16.《全国教务统计——Oeuvres Diverses》,上海档案馆,档号 U101-0-217。

17.*Report on an Exhibition of Chinese: Catholic Books in Peking*, 1949, 上海档案馆, 档号 U101-0-210。

18.*Scholae Catholice in Sinis(1932)*, 上海档案馆, 档号 U101-0-206。

19.*The Missionary Urgency*, Reprint of Editorial in the Chinese Recorder, 1933.

上海档案馆，档号 U101-0-216。

20. *The Catholic Church is Different*, T'ou-se-we Press, Shanghai, 1941.

21. *Arne Sovik, Church and State in Republican China*, Yale University, Ph. D., 1952.

22. A. Morelli, C.M., *Notes D'Histoire Sur le Vicariat de Tcheng-Ting-Fou 1858 – 1933*, Imprimerie des Lazaristes , Pei-P'ing, 1934.

23. Alan Richard Sweeten, *Christianity in Rural China: Conflict and Accommodation in Jiangxi Province, 1860 – 1900*, The University of Michigan, Ann Arbor, 2001.

24. Bob Whyte, *Unfinished Encounter: China and Christianity*, Fount Paperbacks, London, 1988.

25. Daniei H. Bays, *Christianity in China: From the Eighteenth Century to the Present*, Stanford University Press, California, 1996.

26. H. Barry, *Catholic Missions and the Chinese Republic*, D. J. Kavanagh San Franciso, 1915.

27. John Foster, *The Chinese Church in Action*, Edinburgh House Press, London, 1933.

28. Jeroom Heyndrickx, *Historiography of the Chinese Catholic Church: Nineteenth and Twentieth Centuries*, Ferdiand Verbiest Foundation, K.U.Leuven, 1994.

29. Jonathan Chao, *The China Mission Handbook: A Portrait of China and Its Church*, Chinese Church Research Center, Hong Kong, 1989.

30. Ka-che Yip, *Religion, Nationalism and Chinese Students: The Anti- Christian Movement of 1922 – 1927*, Western Washington University, Washington, 1980.

31. Lewis R. Rambo, *Understanding Religious Conversion*, Yale University Press, New Haven and London, 1993.

32. Paschal M. D'Elia, *Catholic Native Episcopacy in China*, Shanghai, 1927.

33. Paschal M. D'Elia, S. J., *The Catholic Missions in China*, Shanghai, 1934.

34. Rithard Madsen, *China's Catholics*, University of California Press, London, 1998.

35. Suzanne Wilson Barnett & John King Fairbank, *Christianity in China: Early*

Protestant Missionary Writings, Harvard University Press, Cambridge and Landon, 1985.

36.T.Carroll S.J., *The Educational Work of the Catholic China Mission 1929–1939*, Zi-Ka-Wei, Shanghai, 1939.

37. Thomas F. Ryan, S. J., *Jesuits in China*, Catholic Truth Society, Hong Kong, 1964.

38.W.Devine, *The Four Churches of Peking*, Burns, Oates & Washbourne LTD., London, 1930.

39.William H.Clark, *The Church in China*, Council Press, New York, 1969.

六、报刊杂志

1.《大公报》(天津),1902—1937 年。

2.《北辰杂志》,天津工商学院出版,1932—1947 年,月刊。

3.《公教学校》,1935 年由主教会议委员会创办,为面向全国的公教教育刊物,旬刊。

4.《公教妇女》,1934 年由全国公教进行会总部创办,为宗教性质的社会妇女杂志。1939 年停刊,季刊。

5.《工商学志》,1934 年由工商学院耶稣会会士创办,半年刊。

6.《辅仁学志》,1930 年由辅仁大学创办,为文化杂志,半年刊。

7.《华北月报》,1891—1892 年,月刊。

8.《圣教杂志》,1911 年由上海耶稣会会士创办,为宗教综合性刊物。1938 年停刊,月刊。

9.《教育益闻录》,公教教育联合会 1929 年创办,双月刊、季刊。

10.《文社月刊》,中华基督教文社创办于上海,1925—1928 年,月刊。

11.《益世报》(天津),1915 年创办于天津,日报。1915—1937 年,1945—1949 年。

12.《益世主日报》,前身为《广益录》,1912 年创办于天津,1914 年改名为《益世主日报》,1937 年停刊,周刊。

13.《新华日报》(华北版),1939 年 1 月—1943 年 9 月。

14.《中华教育界》,上海中华书局出版,1912—1937 年,1946—1950 年,月刊。

七、访问调查资料

1.2005 年 3 月 19 日笔者对献县齐庄神父周文书之母的采访记录。

2.2005 年 3 月 19 日笔者对献县齐庄神父周文书之兄的采访记录。

3.2005 年 3 月 19 日笔者对献县齐庄天主教会齐会长的采访记录。

4.2005 年 3 月 19 日笔者对献县教区神父刘绪俭的采访记录。

5.2005 年 7 月 26 日至 28 日笔者对石家庄教区神父李保存的采访记录。

6.2006 年 10 月 15 日笔者对唐山教区主教刘景和的采访记录。

外国人名、组织名称汉译对照表

A

阿礼国 Rutherfrd Alcock
阿里雅底 Antonio Agliardi
艾爱理 Ignace Erdely
艾德偲 Geerts
艾蒂安 Etienne
艾类斯 Louis Chanet
安若望 Baldus
安热勒·阿弗纳尔 Angèle Avenali
安文思 Gabriel de Magalhaens
奥图尔 Rcv.George Barry O'Toole

B

保罗三世 Paul Ⅲ
巴多明 Dominique Parrenin
巴国范 Nicola Baroudi
巴主教 Francois Pallu
巴特纳 Jules Patenotre
白振铎 Gèraud Bray
柏朗嘉宾 Jean de Plan Carpin
包儒略 Jules Bruguière
包士杰 Jean Marie Vincent Planchet
包安德 Andrea Bruno
贝德良 Eugèbe Bertrand
贝斯·丹尼尔 Daniel H.Bays
本笃十五世 Benedict ⅩⅤ
本笃十二世 Benedict Ⅻ
毕盛 Stephen Jean Maria Pichon
毕学源 Gaetano Pirés Pereira
毕先生 Biscopitch
比约十一世 Pius Ⅺ
泊林芝 Frinz
薄福音 Polydoor De Beule
薄若思 Josephus Pruvot
步天衢 Henricus Bulte
北京遣使会印字馆 Imprimeie des Lazaristes

C

蔡宁 Mario Zanin
查宗夏 Szarvas Nicolaus
柴慎诚 Brodover Croatie
柴慎诡 Thomas Çeska
宠光社 Lumen Service

D

戴济世 François Ferdinand Taglibue
戴遂良 Leo Wieger
德拉迈 Père Delamarre
德礼贤 Pasquale M.D'Elia
德日进 Petrus Teilhard de Chardin
德玉明 Devos Alfons
邓玉函 Jean Terrenz
狄德绥 Denis
狄光远 Carolus Petit
迪茨 Frederick C.Dietz
董若望 Jean Loursières
董若翰 Jean-Baptiste Anouilh
都士良 Jean-Bap.Sarthou
杜巴尔 Eduard Dubar
杜维礼 Leva René
多罗 Carlo Tommaso Maillard de Tournon

E

鄂答位 Petrus Octave
鄂尔壁 Joseph Gonnef
鄂恩涛 Paulus Bornet

F

樊国梁 Pierre-Marie-Acphonse Favier
樊神父 Octave Ferreux
方济各·沙勿略 St. François Xavier
方济各 Emmanuel Jean-François Vérrolles
方济众 Van Aertselaer
斐德理士 Rt.Rev.Fidelis
弗朗索尼 Fransoni
费尔林敦 Verlinden Remi
费道隐 Mauritius Verdun
费奇观 Gaspard Ferreira
富成功 Fabregues

G

高山 Denys Cochin
高德惠 Augustus Ern. Gaspais
高思基 Antoine Gorski
高若翰 Capy
高主教 Ignace Cotolendi
刚恒毅 Celso Costantini
葛必达 Clavelin Stanislas
葛乐才 Ignace Krause
葛光被 AEmmilius Becker
龚自珍 Joannes Kronthaler
顾其衡 Auguste Cogset
顾赛芬 Seraphinus Couverur
光若翰 Jean Baptiste Marie de Guébrillant
郭居静 Lazare Cattaneo
郭天爵 Francois Simois
敦约翰 John George Dunn
格肋孟十一世 Clement XI
格列高列十世 Gregory X

H

韩默理 Ferdinand Hamer
韩笃祜 Nicolaus Haser
何大经 Francois Pinto

何云澍 Grossé Eugeen
何济世 Amand Heirman
和生春 Henri Hercouet
贺乐耽 Josephus Hoeffel
霍尼玛 Emmanuel Robial

J

嘉乐 Carlo Ambrosius Mezzabarba
季舍尔 Guisset Martin
吉玉隆 Josephus Guillon

K

卡彼罗 Capello
柯茂德 P.Aloysius Duquesne
克莱蒙特五世 Clement Ⅴ
孔神父 Florent Daguin
孔蒂 Alexandre Maurice Robert

L

莱芒十四世 Klemens ⅩⅣ
拉萼尼 Théodose-M.M.J.de Lagrené
赖洪锡 Matthias Leitenbaauer
蓝玉田 Everhard terLaak
郎怀仁 Adrian Languillat
郎主教 Motte Lambert
良十三世 Leon ⅩⅢ
良明化 Frans Vranckx
劳兰蒂 Laurent
雷鸣远 Vincent Lebbe
黎培里 Antonie Riberi
李拱辰 JoséRibeiro-Nunes
李诗堂 Marcellus Lichtenberger
利玛窦 Matteo Ricci
利类思 Louis Buglio
黎玉范 Juan Morales
林懋德 Stanitas François Jarlin
林安当 Jean Simiand
林荫民 Stanislas Kotlinski
林多禄 Theodorus Moegling
路懋德 Modeste Andlauer
凌安澜 Brellinger Leopoldus
刘拯灵 Edmond Rubbns
刘克明 C.Guilloux
刘钦明 Henri Lecroart
刘士杰 Lebouille Eugène
隆德理 Valeer Rondelez
鲁布鲁克 William of Rubruck
卢德恩修女 Sister Otgerina S.Sp.S
罗明坚 Michael Ruggieri
罗如望 Jean de Rocha
龙华民 Nicolas Longobardi
罗雅谷 Giacomo Rho
罗德芳 F.X.Desrumaux
罗淑亚 Rochechouart
罗学宾 Petrus Leroy
吕之仙 Rutjes Theodoor

M

马进贤 Jean Meineri
马泽轩 Henricus Maquet
马迪儒 Martina
马鸣歧 Jean-B. Ramakers

马可波罗 Marco Polo
马黎诺里 Giovanni da Marignoli
麦安东 Antoine d'Almcyda
满德贻 Paul-Leon-Cornil Montaigne
梅慎思 Raphaël Moscarella
梅秉和 Gerard Muiteman
梅士吉 Maes
梅怀义 Stephanus Merveille
梅岭蕊 Kervyn Louis
梅主教 Menicatti
美里登 Baron de Meritens
孟爱理 Alfonse-Marie Morelli
孟三德 Edouard de Sande
孟振生 Joseph-Martial Mouly
闵玉清 Bermyn Alfons
闵宣华 Mullie Jozf
穆启蒙 Joseph Motte
玛利亚若瑟孝女会 Daughters of Mary and Joseph

N

南怀仁 Theophile Verbiest
南怀仁 Ferdinand Verliest
南化远 Janssens Louis
倪神父 Carnier
尼古拉四世 Nicholas Ⅳ

P

庞迪我 Didace de Pantoja
斐德理士 Rt.Rev.Fidelis
裴化行 Henricus Bernard
培德 Berthe Bovy
庇护七世 Pius Ⅶ
普罗泰 Protet

Q

乔德铭 Verbrugge Rafael
秦报吉 Martin Cymbrouski
遣使会 Congregation of the Priest of the Mission

R

任德芬 Leon Ignaca
若望二十二世 John XXII

S

桑志华 AEmilius Licent
沙守信 P. Émeric de chavagnac
尚建勋 Renatus Charvet
佘裕仁 P Jolict S.J.
圣文生 S.Vincent
石方西 François de Petris
石德懋 Leo De Smedt
司维业 Aloïs Van Segvelt
司泰来 Aurelias Stehle
司嘉德 Alf.-Marie Sehiattarella
司牧灵 Antoon-Evehard Smorenburg
司方济 François Stawarski
苏如望 Jean Soerio
苏凤文 L.Univers
苏主教 Choulet
索主教 Souza

圣母圣心会 Congregation of Immaculate Heart of Mary
圣文森院 Saint Vincent Archabbey

T

谈天道 Petrus Mertens
汤若望 Adam Schall Von Bell
汤尚贤 Pierre-Vincent de Tartre
汤爱玲 Paul Denn
汤作霖 Antoine Cotta
汤道平 Mauritius Trassaert
汤士选 Gouvea
唐救灵 Theophiel Redant
陶若翰 Torrtte,Jean-Baptiste
田嘉璧 Delaplace
田烈诺 Clerc-Renaud

W

汪儒望 Jean Valat
王丰肃 Alphonse Vagnoni
王老松 Van Rossum
王守礼 Van Melckebeke Carlo
卫匡国 Martino Martini
卫儒梅 M. Talmier
卫之纲 Wouters
魏士通 Wilrycx Jozef
文和温 François Wynhoven
文致和 François Schraven
文贵宾 Jean De Vienne
武致中 Guerts

X

夏露贤 Lueien Charny
夏洛特・葛尔兰 Charlotte Guerlain
谢和耐 Jacques Gernet
谢福音 Chevrier
谢儒略 Justin Lescure
向迪吉 Henri Raymakers
熊三拔 Sabbathi de Ursis
徐神父 Alvès
徐听波 Prosper Leboucq
宣蔚仁 Wenceslas Szuniewicz
徐家汇光启社 Sinological Bureau,Zika-wei
献县张庄天主堂印书馆 Imprimeie de Tchely S.-E.
西湾子天主堂印书馆 Imprimeie de la Mongolie Cent.

Y

叶(艾)步司 Koenraad Abels
叶慕华 Emmanuel Aizier
叶义祥 Jean Riera
易维世 Adolfjozef Bruylant
殷弘绪 P.François-Xavier d'Entrecolles
于溥泽 P.Paulas Jubaru
英诺森四世 Innocent Ⅳ
约翰・蒙高维诺 Giovnni da Monte-corvino
阎当 Charles Maigrot
伊大仁 Della Chiesa

雍居敬 Jung Paulus

元克允 Jozef Van Eygen

依纳爵·罗耀拉 Loyola ,I. von

耶稣会 Society of Jesus

Z

赵若望 Castro

赵席珍 Remi Isore

赵文泉 Wenceslas Czapla

赵保禄 Reyuaud

张诚 Jean-François Gerbillon

中华公教教育联合会 The Synodal Commission

正定府天主堂印书馆 Imprimeie de l'orphelinat de Chengting fu

附 录

附录一 李保存神父口述资料

被采访人:李保存神父

采访人:李晓晨

采访地点:石家庄天主教堂

采访时间:2005 年 7 月 26—28 日

被采访人物简介:李保存(1915—2009),学名李耀宗,圣名保禄,河北省石家庄市栾城县南赵村人。1929 年入正定小修院,1937 年毕业。1938 年入北京大修院学习一年,1939 年又考入浙江大修院,并加入了遣使会。1945 年 1 月 14 日晋铎,不久回正定,在小修院任教。1948—1951 年就读于北京辅仁大学。1966 年蒙冤入狱,1979 年被释放回家,先后在栾城、藁城、正定、赞皇等地传教,1984 年到河北神学院担任伦理教授并兼任副院长。1990 年起担任石家庄市天主堂主任司铎兼教区副主教。

2005 年 7 月 26 日

问:你们村信教的人多不多?

答:我小时候有三四十人,有三大家,现在有一百五六十人。

问:你们家从什么时候奉教的?

答:有好几辈了。其实我家原不是南赵村的,我家原是井陉县长峪村(音),我老爷爷(曾祖父)不正点,爱要钱,家里穷。后来有人给我老奶奶说圣婴堂救济穷人,我老奶奶领着我祖父到圣婴堂入了教,我祖父上了学,我老奶奶在圣婴堂服务。后南赵村李家没儿子(没人),我祖父到南赵村,祖父到南赵村后才结婚。我老爷爷赌钱,抽大烟,我老奶奶怕他把我祖父卖了,带着孩子跑出来,又怕被他找回去,去了圣婴堂。

我祖父有两个儿子,我父亲和我伯父。我父亲聪明,伯父不行,有点糊涂。我老家井陉不信教,我老家二爷爷(祖父的兄弟)没儿子,和我祖父打官司要过继一个儿子,祖父没办法,虽然不愿意,也只好把我父亲给了二爷爷。我父亲因跟了外教人,不能领圣事。但我父亲热情祈祷。后来二爷爷60多岁又再婚,生了一个儿子,我祖父就把我父亲领回来了。这也是天主显灵,是我父亲祈祷的结果。我父亲回来后在家主事,我大伯办不了事。

问:你们村三大家都姓什么?

答:三大家都姓李,但不是一李。我们这一家人最多。

问:你们家有几个儿子?

答:我父亲有7个儿子。我有2个母亲,我大哥(李长存)死了,我继母有5个儿子,1个女儿。我大伯有2个儿子,老二死了,老大有3个女儿,1个儿子,2个孙子。

问:你们村有教堂吗?

答:我们三大家从前没教堂,在我15岁时,有个外国神父买了块地,建了一个院,有几间房。要解放时,因怕平分,有个教友占了。

问:你在哪上的小学?

答:我七八岁时在村里上了小学,毕业后十四五岁。我村当时有300多户,小学是新学堂,有1个老师,学生有三四十人,分4个班,全由一个老师教。科目有常识、语文、公民、算术,还学点珠算。

问:小学毕业后你去了哪里?

答:小学毕业后,我们很多同学都考县高小,我家里穷,考不起。正好我们本堂神父(外国人)见我有些文化,愿意介绍我去正定柏棠小修道院学习。我父亲不愿让我去,因为一去可能就要做神父了,一辈子都不能结婚,但我祖父愿意让我去,最后我去了。小修道院学制8年,头两年是高小,后6年是初中高中,除英语外,什么课都有,语文、算学、化学、物理,还学一些要理,主要是拉丁文占时间,拉丁文不容易学,由意大利人教,读音比较正确,快毕业时,拉丁文课比较多,不仅写,还要读,罗马帝国时期有名的演说、历史都读。

问:你当时去修院时愿意当神父么?

答:我当时不懂,只是愿意念书,不管干啥,能念书就行,但经过8年学习，慢慢深入了。我毕业时，有二十一二岁，正是七七事变那年。毕业后，本打算去北京大修院学习。后来主教说：大家都回家吧。就回家了。因为日本过来时很厉害，很乱，去不了。我就回家呆了几个月。

问：日本人在正定时情况怎样？

答：日本后来在正定作战，打了好多日子，日本人打进城，见人就杀，从大北门进城，一直杀到十字街。老百姓有跑的，有的躲到教堂，人很多，地上全是人，日本人进来时，看到这么多人，不敢都杀。日本人当时把大佛寺也占了，里面也有避难的，但人较少。日本人进入总堂后，说找国民党兵，但日本兵不正经，去修女院、圣婴堂、养老院瞎闹，有外国神父夏神父（年老些、管账的）、贝神父（较年轻、管闲事）出来阻挡，日本人就把他们俩锁到门房。当时堂里有几十个神父，有外国的，有中国的。吃晚饭时，堂里几十个神父在吃饭，忽然闯进来十几个日本人，有军官，让神父都起来，有个说中国话较好的（估计是翻译）。日本人挑出七八个外国神父，有文致和主教、柴神父（老了）、魏神父、苦修会有个神父、艾助理修士（画家），到门房把夏神父、贝神父一块拉出来，把他们的眼捂上，拴到一块，押上一辆车，拉到正定城内木塔处，在大栅栏坑里全烧死了。开始人们不知道这件事，后来有人在他们死的地方找到神父的帽子、刀子、念珠等，才知道他们遇害了。在日本刚进入正定时，有个日本军官到教堂说没事，但由于他们打了胜仗，就乱了。日本军是杂牌军，里面有台湾人、朝鲜人、满洲人，他们有敢死队，所以乱杀乱打，后来有个艾神父在定州，他回来办这个事，这人在军队呆过，不害怕。他到北京大使馆交涉，最后日本人只得承认，赔偿经济损失，追悼遇害的神父。日本派了一个日本神父主持仪式。还在堂前立了一个纪念牌，牌上记载了事情的大体经过。后来日本对教堂不怎么管，就没什么事了。

问：后来你的经历怎样？

答：后来我准备加入遣使会，去浙江嘉兴。1938 年我先在北京西直门外大修院读了一年书，第二年我们十几个人去镇江，由于陆路不通，我们坐轮船到上海，然后到浙江嘉兴府，嘉兴比正定开化。在那里呆了 6 年半，先入会再念书，主要是神学、历史、圣经、法典、物理、化学，那儿有个实验室，还学法文，在那学法文环境好，有好几个法国人，说法文。遣使会主要被法国人掌握。

问：你从浙江毕业后又到哪里去了？

答:我 1945 年 1 月 14 日升神父,不长时间准备回正定,我们是哪来的回哪里。当时正是日本统治,比较乱,主事的神父给我买了一张回天津的通票(嘉兴—天津),票买好后,我开始出发,在上海倒车,车上有白帽子(服务员)、黑帽子(乘务员),我们站队,那白帽子踢你一脚,你得给钱。我拎个箱子,穿着袍子,不像商人,他们看了看我,像没钱的,就过去了。到南京过浦口,得住一夜,堂口有教友,住下。第二天过江,有船接,坐船到浦口,不让上车,进了站,到天明才开放、进站,车上人都满了。我开始发愁,如果过夜,我身上的钱就不够了。这时车站有个黑帽子,说你花几个钱我可以让你上车,我说:"行了"。他就到一个窗户拍了一下,窗子开了,他说把这个人弄上去,我从窗子里进去,这里是个厕所,里面已有好几个人,都是用这个方法上来的。车上人很多,洗手都不方便。车开了不一会,有人叫开门,门开后他出手就打,说:"厕所你占着,别人怎么上厕所?"里头有人给票子,那人就走了。我觉得在这里还会出事,就出来了。车到徐州,就有座了。后到天津。雇了三轮子,到守三堂(天主堂),是本会办事处,洛神父是负责华北的会长,他给我写了介绍信,我便拿他的介绍信回到正定教堂,找到陈主教(陈启明,滦城人,正定教区第一任中国主教)。主教让我休息半年,半年后我开始在柏棠小修院教书,教语文、法文、要理,职务较清闲。教了两年,1947 年上半年,快解放时,扰乱,小修院在乡下呆不住,就搬到城里。正定解放了两次,后还乡队收复,正定解放时我在,石家庄解放时我也在。正定解放时,主教留一部分人看管教堂,一部分逃到石家庄。

问:你什么时候上的辅仁大学?

答:石家庄解放后,第二三天去了北京,我们害怕,不知共产党的政策,共产党有个姓张的大干部,母亲是奉教的,原是个婴孩,他把我和一个老董神父送出去,那时出入不方便,到处是关卡,到保定时有去北京的车。我们到了北京办事处,有好几个神父闲呆着,我当时 30 多岁,红衣主教田耕莘,他主张年轻神父考大学,念书,当时有敢考的,有不敢考的,我想试一试,学了两个月英语,考吧,数学不沾(不行)都忘了。最后考的是备级生前几名,当时很多学生可以报多处学校,有考上不去上的,备级生就可以上了。由于当时辅仁大学归天主教管,分数也照顾。我大学上了三年多(1948 年上大学),第四年,政府准备接收学校。我 1952 年回家了。辅仁大学开始是本笃会管着,抗战时由德国人管,二战后又让美国人管。

2005年7月27日

问:你觉得传教辛苦吗?

答:传教有苦有甜,有危险。宗徒们对耶稣说:我们把性命、家庭都给了主,你给我们什么好处呢?耶稣说:你们舍弃了家庭父母,我给你们百倍的偿报,死后让你们升天堂。教友拿我们当自己人。当好人,守规矩,救人灵魂,才能百倍偿报。我传教这几年,各县我都走了,都是有苦,苦中有甜,深更半夜有事就得走,什么危险,就不在乎了,住的地方条件好坏,吃好吃歹,都不在乎了,这就是百倍的偿报。好多为传教致命的人有的是,像好多外国人都死在中国了。光享受不行,为天主受苦心情愉快。

问:你在传教时遇到危险动摇过吗?

答:当不着也害怕。像三更半夜的走下坡,我在家那些年,三更半夜骑车带着我,后换拖拉机带我,当时路很窄,又下坡,眼见有拖拉机摔在坡下面的,当时心里害怕呀,路不好走。但一心为天主,只要有人叫就得去。你牺牲看为啥牺牲的,为正经事牺牲有价值,为作恶牺牲那不行。

问:你们传教都做什么工作?

答:除了做圣事,还讲要理。主要给教友讲,望教者由教友帮着讲,有的地方教友讲不明白,神父也帮着讲。我一年不定接多少个望教者。我从小信仰这个(天主教),也不嫌麻烦了,当然有时候也累得很。

问:各地的会长是否也宣讲呢?

答:会长有的会讲,有的不会讲,不见的都会讲,他主要掌握教会这一摊,会长要有威信,年龄大一点,哪个区都有会长。

问:你年轻时到村里就给教友宣讲吗?

答:主要做圣事,没事时也讲,有一些福音书,好多重要的事都要讲。

问:那些望教者听了你的宣讲后奉教的多吗?

答:有啊,认识了。

问:有没有受亲戚影响信了教的?

答:有啊,一个信了,慢慢地也就信了,慢慢发展呗。当然信教不是做买卖挣钱,这是人生大事,救人灵魂。

问:新中国成立前有因教会救济入教的教友吗?

答:那多了,有的因经济信仰,有些看教会好,照顾穷人,相亲相爱,团结。天主教信一个神,不乱信。

问:天主教的道理普通的老百姓不懂怎么办呢?

答:这就靠讲,不讲他不懂。他信老天爷就行,老天爷管世界万物,生长方式谁管着呢?老天爷掌握着,要不世界就毁灭了。细讲不了,不识字的一讲也明白了。比较浅显易懂。

问:新中国成立前教友有因打官司入教的吗?

答:这种有,教会当时受尊重,有不平的官司,替人出头。他不是真正信仰,但慢慢时间长了就有了信德。

问:还有其他原因入教的吗?

答:在苦年头,闹灾荒,教会在国外捐点钱,买点粮食,救济。我们修道院有个包神父,是意大利人,家里是达官贵人,国外朋友经常给寄钱,他不讲吃,不讲穿,把钱用到传教上。有时给孩子送衣裳、帽子等;他还找一些懂点医学的人作施药先生,在国外买点好药,到山区穷乡舍药,人们看到这是好事,开始奉了天主教,经过几辈,就信了。许多山区的教友就这样信的。也有的教友想让自己的朋友信教,但不会讲,就断不了请朋友喝一壶,时间久了,朋友知道有事,就问为什么老请我,这个教友就说:"没别的,就是想让你奉教。"朋友一听,说:"早说吗,我入。"就奉了教。天主教讲爱人,愿意让人得好。你信这个教信那个教,都是假的。一个大槐树,你信它什么?

问:你年轻时知道天主教是怎样传教的吗?

答:不怎么具体。那时有保禄会,保禄会下面成立牧导班,不信教的愿意听听,讲讲都行。女修会可以通过治病、扎针等,吸引不信教的。原来石家庄教区教堂有个修女叫董俊贞,她会驱魔,她驱了有 20 多起,病人好了后,有全家奉教的。元氏县泉村有个叫发生的,他妻子闹魔,主要不清楚,检查没病,说胡话,不正常,送医院治不好,后送到她那儿,她洒圣水,念经,祈祷,为她驱魔,好长时间才驱走。几个月后,病人清楚了,开始学经,祈祷,讲道理。那一年,我管滦城,复活瞻礼,正式瞻礼前一天称为望日,我给她领洗,人很多,好几千人,盛圣水,望弥撒,我给她领洗,她忽然哭开了,怎么说也不行,后给她喝了点圣水,刚喝几滴就不哭了。她好后问她为什么哭,她竟然啥事也不知道,也正是那时候,她家的牛挣脱缰绳上房,上到半截掉下来,犄角都摔断了。这就稀罕,喝了几滴圣水好了。这种事多得很。这个董修女后来在做弥撒时,正好和一个她曾经驱过魔的人在一块,那人蹬了她一脚,把她摔坏了,不能动了,后来她回到老家,死在家里。死时有80多岁了。

问:新中国成立前有这种情况吗?

答:新中国成立前也有,闹魔鬼的事多得很。

问:天主教新增的教友中是人口自然增长还是外教人入教的多?

答:自然也增加,哪一年也有外教的增加,从佛教的、伊斯兰教的都有。

问:我在一篇文章上看到说天主教反对替人打官司,可在咱们教区的董主教为什么喜欢替人打官司?

答:打官司得看你有没有理,是不是受屈了,受屈了才替你打。主教在帝王时代有权,有权也不能胡来。

问:有人说天主教是随西方列强侵略进来的,你对这问题怎么看?

答:这个问题很复杂。有人是坐着大军舰、大轮船进来的,但不能以他们为标准。

问:有材料说有些主教神父参加了不平等条约的制定,帮西方列强侵略中国,你怎么看呢?

答:那敢有。他们参加这事有原因,清朝时闹八国联军,清政府和他们说不上话,就请主教神父帮着和解。他们出来好处是和解了,坏处是参加了不平等条约。

问:蔡宁在中国抗战时对中国教友提出保持中立,不偏左,不偏右,你怎么看?

答:他这是怕若出事来,中国人还得爱国,不能有这规定。还有解放后罗马教皇要求中国教友不能上共产党办的学校,不能看共产党的报纸,这不可能,教会有些极端。

问:新中国成立前你家生活条件怎么样?

答:生活穷,仿佛是中农,分家后成了贫农。新中国成立前是中农,新中国成立后是贫农。以后过得还有一点,买了十几亩地,一般日子还过得去,不算很苦,但是上学不沾(不行),我小学毕业上高小上不起。我后来上教会学校,人家拿钱,一年拿20元现洋,本堂神父减免一半,那一半主教给垫。家里连个书费都掏不起,一年农业挣不了多少钱,掏了几年,后来有个比较富裕的教徒替我掏了,这才慢慢沾(行)了。除衣服自己管外,其他的20元现洋就都管了,像吃饭,买个别的书等。

问:你们在修院都上什么课程?

答:我们都是住宿,起初是高小课程,后六年是初高中课程,主要是拉丁课程,还有教会的要理、伦理课程,其他的就和别的学校的课程一样,书都是初高中的书。

问:你们上课除正式课程外,还有其他活动吗?

答:我们早晚做弥撒,五六点钟起床,礼拜日休息,星期三五后半天不上课,玩。我们大概一天 8 节课,晚上有自习,主要国文,写作业,一天够紧张。

问:你们有考试吗?

答:考啊,可严格呢。每礼拜都考试,考得挺勤,一个礼拜考分数,一个礼拜考名次。有小考大考,一年两个学期,大考。

问:你们考不好有什么惩罚吗?

答:考不及格就开除。拉丁课很重要,跟不上不沾(不行),别的课好一点。我们那时学生不多,一般一年一班招四五十人,最多不到 60 人,每年都开除学生,开除的原因一是学习跟不上,二是不守纪律,不老实。我班那一年有三几十个人,最后剩了 2 个人,那一个还是降班的,最后那一年,有两个降到我们班。有的班剩的多,有的剩五六个,好点的剩七八个,全剩下不可能。

问:你们那时让降班吗?

答:大一点叫降,小时候不沾(不行),干脆就不让上了。快毕业的那几年让降级,怕跟不上,我们前后几班差不多都降级,怕跟不上,我们大修院是用拉丁文念书,跟不上不行。

问:你降过班吗?

答:我没降过。我不能骄傲,这都是天主赏的。我们小时候分数不公布,直接让家里知道,后来公布,把分数贴出来。我们用的书大多是土山湾印的书。

问:你上学时的书有留下来的吗?

答:没有了,那时都借别人的。

问:你们什么时候做弥撒?

答:每日早晚,礼拜日也做。修院有教堂,大家一块做弥撒。我们早晨一般 5 点起床,晚上 8 点多睡觉,早起早睡,过着团体生活。我们在一个大屋睡,有 70 多张床,不是上下床。现在还有这旧楼,在柏棠村。这楼有 20 多间长,2 层楼,上面是宿舍,下面是课堂,还有公校。下课后,自习都在一块,一人一个桌,一班一班的都在那儿,上自习,写作业。公校很大,半个楼都是。

问:你们那时上修院有多大岁数?

答:一般都是从小,有十二三岁,多了 15 岁,再大就不要了,毕业时 20 多岁。

问:你在修院上学时,修院的院长是谁?

答:我记得是马神父,荷兰人,这院长换了多少了,我去时正是马神父,他管小修院管了 25 年,别的神父有的管了几年就调走了,有别的任务。马神父还是行了,管理严格,他在本国时受教育,学习教育学。

问:小修院毕业后能升神父吗?

答:小修院不行,必须经过大修院。大修院学神学、哲学、圣经、伦理、法典、教会史,就用拉丁文念,要不在小修院就得打好基础,跟不上就得开除。副课有天文学,有一些仪器,一般都是教会的课。

问:你们一般什么时候回家?

答:只有放暑假回家,过年也不回家,有病人老人也不让回家。暑假在家呆 2 个月。平时家里人可以去看,送点东西。我们小修院都是本地人,是正定教区的,轻易不收远处的,本地人就够了。

问:你们那时能够毕业的多吗?

答:毕业的少。现在松了。差不多都能毕业。

问:你们那时正定教区有多少神父?

答:那时神父多,每年都升神父,多年积累,正定教区那时有 80 多位神父,现在不过三四十人,刚刚复兴。

问:外国神父多吗?

答:那时外国神父也多,我升神父后外国神父能占一半,有的个别教区中国教区全是中国神父,像赵县、安国、永年。一些老教区是外国神父和中国神父掺杂着。

问:那些外国神父都会说中国话吗?

答:他们都会,他们先得学中国话。差不多在澳门,那有专门学中国话的地方,还有香港。像董主教学了 11 个月,中国话就说得很好,他们有的聪明的很。

问:当时外国神父和中国神父之间有没有矛盾?

答:矛盾教会还是很少。性格脾气不一样那备不住,像你欺负我我欺负你的很少。

问:有没有外国神父看不起中国神父的情况?

答:有那个风气,普遍的说有那个风气,比如关于升主教、当本堂神父等主要人往往都由外国神父,他们对中国神父有点歧视。可是有时候有这样看法,我多少年也有这样的经验,中国人不如人家认真、负责任,中国人当起来松松垮垮的,这不光教会,整个社会各处都看出来不如人家认真。如当主教,人家守纪律,守岗位,正派,人家弄得就好。中国人上去,弄不几天,不是那样子。中国人随便,不如人家认真。人家受教育高,从小有根,有主意,做到底,中国人不行。人家主教们认真,守岗位,夏天多热都在屋里守着,怕别人找不到他,规矩严格得很,中国人当主教不沾(不行),像中国第一任主教陈主教都不沾(不行),当了几年后来也随随便便的。说人家看不起中国人,中国人也有地方确实差的。外国人信教的多,有信仰,做事认真。当然也有缺点,比较傲气。他们的生活习惯和信仰有关,有德性。

问:你能举几个有关外国神父的例子吗?

答:有个意大利的包神父,中国名叫包安德,外国名叫安德勒,他家是达官世家,大资本家朋友多得很,他在正定当神父,生活朴素的很,不讲吃不讲穿,他的外国朋友断不了来往,给多少钱,他拿这些钱不是去享受,而是用到传教方面,照顾穷人、婴孩院,钱花不了,他又雇一些有点医学知识的人当施药先生,在国外买些好药,到深山旷野舍药,白给人看病,当然他有他的主要目的,就是愿意让人信教,不是说欺骗人,愿意叫人信教,传教的人愿意叫人信仰天主,这是大事,是救人的事。在深山旷野舍药,一年舍不少钱。咱们中国人有这么多钱,不定干吗呢。包神父吃的穿的都很朴素,是有德性的人。外国神父并不都是那样,但包神父比较突出。

问:包神父后来死在中国了吗?

答:没有死在中国,他愿意死在中国。他这个人不参加政治,也不讲这讲那的,就是为教会服务,但解放后,别人都走了,他还是不愿走,他愿意死在中国,他的目的是救中国人,死在中国在天主前是个荣幸的事,后来国家对他没办法,硬把他送走了。他是实心实意传教,比如有人病了,中国神父害怕不愿意去,包神父敢去,包神父真是好样的。

问:包神父在中国呆了多少年?

答:反正得几十年,他走时岁数不小了,有 60 多岁了,我估计在中国呆了 20 来年。他的中国名字叫包安德,他的小名叫布鲁诺,圣名叫安德勒,姓叫布鲁诺。包神父有德性。

问:包神父在正定教区管哪一片地方?

答:他在修院教书,我在修院念书时他在修院教书,他还教过我。闹日本时别的神父都给弄走了,弄到山东给监起来,他因为是意大利人,没有弄他,他就在修院当院长。我那时在修院快毕业了,身体不好,叫我回去养一养,断不了给些营养东西,像牛奶啦等。这真是有德行的人。

问:还有别的典型的例子吗?

答:还有个巴神父(巴国范),他主要为教区办了一些大事,早期滹沱河有五孔桥、十八孔桥,河浅,咱们这儿淤了很多泥,就是现在神学院果园那一片,早先都是河滩,后来他看中那地方,好歹花了点钱买了,准备建设好让育婴堂小孩们迁过去,后来越淤越多,长了些柳树。教会在那儿收拾收拾,把那儿拾掇起来,也栽树,它自己也出,树多了,淤积的东西也坚固了,以后苦修会才占了那儿,就是现在神学院在的地方。那一片好几十顷地,苦修会不是正定教区的,原是在宣化杨家坪的,想找个地方发展,巴神父大大方方地把那块地给它,说:"行,发展吧。"教会的目的就是发展传教。那一片成了好地,这是一个成绩。苦修会占了那后,栽树,葡萄园,后来长了些草,养牛,种花生,他们占了好几顷。我上修院时,苦修会的就来了。巴神父死在保定,他死后,苦修会提议给巴神父立个碑,纪念他。这碑就立在苦修会住的地方。

问:巴神父什么时候死的?

答:年头我说不清了,我估计我毕业之前死的,即 1937 年前死的,哪一年我说不清了。他死时估计有六七十岁。

问:外国神父是否都愿意死在中国?

答:大部分都愿意。他们不像中国人有落叶归根的思想,教会不讲那个,传教到外面多少年,死就埋在那儿,除非特别出名的人物,像教皇保禄二世死了,要运回罗马,埋在大殿地下,因为他是教皇,要尊重他。一般传教士是死哪儿埋哪儿,有的成为圣人,也可以弄回来。

问:中国神父有没有比较典型的例子?

答:中国神父有别的事。元氏县(南)殷村有个老陈神父,写状子是好样的,在文人中出了名。主教们也议论人家。需要诉讼,也找他。老年时打官司的人多,一些不奉教的也找他写状子。董主教对诉讼管是管,但必须真受了委屈,必须公道。老陈神父生活在包主教当主教的时候,那时老闹教案,诉讼多。

问:在传教方面中国神父是否比外国神父有便利条件?

答:是。没有多少人记载这事。我记得有一个老程神父,圣名叫程伯多禄,他传教传得好,那时还没有赵县教区,他虽然没口才,但会办事,会用人,他以后当了大本堂,别的神父都熬不到那地步,他底下有好多神父,哪一年都传很多新教友,这个神父有点本事,会用人,他用底下别的神父,开辟没有教徒的村,成立学校,具体事情没人记载,是传说。他活着时我还在上学,知道他传教比较热,成绩大,添了很多很多的教徒,这是真的。中国神父当本堂很难熬上去,这就是国际关系,他认为你靠不住,其实我认为中国神父也有好的,不是没有,起初是那样,后来中国神父慢慢的也多了。

问:本堂神父都管什么啊?

答:它是一个大堂口,主要主持着,下面有好多神父,就像县官一样,底下分多个堂口,本堂就主持着,小的堂口神父归他管。主教下有本堂,大本堂,中国神父当大本堂的少,熬不上去。

问:外国神父怎样去传教?

答:外国神父主要靠中国神父,当然人家也传,别看人家说话不清楚,人家也传。他们也到下面跑,传四规,到堂口准备礼仪,做圣事,该领洗的领洗,该坚振的坚振,办神功,那也是一种工作,我们叫传四规,四规是看你四项规矩守得好不好,第一项是守主日,望弥撒了没有,大小斋守得怎样,至少每年办一次神功,进行一次圣事,这是四规的第三规,第四规就是帮助教会经费,经费不定数,但是你有责任帮助教会,就是捐献呗,不像耶稣教,他们讲四分之一的产业,天主教不讲那个,捐献多少不定数,这是第四规。第三规是每年办神功领圣体一次,传教神父下去给你这样一些机会,让你这样做。守大小斋守得怎样,过主日望弥撒没有,神父在那儿呆多少日子,一个人不拉,都要了解这些。

问:外国神父和普通教友接触多吗?

答:多。外国神父好多事都能办,他们的中国话也差不多,一般都能说。

问:老百姓是喜欢外国神父还是中国神父?

答:他们见了外国神父还是觉得稀罕,外国神父也有的可愿意与中国人说话了,他在中国传教,就愿意接触中国人。像艾神父,当过兵,胆子大,好多危险的事都愿意去干,他的中国话也说得好,日本人在正定杀了外国神父后,好多中国神父都害怕,不敢出来过问,后来他从定州回来,到北京找大使馆交涉。他们胆大,当然他们有他们的缺点,人家受教育好,做事认真,该牺牲就得牺牲。

问:中国神父有这种精神吗?

答:中国神父也有致命的。

问:咱们正定教区致命的神父多吗?

答:致命的还是外国神父多,中国神父致命的也有。

2005 年 7 月 28 日

问:你小时候信教的与不信教的有矛盾吗?

答:有矛盾是个别的,大部分信教的和不信教的还不错,团结呗,有的因为信仰闹不团结。老人提过闹义和团时,小堂口人少不敢呆,就上油通,油通仿佛是一个集中的地方一样,当时义和团说打就打,说杀就杀。我们老家南赵村是小堂口,都跑到油通去了,油通离我们村有 10 里地。那时油通有几百教友,现在有几千人。教友集中到一个地方,好像保护一样。

问:你知道的亲戚邻居里头有没有在义和团中死的?

答:没有。这边义和团闹得小。

问:在宗族内信教与不信教的有没有矛盾?

答:有是有,但没闹出什么大事。在一个大户里头,有信教和不信教的,老年讲每年过年时一个大户在一块吃大餐、上坟,上坟要烧纸,有信教的有不信的,信教的站到旁边,不信教的就烧纸,后来为这事也不争了。我小时候有点记忆,到祖坟烧纸去,信教的也去,纪念老人,去了后不信教的烧纸,没有什么另外的举动,彼此间不计较了,年头多了。当时户里有点财产有点钱,每年大伙聚到一块吃喝一顿,叫吃会,表现出是一家子来。先上坟纪念老人,信教的也去,表示拜见祖宗了,后来这几年没这些了。

问:天主教对家谱注重吗?

答:不怎么重视。

问:奉教的之间有矛盾找谁解决?是找神父还是找族长?

答:有神父找神父,有时候找会长,会长不见得能解决了,谁有本事能解决就解决,没有规定,有神父的地方还是容易解决。一般堂口有会长,能拿事的,辈大的,咱们中国风气大辈的说话顶事,能压住事,这样能解决问题。有好多家务事教会解决不了,比如财产问题。神父一般不愿参合家务事,像分家问题容易惹是非。这些家务事一般找辈大的,不信教的有权威的,说话顶事的也可以。不过信教的还是愿意让信教的解决问题。如是信仰问题找神父,如是家务事谁有权威就找谁。奉教的也是社会的一部分。解放后中国把对教会的坏名声去掉了,什么外国人的走狗、侵略的工具等,现在政府不让这么说了,教会传入中国,就是中国的教会,印度佛教传入中国,就是中国的佛教。宗教信仰不能算是侵略,它就是一种信仰。

问:奉教的与不奉教的为什么不能结婚?

答:这是教会定的,他信你不信,两人结婚容易闹别扭,引起家庭不和。所以教会规定奉教与不奉教的不能结婚。

问:奉教与不信教的有结婚的吗?

答:不奉教的信了教才能结婚,先结婚再信教不行,有信仰的阻挠,教会有诫命。教会从信仰的角度考虑,为了家庭和睦。如果一个奉教的与不奉教的非要结婚,考虑到两个人相爱,永远不离婚,可以宽容。但是一般情况下不宽容,因为信教的不能再婚,天主教讲有效的婚姻不能解散。教会虽然管,但也有个别的离婚。

问:教会为什么禁止离婚呢?

答:信仰的问题。教会认为婚姻是永远的事,你只要不死,就不能离婚,这是天主的法律,不是人定的。实在没法过了,也没办法。分居可以。

问:因为与奉教的人结婚后来才信仰天主教的情况多不多?

答:这种情况多。

问:农村奉教的找对象好找吗?

答:农村的好找。河北好些村都有奉教的,信教的与信教的掺杂着净亲戚了,好找对象。城市倒不好找对象,单位不信教的人多,奉教的分散。婚姻问题复杂得很。

问:教友信仰是不是传下来的比较多?

答:老辈子传下来的多,不过哪年也都添新的教友。现在教区有 9 万多人,实际应该还多。这个数不好准确,老人死了,生了多少小孩,不好统计。

问:过去教友怎样过礼拜?

答:我小时候小堂口的到大堂口去,解放后堂口多了。正定堂一过大瞻礼教友都去了,有好几千人,老堂能盛两千多人,光原来的婴孩院就有1000多人。

问:教友死了后怎么发丧?

答:一般在教堂做弥撒,病人病重时做终傅,也守灵,不烧纸,打幡上面是十字架,不弄人车,不报庙,人埋了后过三天再去,叫伏三,去圆圆坟,清明不上坟。现在我们有个墓地,清明做弥撒,纪念老人,这可以,为他祈祷,阳历10月2日,我们是追记已亡,也是做弥撒,祈祷。

问:天主教徒结婚有什么仪式?

答:领结婚证,教会行婚配礼,不行婚配礼,在教会不合法,领结婚证只是法律上合法,教会代表天主。教徒一般都在教堂举行婚礼,不过现在有人不是教徒也在教堂举行婚礼,但与教徒有不一样的地方。神父代表教会问一些问题,教徒要在神父面前发誓,交换戒指,作为实物证据。老年迎娶仪式也很隆重,新娘子坐轿,坐轿回来后,信教的与不信教的就不一样了,信教的不拜天地,迎娶回来就行了。过年过节时给老人行礼拜年,也磕头,这不是敬神,是为了尊重他们,这是中国的风俗。

问:礼仪之争时不是不让磕头吗?

答:礼仪之争主要针对拜孔,还有些给老人烧纸,摆供。

问:你小时候家里过年时还给老人上供吗?

答:不上供了,我家从小信教,过年时给活着的老人磕头,但不给死的祖宗磕头,不信教的都磕,家里还摆祖宗的牌位。好多事迷信与风俗不好分,比如烧纸,烧纸车纸马,都是迷信。天主教讲人死后灵魂由天主掌握起来,该升天堂的升天堂,该下地狱的下地狱,有的还进炼狱,有小过错的进炼狱,地狱有火,有魔鬼,魔鬼也受罚,但也治摆(惩治)人,天主是永远存在的,灵魂是精神体,灵魂有智慧,灵魂永远不灭,造人是按天主像造的。天主的像是什么,天主有三体,精神体,不死不灭,天主有最高的智慧,所以人是万物之灵。

问:你对正定教区办的事业有什么了解吗?

答:具体事多得很。以前小修院大修院都在城里,后来挪出来了,小修院挪到柏棠。大修院以前各个教区都有,后来没有那么多人教书,就在北京成立了全省联合修院,各教区有小修院,现在称备修院,大修院就是神学院。解放前光是北京有个联合修院,全省的,有七八个教区。我当时在北京大修院呆了一年,后来到浙江嘉兴入遣使会的神学院,入会各教区的都有,有北京的、天津的、保定的、安国的、正定的,南方的有浙江、江西,在会的修院毕业后升了神父,还回自己的教区,会派到各教区,属于教区神父,但同时也是会里的神父,从前正定教区有外国神父,有中国神父,但有一半是遣使会里的神父。这一带北京、天津、保定、正定都是遣使会的神父,献县、永年、景县是耶稣会的神父。

问:修会和教区在行政机构上谁管谁?

答:教会是一个地方独立机构,修会在传教会里也是一个独立机构,它的总部在罗马,像遣使会等是由法国神父创立的,开始总部在法国,现在都搬到罗马去了,所以修会的范围更大,就像是教会的军队一样,各会有各会的精神,各会有各会的目的,有通过文化传教的,有通过办广播事业、报纸传教的,有的办慈善事业照顾儿童,有的专门照顾穷人,我们遣使会就是照顾穷人,耶稣会就是传播文化,各修会的修女都有宗旨。中国穷人多,所以遣使会的事业发展的不错,每年办的医院、孤儿院、养老院、托儿所都不少,这是女修会,她们照顾人比较方便。修会的事业比较大,修会是世界性的,修会调动性大,修会派人不是瞎派,一派也是多少年。

问:被派到各教区的神父由谁管理?

答:神父给教区服务,人事上是由修会管,教区管不着,不过还是教区和修会协商,教区人才缺乏,像传教的人、教书得人、技术的人,修会里这方面的人多,修会就是为各教区培养人才的,到各教区服务。

问:过去是否每个教区都有修会?

答:差不多每个教区都有会,后来有独立的中国教区,像赵县,就没有修会了,他们与修会来往就少了。各教区都是修会发展起来的,所以修会在教区像军队一样,开教,发展起来了,本地人越来越多,达到合格的程度。

问:修会的经费是怎么来得?

答:修会是世界性的,各国都有,主要靠捐献。教会原来不许经商、做大买卖、大工厂。从前教区有财产,有地有房产。

问:教区主教与各修会会长是一种什么关系?

答:主教管教区,各修会在教区服务的人属主教管,修会会长管的人就多了，亚洲、非洲、欧洲的修会都归会长管。从前中国各修会有省会长，或河北省，或几个省，这一片算一个省，他管的地方也分省，从前（遣使会）中国分江南江北两个省，江南管浙江、江西，老年哪一个时期还管着东北省，耶稣会回来后该给的就给人家了，这地方分给了别的会，因为地方太大管不过来，遣使会就管河北、浙江、江西，河北东南也分给耶稣会了，河北省就是耶稣会和遣使会管，山西的是方济各会，山东是圣言会。世界性的修会有我们会，有男修会、女修会，女修会叫仁爱贞女会，也叫白帽子会，她们发展得不错，有十几万人，掌握很多很多的事业，主要慈善事业，圣女院、养老院、孤儿院，还办些医院、学校，有中学，美国也办好些大学，像芝加哥的保禄大学，学生有 1.7 万人。

问：有没有修会会长兼主教的情况？

答：当了主教就可以脱离修会，不用再守修会的制度，修会制度约束性大，但有的主教还是守修会的制度，正定教区主教都是修会的，一直到陈主教，第一任中国籍主教，都是会里的，刘安址主教，也是会里的。修会在教会力量大。

问：是入会好还是不入会好？

答：入会也有好处，入会守纪律，严格。守三愿：清明、洁净、神贫，修会规矩严格的很，不入会的松一些，没人管了，主教不说，就没人管了。修会有修会的管着，修会有制度，修会在教会起很大作用。

问：修院是哪儿管？

答：修院有教区的修院，咱这儿的备修院，也就是小修院是教区管。教区有时候没多少人，后来人多了，就成立联合修院，这时候大伙共管，共管一般托修会管，修会有这人才，北京联合修院就是各教区共同组织的，算省的神学院。修院的学生是哪个教区来的毕业后还回哪个教区。咱们神学院各教区的都有，神学院的学生一般都是小修院来得。现在石家庄教区没有备修院，由献县教区备修院代培。

问：天主教道理很深刻，一般的教友怎么会懂呢？

答：很难，天主教道理要是讲确实很难，只有研究了再讲才能懂，要不青年小孩们都不懂，才信教的人们也不容易懂，讲不了很透彻。

问：天主教道理这么难懂，教友们怎么去信仰天主教呢？

答：不见得多少人都懂，入了再信，他只要信天主是唯一真神，有世界末日，一种人受赏，一种人受罚。懂这些主要道理就行了。

问：天主教作为一种外来宗教，神父开始传教时是否采取一些手段，如施药、救济？

答：道理讲不通，所以实行一些手段，照顾人、爱人、给人解决困难，大道理是一个神，谁救了咱们，耶稣死在十字架上，人们才得救。

问：中国妇女比较保守，天主教怎么来使妇女入教？

答：要不教会有修女，修女工作也困难，因为中国妇女大门不出，二门不迈，但有教友，教友有男的有女的，可以帮助宣传，慢慢的由少到多。

问：中国妇女当修女，这种观念是怎么改变的？

答：当修女的一般都是信教的家庭，我记得我小时候妇女守贞的可多了，不结婚，在家守着，为了便于救灵魂，一般人不接受，她心里有这信仰了，心里有这概念，她愿意守着，就守了。可多了，大堂好多堂都有。好些人不结婚，她不贪求这个，愿意洁净，愿意和天主接近，愿意救灵魂。那时候没有这么多女修会，那时正定男修会、女修会都还没有，守贞的各处都有，多了。我一个姑姑也守贞，大堂口的就多得很了。她们是信教的，有这信仰了，觉得结婚还不如守贞呢，所以守贞的多得很。到后来这些年，国民党时代，军阀战争，不安生，那时候守贞的就少了，此前守贞的可多了，有的可坚决了，她就不结婚，愿意守这个贞，她也不管后来怎么样。而这些年，男的修道的少。当时守贞的妇女多，没人管，外国修女来了后管不过来，把守贞的妇女组织起来一大群，先由她们管着，没有组织不方便，慢慢成立修女会，由女的管女的，方便。外国的信教比较早，好多神父修女来中国传教，致命遇难的多了，这是一种牺牲精神。他们家里有吃有喝的，家庭条件好，来中国就是为传教，为救灵魂，立功劳，他碰上这样的机会，勇于牺牲。罗马 300 年教案，死了很多教友。

问：在没有修会时，守贞妇女住在家里方便吗？

答：她们在家起作用，在家管孩子，在家地位好多了。她们对有些堂口也有影响，比如这个堂口守贞的多，教友就热情守纪律。

问：当时家里愿意让孩子守贞或做神父吗？

答：你得看家庭，冷淡的家庭不行，热情的家庭还愿意孩子做神父，守贞的也一样，家里不阻拦，都信教，是好事，就像风气一样，是天主安排的，天主愿意让人做这事。老年守贞的可多了。后来年头不好，守贞的慢慢少了。

这是适合社会的发展,不适合就少了。

问:那些守贞妇女还有活着的吗?

答:那一辈子早就过去了,我都 90 岁了。后来还有守贞的,陆续少了,军阀之间打仗啊,闹兵乱啊,环境影响人。国外守贞的多得很,有不入会在家守贞的。

附录二　近代河北各教区及前身教区划分示意图

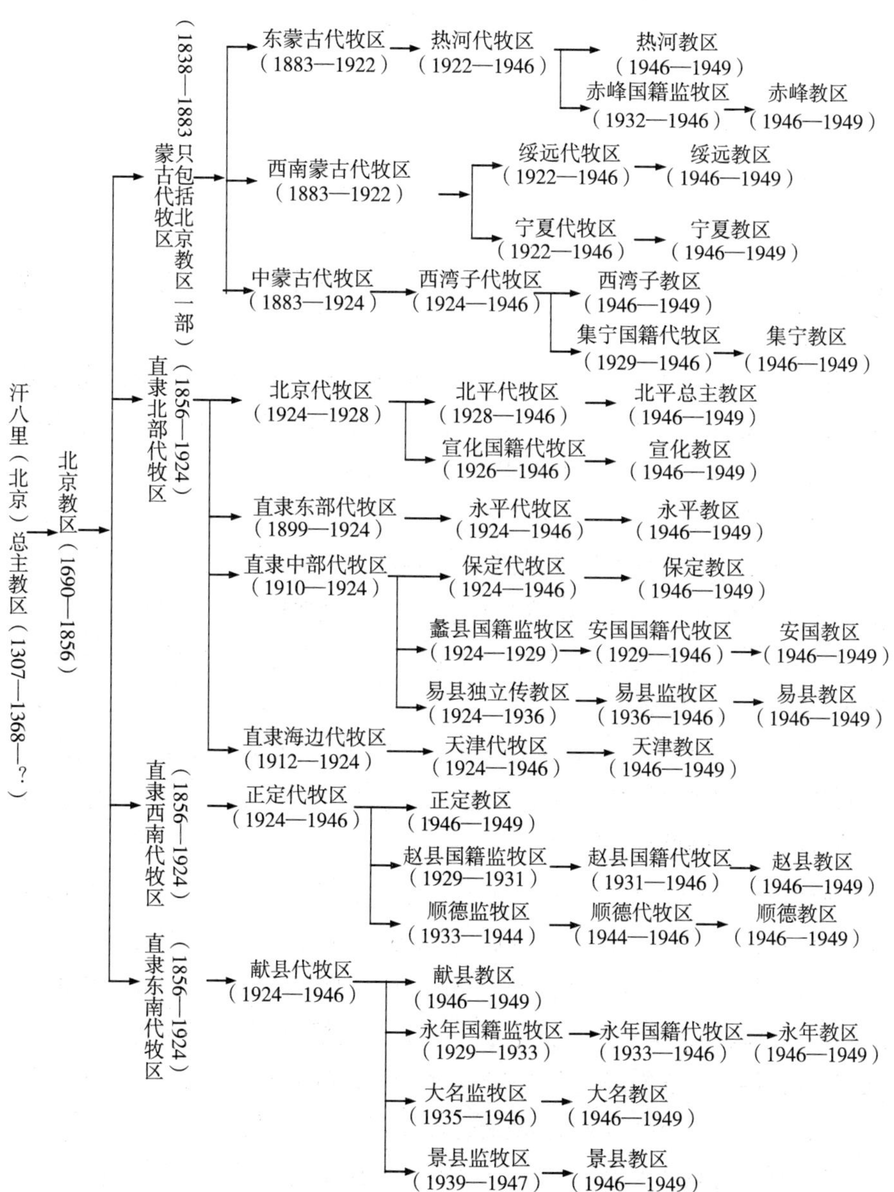

后　记

本书是在博士学位论文的基础上修改而成的。本书的完成得益于诸多师长朋友的关怀和支持。在书稿即将付梓之际，回顾多年的成长历程，感激之情油然而生。

首先衷心感谢我的博士生导师魏宏运先生和刘景泉先生，从论文的选题到提交开题报告，收集资料，撰写论文，直至修订成稿，两位先生均悉心指导并倾注了大量心血，这是本书得以完成的前提。魏先生八秩高龄仍活跃于讲坛，笔耕不辍，其渊博的历史知识和一丝不苟的治学精神令我高山仰止，终生铭怀。刘老师多年身兼教学与行政数职，劳累程度可想而知。在繁忙工作之际，他还一字一句帮我修改论文，其勤勉严谨精神令我感动。两位先生学为人师、行为人范的品格成为我人生中十分宝贵的财富，我将加倍珍惜。

感谢师母王黎女士和刘健清老师及刘师母、左志远老师对我生活的关心与照顾。南开四年，他们总是对我嘘寒问暖，不时让我去家中吃饭，让身处异乡的我感受到家庭的温暖。

感谢我的硕士生导师黄存林教授。他不仅把我领入学术研究领域的神圣殿堂，在我工作后和读博期间也一直关心我的工作、生活和学习研究。

我还要感谢参加我论文开题、审阅和答辩的诸位先生。南开大学的张静教授、江沛教授、姬亚光教授听取了我的开题报告，提出了中肯意见。论文定稿后，得到了李文海先生、侯建新教授、朱汉国教授、李媛教授、王同起教授的认真评阅，李文海先生、魏宏运先生、刘景泉教授、侯建新教授、李金铮教授、邓丽兰教授参加了我的论文答辩，对论文提出了许多宝贵意见。诸位先生谆谆指导、不吝赐教的精神令我终生受益！南开大学的王先明教授、侯杰教授、邓红教授、邹佩丛教授、天津社会科学院历史所张利民教授、中国社会科学院近代史所研究员曾景忠先生、上海宗教学会前会长刘健教授、河北大学的黎仁凯教授、河北省社会科学院谢成研究员、河北师范大学戴建兵教授、湖北大学康志杰教授、台湾辅仁大学陈方中教授等,他们对本书的撰写均给予不少有益的指点和多方面的帮助。

感谢为我论文撰写提供资料的单位和个人。南开大学图书馆、南开大学历史学院资料室、天津市图书馆、天津市档案馆、河北大学图书馆、河北省档案馆、上海市档案馆、人民大学图书馆等部门的老师们为我查阅资料提供了诸多方便和热情服务。南开大学历史学院资料室的侯咏梅老师、河北大学的崔广社研究员、肖红松博士、河北省沧州宗教局李健局长、天主教沧州教区李连贵主教、刘绪俭神父、于汝松神父、周文书神父、周福义神父、李锡辉神父、吴天爵神父、周铁锁神父、周修女、河北信德室张士江神父、徐祖强神父、韩清平神父、周小雄老师、河北省天主教神哲学院穆山林神父、石家庄教区李保存神父、赤峰教区张景峰神父、延安教区宋宏斌神父以及韩德力神父、沙百里神父等,他们为论文资料的收集提供了大力支持和帮助。在论文修改过程中,我有幸于 2009 年暑期去香港中文大学崇基学院神学院学习,获得了卢龙光牧师、温伟耀牧师、邢福增教授等人的帮助,并得到了中文大学天主教研究中心及圣神修院、浸会大学图书馆等部门神父和老师提供的大量资料,在此对他们一并致以由衷的谢意!

感谢读博期间所有关心我的学友们。课堂的争论、宿舍的谈心、校园的漫步等成了我们共同的回忆。

感谢同门的师兄、师姐和师弟、师妹们。冯崇义教授、李正华研究员、王彦民教授、杨跃进研究员、庹平研究员、刘五书研究员、贾晓慧教授、张伟伟教授、张晓唯教授、岳谦厚教授、张同乐教授、张殿兴教授、秦立海教授、李重华教授、文松博士、赵庆杰博士、李淑娟博士、辛业博士、张丹博士、任吉东博士、林绪武博士、郑林华博士、毕连芳博士等给予我热心的关怀和大力帮助,我将铭记在怀。

我还要感谢河北师范大学历史文化学院的同事们。在我读博期间,郭贵儒教授、张同乐教授、张大军教授、封汉章教授、高冬梅教授承担了本教研室的所有教学任务。邢铁教授、王宏斌教授、武吉庆教授、谷更有教授、徐建平教授、李怀根书记、朱爱书记、谭冬梅副书记、杨丙振副院长等领导处处关心我的工作和生活。贺军秒老师、许可老师总是及时打电话通知我有关学院工作事宜。董丛林教授、王文涛教授、倪世光教授、苏振兴教授等均给予我热心的关怀和帮助。对于他们和所有关心我的同事们在此一并致以深切谢意！

最后还要感谢我的家人。多年来，年事已高的父母和婆婆为了我的求学，默默承担了大部分家务。工作繁忙的爱人不但照顾老人和孩子，还为我收集资料奔走操劳。兄弟姊妹也常来家中帮助做些家务，并帮我打印校对文稿。儿子韩子臻聪明懂事，在我劳累烦闷之时，总能用稚嫩的话语逗我开心。宇焘、陈雅、娜娜也为我付出了很多。家人们从精神上、生活上给予我最大的支持与帮助，成为我完成本书的重要条件。借此机会，谨向他们表示衷心的感谢！

当然，河北天主教乡村教会的研究刚刚起步，还有诸多需要深入探讨的课题。本书虽然已是尽我力所能及，但由于研究条件和本人水平所限，粗疏浅陋之处在所难免，衷心希望学界同人和读者批评指正！

李晓晨

2011 年 12 月于红军路寓所

责任编辑:于宏雷
封面设计:肖　辉

图书在版编目(CIP)数据

近代河北乡村天主教会研究/李晓晨 著. -北京:人民出版社,2012.9
ISBN 978-7-01-010802-5

Ⅰ.①近…　Ⅱ.①李…　Ⅲ.①乡村-罗马公教-教会-研究-河北省-近代
Ⅳ.①B977.222

中国版本图书馆 CIP 数据核字(2012)第 061200 号

近代河北乡村天主教会研究

JINDAI HEBEI XIANGCUN TIANZHU JIAOHUI YANJIU

李晓晨　著

人民出版社 出版发行
(100706　北京市东城区隆福寺街 99 号)

北京市文林印务有限公司　新华书店经销

2012 年 9 月第 1 版　2012 年 9 月北京第 1 次印刷
开本:710 毫米×1000 毫米 1/16　字数:410 千字　印张:26.5

ISBN 978-7-01-010802-5　定价:55.00 元

邮购地址 100706　北京市东城区隆福寺街 99 号
人民东方图书销售中心　电话 (010)65250042　65289539